U0828018

国家出版基金项目
NATIONAL PUBLICATION FOUNDATION

中宣部2022年主题出版重点出版物

“十四五”国家重点图书出版规划项目

纪录小康工程

全面建成小康社会

陕西奋斗者

SHAANXI FENDOUZHE

本书编写组

陕西新华出版传媒集团
陕西人民出版社

责任编辑：党静媛　程家文　马　昕　王晓飞　文　博　南先锋　王亚嘉
封面设计：石笑梦　赵文君
版式设计：汪　阳　蒲梦雅

图书在版编目（CIP）数据

全面建成小康社会陕西奋斗者 / 本书编写组 编著 .— 西安：陕西人民出版社，
2022.10
（“纪录小康工程”地方丛书）
ISBN 978 – 7 – 224 – 14565 – 6

I. ①全…　II. ①本…　III. ①小康建设 – 先进工作者 – 先进事迹 – 陕西
IV. ① K820.841

中国版本图书馆 CIP 数据核字（2022）第 087650 号

全面建成小康社会陕西奋斗者

QUANMIAN JIANCHENG XIAOKANG SHEHUI SHAANXI FENDOUZHE

本书编写组

陕西人民出版社 出版发行
（710003　西安市北大街 147 号）

中煤地西安地图制印有限公司印刷　新华书店经销

2022 年 10 月第 1 版　2022 年 10 月第 1 次印刷
开本：710 毫米 ×1000 毫米 1/16　印张：30.75
字数：380 千字

ISBN 978 – 7 – 224 – 14565 – 6　定价：108.00 元

邮购地址 710003　西安市北大街 147 号
陕西人民出版社销售中心　电话：（029）87205094

版权所有 · 侵权必究
凡购买本社图书，如有印制质量问题，我社负责调换。
服务电话：（029）87205094

总　序

为民族复兴修史　为伟大时代立传

小康，是中华民族孜孜以求的梦想和夙愿。千百年来，中国人民一直对小康怀有割舍不断的情愫，祖祖辈辈为过上幸福美好生活劳苦奋斗。“民亦劳止，汔可小康”“久困于穷，冀以小康”“安得广厦千万间，大庇天下寒士俱欢颜”……都寄托着中国人民对小康社会的恒久期盼。然而，这些朴素而美好的愿望在历史上却从来没有变成现实。中国共产党自成立那天起，就把为中国人民谋幸福、为中华民族谋复兴作为初心使命，团结带领亿万中国人民拼搏奋斗，为过上幸福生活胼手胝足、砥砺前行。夺取新民主主义革命伟大胜利，完成社会主义革命和推进社会主义建设，进行改革开放和社会主义现代化建设，开创中国特色社会主义新时代，经过百年不懈奋斗，无数中国人摆脱贫困，过上衣食无忧的好日子。

特别是党的十八大以来，以习近平同志为核心的党中央统揽中华民族伟大复兴战略全局和世界百年未有之大变局，团结带领全党全国各族人民统筹推进“五位一体”总体布局、协调推进“四个全面”战略布局，万众一心战贫困、促改革、抗疫情、谋发展，党和国家事业取得历史性成就、发生历史性变革。在庆祝中国共产党成立100周年大会上，习近平总书记庄严宣告：“经过全党全国各族人民持续奋斗，我们实现了第一个百年奋斗目标，在中华大地上全面建成了小康社会，历史性地解决了绝对贫困问题，正在意气风发向着全面建成社会主义现代化强国的第二个百年奋斗目标迈进。”

这是中华民族、中国人民、中国共产党的伟大光荣！这是百姓的福祉、国家的进步、民族的骄傲！

全面小康，让梦想的阳光照进现实、照亮生活。从推翻“三座大山”到“人民当家作主”，从“小康之家”到“小康社会”，从“总体小康”到“全面小康”，从“全面建设”到“全面建成”，中国人民牢牢把命运掌握在自己手上，人民群众的生活越来越红火。“人民对美好生活的向往，就是我们的奋斗目标。”在习近平总书记坚强领导、亲自指挥下，我国脱贫攻坚取得重大历史性成就，现行标准下9899万农村贫困人口全部脱贫，建成世界上规模最大的社会保障体系，居民人均预期寿命提高到78.2岁，人民精神文化生活极大丰富，生态环境得到明显改善，公平正义的阳光普照大地。今天的中国人民，生活殷实、安居乐业，获得感、幸福感、安全感显著增强，道路自信、理论自信、制度自信、文化自信更加坚定，对创造更加美好的生活充满信心。

全面小康，让社会主义中国焕发出蓬勃生机活力。经过长期努力特别是党的十八大以来伟大实践，我国经济实力、科技实力、国防实力、综合国力跃上新的大台阶，成为世界第二大经济体、第一大工业国、第一大货物贸易国、第一大外汇储备国，国内生产总值从 1952 年的 679 亿元跃升至 2021 年的 114 万亿元，人均国内生产总值从 1952 年的几十美元跃升至 2021 年的超过 1.2 万美元。把握新发展阶段、贯彻新发展理念、构建新发展格局、推动高质量发展，全面建设社会主义现代化国家，我们的物质基础、制度基础更加坚实、更加牢靠。全面建成小康社会的伟大成就充分说明，在中华大地上生气勃勃的创造性的社会主义实践造福了人民、改变了中国、影响了时代，世界范围内社会主义和资本主义两种社会制度的历史演进及其较量发生了有利于社会主义的重大转变，社会主义制度优势得到极大彰显，中国特色社会主义道路越走越宽广。

全面小康，让中华民族自信自强屹立于世界民族之林。中华民族有五千多年的文明历史，创造了灿烂的中华文明，为人类文明进步作出了卓越贡献。近代以来，中华民族遭受的苦难之重、付出的牺牲之大，世所罕见。中国共产党带领中国人民从沉沦中觉醒、从灾难中奋起，前赴后继、百折不挠，战胜各种艰难险阻，取得一个个伟大胜利，创造一个个发展奇迹，用鲜血和汗水书写了中华民族几千年历史上最恢宏的史诗。全面建成小康社会，见证了中华民族强大的创造力、坚韧力、爆发力，见证了中华民族自信自强、守正创新精神气质的锻造与激扬，实现中华民族伟大复兴有了更为主动的精神力量，进入不可逆转的历史进程。今天，我们比历史上任何时期都更接近、更有信心和能力实现中华民族伟大复兴的目标，中国人民的志气、骨气、底气极大增强，奋进新征程、建功新时代有着前所未有的历史主动精神、历史创造精神。

全面小康，在人类社会发展史上写就了不可磨灭的光辉篇章。中华民族素有和合共生、兼济天下的价值追求，中国共产党立志于为人类谋进步、为世界谋大同。中国的发展，使世界五分之一的人口整体摆脱贫困，提前十年实现联合国 2030 年可持续发展议程确定的目标，谱写了彪炳世界发展史的减贫奇迹，创造了中国式现代化道路与人类文明新形态。这份光荣的胜利，属于中国，也属于世界。事实雄辩地证明，人类通往美好生活的道路不止一条，各国实现现代化的道路不止一条。全面建成小康社会的中国，始终站在历史正确的一边，站在人类进步的一边，国际影响力、感召力、塑造力显著提升，负责任大国形象充分彰显，以更加开放包容的姿态拥抱世界，必将为推动构建人类命运共同体、弘扬全人类共同价值、建设更加美好的世界作出新的更大贡献。

回望全面建成小康社会的历史，伟大历程何其艰苦卓绝，伟大胜利何其光辉炳耀，伟大精神何其气壮山河！

这是中华民族发展史上矗立起的又一座历史丰碑、精神丰碑！这座丰碑，凝结着中国共产党人矢志不渝的坚持坚守、博大深沉的情怀胸襟，辉映着科学理论的思想穿透力、时代引领力、实践推动力，镌刻着中国人民的奋发奋斗、牺牲奉献，彰显着中国特色社会主义制度的强大生命力、显著优越性。

因为感动，所以纪录；因为壮丽，所以丰厚。恢宏的历史伟业，必将留下深沉的历史印记，竖起闪耀的历史地标。

中央宣传部牵头，中央有关部门和宣传文化单位，省、市、县各级宣传部门共同参与组织实施“纪录小康工程”，以为民族复兴修史、为伟大时代立传为宗旨，以“存史资政、教化育人”为目的，形成了数据库、大事记、系列丛书和主题纪录片4方面主要成果。目前已建成内容全面、分类有序的4级数据库，编纂完成各级各类全面小康、脱贫攻坚大事记，出版“纪录小康工程”丛书，摄制完成纪录片《纪录小康》。

“纪录小康工程”丛书包括中央系列和地方系列。中央系列分为“擘画领航”“经天纬地”“航海梯山”“踔厉奋发”“彪炳史册”5个主题，由中央有关部门精选内容组织编撰；地方系列分为“全景录”“大事记”“变迁志”“奋斗者”“影像记”5个板块，由各省（区、市）和新疆生产建设兵团结合各地实际情况推出主题图书。丛书忠实纪录习近平总书记的小康情怀、扶贫足迹，反映党中央关于全面建成小康社会重大决策、重大部署的历史过程，展现通过不懈奋斗取得全面建成小康社会伟大胜利的光辉历程，讲述在决战脱贫攻坚、决胜全面小康进程中涌现的先进个人、先进集体和典型事迹，揭示辉煌成就和历史巨变背后的制度优势和经验启示。这是对全面建成小康社会伟大成就的历史巡礼，是对中国共产党和中国人民奋斗精神的深情礼赞。

历史昭示未来，明天更加美好。全面建成小康社会，带给中国人民的是温暖、是力量、是坚定、是信心。让我们时时回望小康历程，深入学习贯彻习近平新时代中国特色社会主义思想，深刻理解中国共产党为什么能、马克思主义为什么行、中国特色社会主义为什么好，深刻把握“两个确立”的决定性意义，增强“四个意识”、坚定“四个自信”、做到“两个维护”，以坚如磐石的定力、敢打必胜的信念，集中精力办好自己的事情，向着实现第二个百年奋斗目标、创造中国人民更加幸福美好生活勇毅前行。

目　录

美哉毛乌素

——记“七一勋章”获得者石光银……霍竹山　/ 1

凤鸣岐山70年

——记“最美奋斗者”贠恩凤……王新民　/ 23

名　堂

——记“最美奋斗者”汪勇……弋　舟　/ 53

索洛湾答卷

——记“最美奋斗者”柯小海……邢小俊　/ 73

桃之夭夭，灼灼其华

——记“最美奋斗者”赵梦桃……和　谷　/ 109

砺刀锋

——记“最美奋斗者”徐立平……赵　韦　/ 145

匠心筑梦

——记“最美奋斗者”窦铁成……高　鸿　/ 189

为人民而写作

——记“最美奋斗者”路遥……张艳茜　/ 231

一颗铆钉的辉煌历程

——记“最美奋斗者”薛莹……周瑄璞 /271

山坳里的奋斗者

——记全国劳动模范张莲莲……厚　夫 /301

坎坷之路的尽头是繁花似锦

——记全国道德模范路生梅……吴文莉 /327

一生无悔，用教育托起中国梦

——记全国道德模范呼秀珍……暮千雪 /375

赤子之心

——记全国脱贫攻坚奖获奖者卢效平……钟法权 /407

“火凤凰”

——记全国脱贫攻坚奖获奖者付凡平……侯　波 /435

村民的贴心人

——记全国脱贫攻坚奖获奖者张雷威……毕华勇 /457

后　记…… /483

美哉毛乌素

——记“七一勋章”获得者石光银

美哉毛乌素

——记“七一勋章”获得者石光银

霍竹山

石光银简介

石光银，男，1952年2月出生，中共党员，陕西定边人。40年来，石光银坚守着一颗共产党员的初心，带领乡亲们在承包的25万亩国营、集体荒沙碱滩上种活了5300多万株（丛）乔灌木，在毛乌素沙漠南缘营造了一条长百余里的绿色长城，彻底改变了“沙进人退”的恶劣环境，取得了明显的社会效益、生态效益和经济效益，为当地农牧业的快速发展、农民的小康之路奠定了坚实的基础。荣获“全国绿化奖章”“世界优秀林农奖”“七一勋章”等荣誉，被授予“全国劳动模范”“全国治沙英雄”等荣誉称号。

40 年，他坚守着一颗共产党员的初心。

40 年，他以“公司 + 农户 + 基地”的治沙模式，带领沙区群众脱贫致富，过上小康生活。

40 年，他在毛乌素沙漠造林治沙，让 63 公里长、6 公里宽的荒芜沙地变为一道绿色屏障。

40 年，他创造了一个从“沙进人退”到“人进沙退”的奇迹，毛乌素的风沙灾害被彻底根除。

——他就是“七一勋章”获得者、植树英雄石光银。

一

《新唐书 · 五行志》记载：“十月夏州大风，飞沙为堆，高及城堞。”而唐代诗人们诗云：“有日云长惨，无风沙自惊”；“故国关山无限路，风沙满眼堪断魂”；“茫茫沙漠广，渐远赫连城”。一首首哀婉的诗篇不眠，昔日美丽的草原，已变成浩瀚的毛乌素沙漠。

风沙好像无拘无束的野马，想什么时候来便什么时候来了。古语“靠山吃山，靠水吃水”，背靠着毛乌素沙漠的庄稼人苦啊。一年四季在风沙里摸爬滚打，苦不堪言——正如信天游里唱的：“老牛眼日头当天上挂，吃一口饭带上半口沙。”春天里，刚冒出绿芽儿的青苗，一场风中，被折断了叶儿是小事，经常一夜之间便无影无踪了——或被连根拔起，或被风沙掩埋。乡亲们有一句话：“种庄稼容易提苗儿难。”误了种玉米的时节，只能补种糜子；要是误了糜子，只好再补种荞麦了！

在一场风沙里，童年的石光银被刮走了。沙尘暴铺天盖地而来，

40 年，石光银坚守着一颗共产党员的初心。他在毛乌素沙漠造林治沙，让 63 公里长、6 公里宽的荒芜沙地变为一道绿色屏障。他创造了一个从“沙进人退”到“人进沙退”的奇迹，毛乌素的风沙灾害被彻底根除。(张磊 摄)

石光银和小伙伴在黑压压的风沙中迷失了方向……大风过后，石光银的父亲骑着骆驼四处寻找，3 天之后，才在 30 多里外的内蒙古鄂托克前旗一户蒙古族人家找到了石光银——是好心的巴特在风中捡回了迷迷瞪瞪的石光银，但他童年的玩伴却杳无音信。

风滚着沙，一如马群被驱赶。奔腾的蹄声下，人们无计可施，一些村子在西北方向打起一道长长的防风墙；一些村子则一次次无可奈何地搬迁。

肆虐的风沙，犹如无形的鞭子，驱赶着人们。由此形成的风沙之灾，比旱灾、霜冻更甚，年年抽打着在毛乌素沙漠边缘居住的人们。沙进人退，在风沙的侵入之下，童年时代的石光银随父母无奈地前后 9 次搬家……

二

定边地广人稀，之前北部风沙区没有多少绿植。有一卜树的地方，就叫一卜树村。而叫四卜树的村子，就代表着一种富裕以及风景。人们似乎也没想过要种树，那一卜树、两卜树好像是自然长出来的。

1952 年，石光银出生时，圪塔套没有几棵树，更多是被人们叫作沙圪塔的一个个沙丘。圪塔套的本意，就是沙圪塔连着沙圪塔。孩子们玩一种叫“溜沙沙”的游戏：爬到沙丘顶上，仰面朝天，手脚合拢，头向后一顶，便飞也似的滑下沙丘了。孩子们一个夏天乐此不疲，到了冬天，孩子们冷啊，便在向阳的墙根里“挤暖暖”……

炊烟升起的时候，孩子们才体验到了一种希望。炊烟在呼唤着他们，炊烟在向他们招手——可温暖的炊烟，一天里只能升起一次、两次，那是多么漫长的等待！

1968 年，石光银当选了圪塔套大队大队长，乡亲们看中了他敢作敢当不服输的劲头。石光银跟社员们说，咱们要栽树，不为别的，就为绿色的阴凉，咱也要栽树。让圪塔套变成绿荫连着绿荫的圪塔套，让孩子们春天有柳笛吹——那才是一个村庄春天应该有的声音。

“这荒沙峁上能栽活树？”一个婆姨跟石光银说，“那一个个干沙峁怕是把大海倒进去，也一口就喝下去了！”

大家都笑，石光银说：“咱试一试嘛——说不准咱在沙峁上造出一个绿色的大海！”石光银想到了发展，必须要实现一个良性的循环，而不是把牛粪、羊粪当柴火烧了，种地没了肥，庄稼没劲儿长，打不下粮食自然要饿肚子。石光银说：“栽树，也是实现圪塔套几辈人的愿望！”

一个老汉给石光银竖起大拇指：“光银，好样的！真的是初生牛犊不怕虎！”

一个老婆说：“谁不听光银的，咱就跟谁上阵！”

石光银说：“我们要改变圪塔套的穷样，大家都要出主意、想办法！”

早春，地还没完全消开，石光银就带着社员们开始植树了。石光银计划好了，先在圪塔套庄外的荒沙峁植树，争取用 3 年的时间，完成圪塔套的防风护沙林，让绿色围住圪塔套，让绿色成为乡亲们眼中的一道风景。

没有树苗，就地取材，砍下老树的枝条代替。沙子上挖坑，还没等挖好，沙子就滑了下来——没关系，多挖几铁锹！圪塔套 100 多劳力，石光银规定每人必须栽活两棵树，提议每家的洗脸水，再不能随便浪费，要攒下来浇树。

“总之一句话，要给树留下一口水喝，让树活命！”石光银承诺，

“等树长大了，谁家栽的树，就归谁家砍柴。”

石光银的话，让乡亲们心服口服。这样一来，谁都知道哪一棵是自己栽的。同时要为栽活树而用心了：选苗不能马虎，挖坑不可敷衍，浇水不得应付。人和树就紧密联系在一起了，从而解决了树苗成活的问题。

石光银在圪塔套立下的规矩，极大地调动了乡亲们植树的热情，也为实现绿色的圪塔套奠定了基础。

圪塔套绿起来了，那一抹绿色，就像茫茫沙漠里的一个海子，泛着绿波，荡着暖意。乡亲们都说，这是青年石光银立在圪塔套沙丘上的绿色丰碑。

三

石光银说，那些年，清早醒来，耳中传来的一定是风声。而睁开眼，最先看到的是枕上的沙子。等洗完脸之后，脸盆里的水，像才从黄河里舀起来似的。

刚 30 出头的石光银，每每面对光秃秃的毛乌素沙漠都在想，这风沙怎么就没有一根可以拴起来的绳索，像马缰绳一样拴住马，像驴笼头一样拴住驴？

石光银决定辞去定边海子梁乡农场场长职务，成立了全国第一个农民股份治沙公司——新兴林牧场，并与海子梁乡政府签订了承包治理毛乌素荒沙 3000 亩的合同。

朋友们劝石光银：“三十亩土地一头牛，老婆娃娃热炕头——你就知足吧！治沙又不能当饭吃！那毛乌素沙漠就像一个无底洞，你扔进去多少钱也填不满。好好的光景，可不能这样瞎折腾！”

“恶沙不治，穷根不拔，我就枉活一世。”石光银就想活一回自己，走一条属于他的路。无论这条路多艰难，他都要走一走！

其实大家都知道，石光银拿定的主意，九头牛也拉不回来。刚懂事的儿子石占军支持他：“爸爸是个男子汉，就该干男子汉的事业！”还有平时相信石光银的李志英、高志贵、高茂忠、高茂成、罗德奎、韩恒明 6 户人家，他们愿意和石光银去治沙造林……

春天的毛乌素沙漠，完全是风沙的世界。一个个沙丘在风中不管不顾地向前移动。乡亲们给从毛乌素沙漠刮来的大风取了一个十分形象的名字——老黄风。

因此，走进毛乌素沙漠，也得有一股子勇气。

石光银进去了！石光银带领几户村民进去了！他们肩扛铁锨，身背树苗，迎着风沙走进了毛乌素的荒凉……

有人开始笑话石光银，带了一群散兵游勇，就想在毛乌素沙漠治沙造林？也有人说，石光银就是“石疯子”，咱们老几辈子，谁敢打毛乌素沙漠的主意？

天公作美啊，春雨一场刚下过，又一场紧接着降临，毛乌素沙漠的风沙也像是被石光银给镇住似的。一个春天，石光银恨不得把一天当成两天用，只怨不能多长出几双手，一手挖坑一手埋沙土；只恨雨水不能像汗水，一天里可以流不断……

夏天的一场雨后，走进毛乌素沙漠，石光银惊喜地看到，一个春天植下的杨树苗、沙柳全都绿起来了，一个个沙丘绿起来了！特别是他试验种的几亩紫花苜蓿，仿佛给沙丘铺了一块厚厚的紫色地毯。阵阵清香扑鼻，引得蜂飞蝶绕——这哪里是毛乌素啊！金黄色的沙丘上耀眼的嫩绿，染绿了风，染绿了阳光。一棵棵绿树，在石光银眼里生动得不能再生动了，小树在舒枝展叶，在翩翩起舞，一行行小树就好像一群手拉着手的孩子，一片片绿叶似给树孩子穿上了连衣裙。

石光银张开双臂，他想拥抱这一片片绿色，他想飞起来，像一只老鹰一样盘旋在这一片绿色之上，盘旋在毛乌素沙漠的上空。

啊，原来树是沙漠的孩子！毛乌素沙漠在树孩子们的簇拥下，变得年轻起来了，也变得温顺起来了！

秋季，正是栽柳的时节。柳杆不像杨树苗，十几根柳杆就够一个人背了。一天天，石光银的脊背都让柳杆磨烂了，衬衫上渗出了斑斑血迹，他咬着牙，没喊一个“疼”字。晚上背对着镜子看，创可贴已贴不住这些伤了，他直接撒了半把云南白药粉。脊背磨烂了几天就可以好，可布衫上磨开的窟窿，石光银反倒心疼起来！栽柳的劳动强度也要比栽杨树苗和沙柳大，要挖一个足够深的大坑。秋冬天气，一个多月下来，石光银的手上布满了血口子。这些不算什么，关键是没有那么多的柳杆供他栽，关键是柳杆是乡亲们做锄头、镢头把、铁锹把等的材料——一根柳杆要几毛钱哩！那些日子，石光银觉着每栽上一棵树，就好像为毛乌素沙漠生了一个孩子。而一个树孩子，就像是一根拴风的桩子，这一棵棵树孩子长大之后，就能让毛乌素沙漠不再不安、不再狂躁。那些日子，石光银最享受的是睡觉，脑袋才搁到枕头上，便睡沉了，一觉醒来天就亮了……

1985 年春，石光银作为陕西省治沙造林先进工作者，在全省林业会议上介绍治沙经验。石光银所作的《一提两踩三埋土——毛乌素沙漠植树技术操作规程》的发言，得到了专家充分的肯定。林业专家们认为，石光银在实践中总结出来的植树经验值得推广，这也是提高树苗成活率的前提。

而在石光银的梦中，毛乌素沙漠已经开始变绿，他梦到了柳树、杨树、榆树、槐树、松树、柏树——绿海一样的毛乌素，他梦到了狐狸、獾子、野兔、野猪、草原狼的毛乌素，他梦到了老鹰、大雁、喜鹊、麻雀、布谷鸟、百灵鸟、姑姑裤鸟的毛乌素！

那些日子，石光银觉着每栽上一棵树，就好像为毛乌素沙漠生了一个孩子。而一个树孩子，就像是一根拴风的桩子，这一棵棵树孩子长大之后，就能让毛乌素沙漠不再不安、不再狂躁。（苗壮 摄）

四

从省城西安回定边老家后，石光银与长茂滩林场一下签订了承包治理5.8万亩荒沙的合同。

5.8万亩荒沙，东西长40里，狼窝沙、黑家套沙、榆树套沙、舍猫湾沙——沙丘套着沙丘，沙丘连着沙丘，大大小小的沙丘数也数不过来。石光银知道，光靠他们7户人家，是拿不下这5.8万亩荒沙的。可总不能打退堂鼓！石光银在反复思考，难道学愚公移山，子子孙孙地治沙造林？

海子梁乡供销社门口，贴出了大红“招贤榜”。石光银郑重宣布：凡愿意入伙新兴林牧场治理毛乌素沙漠的乡亲，地域不限，民族不限，一律欢迎，并承诺由他负责，先给入伙者提供3亩水地，1口水井，3间瓦房。入伙人可根据劳动力，承包500亩荒沙也可，承包1000亩也行，树苗由他无偿供应，实行股份制，户户有股。等狼窝沙治理好之后，所得收益按照比例，以劳顶股，按股分红，调动大家治沙的积极性。

石光银的招贤榜一出，十里八乡一片哗然。大家纷纷说，石光银这是傻呀！是啊，对乡亲们来说，这是只赚不赔的买卖。他们只管出劳力，什么都不用想。就是这个招贤榜，一下招来120户人家，加上之前的7户，总共127户，石光银一下拥有了一个484人的治沙团队。

没有买树苗的钱，石光银开始变卖家产。他硬是卖掉了家里的84只羊和1头骡子，又跟亲朋好友及信用社借贷，同时动员入股造林的120多户人家，变卖家产和家畜，总算凑了十几万元买树苗的钱。

1986年春季，一切准备就绪，石光银带领着他的治沙大军，一头扎进狼窝沙，拉开了“大战狼窝沙”的序幕。

一个个沙丘上，不长一棵野草，除了风声没有任何声息。孤寂、荒凉、空旷，甚至给人一种恐惧感，特别是被称作风口的狼窝沙，沙丘连着沙丘，沙丘套着沙丘。

石光银带着100多个强壮劳力，每人一捆树苗，一把铁锨，进了狼窝沙。他们搭起一个个“人”字形的茅庵子，喝着从沙坑里澄出来的凉水，吃着被风刮得又干又硬的玉米窝。没有柴火，吃一顿热饭都是一种奢侈！每天，他们要把背来的树苗全都栽上，以确保成活率；每天，他们除了迎接风沙，就是看偶尔天上来串门的云朵。

石光银婆姨说，老石有胃病，进了狼窝沙一个多月，她一个人倚门流泪。造林季节过了，老石才回到家里。老石本来就黑，在风沙中熬煎了这么多天，更黑更瘦了，黢黑的脸好像经年的驴粪蛋！

石光银什么苦都能吃得下，什么罪都能受得了！可他最担心的事还是发生了：一场老黄风过后，他们刚刚栽上的树苗，荡然无存。风蚀沙埋，一败涂地，石光银粗略地估算了一下，90%的树苗被毁。那是怎样一个凄惨的场景，俨然一处刚刚经过金戈铁马、血雨腥风的古战场，现在偃旗息鼓，给人一种死气沉沉的压迫感。一棵棵树苗似一支支箭，倒栽在几里外的沙湾里。偶尔还有风沙的“烽烟”从一个旋风湾里升起，瞬间又悄无声息散去了。男人们躺在沙地里，好像再也没有一丝站起来的力气，几个婆姨跪着，不停地抹眼泪……

石光银似乎听到了他那一群羊的咩叫声，他那一头骡子的嘶鸣声，这些都在这一场大风中远去了。大伙的伤心，他能理解——这风刮走的不仅仅是钱，还有他们四五十天的汗水！

石光银长叹一声：“大伙不要怕，咱明年再跟这风算总账——我们要让一棵棵树提线，让沙丘的木偶给我们唱一台绿色的大戏！”男儿有泪不轻弹，石光银只是觉得对不住大伙。

但石光银是不服输的汉子！

1987 年春季，石光银又带大伙儿进了狼窝沙。谁知结局与上年大体相当，接踵而至的几场大风，让他们又把一个春天白白丢了，他们在遭受巨大损失的同时，也遭受了沉重的打击。尽管石光银脸上显得很乐观，跟大伙儿说：“今年比去年强多了，只 80% 的树苗被风沙损毁！”可他的心在流泪，在疼痛。那是多么漫长的一段日子，夜半的风声，让他心烦意乱……在一个个噩梦中，他醒来睡下，睡下又醒来。他在跟风沙说，也在跟自己说，两战两败算什么，庄户人也有种瞎庄稼的一年，不是说“胜败乃兵家常事”吗？不是说“失败是成功之母”吗？

可两战狼窝沙，让石光银的治沙公司负债累累，濒临破产。好在石光银有良好的信誉，大家不怕他欠债不还；好在石光银家底还算厚实，加上 4 年前的那 3000 亩林地，可以做后盾。

他不能再败了，大伙也经不起屡战屡败。

是不能再蛮干了，一定要吸取教训。石光银决定去“取经”，找寻一个科学的治沙造林的办法，为来年治沙备战。石光银和合伙人去靖边、横山、榆林等地学习治沙造林经验。他们有一个共同的目标，就是锁住毛乌素沙漠的风沙，从根本上实现沙退人进。

1988 年，春天好像比往年来得都早。

石光银信心十足，大伙也信心十足，因为他们找到了征服狼窝沙的方法。这一方法，用石光银的话简单地说，就是不管风的提线怎么摆弄，一个个沙丘木偶不能跟着起舞，就是不能让沙丘再跟着风动弹了！

三战狼窝沙，石光银和大伙都不再争分夺秒地植树了，而是布阵——这就是障蔽治沙法，即在迎风的沙坡上搭设一个个沙障，十几

石光银信心十足，大伙也信心十足，因为他们找到了征服狼窝沙的方法。这一方法，用石光银的话简单地说，就是不管风的提线怎么摆弄，一个个沙丘木偶不能跟着起舞，就是不能让沙丘再跟着风动弹了！（苗壮 摄）

个人骑着十几匹马在沙障间播撒沙蒿，然后插栽沙柳，固定流沙；相应的措施是在沙丘与沙丘之间，栽植高杆的杨柳，阻隔沙丘之间任何的往来。

一个个沙障，就像一畦畦小小的盐田，将一个个沙丘切割成一小段一小段，从而彻底捆绑住了它们起舞的手脚。

头疼感冒不算病，这是石光银对自己的要求。一连几十天坚守在狼窝沙，石光银的一身肉掉了一半，两眼布满血丝，满嘴燎起火泡，头发杂草似的……

三战狼窝沙，石光银终于取得了一场大胜利！一个春季造林 6000 亩，成活率达 80% 以上。

五

绿洲是乡亲们赖以生存的家园。生在绿洲，死在绿洲，每个人一生就圈在一个个绿洲里了！人家都是一个小小的用黄土墙围起来的院落，为的是不让风沙在一夜间堵住门槛，也起到了防止野兽袭扰家畜、家禽的作用。为了生活，乡亲们不得不忍受这挥之不去的风沙之苦！一抹绿，就像乡亲们心头永远的希望，让他们明白，他们还在绿洲之中，他们可以活下去。因此，在乡亲们眼中，绿洲和太阳一样，是温暖，是生命！

石光银是第一个敢与风沙说“不”的人——他要让一个个绿洲连成整体，不能再给风沙可乘之机，不能再让乡亲们背井离乡……

石光银和他的治沙大军，在完成长茂滩林场 5.8 万亩荒沙治理合同后，1994 年移营同心干 4.5 万亩的盐碱地，1996 年签下长城林场 4.55 万亩沙地，1997 年又走进盐化厂湖区 7.5 万亩盐碱荒沙滩。至 2021 年，

石光银是第一个敢与风沙说“不”的人——他要让一个个绿洲连成整体，不能再给风沙可乘之机，不能再让乡亲们背井离乡……在以石光银为代表的几代人不懈的治理下，昔日“茫茫沙漠广，渐远赫连城”“黄沙幕南起，白日隐西隅”飞沙走石荒凉的景象，已经一去不复返了；而今，天连着树，树连着天，针叶树种与落叶树种交织，花棒、沙柳、沙蒿等灌木相间，形成一道生机盎然的绿色屏障！

石光银在毛乌素沙漠南缘营造起了一条“绿色长城”。

——啊，一棵棵绿树，一棵棵青草，真就像一个个孩子，它们合力摁着一个个沙丘木偶，不让它们在风中恣意作乱了！

为了自然拉平数不清的沙丘，石光银在治沙造林实践中总结出“引风拉沙”方法，即在低洼的沙湾栽上树，先固定沙湾里的沙子，而后有意留下一些大的沙丘，这些沙丘中的沙子在风的作用下，会像流水似的，流到低洼的沙湾里。这样高处变低了，低处变高了，用不了几年，一片起伏不平的沙地，就会变成平展展的绿色林地。

一个个的绿洲，是石光银用时间熬出来的。为了林区树种的多样性，避免单一树种引起地力衰退及容易引发病虫灾害等问题，石光银前后在已经固定的沙丘上栽植了云杉、樟子松、侧柏、臭柏等常绿树种。而臭柏的引种，仿佛是这绿洲故事里，最为生动的一笔。石光银了解到，有一种大灰雀，乡亲们称作“臭柏鸟”的，吃了臭柏坚硬的种子，粪便散落在沙地就能长出臭柏。于是，他开始四处找寻“臭柏鸟”……

一个个的绿洲，如今成了小动物们的天堂。当我们走在葱葱茏茏的沙漠林区时，耳中是一阵阵鸟儿的愉快的鸣叫声，脚边也不时扑棱棱地飞起山鸡、野鸡。而野兔则旁若无人地从你眼前一蹦一跳悠闲穿过，好像这里是它们的乐园，我们倒变成了游客。石光银说林区里还来了狐狸、獾子……鸟儿就更多了，叫上名的、叫不上名的，有几十种了——这也是一个生态系统的发展规律。

站在狼窝沙那个曾经难以爬上去的沙丘上，举目四顾，满眼绿色，鸟鸣声声，蓝天白云。一刹那，你会忘记身处毛乌素沙漠深处。这里曾经是一个叫“狼窝沙”的风口。这里曾经一年里六级以上的大风要刮上十多次，地表温度夏季高达五六十摄氏度，冬季则低至零下三四十摄氏度。这里也曾经是石光银两度折戟沉沙的地方，如果将他们的汗滴一颗颗拾起，那一定能装几十辆罐车；要是将他们的“苦”放在秤上，那一定有几百几千吨！

为了一个个的绿洲，石光银唯一的儿子石占军在从银川调运树苗返回途中，遭遇车祸，不幸遇难。儿子是从小支持他的新一代治沙人，石光银的泪在心里一滴一滴地落着。忍着巨大的悲痛，安葬了儿子之后，他又奔赴治沙造林第一线……

为了一个个的绿洲，毛驴累倒了十几头。障蔽治沙法需要大量丛生的灌木植物作材料。驴拉人背，拉拉车一辆连着一辆，一个植树季节，要往沙漠里拉十几万斤的障蔽所需的柠条、沙蒿、沙柳。沙漠里无路，虽说毛驴耐力大，但拉拉车不时地陷入沙子里，毛驴也吃不消啊，好几头毛驴倒在了沙漠之中！

谁也不再说石光银是“疯子”的话了！大家毕恭毕敬地称他“石英雄”——一位创造了“沙退人进”奇迹的英雄，一位把一生献给绿洲的英雄，一位和平年代当之无愧的植树英雄！

六

地处内蒙古、宁夏、陕西三地交界的毛乌素沙漠，面积达4.22万平方公里，相当于海南岛的面积。在以石光银为代表的几代人不懈的治理下，昔日“茫茫沙漠广，渐远赫连城”“黄沙幕南起，白日隐西隅”飞沙走石荒凉的景象，已经一去不复返了；而今，天连着树，树连着天，针叶树种与落叶树种交织，花棒、沙柳、沙蒿等灌木相间，形成一道生机盎然的绿色屏障！

在石光银的治沙公司周边，居住着10多个村子2万多人。毛乌素沙漠的治理绿化，成为这些村子综合发展的一个前提，特别是畜牧

谁也不再说石光银是“疯子”的话了！大家毕恭毕敬地称他“石英雄”——一位创造了“沙退人进”奇迹的英雄，一位把一生献给绿洲的英雄，一位和平年代当之无愧的植树英雄！

业，家家养牛养羊。同时，农副产品也走上了和谐发展之路，产品品种多，且品质一流。可因为没有公路，乡亲们的农副产品难以外运。为此，石光银垫资500多万元，修了一条35公里的砂石公路，从根本上解决了大家的困难。

多年来，石光银特别照顾弱势群体，其中好多人被他招到公司。

鲁红山之前是贫困户，快过年了，石光银得知鲁红山家连肉也没割，便亲自到鲁红山家送去米面、肉食，还给了过年的钱。鲁红山不知说什么好，不由连声感谢。石光银笑着说："要说感谢的话，我们就感谢党，感谢党的好政策！"

王志岗是残疾人，家里6口人，住两间破土房，生活十分困难。石光银给王志岗承包了1000亩荒沙，并供给树苗，让他治沙造林。接着他又给王志岗担保贷款1000元，还借给王志岗1000元，打了水井。在石光银的帮助下，王志岗很快走出了贫困，现在饲养羊子几十只，住上了楼板房，过起了好日子。

常维国是孤儿，从小无依无靠，生活没着落，到处流浪，吃了上顿没下顿。石光银派人找遍了定边县城，总算找到了常维国。石光银让他来公司上班，还帮常维国盖起了新房，帮他娶了婆姨。

为解决因沙漠阻隔，适龄儿童上学难的问题，石光银先后投资150万元，在长茂滩、十里沙修建了两所小学，不少学生已读到大学，有些已经大学毕业……

走进十里沙村，就像走进了一幅风景画。一条条道路旁，一排排的大棚蔬菜。辣椒红，白菜鲜……尽管大棚外是零下十几度的严寒，但大棚里，生机盎然。大家正在自家大棚里忙活着——这又是一个丰收的季节啊！石光银孙子石健阳告诉我："300多个蔬菜大棚，一年可为农户增收300多万元。沙漠绿洲如今成了乡亲们持续增收的金山银山！"

毋庸置疑，毛乌素风沙草滩区已变成了塞上粮仓！

海子梁乡已形成优质辣椒、香瓜、西瓜、高产玉米、羊子饲养等主导产业，是定边县主要的蔬菜生产基地、粮食生产基地、羊子饲养基地、农产品加工集散基地，也是定边县设施农业示范基地。

海子梁乡因此被榆林市命名为“小康乡”——一个在石光银扶持带动下发展起来的小康乡，一家家住上了楼房，很多人家还有了小汽车。

农闲时节，在海子梁乡的一条条乡村公路上，喇叭滴滴响——乡亲们约好去定边县城，他们在计划今年的农业生产。

乡亲们明白小康社会不仅仅是生活的富裕，更是物质文明、政治文明、精神文明、社会文明、生态文明协调发展的小康；是不断促进人的全面发展的小康；是国家富强、民族振兴、人民幸福，多维度、全方位的小康。

十年树木，石光银最早在圪塔套栽下的树，已长成一棵棵大树了，一个人都搂不住的参天大树！喜鹊在树上垒了窝，两只喜鹊绕树喳喳地叫着，真的像在报喜，为乡亲们的小康生活报喜，为石光银收获的一个个荣誉报喜。

石光银最初兴办的新兴林牧场发展成了一个名副其实的“治沙集团”。而石光银创建的“公司＋农户＋基地”的治沙模式，也成了定边县毛乌素沙漠边缘乡亲们的一条致富奔小康之路。现在公司联合了1000多家农户，先后建起了千亩樟子松育苗基地、千亩辣椒种植基地、绿色蔬菜食品厂、百头规模的肉牛养殖示范牧场、3000吨安全饲料加工厂、纯净水厂、脱毒马铃薯良种组培中心等几十个农业经济实体，入户乡亲们人均年收入已超过万元。

毛乌素沙漠也变成大家争抢的“香饽饽”了。

石光银的孙子石健阳是新一代治沙植树人，也是石光银治沙集团有限公司新的法人。接过治沙造林的接力棒，石健阳不敢懈怠，一丝不苟地带着大家在爷爷石光银之前的林区里，实施二次残次林补栽，旧林改造，8 年里补种了 5 万余亩常绿树种。特别是樟子松，郁郁葱葱，长势良好，这是谁也没想到的。毛乌素沙漠里还能种活松树，不能不说又是一个奇迹！

石健阳说："我会当好守林人，守护爷爷、父亲两代人的治沙成果，把生态优先、绿色发展的理念传承下去！"

石光银自豪地说："我这个孙子有出息，他是西北农林科技大学林学专业毕业的大学生！"

七

石光银说："生命不息，治沙不止。我虽然没了儿子，但还有孙子，要把治沙造林事业一代一代传下去。"

石光银说："有人说我傻，自讨苦吃。我觉得，作为党员，不能只顾自己，要带着乡亲们一起干，要和乡亲们一起奔小康。"

石光银说："这些树木就像是我的孩子，看着它们一天天长大，我就安心了。"

走在毛乌素沙漠之中，我看到了群羊塞道、牛马衔尾，我看到了水草丰美、生机盎然……

凤鸣岐山70年

——记"最美奋斗者"贠恩凤

凤鸣岐山 70 年
——记“最美奋斗者”贠恩凤

王新民

贠恩凤简介

贠恩凤，女，汉族，1940 年 1 月出生，中共党员，陕西华阴人。陕西省广播电视民族乐团原团长，著名女高音歌唱家，国家一级演员。从艺 70 多年来，在工厂、农村、军营、机关、学校、煤矿、车站、医院等基层参加各类演出 5000 多场次，多为公益性质，连续 20 多个春节主动下基层义演。她以自己精湛的技艺、高尚的艺德赢得了社会广泛认可和赞誉，被誉为“人民的艺术家”“黄土高原上的银铃”和“艺术的常青树”，获得“全国五一劳动奖章”，被授予“全国先进工作者”“全国优秀文艺工作者”“时代楷模”“最美奋斗者”“全国离退休干部先进个人”等荣誉称号。

一

“快看，那是谁家的女娃子，歌声脆得像百灵鸟一样啊！”

1951 年 6 月，西安市西一路易俗社剧场，西安市中小学生歌咏比赛正在如火如荼地进行，参赛的东羊市小学演唱了一首大联唱，其中一段较长的独唱是一名戴着红领巾的女学生演唱的，她清脆嘹亮的歌声打动了坐在台下做评委的西北人民广播电台（前身即西北新华广播电台）文工团团长余景儒。歌咏比赛一结束，余景儒当即通过组织者找到东羊市小学的领队老师，问：“刚才那位代表你们学校领唱的女学生叫什么名字？”当听到这名学生叫贠恩凤时，余景儒禁不住赞叹道：“真是一只小凤凰啊！”他对领队老师说：“这姑娘我们要了，很抱歉，她不能继续考中学了。”到现在，贠恩凤还清楚地记得那天老团长不容拒绝的口气。

贠恩凤的母亲听到消息喜出望外，她用很地道的陕西方言说：“我娃是瞎（ha）雀碰到了一个好谷穗子。”然后很快将小恩凤的简单行李——一卷被褥、一个一尺多长的小箱子、一只碗和一块锅盔准备停当，似乎早就料到女儿会有这么一天。

大约半个月后，贠恩凤小学一毕业，文工团团长余景儒和一位大姐姐将贠恩凤用自行车带到位于南院门的西北人民广播电台文工团。参观完台里的工作环境后，天渐渐黑下来，11 岁的小恩凤人生地不熟，哭着要回家，团里老师告诉她：“你不能回去了，因为你已经革命了。”小恩凤立即止住哭困惑地问道：“啥是革命呢？”“革命就是为人民服务。”老师认真地对她说。此时此刻，年仅 11 岁的小恩凤还对老师的话似懂非懂，但许多年后，当她回首往事，仍动情地说：“‘革命就是为人民服务’这句话使我受用了一辈子。”这句话也确实成为她一生的真实写照。

从此，年仅 11 岁戴着红领巾的贠恩凤走上革命文艺的道路。在文工团，每天除政治理论、文艺理论学习外，贠恩凤还要参加省上初中、高中文化课的补习。这都不能影响工作，每周 4 个早上 5 点 40 分开始上课，努力学乐理、识谱，学文化，学歌唱，她很快就适应了和大同志们一起广播教歌、演出，并迅速脱颖而出，成为歌唱新秀。

贠恩凤有幸先后 4 次见到周恩来总理。周总理教导她要为人民歌唱，要多唱民歌，人民是喜欢民歌的。周总理对贠恩凤的教诲与勉励使她终生难忘。习仲勋也非常喜欢贠恩凤演唱的陕北民歌，他曾 3 次给贠恩凤题词勉励，这给了贠恩凤极大的鼓舞和激励，坚定了她毕生为人民歌唱、永远歌唱人民的信念和追求。

贠恩凤虚心向郭兰英、王昆等老艺术家学习演唱艺术，向民间艺人学习民歌，从地方戏中汲取营养，不断提高演唱水平，将为人民歌唱作为自己毕生的事业。

1958 年，在西安举办的“红五月”音乐会上，当贠恩凤唱完《翻身道情》，坐在台下的著名歌唱家郭兰英跑到台上一把拥抱住她，夸她唱得实在太好了。这一次的热烈拥抱，让贠恩凤受宠若惊。从艺 7 年来，虽然已获得无数人的赞美，但没有比这一次更令她激动和欣喜的了。贠恩凤没有想到的是，当她为能得到郭兰英老师肯定而兴奋不已的时候，郭兰英也为能遇到这么一个唱歌的好苗子而激动万分，当场表示想收贠恩凤为学生。

第二天，贠恩凤专程拜访了郭兰英，她们在一起畅谈民族唱法的问题。郭兰英说：“我们应该坚持走民族声乐道路，要热爱自己祖国的民族音乐艺术。”郭兰英的一番话对贠恩凤影响很大，贠恩凤以后多年的艺术实践正是按照这条路子走下去的。

郭兰英回到北京后，就常常给贠恩凤写信，给她一些表演上的指导，这令贠恩凤感激不已。书信的沟通显然是不够的。1964年夏季，贠恩凤得到一个去北京在郭兰英门下学习的机会，这让她与郭兰英有了一段朝夕相处的日子，也让她领略了这位恩师的温情和严厉。

在生活上，郭兰英给了她无微不至的关心，有时把她叫到家里和自己住一起，让母亲给她做好吃的，改善她的生活。训练完后，郭兰英和她一起乘公交车送她回住地，引得乘客对小姑娘羡慕不已。

在学习训练上，郭兰英严格要求她，专门作了计划，悉心点拨；贠恩凤则尽弟子之心，孜孜以求。每次上课，郭兰英都结合贠恩凤的实际演唱，从各方面找出不足，予以纠正，特别是在《看天下劳苦人民都解放》这首歌上下了更大的功夫，为她演唱这首难度较大的歌曲打下了扎实的基础。自此，贠恩凤技术大长。后来，郭兰英又着意指点，并邀请李波、孟于等几位歌唱家和声乐专家吕远，对贠恩凤从发声、音色、技巧等方面悉心指导。上课的方法是，郭兰英和其他歌唱家、作曲家来“会诊”，从呼吸、吐字、感情、声腔、气质、深度、表演、姿态，一直到歌曲的细微处理，对她做细心认真的指导。从7月6日到8月12日，上了27次课——如此高质量高水平的教学，成为贠恩凤艺术之路上的里程碑。老帅们的辛勤劳动和谆谆教诲使贠恩凤终身受益，也让她终生难忘。

这次拜师学艺，贠恩凤受益匪浅，她体会到：唱歌要唱情，首先要真情投入，感动自己，然后才能感动别人；要注意与观众交流，要把歌唱得跟说话一样亲切；对要唱的歌进行分析，深刻理解其内在情绪；要像狮子滚绣球那样自如运用声音，不能老是一个味。她暗下决心，一定努力学习，刻苦钻研，为发展我国民族声乐艺术贡献出自己的力量。

在北京学习完后，应中央人民广播电台邀请，贠恩凤参加了“近两年优秀群众歌曲音乐会”。这次音乐会由中国音乐家协会、中央人民广播电台合办，演唱的歌曲主要是从中央人民广播电台文艺部和《歌曲》编辑部、《音乐创作》编辑部联合举办的1963年以来优秀歌曲评选活动中选出的27首优秀群众歌曲，参加演出的单位有中央乐团、中央民族乐团等。贠恩凤参加演唱的曲目是《李双双小唱》《请到咱们山庄来》《社员都是向阳花》。这次演出活动是在贠恩凤向郭兰英等老师学习后的数天内举办的，贠恩凤的演唱自如顺畅，情绪饱满，赢得了观众的阵阵掌声。

演出的成功、同行的好评，使贠恩凤在精神上得到了很大的安慰，但同时她告诫自己，艺术的道路永无止境，永远不能骄傲，永远要谦虚谨慎，要为人民歌唱一辈子。

多年后，在北京举办的贠恩凤独唱音乐会上，郭兰英细细地看着听着品着。音乐会结束后，郭兰英来到后台紧紧拥抱着贠恩凤说："路子正，没有靡靡之音！"

"郭老师，我要像您那样，绝不亵渎艺术！"

"艺术可是纯洁高尚的啊！"郭兰英意味深长地说。

2001年，在西安举办的"贠恩凤歌唱艺术50年独唱音乐会"上，郭兰英和贠恩凤合唱《我的祖国》。演唱前郭兰英满怀深情地说："贠恩凤才是真正扎根在黄土地上的人民艺术家！没有党就没有恩凤，没有人民就没有恩凤。"

1963年春，著名歌唱家王昆随文化部派出的农村文化工作队下乡到渭南双王公社朱王大队，省上于是派贠恩凤等人赶赴那里，跟农村文化工作队同劳动，同生活，同学习。贠恩凤既当老师也当学生，她一边给农村青年教歌，一边辅导群众开展文化活动。每天晚饭后，贠恩凤就一个小队一个小队地给农村青年教唱歌，轮到了哪个队，哪个队的青年就来接她，唱完歌又送她返回。就这样，她和群众建立了深厚的感情。

在渭南，贠恩凤也跟王昆老师学习了 4 个月歌唱艺术，受益匪浅。她和王昆老师一起劳动，同台演出。王昆老师的言传身教，使她至今满怀感激之情。

在渭南虽然时间不长，但对贠恩凤来说却是一次难得的学习机会，能够近距离接触这些艺术家，从他们身上学到一些自己不懂的东西。尤其是从王昆身上，贠恩凤不仅汲取了丰富的艺术营养，而且学到了高尚的做人品格。

二

1951 年 8 月，11 岁的小恩凤参加工作了。身穿白衬衣、蓝裤子，戴着红领巾，个子瘦小，体重只有 25 公斤。大家都说这个新来的就是个小孩嘛。但贠恩凤人小胆大志气高，余景儒团长向大家介绍之后，叫她给大家唱一首歌，她就大着胆子唱起来。这一唱，立即博得全场赞扬。她用歌声敲开了文工团的大门，也用歌声结识了全团的人们。

当天下午，团长发给贠恩凤一首新歌，让大一些的同志教她唱，午饭后她就和大家到广播室参加教唱新歌的节目。就这样，贠恩凤参加革命的第一天，就正式投入工作。

小学刚刚毕业的贠恩凤，文化程度不高，但由于天赋好，在广播的舞台上很快有了越来越多的演唱机会。那时由于她年龄小，得到的总是赞扬和鼓励，团里的领导和大哥哥、大姐姐也随时热情地教导她、指点她。观众们都说这个小姑娘唱起歌来声音像银铃一样清脆、好听，而且穿透力强。

1953 年，团里安排贠恩凤、孙韶向陕北民歌歌手白秉权学习陕北民歌。浓厚的兴趣加勤学苦练，以及多次到陕北采风、学习，造就了贠恩凤独树一帜的陕北民歌味道，得到了观众们的高度认可。比如《信天游唱给毛主席听》，这是陕西省群众艺术馆的张毓贤根据陕北信天游音乐素材改编创作的一首歌，既保留了信天游的音乐风格，又增加了新意。这种高亢、嘹亮、热情、速度较快的歌曲也适合贠恩凤的嗓子和演唱风格。后来这首歌成了贠恩凤多年的保留节目。

贠恩凤不因循守旧，不断给民歌注入新的血液，来推动和继承优秀的民间音乐遗产。她对陕北民歌有着异乎寻常的热爱和十分深入的研究，她为群众表演时总是充分注意技和艺的结合，把生活、思想、创作融为一体。她体验到高原山歌的嘹亮和坚实，领会到八百里秦川歌谣的悠扬和朴实，热烈之处如火一团，深情之处委婉清雅，做到声里有情、情中出声。在锤炼自己的声音时，她汲取了许多民间歌手的长处，钻研了他们在表现民族气质、民族精神方面的美声奥妙。贠恩凤深知民歌从孕育的那一天开始，就是同人民的歌唱方法相结合的，并流传至今。

20 世纪 90 年代中期西康铁路施工期间，贠恩凤得知隧道筑路工人艰苦施工的情况后，就产生了去西康铁路施工现场慰问隧道筑路工人的想法，在向有关单位再三申请后终于成行。当时西康铁路施工正热火朝天地进行，这荒远的大山中还从来没有出现过文艺工作者的身影。

1996 年 6 月 30 日，正是一年最热的时候，56 岁的贠恩凤和已届花甲的老伴孙韶冒着酷暑，带着根据工人们的先进事迹编写的新歌，来到西康铁路秦岭隧道施工现场。顶着骄阳，冒着灰尘，贠恩凤连唱了近半个小时。演唱结束后，领导安排贠恩凤休息。

贠恩凤得知在秦岭隧道中还有许多工人正在施工，没有听到她的歌声，坚决要进入隧道为工人们演唱。

领导出于对歌唱家的关怀爱护，劝她不要去了。贠恩凤却说：“谢谢领导的好意，但我也是普通人，我的生命就比工人的生命更珍贵吗？工人不怕，我也不怕。”于是他们夫妇头戴安全帽，穿起高筒胶鞋，脚踩泥浆，不顾危险，进入 4000 多米深的隧道施工现场。他们到了距离工人施工现场不到一米的隧道深处，贠恩凤示意孙韶拉起手风琴，一口气唱了六七首歌。工人们紧紧贴着岩壁，静静地听她演唱。她激动得热泪盈眶，一次又一次向大家招手致意，向大家问好。

工人们高兴极了，他们说贠恩凤是第一个到隧道深处为他们唱歌的歌唱家。

在隧道深处，贠恩凤听见有几位四川口音的工人在说话，立即为他们演唱了一首《康定情歌》，歌声嘹亮绵长，加上隧道产生的共鸣，赢得了工人们的一片掌声和欢呼。隧道里的工人激动地围拢过来说：“像贠老师这样的艺术家能深入我们中间，为我们唱歌，说明您看得起我们。您真是和我们心连心呀！”

而贠恩凤却感慨地说：“看到他们在秦岭深处条件艰苦的掌子面上紧张施工，我非常震惊。与他们相比，我们是如此平凡，甚至渺小。工人们太辛苦了，我们每一个有良知的文艺工作者，都应该掏心地为他们服务，歌颂他们。无论为他们唱多少首歌我都愿意。”

归来后有人问及报酬，贠恩凤怫然不悦：“筑路工人冒着生命危险，在那样艰苦的环境下劳动，我唱几支歌算什么？要跟他们讲报酬，那就没一点儿做人的良心了。”

一次采访中，谈及20世纪70年代在襄渝铁路工地为铁道兵演出，贠恩凤说，看到不少铁道兵身上伤痕累累，她当时几度哽咽得唱不出来，只好到门后调节心情，待情绪稳定后才含泪演唱。贠恩凤说，她的心灵受到了极大的震动。如今几十年过去了，贠恩凤讲起往事还不禁眼含热泪，感慨不已。

1978 年的一天，贠恩凤夫妇到铜川王石凹煤矿慰问演出。当时作业技术还不发达，挖煤工人每次下井挖煤，都用一个铁笼子吊着下去，然后再吊着上来。

贠恩凤夫妇坚决要求去矿井底下为工人唱歌。他们头戴矿工帽，深入井下，来到掌子面上。许多掌子面高不过一米，头顶的矿石犬牙交错，人只能跪着或趴着。矿井里一片漆黑，矿工帽上的灯是唯一的照明设施。即使炎炎酷暑，掌子面也凉森森的。井下工作环境如此艰苦，超出他们的想象。矿工正是在这样的环境下挖煤，为人们的舒适生活贡献光和热。看到这样的状况，贠恩凤当时背过脸就哭了。

贠恩凤就在这种环境下，或趴着，或跪着，或移到稍平展的地方，为矿工演唱了好几首歌曲。矿工们激动的掌声顺着井道传出很远。矿上的干部职工纷纷称颂贠恩凤的艺德。贠恩凤唱了七八首歌，分文未取。所谓艺德，便在于此吧。

她常说："我们文艺工作者是做教化人的工作，首先自己不能为金钱所累。要知道，金子做的枷锁是最重的呀！"她朴素地认为，国家已经给了她工资，唱歌就是工作，就是为人民服务。为人民群众唱歌，不能讲价钱，更不能登台假唱。

1997 年 5 月 17 日下午 6 时，贠恩凤和老伴孙韶来到蒲白矿务局。她不顾旅途劳累，立即做演出前的准备。晚上 7 点半，她准时出现在矿务局俱乐部礼堂。与矿区文艺爱好者同台演出时，已经 57 岁的她精神饱满，风采依旧。在向观众问好之后，她突然向观众讲了一个最为敏感的问题——演出费。她说："当今，演员唱一首歌要价好几万，你们一定也想知道我这次演出要多少钱吧？"此刻，喧闹的观众一下静了下来，整个礼堂好似空无一人。贠恩凤此时坚决而响亮地说："我一分钱也不要。"雷鸣般的掌声骤然响起。之后，她又动情地说："我曾经到铜川矿务局下过井，有些巷道是要爬着过的。矿工的工作

“我们文艺工作者是做教化人的工作，首先自己不能为金钱所累。要知道，金子做的枷锁是最重的呀！”她朴素地认为，国家已经给了她工资，唱歌就是工作，就是为人民服务。为人民群众唱歌，不能讲价钱，更不能登台假唱。（孙聪 摄）

环境非常艰苦，但你们却默默地为人民奉献着光和热，我有什么权利要你们的血汗钱？人民需要艺术，艺术也需要人民，你们才是最伟大的……”伴着这铿锵之语，潮水般的掌声久久不息。观众们对这位艺术家的高尚艺德表示了崇高的敬意！

大礼堂里，原本只在电视里、录音机里听到的歌声飞进了观众的耳中。特别是孙韶临时谱定的一首《蒲白煤矿全省有名声》把晚会推向了高潮。

5月18日上午9点，贠恩凤又准时站在了白水煤矿的舞台上。报幕员担心她身体吃不消，就自作主张地说：“昨晚贠老师休息得晚，今天她又早早起床练唱，非常辛苦，今天她少唱几首，请大家谅解。”准备上台的贠恩凤一听急了：“怎么能这样说呢？我来就是为矿工演唱的，怕累还来干什么？”她上台后立即表示要比昨晚唱得多而且一定唱好。当演出结束贠恩凤走出俱乐部时，观众一个也未走，一下子拥了过来。一位采煤队的矿工激动地说：“大伙儿一定要亲眼看看这位能瞧得起我们矿工的艺术家。”一位工人和妻子抱着自己的孩子挤到贠恩凤身边，说：“今天是孩子的生日，让孩子和这位德高望重的艺术家照个相，这是我们给她的最好的生日礼物。”签名、合影足足持续了半个多小时。

午饭时，炊事班的人员说由于忙，他们没能看上节目，知道贠恩凤很累，饭后他们只想亲耳听一首歌就满足了。贠恩凤知道后，立即放下手中的筷子说：“现在就唱。”于是饭厅里又响起了贠恩凤的歌声，不是1首，而是4首。

当天下午和晚上贠恩凤又连续演唱两场。从17日晚到18日晚，20多个小时内，一共演出6场。在南桥煤矿演出结束后，矿领导为贠恩凤戴上了书有“荣誉矿工”的绶带，给孙韶戴上了矿工帽。矿领导为他们备了晚餐，贠恩凤却辞谢说：“我们是利用休息日来的，今晚要赶回去，明天还要按时上班。”

在南桥煤矿演出后，贠恩凤和观看演出的矿工及学生们合影留念，然后便匆匆离去。矿区干部职工望着消失在黑夜里的小车，心情难以平静，他们都有一个共同的感觉：贠恩凤留给我们的不仅仅是歌声，还有真正的人民艺术家的风范。

多年来，贠恩凤始终怀着为人民歌唱的美好心愿，满腔热情地为工农兵服务，是一位扎根在群众中的歌唱家。她演唱的《歌唱解放军》《南泥湾》《刘志丹颂》《拥军秧歌》《革命将士出征歌》等，充满了对人民子弟兵的感激和热爱。春节慰问演出，不管天气多冷，也不管条件如何、听众多少，只要干部、战士有需求，她就尽量满足，到炊事班、训练场热情为大家歌唱。

一次，贠恩凤随广播文工团到解放军某部慰问演出。她和全团同志赶排了优秀节目，她演唱的歌曲催人泪下，鼓舞士气。每场演出结束，她顾不上卸妆、休息，便和战士们交谈，给他们签名。

20 世纪 90 年代初，人民子弟兵在西安护城河实施清淤工程，贠恩凤和老伴孙韶从报纸、电视上看到广大官兵艰苦劳动的场面和模范事迹，深受感动。老两口决定去现场慰问战士们。他们顶着烈日，互相搀扶着在护城河边边走边问，终于在南护城河下面找到了工程指挥部。

指挥部的小战士看到贠恩凤激动万分：“贠老师，这里又臭又脏，您怎么到这儿来了！”贠恩凤看着满身污泥和汗水的小战士说：“孩子们，你们辛苦了，你们给西安人民干了一件大好事，我是来给你们唱歌的！”当部队首长表示官兵正在施工，组织难度大，并感谢艺术家的心意时，贠恩凤热切地说：“没关系，哪怕是一个战士听，我也唱，没有设备无所谓。”

了解到战士们的先进事迹，贠恩凤和孙韶以这些事迹为内容专门为战士们创作了歌曲。

烈日炎炎，脚踩淤泥，没有音响，没有话筒，在清淤工地旁，孙韶拉着手风琴，贠恩凤走着唱着。从上午 10 点到下午 1 点，他们走遍了战士们劳动的 5 个工作点，没喝一口水。两位艺术家在仅 1 尺宽的小道上演唱他们新编的歌曲《八一军旗火样红》，3 米之外的淤泥里站满了歌曲所颂事迹的主人公。

贠恩凤的歌声鼓舞了战士们。“贠妈妈，我们爱你！”“贠妈妈，再来一首！”战士们沸腾了，掌声与叫好声此起彼伏。贠恩凤在战士们的热情期盼中连唱了 18 首歌。已经被泥水与汗水浸透的战士们在淤泥中站成一排，抬起右手，用军礼向贠恩凤夫妇致以最崇高的敬意。贠恩凤立即举起右手向解放军致以崇高的敬礼，并大声说：“我将永远歌唱我们伟大的战士！”

贠恩凤动情地说：“战士们向我们敬礼的情景让我难以忘怀，我理应永远歌唱我们伟大的战士。从那之后，每次我们到一线慰问演出都尽可能编出新词，我要用歌声永远歌颂普通劳动者。”

“看到护城河清淤现场的官兵那么辛苦，我就坐不住了，就是再忙也要为亲人子弟兵们演唱！”这是在清淤现场的慰问演出中贠恩凤向记者吐露的心里话。

当护城河清淤工程完成后，贠恩凤再次在西北大学大礼堂为 2000 多名参加护城河清淤工程的解放军战士举行专场演唱会，用自己的歌声慰问人民子弟兵。

2002 年 4 月，以陕西省音乐家协会主席贺艺为团长、贠恩凤为骨干的“下乡采风演出团”一行 50 多人去陕北定边演出。不巧的是演出进行到一半时，突然刮起了沙尘暴，漫天飞沙，遮天蔽日。贠恩凤和其他演员顶着扑面而来的风沙照常演唱，台下的观众一动不动照常观看。沙子随风进入口腔，观众也都被风沙吹成了土人。这场景不

“战士们向我们敬礼的情景让我难以忘怀，我理应永远歌唱我们伟大的战士。从那之后，每次我们到一线慰问演出都尽可能编出新词，我要用歌声永远歌颂普通劳动者。”

仅感动了观看演出的群众，也鼓舞了台上的歌唱家。

贠恩凤是坚持到最后的一个。她冒着风沙，从台上走到观众中间演唱，大家掌声雷动，为她加油。贠恩凤激动得热泪与沙子混合，连唱 6 首歌曲，将演出推向高潮。演出结束后，一名中年妇女久久不愿离去，想近距离看看贠恩凤。贺艺将她领到贠恩凤跟前，这名妇女拉住她的手，激动地说："您唱得太好了，过去只是在广播里、电视上听，今天总算见到您了，做梦都没想到。有时间一定到我家坐坐，我给您做饭吃。"贠恩凤听了这番话，真心感受到了为老百姓唱歌的幸福。

2014 年 7 月，"三夏"麦收刚结束，室外高温超过 40 摄氏度，贠恩凤和陕西古代音乐文化研究院受陕西省文化厅委派，以一台文化惠民古乐歌舞综艺节目《长安雅歌》，在灞桥为狄寨村民演出。因为夏收刚完，乡亲们都要抢播秋种，过了预定演出时间还开不了场，是因为乡亲们从田间赶不回来。贠恩凤就向陕西古代音乐文化研究院院长建议再多等一会儿，让乡亲们从地里回来吃完饭再开演。

等演出开始后轮到贠恩凤演出时，天已经渐渐黑了，村主任和镇党委书记张罗着在演出现场挂灯照明。这时，观众们坐在黑暗中呐喊起来："贠恩凤！贠恩凤！"贠恩凤见状就说："不等灯了！"于是，她在暮色里为村民演唱。她那如百灵鸟一般清脆的歌声一响，群众就掌声四起，每唱完一曲，村民们就使劲儿鼓掌，贠恩凤不负众望，接连唱了好几首。

散场后，一位老大娘专门候在舞台侧，一定要让孙子陪着，等演出完后和贠恩凤握个手才回家。她拉着贠恩凤的手说："我今年 81 岁了，年轻时只在广播里和电视上听过贠老师您演唱，今儿个才把真人见上了。"

为村民演出的场地多半是露天的，贠恩凤就常将留给她的凳子让给群众坐，自己蹲在地上手持一面小镜子化妆。在演出现场，她从来都是把送来的水先让给别人喝，把买来的盒饭先让给别人吃。

2014年国庆假期，贠恩凤和家人去富平游玩，碰到了几名正在挂柿子晒柿饼的农民，他们一眼就认出了贠恩凤，在他们的请求下，她现场演唱了3首最受欢迎的红色歌曲。他们说：“以前老在广播电视上听您唱歌，做梦都没想到有机会能这么近地听您唱歌。”果农执意要以最好的果品相送，被她婉言相拒。

陕北某村庄场院里聚集着里三层外三层的观众，一排窑洞顶上挤满了男男女女。爬在树上的小孩子，站在自行车后架上的小姑娘，叼着旱烟袋的老爷爷，抱着孙女的老奶奶，紧依在一起的一对对男女情侣，还有让孩子骑在脖子上的中年人，几个赶集归来的头扎羊肚子毛巾的陕北后生和戴花头巾的女青年，他们正聚精会神地聆听贠恩凤演唱。

贠恩凤站在场院中心放声演唱《翻身道情》。场内叫好声、掌声不绝。

是啊，人民渴望艺术，艺术同样离不开人民，艺术家需要融入生活，投入人民的怀抱，在人民中间，艺术家是大有可为的！

从艺70年来，贠恩凤始终把为人民歌唱作为自己的精神信念，自觉担负起对民族文化、对社会道德正面传播的责任。作为一名党的文艺工作者，贠恩凤始终坚持歌唱主旋律，以朴素的、健康向上的、人民大众喜闻乐见的民歌和优秀的原创歌曲去鼓舞人，给广大人民群众带来精神力量。只要人民群众需要，哪里都可以当作义务演出的舞台。她常年在社区义务演唱，在西安火车站演唱，在西安公交六公司演唱，在公交站演唱，心甘情愿义务下到煤矿掌子面为挖煤工人演唱，顶着烈日为护城河清淤战士加油鼓劲，冒着危险到正在开掘的隧道里演唱，为节日期间身在归途的旅客演唱……她用歌声慰问一线工

从艺70年来，贠恩凤始终把为人民歌唱作为自己的精神信念，自觉担负起对民族文化、对社会道德的正面传播责任。作为一名党的文艺工作者，贠恩凤始终坚持歌唱主旋律，以朴素的、健康向上的、人民大众喜闻乐见的民歌和优秀的原创歌曲去鼓舞人，给广大人民群众带来精神力量。只要人民群众需要，哪里都可以当作义务演出的舞台。（孙聪 摄）

作人员，使他们倍感温暖。她常常在演出结束后，不但分文不取，还主动为贫困地区人民捐款。

贠恩凤自 20 世纪 90 年代初开始，连续 20 多个春节主动下基层进行义务演出，与坚守在一线的劳动者一起过年……

三

“广播里唱歌的贠恩凤又来村里唱歌来了！大家快去看去！”

1981 年 4 月 24 日中午，贠恩凤再次来到了阔别多年的朱王大队。

贠恩凤回“娘家”，群众高兴地在黑板报上写下这样一首诗：“恩凤思乡亲，心怀庄稼人。探访久别村，重逢更贴心。”当贠恩凤和乐队的同人们出现在朱王大队时，很快被群众团团围住，问这问那。

院落里，歌声一浪高过一浪，掌声一阵接着一阵。贠恩凤的歌吐字清晰，情真意切，扣人心弦。

贠恩凤一连唱了十多首歌曲，在阳光下，汗水淋淋，因为还要到别的村演唱，社员们心疼她，没有强留，嘱咐她：“再来呀！”她笑着点头说：“一定来！”

1980 年 4 月 26 日至 29 日，她在十三朝古都西安第一次举办了独唱音乐会。原定 3 场，应观众要求，又加演 1 场，连演 4 场，场场爆满。

陕西歌唱家举办独唱音乐会，贠恩凤是头一个。这次音乐会是新中国成立 30 年来陕西省文艺界举办的首次音乐会。

公演的当天早上开始预售票，虽然下着雨，但剧场门口一早就排起长长的队伍。几天的正式演出，每天晚上都有很多没有买到票的音乐爱好者在剧场门前等票，有的围在电视转播车周围看电视录像。

这次音乐会期间，贠恩凤每晚演唱 38 首歌曲。她的歌声清亮悦耳，情绪饱满，给观众留下了深刻的印象。

1981 年，贠恩凤东出潼关，在古都洛阳举办了独唱音乐会，仍是盛况空前。

1984 年 1 月，她又被邀请赴上海举办独唱音乐会。

贠恩凤那精湛的歌唱技艺、谦虚朴实的舞台作风，引起了观众的强烈反响。上海报界称“演出的这种盛况在上海音乐舞台尚属少见”。上海音乐界称她唱的是“地道的中华之音”。

轰动了上海，能否轰动京城？

贠恩凤在北京举办独唱音乐会的首场演出定在 1985 年 12 月 28 日晚上。这一天晚上同一时刻，在首都体育馆，中国女排与世界明星联队举行首场比赛！当时在中国，女排热那可了不得！何况这次比赛，是女排健儿荣膺“四连冠”后的大亮相，意义非比寻常，而且这次比赛的对手，是世界明星联队！

演出前几天，同行的领导和同事们忧虑难掩：“恩凤，怎么办？干脆找中国音协商量，更改演出日期算了。”

贠恩凤深深理解同人们的心情，她诚挚地解释说：“演出时间既已定了下来，我尊重主办单位的意见。”

“观众少了怎么办？”

贠恩凤坦然一笑：“就当是一次彩排吧。”

话是这么说，可贠恩凤心里何尝没有掂量，但贠恩凤心中有成功的自信，这种自信，就是对民族文化的自信和对自己实力的客观估计。

12 月 28 日、29 日，贠恩凤独唱音乐会如期举办。

12 月 28 日晚，海淀剧场观众满座。

贠恩凤精神抖擞，场内的热烈气氛也是少有的，每首歌都能获得观众的热烈掌声。两个小时里，贠恩凤唱了 25 首歌。1000 多名观众惊喜地发现，她愈唱音愈佳，情愈浓，味愈醇。

贠恩凤感激地来到观众席，和大家频频握手，亲切致谢。

贠恩凤独唱音乐会的成功，受到了首都音乐界的重视，中国音乐家协会专门组织了座谈会，高度评价了贠恩凤几十年来坚持民族唱法的艺术成就。与会者一致认为，贠恩凤坚持民族声乐的道路走对了。在讨论中，人们对贠恩凤的胆识和品格也予以高度评价。

座谈会即将结束时，贠恩凤热泪盈眶地说：“我非常感谢在座的各位老师，感谢为我组织这次独唱音乐会的有关单位和同志们。我决心沿着民族音乐这条路坚定不移地走下去，永远为人民歌唱。”

1986 年 1 月 1 日，贠恩凤应邀参加了全国政协新年茶话会，会上与侯宝林、袁世海、刘长瑜等艺术家一道向党和国家领导人作了演出。

中央有关领导同志为了让更多的老同志听到亲切的陕北民歌，决定于 1 月 9 日在中南海怀仁堂举行贠恩凤独唱音乐会。新中国成立以来举行这样的独唱音乐会是第一次。

一阵热烈的掌声，在中南海怀仁堂响起！贠恩凤刚唱完第一首歌，场上的气氛便骤然热烈起来。

贠恩凤嗓音丰富饱满，行腔委婉动人，不同歌曲所需要的颤音、滑音、鼻音以及情绪的跌宕起伏，她都处理得恰如其分，又融进新意，令听众大饱耳福。

当晚，贠恩凤的老师、著名歌唱家郭兰英在病中专程来看了演出。演出结束后，她在舞台上拥抱住贠恩凤说：“今晚演出很成功，祝贺你，这条路你走对了，要继续坚持走下去，走下去！”

从艺 70 年来，贠恩凤先后在渭南、西安、上海、北京、洛阳等地举办了 40 多场个人独唱音乐会，为乐坛吹来一股清新的风。

四

“贠恩凤老师又来学校演唱了！大家快去看啊！”

从 1983 年起，贠恩凤就十多次到终南山下的工读学校为孩子们教唱歌曲、演唱、辅导节目，也教他们做人的道理，和那些孩子建立了深厚的感情。1983 年 5 月 27 日、28 日两天，贠恩凤到省青少年劳教所、西安市少年工读学校，给孩子们教唱歌曲《没有太阳就没有鲜花》，并演唱了《南泥湾》等革命歌曲，那些曾失足的孩子们听得十分激动。

孩子们发自内心的请求，打动着她。虽然贠恩凤有一张排得密密麻麻的日程表，还有一个生病住院都在拼命作曲的丈夫需要她照顾和劝慰。可是11月16日，贠恩凤还是又一次来到西安市少年工读学校，她久病初愈的爱人孙韶为她伴奏。她以激越向上的感情，悠扬动人的嗓音唱了一首又一首，又给孩子们教唱《祖国的笑容那么美》《我们热爱伟大的党》。

贠恩凤要走了，孩子们要求她再来，来参加他们的歌咏比赛，来观看他们的军体表演。

她答应了孩子们的要求，而且没有失约，她几乎每年都去工读学校，有时一年去几次。孩子们看着这位长辈们尊敬的歌唱家，如此认真地给他们教歌，如此真诚地与他们谈心，都感动得流泪了。学生们即兴写了许多诗歌献给他们心中最值得敬爱的歌唱家，有一名女学生写了一首题为《献给歌唱家的歌》的诗，诗中有对歌唱家的敬慕之情，有对自己的痛悔和对希望的追求，并请求她常来。

倾听着孩子们发自肺腑的心声，贠恩凤哭了。后来贠恩凤听说这个女孩子很快就回归了社会，走上了光明之路。在为这个女孩高兴的同时，她更加坚定了继续从事这个平凡而伟大的工作的决心。

1985 年 5 月 20 日，贠恩凤和陕西省广播电视民族乐团团长孙韶，带领女高音歌唱家于桂荣，中国音协会员、本团演员队队长、男中音歌唱家钱志鸿等 11 人，到西安市少年工读学校为学生演出，受到全校师生的热烈欢迎。

贠恩凤谆谆教导这些孩子说：“最近，全国政协主席邓颖超同志给全国少先队员写了一封信，题目是《人民的利益高于一切》，这就要求你们热爱人民，尊敬人民，珍惜人民的劳动果实，学习人民的优良品德。”最后，她向学生提出了殷切的希望：“我希望大家努力学习，改错学好，为将来做一个对社会有用的人，做有理想、有道德、有文化、有纪律、热爱祖国的一代新人而努力！”

贠恩凤和乐团其他歌唱家的精彩表演，激励了学生们改错学好的决心和信心，为学校增添了欢乐的气氛，受到了师生们热烈的欢迎。

1987 年 10 月 15 日，在西安召开的全国工读教育经验交流会上，贠恩凤应邀出席并作题为《全社会都来关心支持办好工读学校》的发言，她指出：预防青少年犯罪，是关系到青少年健康成长和社会长治久安的一项战略工程。我们大家都要重视这项工作。她表示愿为此继续尽自己的一点努力。

1991 年，贠恩凤受聘成为陕西省女子监狱的教育顾问，她义不容辞地担当起这个重任。从那时起，她每年的除夕或正月初一就来到坐落在西安大明宫遗址附近的这所特殊的监狱。贠恩凤一口气演唱十几首歌曲。但是绝大多数犯人仅仅能够通过监房中的闭路电视看到歌唱家的形象，听到歌唱家的歌声。女囚们多么希望能亲眼一睹歌唱家的风采。

贠恩凤了解到女囚们的心理，尽管精力有限，但她毅然向狱警提出为每一个监房演唱的请求。贠恩凤与丈夫孙韶一个监房一个监房地为女囚们歌唱。

唱完歌，贠恩凤又与女囚们促膝谈心，讲做人的道理，讲社会责任……女囚们感动得频频点头，纷纷表示："您的歌声给了我们好好改造、重新做人的信心和力量。绝不辜负两位老师的期望，一定好好服刑，好好改造自己。将来像两位老师一样，做一个好人，做一个对社会有用的人。"

面对女囚们的滚滚热泪，贠恩凤心灵受到震撼，一次又一次哽咽着中断演唱，热泪也流满她的脸颊。她像在舞台上一样，向女囚们鞠躬致意。她衷心祝愿她们早日获得新生，重新做人。

贠恩凤没有辜负周恩来总理生前的谆谆教诲，她也没有辜负习仲勋副委员长在世时的殷殷期望，她更没有辜负人民群众尤其是失足青年的普遍赞誉。

五

"贠恩凤退休了，唱了半辈子的老太太这下该享享清福了。"

出乎人们意料的是，贠恩凤退休后好像比上班时还忙碌，经常早出晚归。人们不禁纳闷：她在忙什么呢？

原来，贠恩凤虽已经退休，但是心中依然装着人民群众，只要人民群众有需求，她就随时可以歌唱。她曾在即将启动的列车旁为列车员和乘客演唱，她曾在车站为司机和乘客放歌，她曾中断吃饭去灶房在锅碗瓢盆的伴奏下给正在做饭的师傅们演唱。一次在为公交车调度站工人演唱时，一名司乘人员马上要出车了，临走时对她说："您的演唱听不成了，谢谢贠老师，我要像您一样更好地为人民服务。"

贠恩凤以高尚的职业操守，良好的社会形象，优秀的音乐作品，

贠恩凤虽已经退休，但是心中依然装着人民群众，只要人民群众有需求，她就随时可以歌唱。她曾在即将启动的列车旁为列车员和乘客演唱，她曾在车站为司机和乘客放歌，她曾中断吃饭去灶房在锅碗瓢盆的伴奏下给正在做饭的师傅们演唱。贠恩凤以高尚的职业操守，良好的社会形象，优秀的音乐作品，热爱生活、积极向上的人生态度，赢得了人民的喜爱和尊重。(孙聪 摄)

热爱生活、积极向上的人生态度，赢得了人民的喜爱和尊重，她用自己的实际行动践行着社会主义核心价值观，并且影响、感染着广大的听众和观众。

退休至今，贠恩凤坚持每年公益演出六七十场甚至上百场，工矿、农村、部队、学校、医院都是她演出的舞台，三秦大地处处都活跃着她义务演出的身影，她的歌声依然如银铃般清脆。近年来，她非常关注非物质文化遗产——长安古乐的发展，多次与相关传承人、保护者同台演出，并将得到的报酬资助长安古乐演出。

2014年6月，《陕西广播电视报 · 第一生活》心连心社区艺术团成立，74岁的贠恩凤应邀担任艺术团团长，带领艺术团的成员为社区居民服务。报社的社区活动开展到哪里，她就跟到哪里，从未提过报酬。每一场活动都能吸引众多观众，许多老年人握着贠恩凤的手说：“我们听您唱陕北民歌，已听了大半辈子，现在还能听到您这么优美的歌声，真是感动！”在贠恩凤的感召下，艺术团已经有3000多名团员。艺术团积极开展文化传承、普法教育、健康知识和文化知识普及等各项活动。

2014年暑期，得知省上组织艺术家赴社区进行惠民演出的消息后，贠恩凤不顾身体不适，坚决要求参加演出。她冒着酷暑连续演出十多场，场场都以饱满的热情、忘我的状态演唱，赢得了社区民众的高度赞扬。

2014年，贠恩凤被授予“三秦楷模”荣誉称号。2015年，贠恩凤被授予“时代楷模”荣誉称号。虽然荣誉接踵而来，但贠恩凤仍然一如既往地坚持到基层公益演出。

2019年新中国成立70周年，贠恩凤荣获“最美奋斗者”称号，并当选全国离退休干部先进个人代表。

贠恩凤荣获“最美奋斗者”称号载誉回陕后，9月29日接受记者

“人民需要艺术，艺术更需要人民。人民是文艺工作者的母亲。文艺工作者应该自觉地、长期地、满腔热忱地和人民在一起，为人民奉献优质的精神食粮，用优秀的作品鼓舞人。在几十年的演唱生涯中，我始终坚持弘扬主旋律，歌唱党，歌唱祖国，歌唱人民，歌唱时代，与时俱进。”（刘强 孙聪 摄）

70 年来，作为一名党的文艺工作者，贠恩凤始终坚持歌唱主旋律，给广大人民群众带来精神力量。无论是灿烂绚丽的中外舞台，还是艰苦简朴的工厂、农村露天演出场，甚至工读学校、女子监狱，贠恩凤所到之处不仅留下了优美的歌声，也留下了真情，更留下了她无私奉献的美德。(王励 摄)

专访时说：“党和人民给了我如此高的荣誉，我只有更加努力歌唱，才能对得起这份荣誉和信任。”“我认为，奋斗就是要鼓足劲，再鼓足劲，撸起袖子加油干。其实每个人在各个行业都是奋斗者，我们全力以赴，共同为祖国奉献！”“我要更好地为人民歌唱，继续传递奋斗的力量。”“我要继续投入新的奋斗当中，只要身体允许，我会一直唱下去，把人民的先进事迹唱出来，把祖国的大好山河、灿烂文化唱出来。”“我只是一个普通的歌唱者，这次聆听了全国各地‘最美奋斗者’的先进事迹，我深受感动，特别振奋，我要继续好好跟大家学习。”

在贠恩凤看来，这枚奖章最美的地方就是“奋斗”二字。“新时代是奋斗者的时代，我们的国家对奋斗者进行表彰，这是非常了不起的。”

2002 年，在隆重纪念毛泽东《在延安文艺座谈会上的讲话》发表 60 周年座谈会上，在回顾自己大半生艺术生涯后，贠恩凤动情地说：“人民需要艺术，艺术更需要人民。人民是文艺工作者的母亲。文艺工作者应该自觉地、长期地、满腔热忱地和人民在一起，为人民奉献优质的精神食粮，用优秀的作品鼓舞人。在几十年的演唱生涯中，我始终坚持弘扬主旋律，歌唱党，歌唱祖国，歌唱人民，歌唱时代，与时俱进。……我努力在自己演唱的歌曲中，表达一种继承革命传统、发扬延安精神、开拓创新的思想观念，紧跟时代，不断进取，永远站在为人民群众服务的第一线。”

70 年来，作为一名党的文艺工作者，贠恩凤始终坚持歌唱主旋律，给广大人民群众带来精神力量。无论是灿烂绚丽的中外舞台，还是艰苦简朴的工厂、农村露天演出场，甚至工读学校、女子监狱，贠恩凤所到之处不仅留下了优美的歌声，也留下了真情，更留下了她无私奉献的美德。她的成长，见证着中华人民共和国文艺的发展；她的歌声，记录着中国人民行走在小康路上的梦想与追求。

名　堂

——记“最美奋斗者”汪勇

名　堂

——记“最美奋斗者”汪勇

戈　舟

汪勇简介

汪勇，男，土家族，1971年10月出生，中共党员，湖南沅陵人。陕西省西安市公安局新城分局韩森寨派出所副所长、咸东社区民警，一级警督警衔。从军17年，从警13年，他以对党和人民的赤胆忠诚和对公安事业的执着追求，立足基层，扎根社区，积极探索创新智慧社区警务，用精细化管理、规范化执法、亲情化服务，竭诚为辖区群众排忧解难，用真情和汗水建立了深厚的警民鱼水情，赢得了群众的广泛拥护和爱戴。被授予“时代楷模”“全国优秀共产党员”“最美奋斗者”“全国模范军队转业干部”“全国公安机关爱民模范”“三秦楷模”等荣誉称号。

一

汪勇是谁？

新华社发布的事迹简介如此陈述：

> 汪勇，男，土家族，中共党员，1971年10月生，湖南沅陵人，陕西省西安市公安局新城分局韩森寨派出所副所长。从军17年，从警13年，他以对党和人民的赤胆忠诚和对公安事业的执着追求，立足基层，扎根社区，积极探索创新智慧社区警务，用精细化管理、规范化执法、亲情化服务，竭诚为辖区群众排忧解难，用真情和汗水建立了深厚的警民鱼水情，赢得了群众的广泛拥护和爱戴。他是党的十九大代表，荣获“时代楷模”“全国优秀共产党员”“全国人民满意的公务员”“全国模范军队转业干部”“全国公安系统二级英模”“全国公安机关爱民模范”等荣誉称号。

2019年9月25日上午，“最美奋斗者”表彰大会在京举行。作为陕西省唯一获此殊荣的民警，汪勇激动地说：“站在领奖台上的那一刻我非常激动，脑海里浮现的都是和社区百姓并肩战斗的画面。获得这个荣誉得益于老百姓的支持，如今回到工作岗位上，再看到奖章，我感觉更多的是责任和压力。”对这次获奖，汪勇说：“在我的心里，没有‘最美’只有‘更美’。‘最’字应该是我终生奋斗的目标，我会将‘美’字放在心里，把它作为服务群众和让群众满意的一把标尺，为平安西安建设作出新的成绩，不愧于时代，不愧于这个光荣的称号。”同时，他还说，作为咸东社区的一名民警，一路走来，感谢

“在我的心里，没有‘最美’只有‘更美’。‘最’字应该是我终生奋斗的目标，我会将‘美’字放在心里，把它作为服务群众和让群众满意的一把标尺，为平安西安建设作出新的成绩，不愧于时代，不愧于这个光荣的称号。”

群众对他工作的支持、组织对他的培养和战友们对他的帮助。“最美奋斗者”其实不仅仅属于获奖者，还属于每一名劳动者、每一个为西安建设默默奉献的人。

二

盛夏时节，我见到了汪勇。

午休中的派出所格外安静，楼道里空无一人。这栋年头应该不短的建筑，能将人拉回到二三十年前的记忆里。它身处繁华闹市，却也像里面的奋斗者一样默默无闻。爬上三楼，汪勇办公室的门虚掩着却不见人在。正在迟疑，一位矮小而结实的汉子光着膀子端着脸盆从水房出来了。显然，他刚刚擦洗过，肩膀上还留着水迹。这便是汪勇。

见到我们，他连忙解释：刚刚忙完，趁着午休时间擦一把浑身的汗水。一开口，是带有乡音的普通话。我知道他来自湖南省沅陵县，还是一位土家族的同胞。对于他的忙，我们其实是有心理准备的。来之前就和他沟通过数次，知道疫情期间，基层派出所的工作任务也增加了，这个午后的见面，是挤出来的时间。

汪勇一边套上短袖，一边热情地招呼我们落座。环顾这间办公室，逼仄得似乎也仅能塞下我们这两个来访者了。沙发也仿佛是二三十年前的。

汪勇家境贫寒，儿时的日子过得极其艰难。他 6 岁起就帮助家里做饭、洗衣服、打扫卫生，稍大一些就开始砍柴、烧炭，干各种农杂活。

“我小时候，家里住的是茅草屋，一下雨就多处漏雨，一下雪就害怕屋子被压塌。冬天房子四处漏风，我们就在河边捡回鹅卵石，用火烧热抱在怀里取暖。”汪勇说。

贫困的生活在他心里留下了深深的烙印。

敦实，宽厚，是汪勇的本色，也恰是保持的农家子弟的本色，这个汉子平凡得令人放心和踏实。

汪勇家中姊妹四人，他排行第二，如今也只有他一人在城里工作，其余都还在农村，时不时地还需要他帮忙。他的父亲年逾70，不幸患有尿毒症。2009年，汪勇把父亲接到西安治疗。当时国庆60周年安保任务很重，父亲住院半个多月，他只去看望过两次。当老人得知医疗费时，坚决要求出院并要回湖南老家。汪勇得知后哭着劝都劝不住，只好让老人回了老家。

从1999年开始，为了照顾孙子，汪勇的母亲便和他们一起生活。他们租住的辖区21街坊的房子，只有35平方米，大衣柜、架子床、饭桌、写字台等家具都是从旧货市场淘来的，就连冰箱都是转业前部队一位领导送的。为了节省空间，汪勇在屋内支起架子床，儿子睡上铺，母亲睡下铺，他和妻子则睡在仅用塑钢简单隔开的外间。因手头拮据，汪勇和妻子结婚时连婚纱照都没有拍。尽管如此，妻子仍对他说：“我不和谁比，房子再大，睡觉还不都是巴掌大点地方。”妻子对他的工作非常理解和支持。由于妻子要照顾家，一直没有工作，儿子又在上中学，为了减轻家中经济负担，汪勇的母亲多年来一直在当清洁工。有一次，母亲扫完马路迷路了，怎么也回不了家，汪勇把她接回家后，硬是让她辞了那份工作。后来，妻子找了一份保洁员的工作。知道他的家庭困难，领导和同事都很关心。尽管有许多难处，汪勇却从来不说。2012年，所支部硬是把他的特殊情况上报分局，为他争取了1万元的家庭生活困难补助。

正是有着汪勇这样永不失去本色的奋斗者，我们才得享新时代的风华。

三

不是人人都能够保持本色。而能够保持住本色的人，在我看来，需要的则是一颗宝贵的自尊之心。

1990 年 3 月，18 岁的汪勇从家乡应征入伍。离家时，父亲卖掉了家中的牛，给他凑了 300 多元，缝在了他贴身穿着的背心里。这位当过民兵营长、村支书、乡林业站站长和乡农机厂党支书的父亲，在月夜里对儿子说：“伢子，出去以后好好干，要干出名堂！”

“要干出名堂”。

在我看来，那位朴素的老父亲谆谆教导自己儿子的话正是一个中国农民自尊自强的人生态度。他期望自己的儿子堂堂正正地展开自己的人生，干出点儿成就来。而他的儿子便是这样践行的。

汪勇来到曾涌现邱少云、罗盛教的英雄部队。他到部队的第一件事，就是向党组织递交入党申请书。其后 17 年的军旅生活，汪勇喂过猪，做过饭，当过通信员、炊事员……“要干出名堂”，凭着父亲这句人生信条一般的叮咛，汪勇忠诚履职，勤勉敬业，在不同的岗位上经受了不同的考验，三次荣立个人三等功，从一名普通士兵一步步走上营职干部岗位。

入伍时，汪勇仅有中学文化程度。怀着“要干出名堂”的信念，他在工作之余努力学习各类文化知识和与本职工作有关的业务知识，抓住一切时间为自己“充电”。他从部队要求掌握的应知应会内容学起，学习笔记密密麻麻地记了一大堆；在集团军司训队学习驾驶技术时，他注重理论与实践相结合，被集团军后勤部评为“优秀学员”；他利用业余时间自费参加系统的电脑操作培训，熟练掌握了常用的电脑操作系统和办公软件。由于坚持不懈地努力，2001 年 7 月，汪勇拿到了西安陆军学院经济管理专业的大专文凭。对此，他仍不满足，通过 3 年刻苦的在职学习，于 2004 年 7 月又获得了军事指挥专业的本科文凭，并取得学士学位。

你可以将这一切看成是个人的奋斗史，但我更愿意从汪勇的身上，看到的是中华民族的自尊。我们这个民族，正是有着无数汪勇这样的自尊者，才生生不息走到了今天，干出了自己的名堂，高扬了民族的尊严。

要干出名堂，就不讳言去做英雄。2006 年 10 月，汪勇从部队转业，怀着英雄之梦，从军营来到警营。他被分配到了西安市公安局特警支队三大队，从事网格化巡逻工作。一如既往，这位工作积极主动、踏实认真的湘西汉子，以良好的军人素质和作风赢得了大队上下的一致肯定。2007 年 8 月，完成了从警之初角色转换的汪勇，被分配到韩森寨派出所工作。所长问他想干什么警种，汪勇觉得，破案抓逃犯干起来有劲，当警察就要当刑警！看着身高一米六、模样又黑又瘦的他，所长耐心地说："还是从社区民警做起吧。"

好，当社区民警我也要干出名堂来！

四

基层派出所民警工作烦琐、平凡，那几乎是一个与英雄、名堂无关的岗位。但是汪勇却在平凡之中干出了名堂。

他依然先从逼自己下手：担任社区民警后，特别注重向书本学、向身边学、向实践学，在学习中不断提升履行本职工作的能力。他结合岗位需要，大量学习公安业务和法律知识，潜心钻研各类案件办理规定等常用法律法规，认真钻研不同事件、不同案件的走访调查方式、询问内容和讯问技巧，先后归纳总结出“吸毒案件笔录17要素”“各类案件适用法律条文汇总”“调查取证注意事项”等多种实践体会和工作要点。在学习实践的基础上，他总结出了“勤、责、爱”的工作方法。

这是一种最为朴素的学习冲动，而且有效、实用。“认真才能把事情做对，用心才能把事情做好。”这样一句寻常标语，汪勇都要铭记于心，并且身体力行。看到报刊上的好文章，只要是工作中用得着的，汪勇都一篇一篇地剪下来，一张一张地贴到本子上，一遍一遍地反复学习。多年积累下来的多本学习剪贴本，涉及时事政治、思想评论、典型经验、工作方法等各个方面，成为汪勇工作的好帮手和用之不竭的财富。

边学习边实践，他对做好社区警务工作有自己的认识，结合学习和工作实际，先后撰写了《浅谈社区民警如何在警务工作中说理执法》《社区民警执法工作中的几点思考》《公安民警应坚持“五慎”》等多篇学习体会文章，并将学习成果充分运用到实践中，在不断摸索中逐渐积累了丰富的工作经验。

2010年9月，汪勇应邀回到集团军直属队，结合自身实际为部队官兵作了一场《复转人员如何在地方建功立业》的专题报告，受到官兵的热烈欢迎。2011年10月，汪勇撰写的《深化说理执法之我见——贯彻说理执法机制　构建和谐警民关系》一文，在全市公安机关说理执法征文活动中荣获了二等奖。

理论学出了名堂，实践必定也会干出名堂。

身为一名片警，汪勇管理的咸东社区地处西安市新城区城乡接合部和新城、灞桥、雁塔三区交会处，有居民2000余户，实有人口破万人，显著特点是“四多一大”：发案多、不稳定因素多、下岗人员多、流动人口多，掌控和治理难度大。

汪勇给自己量身定制了个“万千百计划”：走万里路，进千家户，解百家难，让自己完全融入社区。为了熟悉社区，他挨家挨户地上门走访，累得腰酸腿疼、口干舌燥。为了规范社区管理，他深入辖区单位和居民大院，走到哪儿记到哪儿，通过大量艰苦细致的走街入户，建立了详细规范的小区院落登记、辖区单位统计、出租户登记、治安力量和门卫登记、消防责任书签订，以及重点人口、残疾人、低保户登记统计等14类台账，掌握了社区管理的第一手资料。哪个小区外来人口多，哪个单元楼住的谁，哪个单位仅有夜间值班、白天无人看护，哪里的天然气管道小偷易攀爬，汪勇心里渐渐有了数。而群众也通过和他的接触，记住了这个负责的汪警官。

能敲得开门、说得上话、交得了心，是汪勇开展社区警务工作的重要前提。接管社区不久，汪勇走访时了解到，居民李某精神有些不正常，经常在社区肇事惹祸，曾多次用菜刀和铁锤砸邻居的门，还扬言要放火。经深入了解得知，李某当过兵，又下了岗，妻子还同他离了婚，孩子也不在身边，他既无经济来源又无精神寄托，精神受了刺激。为了消除不稳定因素，汪勇决定上门做工作。有居民好心相劝：“小心他犯病伤到你。”尽管心里也有些发怵，但汪勇还是走进了李某家。

“李哥你好，我是你兄弟。你当过兵，我也是当兵回来的。你是老班长，我来看看你。”

一句话就让李某的情绪稳定了下来。汪勇一边主动关心其生活情况，一边详细了解他的困难，并答应马上向厂领导反映他的情况。人见人怕、人见人躲的李某被感动了，亲自把汪勇送出了家门。在汪勇的协调下，工厂帮李某解决了生活补助，而李某再也未出现过激行为。看到社区警示牌上汪勇的照片脏了，他还会主动用抹布擦得干干净净的。

汪勇给自己量身定制了个“万千百计划”：走万里路，进千家户，解百家难，让自己完全融入社区。为了熟悉社区，他挨家挨户地上门走访，累得腰酸腿疼、口干舌燥。而群众也通过和他的接触，记住了这个负责的汪警官。

社区民警的主要职责就是抓治安、搞防范。情况熟悉了，汪勇就从组建队伍、密织防控网入手，积极利用社区党建联席会的平台，吸纳驻地单位领导、保卫干部和家委会主任，每月召开治安防范联席会，分析社区治安形势，研究布置防范工作。在他的积极协调下，社区设立了多个治安值班室，组建了有近200名离退休人员和党员参加的治安巡逻队，有65名小区物业保安参加的专职安防队伍，以及有150余人参加的治安信息反馈队伍。为了有效预防重点时段各类案件的发生，汪勇组织安保力量加强夜间巡逻，经常主动承担后半夜的巡逻工作。

咸东社区大部分院落都是20世纪70年代初建的，基础设施差，时常发生财物被盗案件。2010年初，有个家属院连续发生了多起入室盗窃案，让汪勇倍感压力。他在社区召开了几百名群众参加的安全防范现场会，自己出钱800余元，购买了360个门窗报警器，一边介绍如何使用，一边免费发放给楼层较低、位置偏僻的住户，动员全社区力量群策群力、群防群治。2010年，有小区接连发生盗窃案。汪勇通过走访调查，发现小区东侧铁路桥与小区围墙之间距离较近，不法人员容易通过攀爬进入小区，存在安全隐患。为此，他积极协调物业，在小区东侧的楼房墙体上安装了探照灯，增设了监控探头，消除了治安盲区。有的群众对此不理解，认为安装探照灯夜间影响居民休息。汪勇便积极地给群众做解释工作。看到从那之后可防性案件大幅下降，许多群众都改变了看法。

为了夯实群众的防范意识，汪勇充分利用社区的宣传板、墙报以及标语等，积极落实安全防范“四个一”，即每周通报一次警情、每月进行一次安全宣传、每季度开展一次法制教育、每半年进行一次治安形势分析。他主动宣传防抢、防盗、防火、防煤气中毒、防灾害事故的安全常识和法律知识，针对不同季节及时发布警情预警，及时消

为了夯实群众的防范意识，汪勇充分利用社区的宣传板、墙报以及标语等，积极落实安全防范“四个一”，即每周通报一次警情、每月进行一次安全宣传、每季度开展一次法制教育、每半年进行一次治安形势分析。他主动宣传防抢、防盗、防火、防煤气中毒、防灾害事故的安全常识和法律知识，针对不同季节及时发布警情预警，及时消除安全隐患。就这样，汪勇在寻常之中干出了名堂。

除安全隐患。

就这样，汪勇在寻常之中干出了名堂。在汪勇的努力下，咸东社区治安状况明显好转，连续多年未发生一起重特大治安案件，可防性案件发案数逐年下降，多个小区实现了零发案，成为韩森寨街道发案率最低的社区之一。咸东社区先后被授予“先进基层党组织”“文明社区”“社会治安综合治理平安社区”等多项荣誉。汪勇被授予“时代楷模”“全国优秀共产党员”“最美奋斗者”“全国模范军队转业干部”“全国公安机关爱民模范”“三秦楷模”等称号。他所在的社区警务室，多次被评为分局示范警务室、全市优秀警务室和全省一级警务室。2013 年 4 月 19 日，新城分局党委作出决定，号召全分局民警向汪勇学习。

五

“规范执法，严格公正，平等对待，温情帮教”，是汪勇总结出的 16 字执法口诀。

2010 年 4 月，辖区一家汽车维修部发生重大火灾。公安部有关部门调查原因，追究责任。几经核实，调查组发现汪勇和辖区单位、商户家家都签有安全责任书，月月都有检查记录，人人都有安全警示谈话备忘。最终，原本被列为消防安全第一责任人的汪勇，却成了大家学习的榜样。

汪勇对犯罪分子疾恶如仇，对帮教对象温情感化。在重点人员管控帮教中，汪勇坚持思想上拉一把、生活上帮一把、工作上扶一把的帮教措施。“惩处不是执法的最终目的，让人心生感念，重谋新生，才是一名警察真正的崇高使命！”

汪勇的床下曾放着 8 双破损严重的鞋子，这些鞋是他在一年中穿破的。“一万里不是终点，我将永远走在为民服务的路上。”

群众有难事，第一个想到的是汪勇，而群众遭遇危难时，汪勇也总是冲在最前方。2012 年 6 月的一个傍晚，与咸东社区综合市场相邻的一家工厂活动板房忽然着火。接到群众电话，汪勇不顾个人安危，在浓烟中奋力灭火。

汪勇先后帮扶过许多特困学生、孤寡老人、失足青少年和服刑人员的未成年子女。汪勇做人坦荡无私，做事也是公私分明。妻子的姨父平日里对汪勇家照顾帮衬很多，汪勇当了副所长后，姨父想在汪勇的辖区做生意，却被他回绝了。事后，汪勇亲自登门道歉。他的真诚劝说让姨父最终打消了在其辖区做生意的念头。虽然生活清苦，汪勇对需要帮助的人却总是慷慨解囊。2014 年，分局战友的女儿患了白血病，他先后捐了 5400 元钱。他为社区群众办过的急事、难事、好事，多得连他自己也说不清，但群众想请他吃顿饭，都会被他婉言谢绝。省安装公司家属院 80 多岁的老人马清江，因患有脑梗和双膝骨关节病，不能站立，老伴也患有白内障、青光眼等眼疾，两个年过半百的儿子却都吸毒，2013 年 3 月他们被汪勇送进了戒毒所。看到马家无人照料，汪勇便多次陪同老人看病，提供一些力所能及的帮助。为了实现打击与教育的双重效果，汪勇经请示打了申请报告，前后 4 次前往戒毒所做工作，并写保证，费尽周折才把马清江的大儿子担保出来。汪勇将其送到家里时，马清江感动得老泪纵横。

在社区工作，汪勇认为每位社区群众都是亲人，只有和他们融在一起，他的工作才能得到支持。为了和群众打成一片，他在工作中始终坚持“六必到”：居民入住迁移必到、有疑难户政业务必到、产生矛盾纠纷必到、生活困难必到、发案必到、重点人员见面必到。对社区 25 名年老独居、长期患病的孤寡、空巢老人，他坚持每月看望一次，同时还在节日里为老人送粽子、包饺子、贴春联、煮元宵。对社区几名重度残疾、生活困难的居民，他也提供力所能及的帮助。

残疾人黄金顶一直未婚，因为患有严重的半身不遂，行动极为不便。汪勇就经常上门给他送饭、倒垃圾，陪他聊天。看到黄金顶家的煤气灶损坏，汪勇二话没说就买了一台煤气灶，送到他家并帮着安装好。黄金顶感动地说："这事我给我妹子说了半个月她都没管，你却一天就给办了，叫我真不知说啥好。"汪勇看到黄金顶家没有电视机，就主动将自家的旧电视机送到了黄家，其后，汪勇又花了 600 多元给他买了一台新电视。把新电视送到黄金顶家的当天，正好是汪勇母亲生日，汪勇说："我哪怕陪不了母亲过生日，也要让黄金顶看上没有'雪花'的电视！"

辖区杜氏两兄弟曾因犯罪被判刑，弟弟刑满释放后，其妻不愿同他生活，加之他们没有领取结婚证，其子一直没有报户口，这让他对生活失去了希望。汪勇了解情况后，带着他一连 3 次到其妻娘家做工作，最终把他的妻子接回家中，并协调给孩子报上了户口，又帮他向社区申报了低保。汪勇得知他会开车，就出面担保在一家卖轮胎的店铺给他找了份拉轮胎的工作，后来又推荐他到驾校当了教练。现在杜家的弟弟转变很快，日子也过得充实，还经常参加社区组织的公益活动。其兄获释回家后生活无靠，汪勇多方协调，帮助他开办了一个老年活动室，解决了他的生活问题。"要是没有汪警官，我们弟兄俩现在都不知道在哪里'漂'着呢。"提到汪勇，杜家两兄弟充满感激。

男青年韩某曾长期吸毒，被汪勇依法送进了戒毒所。汪勇对他说："你要彻底戒毒，等你回来时要第一时间到我这里报到。"韩某戒毒期间，汪勇主动了解其改造情况。知道韩某的父亲已去世，家中只剩其母一人，汪勇就经常打电话反馈他的改造表现，每周还上门走访一次。韩某出了戒毒所，第一时间来找汪勇。汪勇劝他要痛改前非，

在社区工作，汪勇认为每位社区群众都是亲人，只有和他们融在一起，他的工作才能得到支持。汪勇认为，每次群众找他办事，都是对他的信任，只有把每次接待都当成一个换位服务的机会，才能真正与群众拉近距离。“有事就叫我，随叫随到。”这是汪勇对群众的承诺。“就是要立足本职，认真工作，用心办事，让老百姓的口碑成为评判我工作的唯一标准。”

再不能违法，还给了他 100 元生活费。韩某感激地说：“汪警官，别人都看不起我，你却从来没有歧视过我，我要再不好好做人，就对不起你这个哥。”如今，在汪勇的帮教下，韩某在一家电信维护公司找到了工作，早已自食其力。

汪勇认为，每次群众找他办事，都是对他的信任，只有把每次接待都当成一个换位服务的机会，才能真正与群众拉近距离。不管群众找他是咨询户口事宜，还是办暂住证、开证明等，他都热情接待，能一次办好绝不让群众跑两趟，一次办不好就在办好了下社区时给群众捎去。

60 余岁的居民张宝琴，丈夫与她结婚时登记的姓名为王子茂，后因个人原因改为王志茂。由于更改了姓名，王子茂在银行存了 10 年的钱取不出来，银行非要让他证明两个名字是同一个人。情急之下，老两口来派出所找到了汪勇求助。汪勇在详细了解情况后说：“叔叔、阿姨，你们不要着急，你们把资料留下，我调查清楚后会联系你们。”张宝琴夫妇半信半疑地走了，汪勇则通过详细查阅结婚证、退休证、户籍底页等人口信息，证实了王志茂所言属实。经所领导审定后，汪勇给其加注了曾用名，并把开好的证明材料送到了张宝琴家中。张宝琴夫妇感动地对汪勇说：“这样一件事，我们不知跑了多少次都没解决，没想到在你这里这么快就办好了，还亲自送到我家，真是太谢谢了！”喝着张阿姨诚心实意递到他手上的饮料，汪勇说他有了一种成就感。

“有事就叫我，随叫随到。”这是汪勇对群众的承诺。群众熟悉汪勇，也乐意“使唤”汪勇，无论是煤气泄漏、发现可疑人员，还是钥匙忘在家进不了门，只要一个电话，就一定能叫来他。汪勇说：“我是个外地人，又住在社区里，在西安没有多少朋友，辖区群众就是我的亲人和朋友。”他把群众的事当事，一有空就下社区，有时白天忙所里的工作没下社区，心里还会空荡荡的，肯定会在晚上到社区转转。社区居民无论谁家有了困难，汪勇知道后，都会主动上门帮助解决。汪勇还在从警感悟中写道：“就是要立足本职，认真工作，用心办事，让老百姓的口碑成为评判我工作的唯一标准。”

六

新中国的最高荣誉，无疑是人生最美的名堂。

在960万平方公里的大地上，一个又一个的社区，是社会治理体系现代化的“末梢”与“窗口”。唯有这些“末梢”与“窗口”的治理水平提高，整个社会才能织就高水平的治理网络。在这个意义上，基层社区民警的工作作风、业务水平，便关系着整个国家治理现代化的大局。

汪勇就是在这样的认识高度上践行着自己的奋斗追求。

“不在社区，就在去社区的路上。别看汪勇个子不高，却真正为群众撑起了一片天。”这是战友对汪勇的评价。

汪勇的精神动力究竟从何而来？

他说：“有人问我到底图啥，实际上我图的是内心的踏实和一种归属感。我是从大山里走出的农村娃，本身就是老百姓中的一员，对他们的快乐与忧愁感同身受。我受部队和警队教育多年，而且带着感情去工作，收到了不错的效果。群众需要我，我自己也很有成就感，内心很满足，工作起来就更投入。”

就是这样一个农村娃，以最朴素、最诚挚的努力，为群众撑起了一片天，也为自己成就了人生最美的名堂。

忠诚源于信念，敬业乃因本色。汪勇，一个极为普通的社区民警，心里装着群众，天天帮着群众，在平凡的岗位上用汗水和真情散发着光和热，照亮了社区百姓的心。他甘于平凡、坚于执着、乐于奉献，用行动诠释了自己对公安事业的热爱，用良知坚守了人民警察应有的职业道德，用信念树起了一面光辉的旗帜，体现了一名优秀人民警察牢记宗旨、恪尽职守、爱岗敬业、坦荡无私的职业品质和高尚情怀。

习近平总书记指出，“幸福都是奋斗出来的”。新中国 70 年的辉煌成就，是亿万人民努力奔跑、不懈奋斗的结果。而汪勇就是这亿万人民的优秀代表。

索洛湾答卷

——记“最美奋斗者”柯小海

索洛湾答卷

——记“最美奋斗者”柯小海

邢小俊

柯小海简介

柯小海，男，汉族，1976年10月出生，中共党员，陕西黄陵人，黄陵县双龙镇党委副书记、索洛湾村党支部书记。他带头提出班子成员“三不三要三规范”，树起了班子形象，凝聚了全村人心，提出“支部牵头、企业管理、村民参股、市场运作”的工作思路，壮大了村集体经济，走出了脱贫致富的发展新路，使索洛湾村成为陕西远近闻名的富裕村，赢得了当地干部群众的拥护和赞誉。被授予“全国劳动模范”“全国优秀共产党员”“最美奋斗者”“陕西省劳动模范”“陕西省优秀共产党员”等荣誉称号。

“索洛湾，索洛湾，吃油筷子数点点，吃水深沟往回担。”

“地少不保收，挑水半里路。雨天两脚泥，人往外面跑。”

多年前，陕西省黄陵县子午岭索洛湾，土厚川狭，靠天吃饭，贫瘠萧瑟远近闻名。

时间到了 1999 年，柯小海突然决定返乡，竞选村干部。

柯小海是谁？

柯小海：索洛湾人，24 岁。自小能折腾，脑子爱琢磨事，几年前走出了大山去城里打工，在外已经闯出一番光景。

老支书路建民劝说道：“你要想好，自个生意正红火，好不容易跃出了农门，村里人都羡慕你哩！”

“索洛湾这块石头太重！”父亲更是担心，“你怕扛不起来，还伤了自己！”

“在城里单打独斗做生意，每天一睁眼就是算计着如何赚更多的钱，一闭眼就陷入会不会赔本的焦虑中，人不由得变得狭隘了、自私了！这样的日子活着有什么意思？”柯小海起了执念。

自此，柯小海挑起了索洛湾村发展的大梁，决心带领全村群众致富奔小康。在奔腾不息的沮河右岸，一个偏僻小村的脱贫画卷就此波澜壮阔地展开了……

一

索洛湾村在黄陵县城以西 47 公里处、沮河上游的凹形地貌中，是一个拥有 96 平方公里土地的村庄。

20 世纪七八十年代，柯小海家里人口多，负担沉重。父母是能吃大苦的人，哥哥姐姐也都十分勤劳，可一年到头仍是吃不饱肚子，那年月，家里的日子就是这样熬过来的。因此，他对贫穷和饥饿的记忆是深刻的，对乡亲们的慷慨施赠永怀感激之心。

十几岁走出村庄打工的柯小海，先是打零工、做小工，挑水、和泥、搬砖、垒石，全是最苦最累的活儿，但他干得很踏实，渐有余钱。有了积累后，在朋友帮助下，他贷款买车，做起了拉木材和煤炭的运输生意，因为聪敏机智又为人诚实，深得雇主信任，故而把生意做得风生水起，每年都有四五万元利润。5年以后，存款接近20万元，这在当时当地算是天文数字。以这个势头看，他完全可以乘势而上，把生意做得更大更强。

虽然自己已小有财富，日子足够滋润，可乡亲们都还穷着啊！

“一个人在外富了，想着村里人还在受穷，我岂能安心？”

在柯小海看来，故乡的贫穷，遥远荒僻、自然条件差是一个原因，人们的思想封闭、观念落后才是主因。如果有一个人，给这片沉寂的山水注入活力，给人心灵以提振，激发出他们的内生动力，一切皆有希望。

一番调研后，柯小海列出了索洛湾长长的“问题清单”：学校四处漏风、村道坑坑洼洼、村委会软弱涣散、缺产业致富无门……

他首先提出修学校、改村道，想把这当成提振乡亲精气神的“第一把火”。

早些年，村庄最兴旺时，全村人都有一股子精神劲儿，上学时校长要敲击挂在树上的一块生铁，听到这生铁的响声，村民的一种敬仰、敬畏之心油然而生。如今，这所村办小学历经20多年风蚀雨浸，14间大瓦房已经千疮百孔。

柯小海1999年当选村小组长后做的第一件事，就是修学校。只有让群众思想解放了，有文化了，村子发展才有希望。

可是修学校没有钱，咋办？

当时估算了一下，需要10多万元。柯小海先是每家每户走访，给群众说了很多掏心窝的话。

“你当你的村干部，我种我的地，和我有啥关系？”群众对村上的发展不抱希望。

柯小海又把群众叫来开会，谈了想法。没想到当场就有群众跳起来坐在桌子上，激动地说：“你才多大一个娃，还能得不行！”这个下马威，柯小海无论如何也没有想到。

群众为啥会这么激烈地反对呢？其实，群众心里是对村干部压根儿不信任。

“靠天靠地不如靠我们自己。咱们村民义务出工，起码能把工钱省下来。非花不可的钱，如砖瓦、沙灰、石子啥的，由我来出。”村委会上柯小海当时就表态，村上修学校坚决不让大家拿一分钱，保证短时间内把学校修好，但是大家要投工投劳。

村委会主任张军朝说：“小海呀，你的钱也不是风刮来水漂来的，凭啥往这个穷坑里甩？再说，包产到户以后，群众没了集体意识，只怕调动不起来。”

柯小海说：“村干部和党员带头，发挥引领作用。村民中的大多数人是明事理的，只要把利害讲清楚，大家会配合的。”

村支书路建民说：“冲着小海这份心，行不行也得试试。”

正值暑热，骄阳似火，路建民、张军朝、阮怀林、陈安平、向奎林、岳淑平……20多位党员第一时间赶到工地。柯小海一马当先，赤膊上阵，最苦最累的活儿抢着干，每天都是第一个来最后一个回去，脊背上的皮蜕了一层又一层，很有一股拼命三郎的劲头。

柯小海回忆说：“我是农村娃，做墙、盖房子这些体力活都没问题。我和林场商量，让群众帮他们修路，换取学校所需的木材，又把一些木材拉出去换回砖瓦。学校盖了 40 多天，我就在工地上守了 40 多天。群众看到了变化，也看到了我们干事的决心，积极性都被调动起来了。”

“咱不出力，学校修好了，孩子好意思进校门？”村民们看着党员挥汗如雨，起先是三三两两地来了，很快便都来了，填土、拉车、抡铁锨，100 多人参与的劳动场面热烈壮阔，动人心弦。索洛湾一改多年的冷清，变得热气腾腾……学校翻修用时 46 天，改造了 14 间大瓦房，还有围墙、大门，柯小海个人垫资 3 万多元。当一座崭新的校舍呈现在眼前时，孩子们欢天喜地，村民们笑逐颜开。

“这个功劳应该记在柯小海头上！这个后生，还真有点儿本事！”村民们竖起大拇指。

修学校这件事对柯小海成长的深远意义在于——让他心里有了底：只要你一心为公，就没啥难事！

学校修起来了，柯小海又跑到王县长那儿汇报。在此之前，他多次汇报，王县长就是没有给索洛湾批一分钱。看到新修的学校，王县长很高兴，一次性给村上批了 3.5 万元钱。

柯小海说：“当干部，就得给老百姓干事情！你看，只要你干了事，领导就能支持你，你不干事，领导也不敢支持你。”——这是通过修学校这件事情柯小海获得的第二个心得。

索洛湾之所以被称为“烂杆村”，贫穷固然是一个原因，而村街里猪圈、厕所乱建，畜粪遍地，杂物横陈，其脏乱差也是一个不容忽略的原因。索洛湾是穷，但再穷也不能不讲秩序不讲卫生。学校修好后，柯小海又把注意力放在了改善村容村貌上。

相比于修学校，街道改造是一个更艰辛的工程。坑坑洼洼，曲折不平，连绵几里，并且与一部分人的切身利益息息相关。相对此前的学校翻修，村街改造还是费了一些周折的。

在村民动员大会上，不少人当场表示反对，说索洛湾祖祖辈辈一直就是这样子，并没妨碍啥事嘛，为什么没事找事给人添乱？再说猪圈、厕所不放在大门外又放在哪里？你总不能不让人上厕所不让人养猪吧？其实这些人的思想谁都心知肚明。

柯小海激动地说：“不知大家想过没有，外面人把索洛湾作践为‘烂杆村’，把索洛湾人看作‘烂杆’，究其原因无非就两个字：穷！脏！其实，穷并不可怕，怕的是自己不争气，心甘情愿当‘烂杆’。”

会议开得还算成功，大多数人很快拆除了厕所和猪圈。可是，人们担心的“钉子户”还是冒出来了。柯小海知道短期内难有结果，为不影响整体工作，建议工程先动起来，“钉子户”的工作慢慢做。最终，这几户“钉子户”还是被柯小海不厌其烦地“磨”下来了……

村民再次参与，全是义务劳动，推土机、大小拖拉机、几十辆架子车自东往西摆开来，义务投工的百余村民争相出力，马达轰鸣，人声鼎沸，整个村庄焕发着昂扬的活力。

在热火朝天的索洛湾，村民们这样议论——

“只要能干活的都去了，不去感觉到丢人，感觉到是落后的。”

那时的柯小海经常几天不合眼，浑身泥浆，两眼发红，像一匹狼。除了外出联系材料，他几乎每天都守在工地上，直至完工。这项工程他又贴进去了 3 万多元，赊欠在外的部分材料款还不算。

当一条宽敞平坦的东西向水泥路贯通，当村容村貌逐渐以正规整洁的面目出现时，所有人都长舒了一口气，自豪感和成就感油然而生。

这两件事是在柯小海上任不到两年时间内完成的，在索洛湾历史上堪称壮举，也引起了外界的普遍关注和镇上的高度重视。

看着平坦宽阔的水泥路穿村而过，听着明亮校舍里传出琅琅读书声，穷惯了、懒散惯了的索洛湾人感觉到，村里正生出一股劲儿！

“可别小看这两件事，之后乡亲们的精气神完全不一样了！”老村主任张军朝竖起大拇指，“小海发动群众一起干，改变了大家。把大家的心气和力气凝聚起来了。索洛湾，大有希望！”

而柯小海却由此看到了更深层的东西：两件事都办成了，变化虽小，但能变就是好事，说明发动群众、依靠群众的办法是切实可行的！

心齐就是力量。

村还那个索洛湾村，人还是那些人，分散了，谁也看不出一个村有多大力量；集中起来，真的能愚公移山——这也是善思的柯小海悟出的更深一层真理。

看着平坦宽阔的水泥路穿村而过，听着明亮校舍里传出琅琅读书声，穷惯了、懒散惯了的索洛湾人感觉到，村里正生出一股劲儿！

二

2000年初，村里正盼领头人。加之村支书路建民极力推荐，在村里逐渐积累起威望的柯小海当选为索洛湾党支部书记。

20年来，柯小海和路建民形成了难得的默契，柯小海内心很感激老支书对自己的信任。

“小海脑子活，胆子大，看得远，没有私心，能干事。”后来，路建民经常这样评价柯小海。

2001年10月，张军朝因家庭突发重大变故，无法继任村委会主任职务，经村民选举，柯小海又被推上了村委会主任岗位。至此，这个由116户435人构成的山区村落发展和生计的重担，沉沉地压在了他24岁的肩上。

村貌焕然一新，可柯小海另有心事——校有了，路通了，村上环境面貌有了变化，但是村底子很薄，群众长期挣扎在贫困线上，怎么办？

索洛湾村之所以穷，穷在靠天吃饭，农作物种植种类单一。没有产业增加群众收入，脱贫致富就是一句空话。当务之急就是要给村民找产业、找发展的路子。

可是干什么呢？

担任支部书记后，柯小海没有一天不在思谋着给村子寻找发展的路子。村党支部先后引导村民发展过特色种植业和庭院经济，但都起色不大。从索洛湾当时的状况看，似乎是昏天黑地铁锅一口，严严实实扣着索洛湾，连一点突破出去的缝隙都没有。

为寻求适合村上发展的产业，柯小海曾自费带着老支书路建民赴外地考察，增长见识，寻找灵感。

说是考察，其实主要是到杨凌基地参观学习人家现代化的蔬菜、粮食、苗木、畜牧等种养殖技术，咨询专家教授，遴选适宜在本地发展的产业。

考察期间，由于是自费，住宿是附近的私人小旅店，一个两人间一天 20 元；吃饭时一人一盘面，不够再加个饼子，一顿饭两个人绝不超过 10 元。在杨凌基地随便走完一片棚菜区，绝不下十几里地；走完一两个畜牧场少则七八公里多则十几公里。本来从一个基地到另一个基地有专用电瓶车可乘，但为了节省那几元钱，在十多天里他们都是步行，一天下来腿脚都浮肿了。

回到旅店，小海给路建民打来洗脚水，歉疚地说：“哥呀，你本来退下来可以休息，让你跟上我受苦了！”

路建民说：“话不能这么说，为村上的事，你个人自费，也是一天跑到晚，你就不苦吗？再说，你小小年纪就有这么大雄心，我感动都来不及哩。”

小海眼中似有泪光在闪，他说：“哥呀，你要把我‘扶上马送一程’啊，我小海从上任的第一天起，就把自己的一切都交给索洛湾了，只求选准路子，尽快走出第一步……”

路建民深受感动，他说：“哥年长你 20 岁，只要这把老骨头不要麻达，我一定尽我所能，把你支持到底。不为别的，就冲着你这份执着的公心！”

两人坐在床边泡着各自脚上磨出的老茧，路建民心里想：小海为了乡亲遭这罪，全凭一颗公心！这娃能干成！

三

索洛湾的产业建设一直在摸索，养过蘑菇，还养羊、养猪、养鱼，成了乡上和县上产业发展的试验田，但这仅仅只是解决了群众的温饱问题，要想致富，还得谋求新的发展。

多次外出考察，眼界一开，收获不小。经过与专家们的反复论证、商榷，索洛湾终于找到了几种适合当地气候土壤条件的作物和养殖品种。在柯小海和村“两委”班子成员的耐心说服下，有 22 户村民愿意尝试产业发展新路子，加上班子成员，共有 29 户接受了新事物。虽是一小部分，但这一小部分人就是索洛湾的精英和未来啊！

自此，索洛湾的这群先行者，迈出了艰难而勇敢的步伐！

当务之急，得先干起来！带着这些明白人，尽快搞成几个项目，用铁的事实去教育大家。“如果挣了钱，是大家的，赔了算我的。”

深知自己这次倡导的行动对索洛湾来说具有革命性意义，柯小海非常注重村“两委”班子的集体领导作用。

在一次有县、镇干部参加的会议上，柯小海给村“两委”班子郑重地强调了三点要求：一是心齐心正心无私。我们是全村的带头人，所有思想行动都要集中在这个核心目标上，把它当成整个索洛湾的事业去搞，而不是只顾自己的一亩三分地；一个人做好不是目的，让 29 户跟着我们先走一步的人都能成功，通过示范引领把全村人都发动起来，参与进来才是目的。二是互帮互学互推动。这回各个项目都具有一定的科技含量，在实施过程中，除了专业技术人员的现场指导以外，大家在经验、技术、信息等环节要互通有无，挽起胳膊一起走。三是敢作敢为敢担当。路选好了，就坚定不移地跨步走，不怕跌跤，不怕失败，义无反顾。

目标定下了，可柯小海夜夜都睡不着觉了，经常听着田里的虫鸣到天亮。他也落过泪，却是在别人看不见的地方。

小海在外面熟人多、关系广，29 户的涉外沟通事务全托付给了他，主要是贷款。由于户数多，份额小，手续十分繁杂。那时，出山的路十分糟糕，因为前川分布着十多个煤矿，每天都有成百辆车往返，腾起的土和着煤尘漫天飘荡，两三米以外视物不清，人是吃着土末煤渣行进的。去一趟镇上 7 公里，去一趟县上 47 公里，无论去哪里，只要你在路上走，霎时就成了黑人。小海骑一辆老旧摩托车，县上镇上不停往返，一天下来，除了眼睛和牙齿是白的，全身上下黑得掉渣。

功夫不负有心人。在不到一个月的时间里，索洛湾村先后建成了 40 座蔬菜大棚，培植了 600 平方米的蘑菇、香菇。当年 5 月第一茬蔬菜上市时，这两个项目就有了很好的收益。

榜样是最好的动员令。当村民们看到一筐筐鲜嫩的蔬菜运往山外时，当柯小海的蔬菜大棚不到两个月就收入了 7000 多元时，当大家算清了种一茬玉米需半年生长期亩产值却不足 300 元，而大棚菜生长

功夫不负有心人。在不到一个月的时间里，索洛湾村先后建成了 40 座蔬菜大棚，培植了 600 平方米的蘑菇、香菇。当年 5 月第一茬蔬菜上市时，这两个项目就有了很好的收益。

期仅有两三个月，亩产值却能达 3000 元这笔账时，没搞大棚蔬菜种植的村民就后悔了。

第二年，索洛湾村先后建成蔬菜大棚 116 座，实现户均一座棚。随后，村民中出现了稻田养鱼专业户、养鸡专业户、养牛专业户，村民张青的万只鸡场达到月均收入 6000 余元。

“过去紧抱玉米，现在烤烟、水稻、棚栽等多元发展。”柯小海说，“思路一转变，就能充分挖掘出土地的价值。”

实践证明，索洛湾 29 户“先行者”选择的路子是正确的。

在村委会开会时，柯小海强调值得牢记的经验有三条，一是班子团结凝聚形成的战斗力不可估量，在今后的工作中要继续发扬光大。二是变单打独斗为抱团发展，一改过去单一的种玉米为多业并举，充分开发利用了土地的经济价值。三是村民团结协作所爆发出的智慧、能量、内驱力、创造力和蓬勃旺盛的拼搏精神更值得珍惜！

产业慢慢有了，柯小海果断地进行改革：调整产业结构。就是在现有养殖种植业的基础上，把在外打工又返乡的人组织起来，搞建筑公司、运输公司，先留住人。

党的十八届三中全会关于全面深化改革的决定里说，农民有承包经营权，这个经营权可以向专业大户、家庭农场、农民合作社、农业企业流转。柯小海牢牢地记住了“流转”这个新词，他要把索洛湾分散的、零碎的，甚至被人撂荒的土地都集中起来，搞规模经营，实现效益最大化。

索洛湾棚菜和养殖业已形成规模，为了更有效地协调好产销关系，经村党支部研究决定：成立经济合作社 + 棚菜合作社 + 养殖合作社 = 党支部领导下的联合经营公司。

村支部大会上，柯小海皱着眉头分析说：“我们折腾了几年，为啥富起来这么难？是因为我们没有组织起来，没有好产业就留不住人，村里只剩下妇女、儿童和老人。我们要依靠群众去发展，我们要组织起来，成立合作社。”

见众人神色犹疑，柯小海动了情，他说：“世界上所有的贫穷都是守旧懒惰造成的，所有的富裕都是勤劳苦斗换来的；世界上所有的路都是人走出来的，所有的奇迹也都是人创造的。我们索洛湾人不呆不傻，也不缺少力气，为什么就不能脱掉穷皮当富人？”

路建民说：“小海说到根子上了，全村抱成团，成立合作社是对的。”

“我们索洛湾，三年到五年基本脱贫；五年至十年，实现小康！”柯小海一番豪言壮语，惊呆了大伙。

路建民却一字一顿笃定地说：“小海这话，我也信！”

合作社模式的创立，实现了有计划的生产、有计划的销售，经济效益连年提高。

在这些产业稳步推进的同时，多谋善断的柯小海又提出筹建一座粮食加工厂的建议。

大家一拍即合。于是，一座由村上投资 9 万元，年加工量 25 万公斤的现代化粮食加工厂很快建成运营，袋装“双龙大米”“双龙玉米糁”顺利进入市场，且供不应求，当年赢利 50 余万元。此举还带动了大院子村、官庄村、河浦村筹建和发展了豆制品加工厂和中蜂养殖业。

为了更有效地协调生产和销售的关系，柯小海带领村民整合了原有的 3 个小合作社，成立了索洛湾轩辕土特产专业合作社，吸纳成员 58 人，通过提供产前揽订单、产中助管理、产后帮销售服务，帮助村民科学种植，共同打造索洛湾农产品品牌。合作社还积极开展线上线下销售，在多个电子商务平台开办了 6 个网点，在西安、延安、宜川等地开办了 8 个实体店，实现了农户与消费者“双赢”。

四

产业刚有起色，索洛湾人又面临新抉择：2003 年，黄陵矿业公司二号煤矿开始筹建，打算征用索洛湾村东的部分土地。柯小海敏锐地感到这是个好机遇。

“年产 1000 万吨的大矿搁村里，咱的发展机会只会有增无减！”支部会上，柯小海兴奋不已，“村民在家门口就业，一盘棋就活了！”

柯小海认为这是机遇，但乡亲们并不认同，心里没底儿，来找他的人络绎不绝，都是诉说失土之忧。

老实说，一次征那么多地，大部分人心里都没底。

为了减轻群众的心理压力，柯小海在村民动员大会上这样讲：“那么大一个矿搁咱这儿，势必会拉动与之配套的新生产业的发展。这叫土地流转，我们把土地转租给国企，价值只会有增无减，因为它能为我们创业和为富余劳动力就业提供许多机会。如果把二号煤矿比作一艘航空母舰，我们就是停在它的甲板上可随时起飞遨游蓝天的战斗机！”

由于前期工作认真扎实，征地进展十分顺利，用了不到一个月就地款两清，不留任何后遗症。征地款属于个人部分的，分文不差，很快付清。

发展初期，合作社、村集体 95% 的利润都用于给群众分红。后来村上觉着这样行不通，不利于村子长远发展。于是，这次属于村集体的 80 余万元没有按人头下发，而是作为创业基金暂存起来留待后用。可是群众有猜疑、有担心。

这是个敏感问题，不容忽视。

平心而论，群众要求分钱是合理的。但是，一次性发下去，集体没有一分积累，往后要上项目、搞实业，钱从何处来？

有那么一段时日，柯小海陷入了深深地思考中。

黄陵矿业公司之前就征用了前川好几个村子的地，有的村子把钱按人头一次性分完，群众用所得的钱开饭店、办商店、跑运输、搞企业……但由于缺乏领导和统一管理，形不成规模。

这其中的教训是什么？当然是没有形成一套统一的科学的管理机制，村集体没有积累、没有实业，党支部、村委会成了毫无作为的摆设，任由个人单枪匹马地进行江湖式经营，其结果只能是失败。也有的村子，虽然截留了一定数目的发展基金，皆因说不清道不明的原因，短短几年时间，钱就没了。由此看，群众的担心也是有理由的。

怎么办？发还是不发呢？

柯小海思考的最终答案是：不发！

不发就要对群众有所交代，就要把这笔钱的一分一文都花在刀刃上，让所有人都心服口服。必须尽快解除群众的信任危机。

柯小海做人行事从来都是雷厉风行，在他的主持下，很快为村干部制定了“三不三要三规范”原则，即“不贪不占不拖拉，要勤快要务实要敢负责，理论学习经常化、事务决策民主化、财务管理透明化”。在财务管理上还有更具体的规定：“村集体支出的每一笔钱，必须经由班子成员集体签字通过，重大支出必须经由村民大会表决通过。每半年公布一次账务，所有财务活动必须置于群众的强力监督之下。”这一举措的出台，在使群众完全放心的同时，也成了党支部、村委会的铁律。

同时，针对农村产业发展困难、集体经济管理模式滞后的问题，他提出了“支部牵头、企业管理、村民参股、市场运作”的工作思路，并首创了党员值周制，推行“板凳轮流坐、都来当村干部”，“小事支部研究、大事集体决策”，实现了村务管理由“为民作主”到

"由民作主"的转变。

现在看来，柯小海约法三章的深远意义在于，一开始就树起了班子形象，凝聚了全村人心，为快速发展打下了牢固基础。

建矿之初，矿区并不愿意跟村上合作，担心群众不讲理、胡搅蛮缠，工作不好弄。柯小海在和矿上交往的过程中，也猜到了他们的心思和顾虑。这么大的国有企业能落户本村，这是多好的机遇呀！为了给企业创造良好的建设环境，打消他们的顾虑，从矿上征地开始，柯小海就做好群众的思想工作，并主动上门和矿上沟通，慢慢地就和矿上建立了良好的关系。

经过与村民商议，柯小海提出"依托矿区，搞好三产，增加收入"的发展思路。征地时他挨家挨户动员，并向乡亲们承诺："大伙把地给我，就是把命给了我，我绝不会辜负这份信任！"

仅用两个多月，一座"支部牵头，企业管理，集体控股，村民参股"，总投资 90 万元的大型现代化停车场就建成投用了。

运营这个停车场，索洛湾村集体当年收入 70 万元；次年，利润超过 100 万元。后来稳定为年收入 400 余万元。

这条路柯小海算是走通了，也就解决了一系列事情。后来，矿上也给了村里大力的支持。依靠矿区煤炭运输，索洛湾还采取集体控股、全民入股的形式，成立了洗车场。随后几年，柯小海又带领本村及周边村子组建运输公司，公司年收入达到 1000 余万元，村集体收入也就越来越多。洗车场、修理厂、综合运输公司、住宿、餐饮、商店等步步跟进，一条衔接绵密的产业链不到一年就形成了。

大河有水小河满。大家拧成一股绳才有劲儿！他们就商量，村上整合所有可以利用的土地，让村民以土地经营权入股，又将部分集体土地或资产再租给村民，村民所付的承包金纳入集体收入。这样一来，群众的收入增加了，积极性更高了，也促进了村子的长远发展。

大河有水小河满。大家拧成一股绳才有劲儿！不到十年，索洛湾一改“姑娘外嫁喜洋洋，小伙娶妻愁断肠”的恓惶面貌，迈出了“资源变资产、资金变股金、农民变股东”的历史性跨越。

不到十年，索洛湾一改“姑娘外嫁喜洋洋，小伙娶妻愁断肠”的恓惶面貌，迈出了“资源变资产、资金变股金、农民变股东”的历史性跨越。

索洛湾人终于有钱了！

自2005年起，实现人均年分红5000元；人均年收入25000元，公共积累1800万元，比2000年以前翻了十多倍。集体经济发展壮大了，村上成立运输公司、工程公司、旅游公司等，吸纳300多人就业。群众的就业岗位也增多了。村上利用运输队，每年组织劳务输出70余人，协调周边矿业公司招录工人50余人，依托薰衣草庄园、沮河漂流、生态餐厅等项目，吸纳48户村民就业。村民们一边按人头在集体经济收入中分红，一边又以劳务输出的方式打工赚钱，可获得分红和务工两份收入。从2008年开始，索洛湾村村委会开始为村民统一配发电视机、电脑、冰箱等家用电器，缴纳养老保险金和新型农村合作医疗费用，按月给村民发放米、面、油和洗漱用品等。每到年底，每个村民还能领到5000元的集体分红。村里引上了自来水、铺设了环村水泥路、安装了太阳能路灯……

柯小海用事实兑现了“三年至五年实现脱贫”的诺言。

柯小海说：“在发展模式上，该变的一定要变，不变就没有出路。但是坚持党支部的全面领导，这一条千秋万代都不能变！”

五

2013年，黄陵国家森林公园的开工建设，让索洛湾村的发展再次有了新的机遇。

工程拉开帷幕时，公园入口本来定在别的村子，但因土地租用问题未达成一致，被搁置。柯小海获知情况后，立即找到公园总负责人，主动要求把公园入口建在索洛湾村。

他说：“你们唱大戏呢，能不能让我们村借您的台子唱个小折子戏？”

公园总负责人因在征地问题上屡屡碰壁，有点儿不大相信，问他：“这么简单，靠谱吗？”

柯小海说：“我还没做过不靠谱的事哩，你只要愿意来，我会向你提供全方位支持，且条件优惠，租金最低。”

公园总负责人十分高兴，说：“早就听说你这人豪爽、干脆、大气，果然如此。时间很紧，十天拿得下来吗？”

柯小海的回答是：“三天。三天就够了！”

其实柯小海是经过深思熟虑的。此前，他曾不无遗憾地说过这样的话：“森林公园是篇大文章，围绕它可以作许多精美的小文章，可惜出入口都不在咱这儿！”

现在公园入口谈妥了，但是困难和阻力比他预想的要大。开群众会的时候，部分群众就有意见了，说：“每亩租金只有 1200 元，比给二号煤矿的租金低不少，我们吃亏了。”

这一情况的出现使柯小海多少有些意外。

柯小海给大家说：“这次出租的全是荒地，闲置着一分钱价值也没有。为什么要把地流转租给森林公园，原因还有一点，把景区修到咱们村口，那么咱们村就是景区，只要有景区，我们就能挣钱，譬如开旅店、农家乐，还有工艺品、文化产品开发等。如果森林公园景区办公区修在索洛湾，就是整个的旅游服务中心在索洛湾，带来的效益还不止这些。再说，公园一旦发展壮大起来，我们周边的山水必然得到规范化管理，人居环境将会得到根本改善，而这些投资无须我们花钱。我们低租金流转土地并不是丢弃利益，而是变废为宝；大家都在心里算算账，好好琢磨一下，这到底是不是好事？划不划算？”

经过他这么一分析，有顾虑的群众都开心了。

在公园建设期间，柯小海闲暇时总去附近的沟沟岔岔、梁梁峁峁到处转。他想，如果把国家森林公园建设作为发展自己的依托，那么索洛湾完全有条件开展属于自己的旅游产业，虽说目前还没有成熟的方案，但优势是明摆着的。顺着这个思路，他又联想起村子西头向北伸去的窨子沟，那是他儿时的乐园。

窨子沟不算深，2000来米，也不宽，最宽处不过百米，但风景却极是神秘、奇特，有两眼泉水清冽，流量充沛，二泉相汇，将一条白练似的小溪伸向沟口。一入沟口，地形活脱脱一个巨大簸箕，三面赭红色危崖高处，凸现几十个大小不一的石窟，距地面两三丈，传说是上古先民们为躲避灾祸架着云梯开凿出来的藏身之地。再往后走，就是世外桃源一样与世隔绝的峡谷寨，往后走地势忽然开阔，大桥山以西山脉清晰可见，云遮雾罩，犹如置身桃花源……如果把它开发出来，与黄陵国家森林公园景观和河道漂流接通，那不就是一条极佳的旅游链吗？!

面对柯小海乡村旅游的思路，村民一听纷纷摇头：“几辈人都守着这山沟沟，有啥逛头？”“咱们的每一分钱都来之不易，并没有富得流油，咋能随随便便就往野山荒谷里扔？那得砸进去多少啊！再说，那种玩玩乐乐的洋活事就不是咱该干的……”

“那么多地方搞旅游都可以，咱好山好水，咋就不行？”柯小海倔脾气上来，一家一户做工作。

峡谷漂流、卡丁车场、农业观光园……柯小海的蓝图终于打动了老乡。

于是，索洛湾开始调整规划，把双龙古镇规划到村上，发展起了乡村旅游，先后建起了峡谷寨景区、沮河漂流等项目。

此后，村民们在村委会的带领下开建特色民居 192 套，实施了峡谷寨（窨子沟）景点开发、沮河漂流、仿古牌楼建设等项目；完善旅游产品开发和接待服务，建立了山核桃工艺品加工厂、半亩田生态园、生态花园餐厅和采摘园等，打造吃、住、娱、观光旅游的产业链。功夫不负有心人，如今索洛湾已是小有名气的乡村旅游景区。

六

索洛湾的“家底”越来越厚，但柯小海花钱依旧“抠”得很紧。

打造峡谷寨景区时，需要开山凿洞，经过专业测绘，从前沟到后沟的直线距离 124 米，地质结构为清一色红砂岩，要想使两条沟贯通，就必须从红石上挖掘一条高 2 米、宽 3 米、长 120 多米的石洞，难度很大。

设计之初，设计方就告诉村里，没有大型机械是不可能完成的，而且就算有，也需要巨额的费用，市场上搞工程的有人报价 500 万元。

放弃吧，等于丢掉了一块价值连城的风景瑰宝，损失太大；硬上吧，本就紧缺的资金无力承担，怎么办？

修还是不修？自己修还是请专业工程队来修？村民能再次发动起来吗？

集体讨论，大家面面相觑。

“不修景区就没有看点和特色，吸引不了游客。用一条隧道贯通南北两条沟，这是绝佳创意。修！困难再大也要修，非打通不可！”柯小海当时就表态。

修景区处处都要花钱，柯小海实在不忍心花这么一大笔钱。开山凿洞是技术活儿，由专业人员操作，大量的石渣、石块则全部由村民义务拉运。就这样干！

120多米长的隧道，单石渣就能堆一座山，量非常大，由于洞口开在距地面丈余高的岩壁上，运送渣石需分成两组作业。因受施工场地限制，大队人马摆不开，柯小海便把劳力分成4个组，一个小组8个人，每个小组又分成上下各4人轮流作业。一天一组，每组干一天休息三天，如此循环，确保每天都有一组人清理渣石。

在岩石上凿洞是件十分困难的事。为防止地质结构发生变化，不便放炮，只能用电钻、电锤、钢钎、撬杠这类较落后的工具慢慢打，进度极慢。

每组干一天歇三天说不上有多累，可这条隧道打了一年零三个月，在这样一个漫长时期，无须任何人监督、敦促，每组都能按时按点接班，中途某人有事请假，他都要安顿好顶替自己的人，从未出现过空班少员现象。

“我观察了，你们村人不挣一分钱还能乐呵呵地干，一年多时间没有一个躲奸溜滑、无故不来的，这简直就是奇迹！”连负责凿洞的技工们都被感动了。

2015年9月，这条120多米的石洞终于贯通，实现了南北两条沟的准确对接。这条石洞，由村里全体村民投工投劳，用最原始的工具，转运土石，咬住牙，干了一年多，终于打通了。

报价500万的工程最终花了50万元就完成了！索洛湾人在自己的创业史上又书写了壮美的一笔！

事后，村民评说道：“如果当时没有人敢担当，这洞子就不会有。”

镇上的领导说：“谁敢保证打洞过程中不出事，何为担当，这就是担当！事情没有弄成之前里面有风险，那么这就是需要我们领导

干成一个事，你才能感觉到幸福是什么，所以干工作，我们一定要认真，一定要对得起老百姓，只要坚持原则、坚持真理，只要我们守住了老百姓的利益，我们就是无畏的。“一心为集体，路就不会偏。”柯小海说。

去担当的！”

打通了石洞，柯小海又有一个心得：干成一个事，你才能感觉到幸福是什么，所以干工作，我们一定要认真，一定要对得起老百姓，只要坚持原则，坚持真理，只要我们守住了老百姓的利益，我们就是无畏的。

“一心为集体，路就不会偏。”柯小海说。

七

挣钱难，花钱也不容易，因为要把每一分钱都花在合情合理的地方上是需要动脑筋的。

索洛湾的富裕起始于2005年，那时就实现了人均年分红5000元，人均年收入25000元，公共积累1800万元。柯小海成功兑现了上任时五年至十年实现小康的诺言。

从贫穷和苦难中走过来的索洛湾人终于甩掉了那顶压在头上的“烂杆村”的帽子，以崭新的精神面貌享受美好生活。

村干部不仅是群众的主心骨，更是群众的榜样。你为群众办实事，群众就会踏踏实实跟着你干。用好制度，管好自己，才能管好一个村。

柯小海当时是村支书兼村主任，但村集体的财务他从不沾手，收入多少、开支多少、往哪儿花，都由理财小组掌握，提出初步方案，村“两委”召集村民代表集体讨论决定。这些年，柯小海给村上办事，没花过村上一分公款，没吃过别人一顿酒席，贴自己的钱也是常有的事。

在索洛湾，大到工程项目谋划，小到生活用品发放，都是村民商量着来。所以，村上开会，党员群众积极性特别高。他们通过党员值周制，村干部轮流做，大事支部研究、集体决策，小事党员主张，提高党员的参与度，既调动了党员的积极性，又推动了工作的落实，也使党员感到有担子、有压力、有责任，形成了共同管理村组发展的新模式。

村组事务大家共同治理、共同管理、共同监督。周一村干部开例会，大事小事会上定，公开议论。村党支部提议，村“两委”商议，党员大会审议，群众表决，把村里大事小事交给村民代表大会集体决定，实现村务管理由“为民作主”到“由民作主”的转变。

2017年，索洛湾村每人都拿到了6000块钱的分红，没有一个人有意见。什么人能享受到年终分红，村里有自己的规定。首先要户口在村上，新嫁来村上的媳妇和村里新生的娃娃当年不享受年终分红，到下一年就可以参加分红；村里有老人去世，家属仍旧可以拿到老人当年的分红。会上，对全村人口变动情况进行了登记，对分配有异议的地方提出来集体讨论。最后，村干部将每家每户的分红数额张榜公布，大家没有异议就可以到村委会领钱了。对于村里这样的分红办法，大家都觉得很公平。

正是这种公开公正化解了矛盾，不仅赢得了村民认可，也凝聚了村民发展的合力。

八

“习近平总书记说，人民群众对美好生活的向往就是我们奋斗的目标。村民所期望的，就是我们这‘两委’班子的工作目标。”柯小海说。

2005年起，索洛湾就把“扶贫帮困”确定为重点工作之一。2006年，为实现共同富裕的目标，索洛湾采取“支部抓基础，党员示范，富户联穷户”的办法，将全村100多户按富裕、发展、贫困三个类型划分，共划分富户33户，发展户67户，贫困户16户，户户建立了增收明白卡，明确任务和增收措施。要求33户富裕户每户联系2户发展户、1户贫困户，从项目、信息、技术、资金等方面提供帮助和支持，促其致富。对67户发展户，支部在扩大产业规模、优化产业结构、提高科技含量方面给予重点支持，使其创业进位更快。对16户贫困户，实行支部给产业基础，党员给技术服务，解决大棚薄膜农药化肥等生产资料问题。同时协调黄陵矿业公司二号煤矿的党员领导干部与贫困户结成对子，帮助他们建立长期稳定的致富产业。

索洛湾2017年以前有4户贫困户，都是特殊原因造成的，比如智障、身残、孤寡、因病返贫等。

村上对因智障迟迟不能脱贫的朱德才、乔社教和因病返贫的张贵荣、叶庆英，会同县、镇工作组，分别进行帮扶。

朱德才和乔社教常年享受村上的各项福利，只是因为智障，缺乏监护。根据这个情况，县、镇工作组和村干部共同协商，说服朱德才的弟弟朱拴虎，乔社教的哥哥乔锁接纳亲人，使其成为自己家庭的一员，村上给予一定的经济补贴。

张贵荣因丈夫、儿子突患顽疾，由富返贫，并欠有外债。为彻底解决问题，使这个家庭具备造血功能，村上集资给予筹建小型生猪养殖场一座，使她通过自己的努力重获新生。

叶庆英也是因给儿子看病花钱太多返贫的。儿子经过长期治疗、恢复，已具备一般性劳动能力，村上立即安排他去村实体水上漂流管理处上班，月工资2000元，使这个家庭很快摆脱困境。截至2017年，全村富裕户增加到86户，发展户降至30户，贫困户为0户。

柯小海是一个见不得穷人受苦的人。这些年来，群众逐步都过上了好日子，可是周边村组还有不少贫困群众。看到他们日子过得不好，柯小海心里也很难受。为此，村上采取“强村带弱村、先进帮后进”的帮带模式，采取“合作社 + 贫困户”的方式，把附近官庄、河浦、崖头庄等贫困村组 35 户贫困户吸纳进合作社，免费为每户贫困户提供 10 箱中蜂，作为产业基础。有养殖技术条件的贫困户可以自己饲养，合作社统一收购、销售、年终分红；无技术、无劳力的贫困户的中蜂，由合作社养殖，年底也可参与分红。这样一来，这些贫困户户均年增收达到 1.3 万元以上。

走进索洛湾，处处是忙碌的身影；走进村里的农家，顿时感到恬静与舒适。

柯小海说：“扶贫就是扶心，帮困就是帮能。”

在制度上，村党支部制定了三条具体规定，一是集体企业的合适岗位，首先确保贫困户入岗。二是对贫困人员的各种诉求，要在第一时间解决落实。三是从支部书记做起，逢年过节，“两委”成员要慰问贫困户，给他们送去关怀和温暖。这三条，索洛湾一直坚持着。

九

比经济建设更重要的是人的建设。村里幼儿园、小学实行免费教育，中学以上都有奖学金制度。村中还建设有新时代农民讲习所，延续着培训的好传统。索洛湾在培育人的建设中，培养出大批善于发展集体经济、擅长于发展产业的年轻干部。

索洛湾制定了符合本村实际的“村规民约”，建立健全了民调会、治保会、红白理事会，深入开展“好媳妇”“好婆婆”“乡贤”“十星级文明户”等评选工作，全体村民的精神文明意识得到进一步提高。

早在2002年，柯小海就提出，衡量一个村子的好坏，财富并不是唯一标准，他要的好村子是“党支部要亲党爱民，要廉洁用权，要无私奉献。村民要有道德操守，要有文化素养，要有文明气质”。

为了打造风清气正的村庄形象，自2003年起，索洛湾村党支部就制定了“三三制”，内容为：

党员干部约法三章

一、一切从人民利益出发，用好用准手中权利，不奢靡，不骄纵，襟怀坦荡，情操高尚。

二、不贪不占集体财物，光明磊落，干净做人，为村民起好头、带好路。

三、禁绝黄赌毒，不请客送礼，不行贿受贿，如有违反，严厉惩处（纪律处分，经济处罚）。

村民约法三章

一、遵纪守法，品端行正，有集体观念和公德意识。

二、懂礼仪，知廉耻，尊老爱幼，邻里和睦，以孝为荣，以善为傲。

三、远离黄赌毒，不涉足所有非健康场所，不扯是非，不生乱子，如有违反，严厉惩处（经济处罚，批评教育）。

“三三制”管用吗？

路建民说：“管用。作为全村带头人的柯小海本身很硬气，任何人都别想在他的言行上挑出毛病，说谁谁就得听。”

大约是2011年，一个村民组长招一帮人在家打麻将，柯小海知道情况后赶到现场进行处理。第二天，这个组长到村委会承认错误，还写了保证。

人说“领导走得端，群众不跑偏”，正因为有村党支部的坚强领导和柯小海的率先垂范，村上的大环境、小环境、大风气、小风气才会一年比一年好。村风的逐年好转，村民素质的不断提高，就是通过对点滴小事的纠正慢慢形成的，时间一长，就养成了良好习惯。

从 2003 年至今，十多年过去了，索洛湾从未发生过刑事案件，“五星级文明户”“优秀共产党员”“模范村民”“好公公”“好婆婆”“好媳妇”不断涌现，连续被省、市评为“治安模范村”“党建示范村”“小康村”“文明村”，等等。

十

是什么促成索洛湾村的巨变？是什么凝聚起索洛湾村民的集体力量？

“一犁犁到头，自个救自个。”这是柯小海的金句名言。前半句讲的是跟着共产党走共同富裕的道路不动摇，后半句讲的是依靠全体村民力量建设自己的家园。这是索洛湾发展的两大法宝：党的领导和村民自治。

索洛湾的村民自治，充分体现了村党组织坚持把党的宗旨、党的领导贯彻到村务管理的一切领域。

索洛湾能走到今天，党支部的正确决策和坚强领导固然重要，但群众的集体参与和无偿奉献也很重要。

6 年前，在外务工的余解回到村里，在附近煤矿打工，每月有 4000 元的工资和各种福利，最近还买了小轿车。余解的妹妹余丹下班一回家便来到厨房帮妈妈做晚饭。她在离家不远的黄陵国家森林公园当讲解员。她说："城市虽好，但我还是喜欢农村。每天可以和父母在一起，吃着母亲做的饭菜，感觉很安逸、很满足。"

"索洛湾能有今天，不是说我有多大本事，除了我们村发展机遇好之外，最主要还是党的政策好！"这是柯小海最常说的一句话。

"索洛湾村'两委'班子都是没有办公室的，整天忙忙乎乎到处跑，都在村里在地里，我提议都不要办公室，节约下来的钱修了这个接访室，一室多用！也是日常接待群众、商量事情的地方。"柯小海说，"我才从宝鸡赶回来，代表索洛湾环保公司去签了一个项目，这个项目一年会给村集体带来几千万元的利润哩！"

柯小海的一个特点是善于学习，索洛湾"三会一课"制度执行得雷打不动，村党支部每周一必开例会，党小组会、党员大会最少一月一开。会议开得虽很短，但都很务实，说完问题就去干。"一课"融入会中，主要是学习党员的权利和义务，什么是党性？什么是原则？学过百遍还得学，要在每个党员心中像种树一样把根扎下去。

"我们'两委'班子过去理论底子薄，现在要补课！"柯小海"金句"频出：

"党给群众的承诺需要人来落实，这是村干部要牢记在心的职责。"

"农村最大的难题是公平，公平做好了，村看村，户比户，不会有懒汉。"

"在村里，有理解你的，有不理解你的。最后都理解你了，那是真能力。"

"你心里一定要搁一杆秤，把每个群众记在心里。"

"村集体的产业要多元化，多元化中又要有支柱产业。"

他感叹地说："20 年来，党给我的荣誉太多太大，而我总认为自

“什么是幸福？就是老百姓的收入一年比一年高，日子一天比一天好。”柯小海说，“我不怕做事，为索洛湾谋发展，为群众谋幸福，肝脑涂地也在所不惜。我怕的是做不好，愧对荣誉愧对党！”

己的贡献太少太小！”

是啊，2005 年至今，柯小海作为优秀共产党员、模范党支部书记，不断受到各级表彰，被授予“全国劳动模范”“全国优秀共产党员”“最美奋斗者”……

柯小海说：“当我坐在神圣庄严的人民大会堂聆听习近平总书记的报告时，整个人身心一直处于振奋状态。党的十九大报告规划了今后 5 年中国社会发展的宏伟蓝图，在关于农村部分，我感触最深的一个词叫‘创新’，我的理解是思想创新、制度创新、科技创新、产业结构和模式创新。开会的那些日子，我一直用报告精神对照索洛湾的现状，梳理自己的工作，觉得我们虽然取得了不俗的业绩，但与习近平总书记的要求还有不小距离，主要是群众观念不够新，现有产业起步不够高，还没有迈上高层次、达到高标准，某些管理方式、经营模式还缺乏科学性、严谨性等，想到这些，我第一次感到了压力。10 月 27 日，我从北京返回，一路受到省、市、县领导的热烈欢迎和祝贺，面对鲜花、掌声，面对各级领导的关怀鼓励和谆谆教诲，我第二次感到了压力。当我回到故乡受到数百村民敲锣打鼓的迎接时，当我被父老乡亲们众星捧月般簇拥在小广场上时，面对那一张张熟悉的脸庞、那一声声亲切的问候、那一双双期待的眼睛……我第三次感到了压力。”

“什么是幸福？就是老百姓的收入一年比一年高，日子一天比一天好。”柯小海说，“我不怕做事，为索洛湾谋发展，为群众谋幸福，肝脑涂地也在所不惜。我怕的是做不好，愧对荣誉愧对党！”

他说：“将来一两年内，全体村民都要迁进新区，现住的村子就空下来了。我们不拆除，计划在保持原格局的基础上，将它改造成一个古村落，属于‘双龙古镇’的重要组成部分，让它既是景点也是商区。要融入传统文化和红色文化元素，要在各景点之间建立巧妙的链条，把它们连接起来，比如‘旅游工艺品开发园’‘特色小吃一条街’等。要达到这样的目的，游客来到‘双龙古镇’不只是普通意义上的游山玩水，而是要让他们在玩好吃好的同时受到传统文化的熏陶和革命理想主义教育，这必须是整个景区的特色。现在要做的事情很多，像配套设施问题、人员培训问题、各景点统一协调的问题、与国家森林公园如何优势互补的问题等，都要逐一落实，尽快解决。”

他说：“从大的发展趋势看，索洛湾必须坚持两步走。一是强化现有产业，管理办法、经营模式要由量化向精细化、科技化转变，进一步提高效益。二是做大做强旅游业，将‘双龙古镇’打造成全国著名景区。如能尽快形成规模，第三产业将会覆盖全村。”

这是小康路上的精彩画卷，这是乡村振兴的壮美诗篇。

新中国成立 70 周年庆典，参加天安门前的花车游行，柯小海就站在“乡村振兴”彩车上，脸上洋溢着幸福与自豪。

桃之夭夭，灼灼其华

——记“最美奋斗者”赵梦桃

桃之夭夭，灼灼其华

——记“最美奋斗者”赵梦桃

和　谷

赵梦桃简介

赵梦桃，女，汉族，1935年11月出生，中共党员，河南洛阳人，西北国棉一厂细纱挡车工。1952年5月，在学习“郝建秀工作法”活动中，以最优异的成绩第一个戴上了“郝建秀红围腰”，响应厂党委扩台扩锭的号召，看车能力从200锭扩大到600锭，生产效率提高了3倍。她坚持不让一个伙伴掉队，不让一个小组掉队，困难自己挑起，把方便让给别人。在她的影响和带动下，“人人当先进，个个争劳模”蔚然成风。1963年，她所在的小组被命名为“赵梦桃小组”，至今历经13任组长，一直是全国纺织战线的一面红旗。被授予“全国劳动模范”“最美奋斗者”等荣誉称号。

一

14 岁的瘦小女孩，沾满尘埃的眉眼尚且稚嫩，就像初夏的豆蔻，萌发着粉白的花，充满娇俏的灵气。然而，她满脸哀愁，身着祭奠父亲的重孝服，蜷曲在一辆拉货的铁轮马车顶部的行李中，紧紧地抱着娘取暖。逃难的母女俩依靠彼此的体温，抵御着 1949 年初春的风雪。

道路泥泞，疲惫的老马打着响鼻，车轮吱吱嘎嘎作响，马车出了洛阳城一直向西，向西。入潼关，过西安三桥镇，再到目的地蔡家坡，走了半个多月。一路上，娘望着马路边徐徐掠过的茫茫原野，心中愁苦，落脚远方，光景未卜。怀抱着快要冻僵了的女儿梦桃，娘儿回哇哇大哭，反而是大女儿为娘擦干眼泪，劝慰娘说：“日子会好起来的。”

1935 年 11 月 25 日这天，北风吹，雪花飘，在洛阳北关贴廓巷一间破屋里，已有两个儿子的小摊贩赵书林和赵杨氏，听见了刚刚出生的女儿的啼哭，可谓悲喜交集。给女儿起个什么名字好呢？一连想了几个名字赵书林都不满意。第二天清晨，他说梦见街心经常摆放着的一盆绿臻臻的夹竹桃，花骨朵好像小姑娘红彤彤的脸蛋儿，可爱极了。他刚一捧起，粉红的花骨朵就绽开了，花瓣开得满堂红。于是，他就给女儿起了个“梦桃”的名字。这个名字寄托着父亲对女儿满满的爱和祝福。日子虽苦，但赵书林内心是甘甜的、暖暖的。

赵书林的父亲赵乾三在洛阳商务会当了多年收发员，抄抄写写，穷困潦倒，到死也没过上好日子。赵书林，也并没有像父亲起的名字那样做个斯文书生，而是沦落为一个沿街叫卖的小摊贩，勉强维持生计。风霜雨雪，酷暑寒冬，他凭借一点可怜的经营收入养家糊口。

梦桃长到 9 岁，因家境一贫如洗，吃不饱，穿不暖，上不了学，

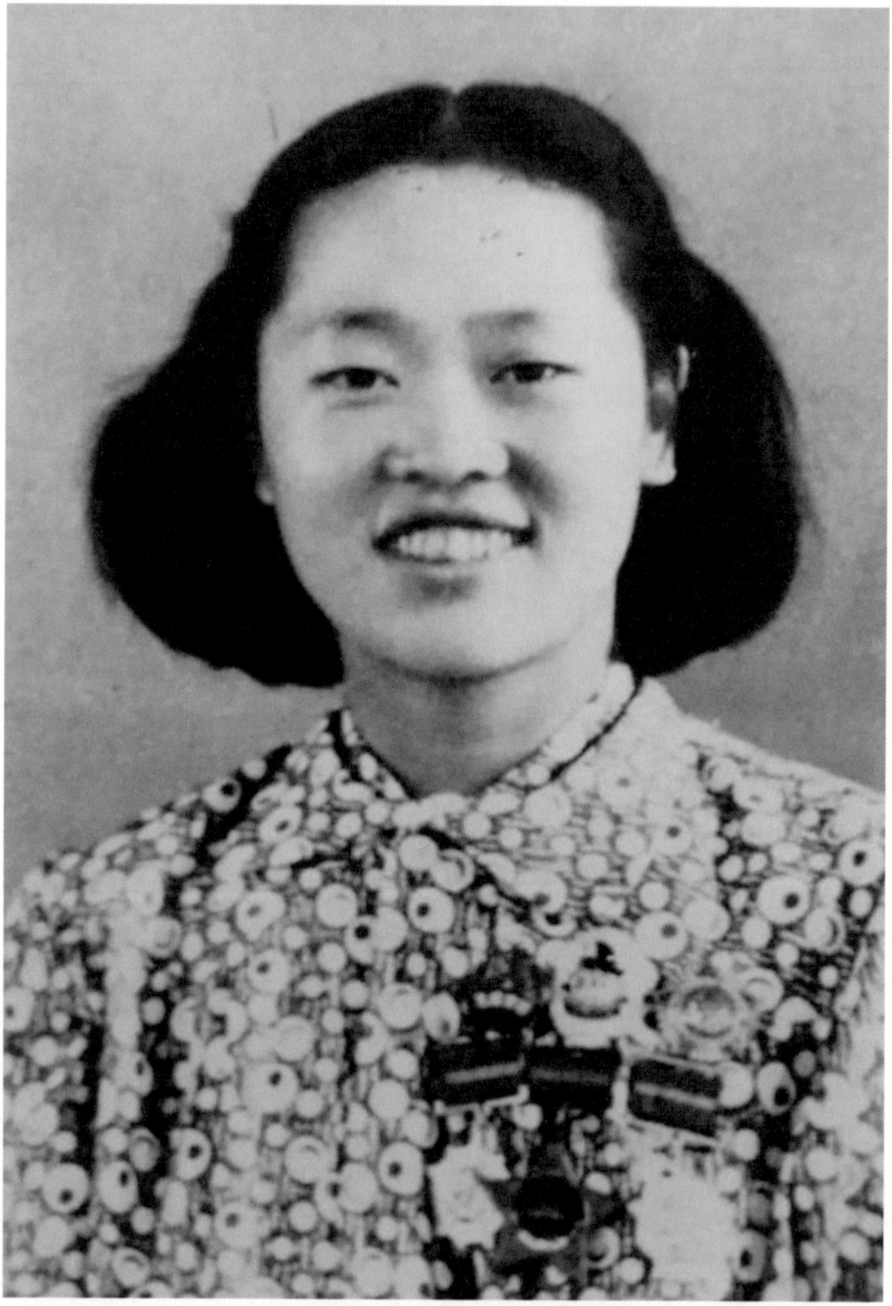

春华秋实，夏耘冬藏，一代又一代纺织姑娘，在赵梦桃小组这面鲜艳的旗帜下，不负韶华，乐于奉献，在平凡的岗位上作出不平凡的业绩。

像个野丫头，整天可怜巴巴地跟着父亲疯跑，帮家人做点杂事。夏日的一天夜里，梦桃家的破房子被一阵的轰隆声震得快要塌了，火光映红了整个天空。原来是日军袭击洛阳的炮火。洛阳陷落了。

惊跑的人们四处逃命，哭爹叫娘。梦桃伏在父亲干瘦的肩膀上，看着眼前的冲天大火，目睹日本骑兵挥舞的屠刀，吓得直哭。梦桃的大哥庆阳，被日寇抓去当挑夫，面对带血的刺刀，经受惨无人道的折磨，在饥寒交迫下离开了人世。父母忧伤愁苦：剩下的一家人怎么活下去呢？真是生不如死。

适时，家里人打听到陕西蔡家坡铁路上招收学徒，便托人把二哥同阳送了过去，学手艺挣口饭吃。逃出去一个能活下来也好。

父亲因劳累过度，加上忧愁一家人的生计，又要面对房东追逼房租，患上了要命的肺痨病，整天躺在床上唉声叹气。伶俐的梦桃逗父亲说：“街心的夹竹桃快要开花了，粉红粉红的，可好看啦！”父亲的脸上似乎露出了一丝微笑。短暂的喜悦很快被剧烈的咳嗽打断，为了让父亲呼吸顺畅一些，梦桃连忙给父亲捶背。“不甘心就这样死去。”父亲总是断断续续地自责说，“赵书林啊赵书林，你一辈子精明能干，到现在却落得房无一间，地无一垅。”原来，赵家在洛阳北关坛角街贴廓巷贫民区有一处草房，但因为没钱给父亲治病，便把草房卖了。全家人搬到南关，租住在吕家祠堂里惨淡度日。

房东吕根兴为了摆赌，也见不得穷人，把破祠堂的大门堵了起来赶他们走。他们只好在屋后墙角挖一个小洞爬出爬入。梦桃每天都在想，什么时候才能摆脱如此悲惨的处境呢？

父亲的肺痨病一天天加重，梦桃和娘心急如焚。支撑一家人的顶梁柱一旦倒下，娘儿俩还怎么活下去呢？一到午后，父亲就发低热，满头大汗，使劲咳嗽，没有一点力气，加上没有吃的，消瘦得不成人样了。

梦桃忘不了那一天，天灰蒙蒙的，下着雨，刮着冷风。爹咳嗽着，打发她去一趟二姑家，借点钱回来买药。梦桃怯生生地答应了。

大姑家住在东关神州街，家境一般。亲戚中只有二姑家富裕，是大财东。然而梦桃没想到的是，自己这次不仅没借到药钱，还被二姑呵斥了一通。二姑像打发乞丐似的，给了小梦桃一小袋苞谷面。

拎着苞谷面的梦桃，一路跑着，爬入小洞回到家中。她把事情经过说了，爹气得又是一阵撕心裂肺的咳嗽。小梦桃捏住爹干瘦的手，鼓足勇气，斩钉截铁地说：“爹，桃儿养活你！”一向不掉眼泪的赵书林，一把抱住女儿，哇地一声大哭起来。

从此，又瘦又小的梦桃便和娘一起挑起了养家的重担。她给一家小手工作坊织毛衣，按件计酬，没黑没明地做活儿，只能挣一口饭吃。

柳条编的笸箩做盛毛线的家什。编织用的竹针，是父亲做生意时用来卖的物品。娘从集市上买来羊毛纺成粗线，她就把它编织成衣物拿到小作坊去卖，换回一点吃的和日常用品。梦桃陷入了织毛衣的乐趣中，一下子忘记了苦难，驱散了疲劳，感受到了劳动生活的愉悦和美好，脸上绽开了可爱的微笑。她把编织好的衣物换成吃的、用的，抓中药煎了给父亲喝，暂时减轻了父亲的病痛，日子也有了指望。

她多么期望父亲康复，仍然早出晚归，去经营他的小摊贩生意，一家人围在一起吃饭说笑。可父亲的肺痨病并没有好转，反而开始咯血，病情一天天加重了。梦桃能够尽心尽力做的就是每当天麻麻亮就翻身起来，扯过破被子往圆笸箩里一放，抱起一大团毛线，拿起竹针坐进去，不停地织啊织，忘记了周围的一切事物。

娘怕梦桃累坏了，就偷偷把竹针藏起来，但还是被她找到了。再藏到隐秘处，她急得直哭，吵一阵子，哭一阵子，直到娘把竹针递到她手上。

梦桃终于累倒了，高烧不退，但还是硬撑着，继续干她的活儿。在这个小小的筐篓里，梦桃不分昼夜地织啊织啊。然而这小小的竹针，既补不住这个家的千疮百孔，也抵挡不住打垮父亲的病魔，父亲最终还是去世了。

没有了父亲，娘的精神完全崩溃了，也病倒了。有时候，娘也宽慰女儿说：“爹的罪受够了，就让你爹到另一个世界享福去吧！桃，你要打起精神来，再也不要拼命干活了，悠着点，急不得，世上没有迈不过的坎儿。”梦桃说：“娘，你放心，桃要争气，凭我一双巧手，养活得了你和我自己。”

这年春天，洛阳解放了。

一天早上，已经 13 岁的赵梦桃，在小屋里听见了远处传来一阵阵隆隆的炮声。她扔下了手上织毛线的竹针，从筐篓里跳了出来，急忙扶着娘，爬出了吕家祠堂后屋的小洞。她来到了大街上，看见了迎风飘扬的红旗，看见了人民解放军的队伍正雄赳赳地从街道上走过，她的心里乐开了花。

正是这天，梦桃收到了一封信，是二哥同阳从陕西蔡家坡托人捎回来的。信中说，蔡家坡纺纱厂正在招收学徒工，叫梦桃收拾行囊，带上娘赶快前往，到那里去安家生活。

就这样娘儿俩搭了一辆从洛阳到蔡家坡拉货的铁轮马车，一路向西前往蔡家坡去了。

二

途经西安三桥，娘儿俩投靠在陇海铁路车辆厂做工的四姨父家，短暂停留了一些日子。梦桃在洛阳时，断断续续读了几天书，在三桥车辆厂一边干零活一边上夜校，也认了一些字。之后，她便和娘前往二哥同阳做工的蔡家坡。

就在梦桃和娘来到蔡家坡几个月后，1949 年 7 月 16 日，人民解放军接管了蔡家坡纺织厂。

二哥同阳在西北机器厂绘图室工作，他安顿娘和小妹先在厂区打一点零工，用微薄的收入维持生计。二哥成家后，嫂嫂董桂芳在陕棉二厂细纱车间做工。

梦桃的二哥同阳早几年来到这里，在西北机器厂学手艺，已经站住了脚。同阳年龄小，是顶着大哥庆阳的名字上工的。在西北机器厂，赵庆阳的名字无人不晓。同阳一边打工挣钱，一边精心照顾母亲和妹妹梦桃，把工资如数交给母亲，安排一家人的生活开销。从当学徒起，赵同阳干过杂工、铆工、钳工、装配工，后来上扫盲班、夜校、夜大，做描图员、技术员、设计员、设计师、工程师，在西北机器厂颇有口碑。

而正值少女时代的瘦小的赵梦桃，则是蔡家坡一群劳动力中最不起眼的一个。从洛阳来到蔡家坡后，她和娘帮人家洗衣服、做家务，也做一些编织的活计，或拾煤渣，或试图像父亲一样做小摊贩生意，起早贪黑，收入很少。

庆幸的是，梦桃背起母亲缝制的粗布书包，走进了西北机器厂私立雍兴子弟小学，拿起了课本读书。这是她做梦也想不到的好事。课本里讲的事，让她的心灵打开了一扇窗户：原来天地那么大，世界那么神秘。但由于家境贫寒，她得一边读书，一边帮家里干活。

1951 年 11 月 26 日，蔡家坡陕棉二厂贴出告示，为正在修建的西北国棉一厂招考培训工。

梦桃听到二哥同阳带回的这个消息，激动得一夜没有合眼，想着要去试一试。她想要是能当上一名纺织工，上工下工，和一群姐妹一起劳动，共同生活，就再也不会感到像是离群的孤雁到处飘荡。一颗向往新生活的少女的心，多么期待飞翔在广阔的晴空！

梦桃童年时跟着爹娘颠沛流离，从南到北，又从东到西，过着缺衣少食的愁苦日子。新中国成立后，人民解放了，妇女翻身了，可以堂堂正正地做一个纺织姑娘了，这该是多么扬眉吐气的事啊！

那时候，进纺织工厂做工，是多少半大女子梦寐以求的。纺织女工，是女孩们最为羡慕的身份之一。陕棉二厂为西北国棉一厂招考培训工的告示，让多少怀揣梦想的姑娘都跃跃欲试。

一时间，蔡家坡这条通往陕棉二厂的大路上，报考培训工的半大女子成群结队，常常挤得车不好转轮，马不敢抬蹄，吵吵嚷嚷，煞是热闹。

人流中，挤得满头大汗的赵梦桃往前赶，生怕落在了人后头。她瞅见了一张熟悉的脸：这不是跟她一起上雍兴子弟小学的小姐妹桂云吗？桂云也是穷苦人家的孩子，是她从洛阳来到蔡家坡后结识的好姐妹，两人相互间几乎无话不说。桂云趴到她耳边说：“看你和我一样，又瘦又小，怕不够分量吧？人家可是有标准的。你看我这儿！”梦桃偷偷一看，不禁扑哧笑了，桂云的衣襟下鼓鼓囊囊地装了一口袋碎石破瓦。梦桃说：“为保险起见，我也去捡些小石子儿来冒充肉和骨头。我想好了，只要我走进工厂，五条老牛也把我拽不出来。你信不？”

梦桃和桂云聪明伶俐，尽管瘦小一些，但总算过了招考这一关。

在蔡家坡招收的新工临时安置在西北纺织二厂培训。培训的第一课就是工人阶级是国家的主人翁。一个历尽苦难的姑娘，竟然成了国家的主人！梦桃又惊喜又自豪，发自内心地感激共产党。

此时正值西北纺织二厂开展民主改革运动，参与其间的赵梦桃思想波涛一浪高过一浪。她初步懂得了自己在旧社会苦难生活的根源，更加热爱新中国，决心以最大的热情和力量投身社会主义建设事业。

梦桃十分珍惜自己的工作，苦活累活总抢着干，话不多说一句，手一刻都不闲着。进入培训班不久，她就被选为学习组长。

梦桃和她所有的纺织姐妹终于实现了梦想。

阳光下，这群少女纯洁朴实，憨态可掬，心底清水一样澄明。她们梦中的憧憬，好像初春的桃花，在苏醒的大地上开放了。

三

赵梦桃如愿当上了西北国棉一厂细纱乙班四组的一名值车工，成为新中国第一代纺织女工。

第一次上班，梦桃激动、兴奋，脸上露出难以抑制的笑容。细纱车间里，敞亮的大玻璃窗投射的阳光下，机器轰鸣，万锭飞转，银线如流，简直是一个仙境般的世界。梦桃看见女工师傅们轻盈地“滑行”在弄档里，巧手这么一拨，那么一捻，眼里充满了羡慕之情，心想什么时候自己也能有这样一双灵巧的手啊！

作为新工，正式看车后，纱头一断一大片，梦桃束手无策，心急如焚。而老师傅们的弄档里却干净利落，她们总是做得游刃有余。老师傅热情地帮助她，教她如何学好技术，怎么当好挡车工。

于是，梦桃一有时间就钻入老师傅的弄档里，一边帮老师傅抹毛辊，一边请教，很快掌握了老师傅传授的操作经验。同时，她又把自己总结的经验，无私地传授给姐妹们。培训结束时，她被评为学习模范。

“好好干！下苦干！老实干！”这是梦桃的口头禅，是她发自内心的真诚的声音。她常抱怨自己灵巧赶不上人，话也常说不到一块

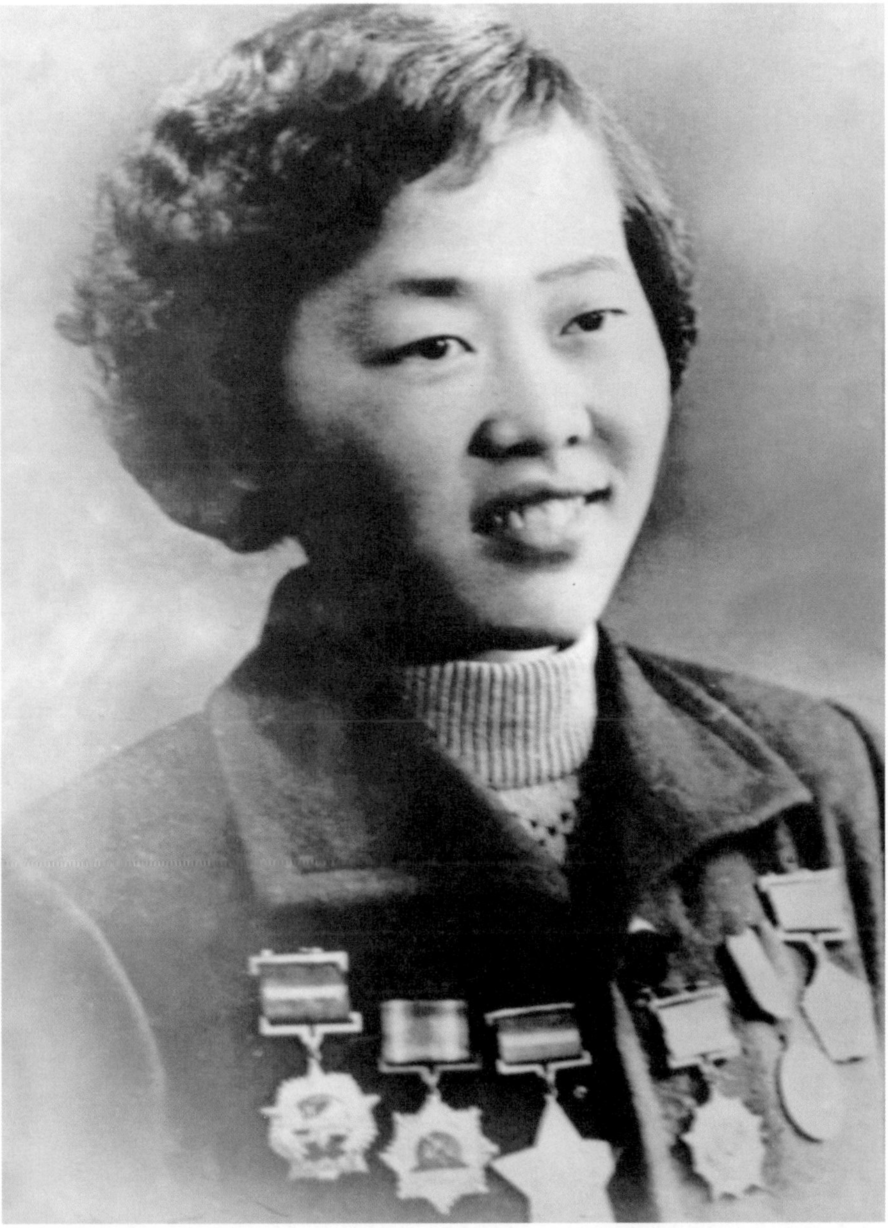

“好好干！下苦干！老实干！”这是梦桃的口头禅，是她发自内心的真诚的声音。她常抱怨自己灵巧赶不上人，话也常说不到一块儿，手脚也不麻利。但她一进车间弄档，就像上足了发条的钟表，拼命干活儿。不管人前人后，活儿松紧，她都掐分抠秒，一个劲儿地干！

儿，手脚也不麻利。但她一进车间弄档，就像上足了发条的钟表，拼命干活儿。不管人前人后，活儿松紧，她都掐分抠秒，一个劲儿地干！她一看见哪个姐妹有点长处，就在车间给人家递手巾、端水，拜师学艺，毫不忌妒。

眼下梦桃只想着：啥时候才能学成郝建秀那样，戴上一条鲜亮的红围腰？啥时候才能成为真正的纺织工人，用劳动创造的成果报答党的恩情？

1952 年 5 月，西北国棉一厂正式开工了。赵梦桃高兴地从蔡家坡出发，和姐妹们一起乘坐火车来到了咸阳。

迎着东边初升的太阳，她快活极了。当初，她和娘坐在铁轮马车上，从洛阳老家往西逃难，不知道往后的日子该怎么过，是死还是活。现在，她从收留了她三年的小镇东行，以一个纺织姑娘的身份，来到了热闹的咸阳古城。

街道真宽阔，纺织厂真大，厂房真高，车间真宽敞！进厂不久，赵梦桃以学习好、技术好、觉悟高、有威信，被姐妹们推选为细纱乙班四组第一任工会组长。

为做好清洁工作，抹净毛辊，每部车的车头放着一把蘸水的棉花。每部车每天因蘸水用掉的棉花要三四两，一个轮班就要 20 多公斤，三个轮班下来就要 60 多公斤。这样算起来，一年就要浪费 1 万多公斤棉花。

梦桃看到这是很大的浪费，就试着用湿抹布抹毛辊，效果挺好。她的这个建议，为国家节约了大量的原棉。同时，她对个别故意造成浪费和煽动别人进行浪费的姐妹，毫不留情地进行了批评教育。

不久，在学习“郝建秀工作法”活动中，梦桃以最优异的成绩第一个戴上了“郝建秀红围腰”。系上红围腰，梦桃说：“戴上‘郝建秀红围腰’，就要按‘郝建秀工作法’办事。”

她还是那句话：“好好干！下苦干！老实干！”别人一个巡回3到5分钟，她用2分50秒，甚至上厕所都是一路小跑。她还首先响应厂党委“扩台扩锭”的号召，看车能力从200锭扩大到600锭，生产效率大大提高。

看见梦桃的出色表现，有的姐妹妒忌，渐渐和她疏远了。可梦桃却没觉察到，只是闷头干。

当赵梦桃闷头苦干的时候，有人却在背后嘀咕她，说她把白花偷偷藏了起来。

闲话传来传去，传到了生产组长陈师傅的耳朵里。陈师傅是个直性子，听了底下的反映，随即去找班长老赵。老赵一听就急了，学习模范还干这种事？马上开会！

下班了，梦桃一进宿舍门，就觉得气氛不对，架子床上下都坐满了人。不一会儿老赵也来了，把门一关，拿了个凳子背朝门坐下，脸色阴沉地说：“今天开会不为别的，单为帮助赵梦桃同志。”

会上，有人发言了，人数不多，可有些话就像冰雹打在赵梦桃的脸上，冷到了她心里。梦桃坐立不安，开始是一阵惊恐，接着是委屈痛苦，后来是脸色大变，手脚冰凉。她站起来，忍着泪水说：“我只说好好干，下苦干，报答领导和大家，没料想遇到这样的误会。我还说啥呢？我能哄一天，哄不了一年，往后看吧！”

会议不了了之，大伙吃饭去了。梦桃把门一关，这才放声哭了起来。她百思不得其解，突然翻身起来，收拾东西准备走。

梦桃揣着红围腰，昏昏沉沉地出了宿舍门，从小道走到厂区鱼池旁边坐了下来。她望着那刚栽下的小树，才铺好的马路，思绪万千。面前是操场，红围腰就是在这里发的。此刻，她真想一下子冲到车间去，和那些贴心挨肉的姐妹，再并肩站到机子前。可是怎么受得了这份委屈？

“赵梦桃不见了！”轮班长老赵火急火燎地闯到了老蔺面前。老蔺有点摸不清怎么回事。老赵说给她开了个批判会，有人见她收拾东西，一转眼就不见人了。

“不会的，我了解她！”老蔺斩钉截铁地说。他一把按住老赵的肩头说：“坐下，慢慢说，到底是怎么回事？”老赵抱着个脑袋说：“嗐，都怨我！没调查研究，就开了这个倒霉的会。”

二人出门找了好半天，没想到在鱼池旁边碰到了梦桃。

老蔺轻轻走了过来。梦桃的泪水便夺眶而出。老蔺心里也不是滋味，他坐在旁边好半晌，才细声慢气地说：“看，眼都哭肿了，哭肿了眼还能看清路？咱工人阶级的泪可不能轻弹。”果然，这话生了效，梦桃用手背把泪一抹，说：“既然都是工人阶级，为啥要给我脸上抹黑？同志们误会倒没啥，领导也这么看，我怎么见人？”

老蔺说：“不经过千锤百炼和各种斗争，就能成为工人阶级的一员吗？拿你说吧，一向没二心，闷头干，可是碰个风吹雨打，就想退却，这像个工人阶级的好战士吗？”

梦桃颇有些不服气地说：“退却？我到外厂也是为人民服务。”老蔺说：“你到了别的厂要再不顺心呢？”赵梦桃回答不上来，低下了头。

老蔺把她膝上的红围腰扯过来，抚平抹展。

“郝建秀也是在别人的怀疑下，挺着脊梁走过来的。真的假不了。一个革命者嘛，没有个硬脊梁不行，哪一块好钢不挨几百锤敲打？”老蔺语重心长地说。

赵梦桃擦干了泪，忽地站了起来，笑着说：“我要上班去了。”“别忙走，把这个戴上！”老蔺站起来，把红围腰递给她。赵梦桃脸红了，把手藏在背后。“戴上！常看着点这条红围腰，你就走得更欢些，更稳些。”

四

1952年深秋，赵梦桃去青岛疗养了两个月，见到了心中的偶像郝建秀。

回来时，调任为细纱车间支部书记的老蔺来接她。赵梦桃兴奋地向蔺书记描述了她见到郝建秀的场景。她觉得郝建秀是那么随和又那么朴素，哪像自己，碰到个坎子就撂挑子。

蔺书记语重心长地说：“要说上次那件事，你也有责任。你光顾自己埋头猛干，可忘了把你的劳动态度和工作方法给组里传授一下。”

赵梦桃很诧异：“我教人家？我不是技术尖子呀！怎么好意思去教人家？”蔺书记说：“病就害在这儿！这叫自卑感。你是工会组长，是先进生产者，对不？你的责任就是团结全组，带动全组，自己教不了，还有小韩和其他技术好的，为啥不请人家、求人家？”

提起这个尖子，梦桃迟疑了。蔺书记鼓励说：“对，求她们去！这不是为个人，有什么不好意思？这对你也是个考验哩！”

上班的时候，梦桃羡慕地看着正在操作的小韩在弄档里穿行，像只小燕子，接头好比掐花。要是全小组都能像她这样飞起来，该多好！

下班时，梦桃兴致勃勃地赶到小韩面前，叫了一声，没人应。又叫了几声，人家才回头，“有话说嘛！”梦桃强笑着说：“小韩，你是咱们组里的技术尖子，大家希望你担任技术组长，带带徒弟！”

小韩停住脚步掉过头，嘴角一撇，说：“我？你找错人了吧！凭我这个笨样子，还敢教人？”说完一扭身走了。赵梦桃像被钉在地上，半晌动不得。

但经过一次风雨考验的赵梦桃，毕竟不同于从前了。个别谈不行，就在生产小组会上请。当着二十几个姐妹的面，小韩一言不发。有人就对梦桃说："算了吧，何必呢？"

梦桃想："不！我一定要把这盏灯拨亮，一定要打开小韩的心结，叫她满肚子的蝴蝶飞满车间。"她咬咬牙又去了。终于有一天，小韩对赵梦桃笑了，说话了，点头了。

梦桃又跨过了一道坎子，觉得眼前亮了许多。有一个问题浮上心头：为什么蔺书记总比自己看得远呢？啥时候自己也能像党员那样胸怀宽阔呢？她从内心认识到，没有共产党就没有新中国，新民主主义青年团是党的助手，是教育培养青年的大学校。自己在痛苦迷茫之时，正是党给自己指明了方向。

1953 年 4 月 9 日，赵梦桃申请加入了中国新民主主义青年团。同年 8 月，她以千锭每小时断头 55 根和皮辊花 0.189% 的优异成绩，和小组的小黄一起，出席了全国纺织劳模大会。

在会上，她又见到了刚上大学的郝建秀和许多党员劳模，这些同志身上扎实坚强的革命意志，引起她无限的神往。

不久，赵梦桃参加了积极分子训练班，听党史和党的建设课。梦桃手扶着脸，凝望着教员的面孔认真聆听。赵梦桃才知道，为什么共产党员一定要是真金子，怎样才能成金子。

1953 年夏季的一天，十几个人在夜校的一间教室里聚会。这里听不到往常的嬉笑吵嚷，如此安静严肃。这是讨论赵梦桃等人入党的支部大会，和赵梦桃一起被讨论的还有小黄和小李。

讨论小黄时，大家在肯定了其突出优点后，会议气氛变得严肃了。梦桃看到这些平日那么和气宽厚的同志，如今却对小黄说出连在父母兄弟身边也听不到的批评。有的说她当劳模后有脱离群众的现象，有的告诫她别把党和群众的功劳荣誉记在自己账上。

梦桃一边听一边想，这些坦率严格的话，除了在党的会议上，哪里能听得到？谁要站到这个队伍里，就要去迎接最严格的考验，去战斗一生，改造一生。要不，怎么做真金子呢？

在讨论到梦桃自己的时候，她反而心定了。支部蔺书记和党员同志们指出了她的缺点：遇事遇人毫无锋芒，有一种与生俱来的自卑感。这是因为她还没有充分了解一个共产党员的责任，还缺乏昂扬的气魄与宽阔的胸怀。

赵梦桃把这些话记在心里，她不遮掩自己身上的缺点，也不隐瞒渴望得到党内严格锤炼的心情和愿意去承受最困难任务的勇气。她的入党要求，支部大会顺利通过了。

走出会场，她内心涌上来的第一个念头，是今后怎么做一个人民的勤务员，怎样才能配得上共产党员这个称号。梦桃向同志们说：“一个党员不能像我过去那样，只说好好干，下苦干，还要懂得为什么好好干，为谁好好干，怎样好好干才行。”

一个刚调来的帮车工叫张秋芬，到哪部车哪部车都不欢迎她，和谁住在一起谁嫌她邋遢。梦桃心软，看着这个看起来也挺机灵的姑娘，摸着她那自幼磨粗糙了的手，心里不觉一动，就把自己的褥子给她换上，帮她拾掇梳洗。梦桃不嫌弃，要秋芬为自己帮车。

梦桃仔细观察着秋芬，车间里锭转如飞，别人都忙得像走马灯，她却常呆呆地盯住个啥傻看半天不动弹。下班后，梦桃就陪着她，用工人阶级姐妹的爱，融化梗在她心头的那块冰。这个见人从不搭腔的姑娘，竟趴在梦桃肩上哭了。

一次，她生病住院，梦桃领着组员到医院去看望，她抓着梦桃的手不放，硬要跟着回去，流着泪说：“我实在离不开你们呀！”回来的路上，有人说，没想到秋芬是这么个好姐妹！梦桃说：“她本来就是咱的姐妹，旧社会冷眼看她，挤压她，到了自己家里，咱们党员就该捧出心来暖她，伸出手来扶她。”

1953 年 9 月 11 日，赵梦桃由候补党员转为正式党员。

1953 年 9 月 17 日，国棉一厂细纱车间蔺福善和韩素珍作为介绍人，在赵梦桃的入党申请书上签了字。

1953 年 9 月 25 日这一天，是赵梦桃终生难忘的日子。她向党旗庄严宣誓，要做一名合格的共产党员，全心全意地为人民服务一辈子，当一个优秀的纺织工人。

入党以后，她对自己高标准，严要求，孜孜不倦地钻研文化知识。她谦虚谨慎，善于发现普通群众的劳动智慧，向组里最小的姑娘小郭学掐头，向小尹学接头，并组成技术小组，让大家相互学习。姐妹们谁有长处她就向谁学，虚心待人。她这个小组，很快成了全组的技术学习核心，带动全体姐妹们兴起了学习操作技术的热潮。

1955 年，国棉一厂挑战 100 天完成计划，可小组组员孟金弟总完不成任务。大家都为孟金弟完不成生产计划，影响了先进小组荣誉而焦急。

梦桃知道孟金弟一向工作不错，就到车间去观察。在了解了情况后，她主动和孟金弟换车。同行的女工说："这车子太难照看，换个技术尖子去吧！"梦桃说："这里真正有困难了，正是需要咱党员的时候，技术差，就推给别人吗？"

换车后的头一天，梦桃手忙脚乱，白花虽比孟金弟照看的时候少一些，但也相当惊人。周围的姐妹都心慌了，有的说："你不同呀，梦桃！你要完不成计划，各方面都要受影响咧！"有的说："你是工会组长，这样如何说服别人？快换回来吧！"

梦桃笑了笑，平平静静地说："我要退下来是个什么影响，又怎么说服别人？一个共产党员，要的是党的事业不受损失，不是计较个人名声的好坏。"

经过梦桃的精心调试，故障被排除了，这部让人不待见的机车终于被驯服了。

梦桃常说，一名共产党员，学习也是为了革命，没有文化技术，就不能建成共产主义，我们要一点一滴学习别人的长处，把它变成集体的财富。她就像一只投入花海的蜜蜂，十几年间，勤奋虚心，如饥似渴地向先进学习，为纺织事业采粉酿蜜。

1956 年 5 月，在北京直达西安的快车上，旅客们发现了一个奇怪的姑娘。她膝上放着个茶杯，两手各拿一根竹签，凝神聚气地在茶杯耳柄上滚动，竹签转得飞快。

这个姑娘，就是参加全国先进生产者代表会议回程的赵梦桃。

在北京国棉二厂，她看到无锡代表徐凤妹表演的双手绞皮辊花，眼热心动，想学习，却没有工具，就像害了心病一样。忽然，她被会议室门口地上扔的一根糖葫芦竹签吸引住了，就跑出去买了两串糖葫芦，用刀子把糖葫芦竹签削成绞花签，只要一有空，就拿着练。别人劝她，何必那样急。她说：“厂里有上千姐妹等着哩，要早早练会，一下火车就能推广，那多好！”

开会期间，赵梦桃还抽空补习代数。有人说：“太累了吧？”她说：“列宁说过，在一个文盲国度里，无法建成社会主义。咱党员决不能做建设中的绊脚石，而要努力攀登高峰。”

回厂的第二天，赵梦桃就把双手绞皮辊花的先进技术教给了组里的姐妹们。

五

1956 年 9 月 15 日，中国共产党第八次全国代表大会在北京召开。

快开会了，会场静悄悄的，梦桃探起身子向主席团的中间望去。

时钟敲了两响，全场灯光明亮，毛主席站起来致开幕词。梦桃仔细看着听着，琢磨着开幕词里的每一个字。

赵梦桃参加中国共产党第八次全国代表大会后，流着热泪给不在身边的母亲写了一封信。

妈妈：

近来我们厂里生产很忙，因此很久没有给您写信了，不知您老人家身体好吗？哥哥嫂嫂工作学习都很忙吧！小侄子还是那样的天真活泼吗？

妈妈，我告诉您一件以前连做梦也想不到的事情，就是我光荣地出席了中国共产党第八次全国代表大会！

在会上，我看到了敬爱的领袖毛主席以及党中央的各位首长。毛主席和中央的各位首长身体都很健康。相信您听了一定也会高兴的。

真没想到，旧社会一个穷苦家庭的女孩子会有今天。这应该首先归功于党对我的教育与培养，以及同志们对我的帮助。这是女儿的光荣，也是母亲的光荣！

毛主席在会上，英明地指示了我们全国人民建设社会主义的任务和方向。

毛主席说的一字一句，都在鼓舞着我。尤其是“虚心使人进步，骄傲使人落后”这句话，我要永远记住。

妈，我决不辜负党对我的培养，以及同志们对我的帮助。我要更进一步地做好组织上交给我的一切工作，决不骄傲自满，更要虚心地向同志们学习，密切地联系群众，争取在生产战线上作出更新的成绩，来报答党和同志们。

我这里一切都很好，请勿挂念。元旦放假时，我就回家去。祝您身体健康，哥哥嫂嫂工作与学习进步！

梦桃

人们发现，自从出席党的八大回来，赵梦桃有了变化，她笑得更开朗了，也更加虚心诚恳。

一天下午，梦桃约好几个组长在鱼池边亭子里聊天。她倚在栏杆上等人，瞅着当年坐着流泪的地方，不禁又脸红又想笑。她看着那来来往往的穿白围裙的姐妹们，心想：这里有多少想戴红围腰的姐妹？怎样才能使她们很快成为突击手呢？

几个组长来了，谈了组里的情况。有的同志老实肯干，可就是生产上不去；有的同志一向挑尖，最近却突然走了下坡路。

梦桃说：“依我看，咱们组的同志都不错，哪个同志心里没盏灯，没把火？在工人队伍里，哪个是甘心落后的？要不，为啥一听完不成计划就哭鼻子流泪？生产上不去，是各人有各人心上的一把锁。”

“对，可谁有那么多钥匙去打开它们？”

“有。”梦桃肯定地回答，“我们有一颗同志的诚心，以心贴心，以心换心，这就能开万家锁。”

接着，梦桃就和姐妹们一起，挨个摸底，分工帮助，大家的心仿佛亮堂了许多。梦桃说：“我们应该把每一个同志心里的火扇旺，不让一个伙伴掉队，不让一个小组掉队。”

不让一个伙伴掉队，就要以心换心。赵梦桃对自己要求很严，对同志却耐心启发，善于等待。对自己的生产和学习以高标准去衡量，从不强调困难，对同志却体贴入微。自己生病，从不声张，对同志却知冷知热、心细如发。

赵梦桃就这样持之以恒，把自己的精力、时间、心血全放在姐妹们的身上。同志们说，什么也逃不过梦桃那双眼睛。

梦桃说："我们应该把每一个同志心里的火扇旺，不让一个伙伴掉队，不让一个小组掉队。"不仅能像春风化雨那样，而且能在狂风暴雨中挺身而出。困难自己挑起，把方便让给别人，用自己的实际行动感召别人，梦桃身上体现出的是一种共产主义精神。

这双敏锐的眼睛，看见从外厂调来的赵喜芳无精打采地上班。梦桃不忙着批评，先从各方面了解情况，星期日做家庭访问。随后梦桃对症下药，喜芳心上的锁打开了，生产还用催吗？

初冬时分，她看见邢素贞还盖着个薄被子，心想：难怪她上班没劲儿，休息不好啊。梦桃回家前，把自己的被子给邢素贞盖上。素贞不要，到晚上硬是拖着不睡，姐妹们就假装睡下，等她睡了，又爬起来把棉衣给她盖在身上。素贞一早醒来，摸着棉衣泪水直转，说：“我盖的不是棉衣，是姐妹们那贴肉的心。”

梦桃的作风如春雨，渗透了她的小组。每到假期，她们就进行家庭访问，或到野外游玩。互相体贴关心，成了全组的风气。

不让一个伙伴掉队！不仅能像春风化雨那样，而且能在狂风暴雨中挺身而出。困难自己挑起，把方便让给别人，用自己的实际行动感召别人，梦桃身上体现出的是一种共产主义精神。

几年间，赵梦桃就先后和别人换过11次车。难怪有人问，人家都想到好车上去，梦桃可专往坏车上跑。一个优秀的共产党员，就是要向最困难最关键的地方跑。

专往坏车上跑，不只是为了在技术上支援，更重要的是为了坚定姐妹们的信心，鼓舞她们的斗志，为了把工人阶级的毅力和韧力，在大家心中树立起来。这一点，并不是所有的人都能理解的。在换车时，梦桃遇到过猜疑，这比机车的故障更让人烦心。但是，梦桃不怕。

一次，梦桃去帮助外组的小吴。车上的粗纱摆乱了，别说完成计划，车子不乱成一团就是好的。梦桃见到这情况，虽有些紧张，但并不怯。叫人难受的却是小吴的态度，说了两句客气话，既不肯来帮车，又不介绍情况，躲到一边帮别人的车去了。

梦桃顺了一口气，先把心定下来，摸清规律，找出特点，紧张工作了一天，顺利完成了计划。下班时，小吴从远处跑来，紧握住梦桃的手说：“真难为你了！”梦桃还是那句话：“我有什么本事，就是出死力，老实干！车子是死的，人可是活的，对不？”

不让一个伙伴掉队！这里不只需要勇敢与毅力，而且要有高度的自觉和远大的革命理想，要能深刻认识荣誉和先进的意义。

1958 年，赵梦桃与细纱车间担任摇车长的青年工友郑喜旺恋爱。二人情投意合，感情真挚。结婚成家后，赵梦桃和郑喜旺出双入对，令人羡慕。在紧张工作中，他们顾不上考虑生孩子的事，说是过几年再说。梦桃一心忙工作，丈夫承担了许多家务活儿，也毫无抱怨。加之她的身体不大好，怕承受不住怀孕分娩及养育孩子的重担。

想不到，梦桃怀孕后是葡萄胎，动了大手术，再也不能生孩子了。她的身体也开始走下坡路，可她还是一直坚守在工作岗位上。她的婆婆跟她闹了一些别扭，丈夫郑喜旺却始终与梦桃很恩爱，跟她一起面对人生的窘境。

郑喜旺心里知道，梦桃也在承受着沉重的打击，一直自信乐观的她，把精力用在工作上，来分散因疾病带来的情绪。在梦桃的感染下，他自己也乐观起来，好好工作，愉快地过日子。

他们就这样不离不弃，风雨同舟，日子过得简简单单，也和和美美。

六

1958 年 5 月，梦桃到北京去出席了让她毕生难忘的党的八大二次会议。

在北京开会的几天中，梦桃的心就像黄河水一样奔流着，沸腾着，没有一刻平静过。

返程时，望着车窗外那哺育了自己的土地，多少回忆涌上梦桃的心头。我用什么来报答党对我的培养和关怀呢？这是梦桃脑子里经常想的一个问题。她觉得最好的报答就是听党的话，党指到哪里，就做到哪里。她第一个响应党的号召，扩台扩锭，别人看 400 锭子，她一个顶俩，看 800 锭子，带头实行高速化。她虚心向别人学习先进经验，走到哪里，学到哪里，并且把自己学到的先进经验亲手教给姐妹们，大大提高了工作效率。

在被光荣地选为党的八大代表时，她焦急地盼望着自己时好时坏的身体早日恢复健康，但总也不见根本好转。说也奇怪，这次到北京开了十几天会，身体反倒好了。当她要返回工厂的时候，她觉得自己精力充沛，心情舒畅。

梦桃回到厂里，第一件事就是要求上班，但得到的答复使她很失望。医生劝她多休养一阵。

梦桃的心里急成了一团火。她一次又一次地向组长和支部书记请求，千方百计地说服医生。最后，她的要求终于实现了，她回到了自己心爱的车子旁边。

值车是个细活，要求技术熟练。梦桃虽是个老值车工，但因为离开车子好几个月，再加上她身体不好，乍一上班吃力得很。她觉得车子不像从前那样听使唤了，断头多，白花多，当她伸出手去接断头的时候，手好像不是自己的了。她发现自己操作生疏多了，急得汗珠顺着鬓角淌下来。在北京开会时那令人振奋的情景，又在她脑海里浮现，她暗暗鼓励自己，一定要赶上去！现在正是需要拿出干劲的时候！

梦桃虚心向姐妹们学习经验，克服困难。她除自己值车时留心钻研外，每天早上班晚下班，参观对班操作，业余时间也跑到车间去观摩技术好的同志的操作。她见郑秋月落纱后抓紧巡逻，处理断头技术好，就向郑秋月请教。她见翟福兰清洁工作做得又快又均匀，就请翟福兰教自己操作。就这样上班练下班看，仅仅几天的工夫，她就提高了操作技术，全面超额完成了生产计划。

1959年，赵梦桃参加中国旅行者代表团赴苏联访问。接着，在全国群英会上，赵梦桃出席并两次担任大会执行主席，在大会上发言，介绍先进经验。会议期间，美国著名女记者安娜·路易斯·斯特朗同她亲切交谈。她接受了外国记者的采访，应邀到全国各地传授经验。

这一年，赵梦桃在省上参加先进生产者代表大会，在讲台上大声宣读了自己的倡议，其中一条是按日完成计划。

回厂的路上，同去开会的贾主任提醒道："梦桃，今后可不能再随便换车了。要不，你那倡议如何实现？咱们可不能说空话。"没料想，一回到厂里，就碰上大家议论纷纷，说刚转为值车工的唐赛娟，是个白花大王，拽得全组的生产计划上不去。

梦桃走进车间，在一旁看着唐赛娟操作，人是新手，车子非常难管。梦桃看她手忙脚乱，加之梦桃了解这个腼腆的湖南女子，忠厚质朴，对谁都是赤心一片，从不挑三拣四，多言多语。这样的同志，怎么忍心责备她？

下班时，唐赛娟看见梦桃，叫了声"梦桃姐"，泪花就在眼里直转。她哽咽着说："我个人不光彩事小，拖累了小组的生产事大，我对不起同志们。"说着，她的泪珠就滚了下来。梦桃握住唐赛娟的手，一句话涌到嘴边，却没吐出口。

梦桃找了生产小组长，说过唐赛娟的情况后，就说："我想和她换车。"组长为难地说："她那车子缺少集合器，再好的技术尖子上去，也难保证完成当天的计划。"

她去找唐赛娟，好心肠的唐赛娟说："我坚决不同意，自开厂以来，你年年都是先进，现在又向省上挑战，被评下来怎么办？绝对不行！”

梦桃遇到了一个新关口，即荣誉关。她想：在省上挑战为了什么？保持先进的荣誉为了什么？只要小组整个生产起来了，少出白花，完成了国家生产计划，自己的个人得失算得了什么？

梦桃又去找生产组长，坚决要求换车，左右劝说。组长感动地说：“好吧，我也替你担上份风险。”梦桃严肃地说：“我一定不辜负组织的信任，千方百计，使上浑身劲，争取当天就完成计划！”集合器缺也好，故障也好，在这个毫无私念的共产党员面前算不了什么。

不让一个伙伴掉队！赵梦桃，她做到了。

1960年7月3日，《大公报》发表了赵梦桃写的一篇题为《解决生产问题要抓住主要矛盾》的文章。

赵梦桃写的学习毛主席《矛盾论》的体会文章，发表在《大公报》上，引起了人们的极大关注。这个纺织姑娘认真读书学习，刻苦钻研，能够用哲学思维解决纺织工作中存在的矛盾和问题，深入浅出，简明扼要，令人赞叹。

七

赵梦桃十年如一日，以自己的胸襟和品格，经受住了一个个考验。

1960年，我国国民经济生活遇到了暂时困难。纺织战线生产上需要优质纱，而原棉质量低，很多人完成不了生产任务。在艰巨的困难面前，赵梦桃作为全国劳模，她的态度是不畏惧，不退缩，不回避。

她潜心琢磨，先在自己看的车上种了6个锭子的所谓“试验田”，摸索规律，总结经验教训，终于纺出了优质纱，令人惊奇。姐妹们和全厂职工受到鼓舞，纱和布两项都完成了生产计划。

梦桃常说，一人红，孤单单，众人红，推倒山。不让一个伙伴掉队。哪个姐妹有了缺点，她都千方百计，耐心帮助她们改正缺点，提高觉悟，赶上先进。小组 28 人，她先后帮助 17 人赶上了先进，带动了全厂 135 个小组共同前进。她说：“光一个小组红不行，还得全厂红。”

这一时期，赵梦桃累病了。她却撑起病身子，每日歌声嘹亮，笑声朗朗。

车间里，机车又出毛病了，细纱质量不好，断头多，白花多，空锭多。才疗养回来的梦桃纳闷，一查看，原来是工人们怕扣个人得分，就不肯抹锭脚回丝，结果出了一堆毛病。

第二天，梦桃一上班，就一反常规，勤抹回丝。结果，别人千锭每小时是 40 多根断头，她只有 10 根左右，清洁工作 100 分。可是当收回丝时，她却抓出了一大把。测定员说：“以后要注意！”同志们说：“人家不抹，光咱抹，评不上红旗咋办？”梦桃说：“回丝指标不恰当，咱去反映。可要为个人得分，弄得细纱质量太差，国家受损失，得来了红旗也烫手！”

赵梦桃这个红旗手，是经得起冰雪严霜的。

可谁想到，1962 年 1 月份，赵梦桃和她的小组在月评时没得到红旗。

秋季，细纱车间接受了改纺高支纱的任务，车上需要的一个新零件暂时买不到，接着原棉质量下降，断头大增。为了加强捻度，车上加了个中心牙轮，不料细纱捻度更小，断头更多，甚至超过规定指标 1 倍多。

眼看就要评比了，谁愿意失去红旗呢？

测定员来为她们组测定，测完说：“你们也不错嘛！”正要走，梦桃喊住她说：“要测就测透测全，光测中纱不标准，中纱断头最少。”梦桃待她把大中小纱都测完后问：“多少？”测定员苦笑说：“老样子，又超过指标1倍。”梦桃点点头说：“是多少就报多少嘛！”

1月份评比过后，小组里有人嚷着：“拼劲儿干，红旗还是没拿上。”梦桃说：“红旗没评上，谁也不好过，可咱们要的是真红旗，不是假荣誉。咱们要长志气，想办法，坏棉出好纱，然后实事求是地反映情况。”

到了2月初，梦桃抽空把本组齐齐测定了一遍，又找对班的同志了解情况，证明在当时条件下，指标规定不超过24根断头是过高的，中心牙轮的安装确有问题。

怎么办呢？反映真实情况吧，也许有人说自己为小组争荣誉；不反映呢，老实人拼死拼活完不成计划，车子得不到改进，整个生产都要受影响。想到这里，她就毅然去找领导了。

经过调查了解，领导马上修改了回丝指标，姐妹们也都勤于抹回丝了。21支纱断头，千锭每小时由40根降低到16根，白花也随之减少了。先前存在的问题，终于得到了合理解决。

要向党说老实话，说知心话，绝不能为了个人得失，损害党的事业。这就是赵梦桃的风格。

就这样，赵梦桃肩扛红旗，十年如一日地走过了每个春夏秋冬。

八

1963年1月，《陕西日报》发表了一则报道。报道中说，赵梦桃刻苦钻研，吸取能手们的优点，摸出了一套巡回清洁检查操作法。省纺织工业局协助总结后，现已在全省各纺织厂推广。这个当年一心想戴“郝建秀红围腰”的小女子，今天也为细纱工人作出了贡献！

不料，一向体弱多病而且动过手术的梦桃，这时旧病复发了。领导和同志们强行把她送进医院治疗。就要动肺部手术了，医生来问她的意见，梦桃抬起头来说：“我整个人都是党的，需要怎么治疗就怎么治疗，我什么都不怕，只怕不能为党工作。”

不知过了多久，她睁开眼，看见满屋子穿白衣的人，才想起已动了手术。医生看见她眼里急切探询的目光，便轻按着她的肩说道：“放心！你还能到车间去！”

梦桃由衷地笑了。

渐渐地，护士和病友们知道了她是全国劳动模范、党的八大代表，纷纷来向她询问学习。她却热情地向别人介绍着纺织能手郝建秀、种棉能手张秋香，以及自己小组的姐妹们的劳动生活。

在医院里，赵梦桃一边治疗，一边读书思考，写了一篇题为《用主人翁的态度劳动》的文章。

凡是在医院里接触到赵梦桃的人，都深为她的高尚品格所感动。她是一个配合治疗最自觉的患者，又是一个为病友们热心服务的朋友。她换过楼上楼下几个病房，大家都说她是最知心的朋友。

她牺牲了必需的午睡，赶着帮胸腔外科的护士裁剪油纱布。她曾扔下正削着的苹果，去给护士当助手……

九

早春二月，张秋香和赵梦桃又在西安会面了。

一个植棉能手，一个纺织模范，很早以前，她们就在各种会议上相识了。1958 年，张秋香去国棉一厂参观，赵梦桃接待她，介绍工厂生产情况。此后，她们常常互相鼓励，建立了深厚情谊。

这次，张秋香来西安参加全省棉花生产会议，听说赵梦桃因病住院，开完会就急急赶来探望她。

13 日午后，张秋香快步登上医院三楼。这时，赵梦桃早得到护士的转告，迎上前去，深情地问候道：“哟，秋香大姐，你好啊！”她们的手握在一起。

张秋香关切地说：“听说你动了手术，我心里好难受。”

赵梦桃却笑着说：“大姐放心，我的病已经好了，快要出院了。”

她们亲切地攀谈开来，从咸阳的相会，谈到陕西棉纺织工业的发展，今年棉花增产的形势；从植棉农民与纺织工人的共同心愿，谈到结实美观的棉布。

她向张秋香说起摸索巡回清洁检查操作法的事。那时，她们开始纺 42 支高支细纱，质量要求提高了，原棉质量又不太好，细纱工人的操作跟不上，计划完成得不好。赵梦桃把克服困难的重担自觉地担在自己肩上。她开始留心姐妹们的点滴优点，结合自己的操作经验，不气馁，不失望，终于摸索出一套新的操作法。她因过分操劳，病情加重了。但是，她还是瞒着病情，一直坚持到省纺织工业局工作组总结了这次操作法，才在厂党委的说服下进了医院。

赵梦桃把这些过程说得很简单，只是再三认真地告诉张秋香说：“大姐，操作法实际上是大家创造的，我只尽了一份应尽的责任。我常想，自己是共产党员，看到对国家有利的事，就应该跑在最前头。”

张秋香敬佩的眼光，一直落在这个 28 岁的年轻党员脸上，高兴地说：“是啊，当了模范，我们担子更重了。”

天色渐晚，张秋香担心赵梦桃太累了，便起身告别。

赵梦桃急切地说：“我真想早点儿出院，回到车间。等有空了，一定到大姐你的棉田里看看，我太向往早已远离的田野了。这些日子老是做梦，梦见在车间里跑得真欢。”

张秋香笑着说：“梦从心中起，你老惦着生产，心早长翅膀飞了。”她用大姐的口吻关照说：“党员也要会养病哩。身体养好了，还怕搁的活不够你干？”

赵梦桃握紧张秋香的手，感激地说：“我一定安心养病，准备将来继续为党好好工作！”

十

在病房，赵梦桃遇到了两个小病友，8 岁的段伟和 6 岁的孙小花。

赵梦桃知道段伟是独生女，每次病了都要妈妈守着才能睡踏实。段伟做心脏手术前突然发烧了，赵梦桃就连着三夜没有好好休息，只要段伟一呼唤她就走到床前，摸摸她的头，问她喝不喝水，让她好好睡觉。段伟的烧一退，病房的生活又恢复正常了。

赵梦桃早晨给她们梳头编辫，夜里检查被子盖好了没有，她像最会管教孩子的母亲，按时分给糖果，每顿催着吃饭，有时还要学着她们母亲的样子，给孩子们排解小纠纷。

她见孩子们玩得高兴了，在病房的走道里吵闹，就唯恐打扰了病友们休息，忙把孩子们拢在身旁，编出说不完的故事。她听小花说，将来要学赵阿姨，当劳动模范，她就笑着鼓励她们：“对，就要热爱劳动。不光学我，还要学张秋香奶奶。”

段伟的父母常来看她，小花的父亲因远在新疆，不能常来，看她就特别关心小花，让这颗幼小心灵感受母亲般的温暖。她见小花的袜子破了，便剪掉自己的手绢，借了针线把破洞补好。

她搬到新病房后，有天两个孩子央求大夫带她们来看赵阿姨。赵梦桃虽然头晕得不能转动，却把她俩叫到床前，吃力地弯下身来，把头紧紧贴在孩子们的胸前，然后开心地笑道：“跳得嗵嗵的，多有劲儿。不像过去呼呼的，像拉风箱那样了。”

梦桃住院后，一直守候在梦桃身边的丈夫郑喜旺也消瘦多了。他不停地耐心开导妻子，说她的病一定会好的。

梦桃在刚动过手术后，伤口疼痛，但没有一个护士看到过她的眼泪，她总是笑呵呵地看着你。

同病房的高意儒大姐，心事重重，梦桃像小妹般关怀她，陪她散步，劝她吃饭，出去时帮她披上大衣系上围巾。

高意儒回到单位后时常给姐妹们说：“梦桃大姐已经重病在身，却不忘鼓励同组姐妹，她说：‘一人先进孤单单，众人先进推倒山。一人红红一点，众人红红一片。’”出院后，高意儒常到医院看望梦桃，并送给赵梦桃一本《雷锋日记》，扉页上写着：我要永远一颗红心向着党。

面对生活的挫折，梦桃是乐观的。多少个日日夜夜，她都默默地自己承受着，留给人的永远是笑容。

十一

1963 年 4 月 27 日，陕西省人民委员会召开大会，表彰赵梦桃同志和赵梦桃小组先进事迹。然而赵梦桃却因病无法出席。

赵梦桃躺在病床上，花瓶里插着红彤彤的花束，不知是哪位护士特意送来的。房间里，只听见收音机的声音，再有几分钟，大会的实况广播就要开始了。她半仰着，神情严肃专注。

钟声响了三下，收音机里传出庄严激越的军乐，她凝望着瓶中的红花，只觉一股暖流冲上胸口。

主席台上，播放着梦桃的录音。

梦桃的声音，如此诚挚深情，那样热烈铿锵！

在这次表彰大会上，授予赵梦桃“优秀共产党员”“模范共青团员”“先进工人的典范”荣誉称号，并命名赵梦桃所在的小组为“赵梦桃小组”。

表彰赵梦桃先进事迹大会，到会者3000余人，无不感动。赵梦桃小组的24位姐妹没能见到梦桃大姐，耳边回响着她的录音讲话，一个个流下了眼泪。

这天，吃过早饭，记者要来采访梦桃。梦桃告诉记者：“千万不能把我写成天生的先进。说什么周围的同志都是我帮助的，分段巡回操作法是我一个人的创造。没有党的抚育，没有小组姐妹顶梁立柱，没有数不清的同志的教育关怀，我还不就是个不懂事的苦女子吗？写党和毛主席对我的教育，写我对党对群众的感激，写我对共产主义的深情！告诉所有的同志，扛起红旗，坚定地走下去，走下去！”

去世的那天中午，梦桃还吃了丈夫郑喜旺为她做的一碗小米粥。

赵梦桃面带笑容，与世长辞。

西北国棉一厂的干部职工，听到梦桃病逝的消息，无不为之扼腕叹息。多少姐妹和同事，流下了泪水。

2019年9月，赵梦桃被授予“最美奋斗者”称号。

在新中国成立70周年前夕，咸阳纺织集团“赵梦桃小组”全体成员给习近平总书记写信，汇报了“赵梦桃小组”的发展历程和近年来的工作成绩，表达不忘初心、将梦桃精神代代相传的决心和扎实做好班组建设与生产工作的信心。

“赵梦桃小组”组长何菲，在得知习近平总书记给予她们的亲切勉励后，激动不已。她代表姐妹们表示，她们一定举好梦桃精神这面旗帜，不忘初心、牢记使命，用劳模精神、工匠精神和梦桃精神，在平凡的岗位上作出不平凡的业绩。

幸福源自奋斗，成功在于奉献，平凡造就伟大。梦桃精神代代相传。每年春风拂面时，美丽的桃花，就如约开放了……

砺刀锋

——记“最美奋斗者”徐立平

砺刀锋

——记“最美奋斗者”徐立平

赵 韦

徐立平简介

徐立平，男，汉族，1968年10月出生，中共党员，江苏溧阳人，国家高级技师、航天科技集团特级技师。30多年来，他始终以立志报国、献身军工事业的忠诚品格，勇于攻坚、开拓创新的航天精神，吃苦耐劳、默默奉献的敬业情怀，直面困难、不畏艰险的责任担当，不断探索创新发动机药面整形技艺，多次出色完成危难险重任务，整形的产品始终保持着100%合格率和安全事故为零的纪录，设计、改进和制作各种整形、挖药刀具30多种，被赞誉为“雕刻火药的大国工匠”。荣获“全国五一劳动奖章”，被授予“时代楷模”“最美奋斗者”“三秦楷模”等荣誉称号。

他是顶尖刀客，游刃随心，锋刃所过处，却不曾沾过鲜血。

他是伏火大师，万钧火药，烈焰可销金，却被他控于股掌。

他是绝世隐者，身怀要务，埋名数十载，却忽然天下皆知。

他是护国卫士，执刃赴火，有重于社稷，却一心甘于平凡。

他不是武侠片里的独行刀客，也不是传说中的武林高手。他叫徐立平，一位普通却又特殊的技术工人。

他手中的利刃，专门切削修整导弹发动机里的“火药”，只有这样，修整过的导弹，才能精确地命中目标。执刀30余年，徐立平荣获“感动中国2015年度人物”“大国工匠”“时代楷模”等荣誉称号；中华人民共和国成立70周年之际，他又被授予“最美奋斗者”的至高荣誉。

一位普通工人，用雪亮的刀锋，将漫长而平凡的日子刻画成了不凡的岁月。他的人生，有着怎样与众不同的经历，又有着怎样的奋斗故事？

一

2020年五一小长假过后的第一天，晚上8点，那间隐秘的工房里，灯光明亮。徐立平站在巨大的固体火箭发动机壳体旁，仔细地将一些青灰色的碎片残渣轻轻装入特制容器中，身旁的搭档轻轻端起容器，小心地将其转移到废料储藏间。两人没有说话，却配合默契。

此时，徐立平已经连续工作了12个小时，刚刚完成当天的任务，正在清理发动机内被切除的推进剂残渣。事实上，刚刚过去的五一假

执刀30余年，徐立平荣获“感动中国2015年度人物”“大国工匠”“时代楷模”等荣誉称号；中华人民共和国成立70周年之际，他又被授予“最美奋斗者”的至高荣誉。徐立平用雪亮的刀锋，将漫长而平凡的日子刻画成了不凡的岁月。

期，他们也都在这间工房里加班工作，过的是名副其实的劳动节。

清理发动机的一举一动都得小心翼翼，因为那些切下的推进剂极易燃烧。任何一个动作失误，摩擦出一颗小小的静电火花，就可能将那些碎片残渣引燃，而发动机内的几千公斤推进剂也将被立刻引燃，并在几秒钟内全部烧光，释放出的巨大能量，会掀翻整座厂房，几千度的高温会将这里烧成一片焦土。

在这座工房里工作，来不得半点马虎。

将废料清理安置完毕，徐立平和搭档又将发动机从工位缓缓吊运到指定的产品安放位置，紧固在基座上，然后收拾工具、刀具，准备下班。隔壁的几个操作间内，其他的同事也进行着同样的收尾工作。

这片山坡，是中国最大的固体发动机生产基地，徐立平所在的工房，是该厂的发动机装药整形车间。每一台发动机，都要经过徐立平和他的同事们进行药面整形后，才能送到发动机总装车间，组装成合格产品。

这些发动机的销售渠道极为单一，只有屈指可数的几个固定客户。从那些发动机的应用领域，便能窥见其中的玄机——有的发动机，专用于载人火箭逃逸塔上，守护中国航天员的生命安全；有的则应用于最新型的固体运载火箭上，可以在24小时内快速将卫星发射升空。而更多的型号，则是历次国庆阅兵式中的多款战术、战略导弹武器的动力系统，用于维护国家安全——这是让徐立平和他的同事们非常自豪的事情，因为自己的工作与国家荣誉、国家利益和国家安全紧密相连。

但也因为从事着这样的工作，他们必须隐藏自己的身份，默默无闻地度过这一生。因为固体火箭发动机制造技术是世界级的高科技技术，全球只有不到10个国家能够自行研制，其制造技术都被列为最高国家机密，参与这些工作的人，自然也要成为“隐身”状态了。

徐立平从事端面整形工作已经33年，最近几年是他职业生涯中最忙的时候，加班成了常态，几乎所有的双休日和节假日都在工作。即便是新冠肺炎疫情肆虐，全国各地、各行业停工防控的时候，他们也是照常从大年初七就开始加班。因为工位上那些等待整形的发动机，都是航天发射任务、国防建设任务急需的产品，根本不能停工延误。就像此时五一假期的加班，他每天都要工作十多个小时。

完成清理工作的徐立平和搭档一起走出操作间，穿过一条十几米的走廊，来到工房大门口，迈进门廊旁的一间小屋。这是以徐立平的姓名命名的大师工作室，也是他所在班组集会议室、休息室、更衣室功能为一体的工前准备间。

两人抓起桌上各自的水杯，仰头将满杯的凉开水一饮而尽。每次完成工作回到准备间，他们都要这样大口地补充水分，因为操作间内不准带入包括水杯的任何私人物品，所以在工作期间，他们没有喝水的机会。

窗外已经夜色茫茫，连续十多个小时的工作，让徐立平觉得疲惫，他斜靠着椅背稍作休息，看见窗玻璃上不断出现的小水珠，才意识到外面已经下起了小雨。

准备间墙壁上挂着几块展板，有很多张徐立平手捧鲜花、高举奖杯的照片，那是他获得“最美奋斗者”“时代楷模”“大国工匠”“感动中国十大人物”等称号时的现场照。

坐在椅子上休息的徐立平，依然穿着那套衣服，还带着固体推进剂特有的化学品味道。那宝石蓝夹克套装是他的工作服，在这里，宝石蓝被称为“航天蓝”，因为中国航天标志的文图采用的就是这种标准色。

两天后，他的这一形象又要出现在公众面前。西安地铁设立了一趟“西安榜样号”专列，车厢内将张贴榜样人物的大幅肖像照，徐立平便是其中人选之一，肖像照中的他，依然穿着那套航天蓝工作服。

二

徐立平的性格有些内向，平时总是一副不苟言笑的表情。即便偶尔挂着礼貌式的微笑，也能感受到那种若有若无的距离感。他说话时语调平缓，仿佛每个字都经过一番思考后才说出口，举手投足间，都是谨慎稳重的状态。这与他从事的工作有关，每天跟易燃易爆的推进剂打交道，性格中也要少一些火躁气。

一个人的性格特点、行为方式和价值取向，是受其家庭背景、生存环境、生活经历、文化教育和周边人群影响而形成的。对徐立平而言，影响他性格、行为和价值取向的，就是航天四院的大院儿，以及大院儿里的人和事。

徐立平是位典型的“航天二代”，他的父母都是航天四院的职工。他出生在这个大院儿中，从小学到高中，再到参加工作，直至今日，都在大院儿中生活。人生中获取知识、学习技能、工作生活的所有经历，都在这座大院儿里完成。那种独特的气质已经深深植入他的血脉中，航天四院的大院儿就是他的“故乡”。

一个人行走的范围，就是他眼中世界的样子。徐立平青少年时期的世界，就是航天四院蓝田基地的那几个家属院。他在军工厂的子弟学校读完小学和中学，1985 年高中毕业时放弃高考，投考了航天四院自办的技工学校。

徐立平从事端面整形工作已经 33 年，性格有些内向，平时总是一副不苟言笑的表情。即便偶尔挂着礼貌式的微笑，也能感受到那种若有若无的距离感。他说话时语调平缓，仿佛每个字都经过一番思考后才说出口，举手投足间，都是谨慎稳重的状态。也许，这与他从事的工作有关，每天跟易燃易爆的推进剂打交道，性格中也要少一些火躁气。（赵晨 摄）

放弃高考，并非他不愿努力，而是有着无法回避的客观原因。

几乎所有“三线地区”军工单位里的子弟学校，自成立之日就一直缺教师。通行的做法是，从各单位抽调设计员、工艺员，去学校担任数理化等课程的代课老师，代课时间一至两年不等，到期再派人轮换接替。

选派的设计员、工艺员都毕业于名牌理工大学，数理化知识水平没得说，可毕竟不是师范专业的，大都不善表达，他们讲得吃力，学生们学得更吃力。而且，一两年就换个新老师，学生很难适应，子弟学校的教学质量提不起来。

航天四院各单位里，毕业于国内名牌大学的设计师、工艺员一抓一把，曾留苏留美的高才生也不稀奇。可他们都忙于自己的工作，根本无力分心于子女们的学习。

那时的军工单位，大都有自办的技工学校，招生时便带着就业指标，毕业后可以直接分配到本单位所属各工厂，成为在册的正式职工。不过，技校的招收名额极为有限，能考上的也是子弟学校中拔尖儿的聪明学生。

徐立平自知语文和英语成绩不佳，便报考了航天四院自办的技校，并被顺利录取。如果不是生活在这个大院儿，他的人生可能会有其他选择，而在这里，只有唯一的选项——和父母一样，成为航天四院的一名职工。

三

1987 年，19 岁的徐立平以总分第三名的成绩从技校毕业，分配回航天四院工作。

那时，正是军工行业最困难的低谷期，国家大幅缩减军费开支，军队的装备采购量被极度压缩，科研单位中许多重点型号研制项目也被延缓或取消，工厂里各车间都处于半停工状态。

和徐立平他们这些技校生一起分配到航天四院的，还有为数寥寥的高校毕业生。那个年代，大学生还是稀缺的社会精英群体，会被各单位争抢。航天四院每年能“抢”来的，最多不过三四十人，对于这个国内规模最大的固体发动机研究院而言，实在是少得可怜。

对于那时的高校毕业生来说，曾经的“国字头”“铁饭碗”已经渐渐失去吸引力。当时国家的重点在于经济建设，南方沿海地区开放程度高、经济发达，是人们的向往之地。那里拥有着更多的发展机会，更高的经济收入，更好的生活条件。与之相比，深处中国腹地偏僻山沟里的军工单位，没有多少工作任务，也没有多少工资，实在缺乏竞争优势。

而对于徐立平这样的“子弟兵”们来说，回到航天四院那几条山沟里工作是唯一的选择。徐立平的人生轨迹，就是军工企业中绝大多数第二代子弟的生活状态——他们从小跟随父母“隐居”山沟，童年、少年和青年时期获取的所有文化知识，都来自单位自办的那几所学校，老师就是同住一个家属区的邻居。他们迈出校门走入的“社会”，其实还是那几座熟悉的单位家属院和厂区。他们俯身车间操作台前，学到的所有工作技能，也全都来自同住一个大院儿与自己父母相熟的师傅们。他们不知道外面的世界是什么模样，这几条山沟和几座家属院儿就是他们生活中的一切，他们对这里有着一种天然的依赖和忠诚。

徐立平被分配到 7416 厂三车间，巧合的是，也是他妈妈温荣书当年工作过的那个装药车间。

可选的工作岗位有两个：一个是称量推进剂原料配比的称量工，

一个是为推进剂端面整形的整形工。温荣书已经调离车间十几年，当年在那儿工作时，还没有端面整形这个工序。不过她也听人说，现在的发动机生产中，端面整形“是缺不了的岗位，能学到技术”。曾在生产一线工作过的人，都会有种近乎条件反射式的朴素认知——能学到技术的岗位，就是好岗位，因为有技术的人才有价值。于是温荣书便让儿子徐立平选择了端面整形的岗位。

温荣书嘱咐儿子，今后一定要“好好干”，并着重强调，必须“注意安全”，因为发动机厂里与推进剂相关的各个岗位，都有着极高危险性。

但尚未走上工作岗位的徐立平并不清楚妈妈所说的“危险”意味着什么，他的人生即将揭开新的一页，这让他觉得紧张兴奋，充满了期待。虽然他对什么是端面整形还一无所知。

进厂报到后，新员工们并没有直接被分配到各自的车间，而是集中进行了长达一个月的安全培训。徐立平至今还记得，培训第一课，他们被问到的第一个问题——推进剂发生燃烧时，应该怎么办？

“不要救火，立即逃生！”——这是他得到的第一个职场忠告。

在7416厂的所有厂房里，逃逸通道是必备的标准设施。虽然每个工房的墙角摆放着消防器材，但那只是为应对其他物品意外起火而预备。若是固体推进剂燃烧起来，绝对不许去扑救，必须立刻撤离现场（否则可能根本没有撤离的机会）。因为燃烧的推进剂根本无法扑灭，它的组分中自带氧化剂，无论泡在水里、覆盖阻燃物，还是放到真空环境里，都不会影响其燃烧状态，只能由它自行烧尽。

一个月的安全培训其实只是刚入门的“初级教程”，来到三车间整形组后，师傅给他上的第一节课，才是安全培训的“高级教程”。当他面对那次在心理上造成巨大震撼的培训时，他才真正感受到要面对的危险是什么。

四

徐立平的师傅是药面整形组组长王广仁，因为技术水平高，人送外号“一把刀”。对于一个刚进车间的学徒工而言，能跟一位高水平的师傅学艺，实在是件幸运的事情。

进车间的第一天，师傅没说技术上的事情。从柜子里拿出个纸包，让徐立平拎起墙角一个 8 号铁丝做成的小圆架子，跟在他身后走出车间大门。

初来乍到的徐立平不懂这是干什么，也不敢问。闷头跟着师傅爬上山坡，走到一块没有树木的乱石地前。那片地面的石头黑乎乎的，像是一堆焦炭。

师傅示意他把铁丝架放在乱石地中间，将几条铁丝支腿插入土里固定牢靠。然后在架子上铺开一张报纸，再将手中的纸包轻轻放上去，慢慢打开。纸包里边是一堆刨花一样卷曲着的青灰色薄片。

“这是发动机整形时铲下来的废药。这东西不能在厂房里多放，攒到几百克就要过来销毁一次。”师傅边说边从口袋里摸出一条长长的纸绳，塞进那些废药中间，然后将纸绳理顺拉直延伸到远离废药的地方，划根火柴点着绳头，然后带着徐立平向更远处走了十几米。

被引燃的纸绳是特制的专用引火绳，没有火苗，只有烟头一样的暗火缓缓向废药处移去。

几分钟后，暗火碰到废药的那一瞬间，一片耀眼刺目的白光让徐立平不由自主地闭上了眼睛。耳边随即听到“轰”的一声闷响，一股炙热的气浪便撞到了身上，像被人猛推了一把。他感觉到头发和衣领、衣襟都随着气流向后飘摆，也能感觉到面颊和手臂的皮肤、汗毛因炙热而迅速收紧。

那令人胆战的感觉，让他下意识地想蹲下身子隐蔽起来。可是还没来得及作出任何动作，气流和热浪便消失了。他睁眼观察，空地上只剩那片焦黑的石头，一团巨大的白色蘑菇云正在头顶翻腾着升向高空。

徐立平跟着师傅走到乱石中间，刚才他亲手放好的那个 8 号铁丝做的圆形托架已经不见踪影，只剩下石缝里几根做支腿的铁丝，露出土地的那一端，像被点燃熔化后的蜡烛。铁丝托架居然全都被烧化了！

“看见没？这才是几百克推进剂，烧起来就是这结果。”师傅说，“咱们要修整的发动机，里面的推进剂少则几十公斤，多则十几吨。那要是被引燃了，啥结果？”

徐立平没说话，他想起入职培训时那句“不要救火，立即逃生”的忠告。那一刻他也意识到，这么高的燃速，能在推进剂燃烧时逃生的，是距离较远的人，而推进剂旁边的操作者根本没有逃离的机会。

“干咱们这行当，不能有一点儿差错，时刻绷着安全这根弦！”师傅说。

师傅王广仁 1970 年进厂，有着 17 年的工作经验，8 年前开始从事整形工作，却是厂里，也是全国资格最老的整形工之一。因为 8 年之前，国内就没有端面整形这个工种，他们是灌浆工，就是负责将黏稠状的推进剂灌注进发动机壳体内的工人。早期推进剂的物理性能不高，烘干固化过程中常出现开裂现象，灌浆工要用特制的铲刀将开裂部分挖除，然后重新灌浆修补好。挖除开裂部分的操作手法与后来的药面整形有些类似，只是对切割精度的要求不高。

1979 年前后，随着中国固体火箭发动机技术的进步，研制人员发现，推进剂固化后，不规则的端面形状会导致燃气量的细微改变，这细微的变化就足以影响火箭飞行状态和落点精度。此时，端面整形才被定为发动机制造过程中必备的工序，王广仁等几位灌浆工被抽调出来，专门从事端面整形工作。

当时，王广仁他们没有任何技术规范可以参考，更没有专用工具和刀具。他们和工艺员一起探讨摸索，借鉴鞋匠的修鞋刀和木工的刨刀形制，自制出修整刀具。通过边干边总结修整技术，终于摸索出一套工艺方法，形成了中国固体火箭发动机端面整形技术规范。

不过，在长达 5 年的时间里，王广仁他们都是以“灌浆工”的身份从事着端面整形的工作，直到 1984 年“药面整形工”才被列入国家职业工种设置，王广仁便成为中国第一批药面整形工之一。那时，全中国从事这一行当的不过三四十人，其中一大半都在航天四院。

如此算来，1987 年进入整形组的徐立平，也属于入行较早的那批整形工之列。

五

三车间整形组里，算上新来的徐立平，只有 7 个人。那时发动机生产任务不多，药面整形不需要太多人手。但即便工作量不多，老师傅对学徒的培训却没有半点松懈。这里的产品都将应用于国家重点型号的火箭、导弹上，必须保证百分之百的合格率，技术不过关，根本不能上手。

那时的药面整形，全靠工人手工操作。磨刀、铲药、手找平是三项基本功。所以学习操作技术，是从手工磨制专用刀具开始的。徐立平要学会在砂轮机上，磨出刀体结构、刃口角度和表面光洁度符合要求的整形刀。那需要几个星期，甚至几个月的反复练习。这样的过程令人崩溃，但却是从外行跨入内行的必由之路。

熟练掌握磨刀技术后，才能开始练习铲药。“药”是厂里称呼固体复合推进剂的行话，所以修整推进剂端面才被称为“药面整形”。

固体复合推进剂是一种含有巨大能量、极易燃烧的特殊橡胶，捏上去就是橡胶的手感。为获得某种燃烧性能，这种橡胶里还会混入一定剂量的细小金属颗粒，看上去麻粝粝的像砂轮。

铲药练习是在专用的“模拟药”上进行，通常是一块青灰色的长条状物体，长度、宽度跟铅笔盒大小相仿，却比铅笔盒厚两三倍，拿在手里沉甸甸的。“模拟药”的质感和手感都跟“真药”一样，只是不含燃烧剂，用火柴点都点不着，专供学徒工练习整形时使用。

要将韧性极强的橡胶切开，不仅需要刀具锋利，还得会用巧劲儿。并且端面整形的要求，不仅是把多余的橡胶切掉，每次切割厚度必须控制在 0.2—0.5 毫米之间，还要把切割表面修平整，不留刀痕，其难度可想而知。在此基础上还必须保证平面度、形状和尺寸严格控制在公差要求之内，这更是难上加难。

三项基本功训练的，都是精细入微的手感——磨制刀形和角度需要手感掌控；修整铲药的进刀速度、力度，以及不超过 0.5 毫米的切削厚度需要手感控制；用手轻拂药面判断是否平整时，同样要靠手感判断 0.1 毫米的起伏变化。

最复杂的操作，都是在基本功的基础上进行的变化，都需要这几种细微的手感。要获得这些手感，没有捷径，只能靠大量的练习，形成一种独特的肌肉记忆，成为一种训练出来的本能。

如同练习为整形刀修形开锋、将药面切割平整一样，徐立平正是在一次次枯燥的重复中，磨砺出自己的锋刃。

进厂半年多，徐立平铲平了几十块模拟药块，逐渐找到了那种精细入微的手感，这让他颇感兴奋。师傅一直暗中观察，对他的表现颇为满意，认定他是干这行当的好苗子。

“药”是厂里称呼固体复合推进剂的行话，所以修整推进剂端面才被称为“药面整形”。那时的药面整形，全靠工人手工操作。磨刀、铲药、手找平是三项基本功。三项基本功训练的，都是精细入微的手感。要获得这些手感，没有捷径，只能靠大量的练习，形成一种独特的肌肉记忆，成为一种训练出来的本能。如同练习为整形刀修形开锋、将药面切割平整一样，徐立平正是在一次次枯燥的重复中，磨砺出自己的锋刃。

一个人的成长，往往是以一件重大事件为转折点的。徐立平成长的转折点，是1989年那次挖药经历。

六

1989年国庆节过后，徐立平接到车间主任的通知，立刻收拾工具，去五车间参加一项紧急任务。那时，他参加工作刚满两年。

五车间是7416厂的发动机总装车间，正在装配一台用于全程热试车的大型发动机。那是1982年开始研制的重点型号项目，也是航天四院自成立以来，研制的直径和体积最大的发动机。如果研制成功，中国的导弹技术会有飞跃式的提升，导弹部队也将因此拥有能够机动部署、快速反击的战略武器。

可是，研制过程并不顺利，几个月前的一次试车就遭遇了失败。此时，改进设计后，重新生产的全尺寸发动机刚刚完成总装工序，即将准备新一轮试车时，检验员却查出发动机有脱黏现象。

脱黏现象是固体发动机生产中的大忌，要搞清这个现象，必须先对固体发动机的内部结构有所了解。

固体发动机由壳体、隔热层和固体推进剂药柱组成。如果想象不出那是什么样子，可以将一只大柚子横向切开，其剖面结构与固体发动机的剖面结构几乎一模一样——柚子黄色的外果皮相当于发动机的壳体；柚子外果皮下那层厚厚的有韧性的白色海绵质，就如同发动机内的隔热层；海绵质下面围成一圈的柚子果肉，就相当于发动机里那层厚厚的推进剂药柱；一瓣一瓣柚子果肉围成一圈，中间形成空腔状态，也与固体推进剂药柱中间塑成空心的芯孔结构一模一样。

一台合格的固体发动机，壳体、隔热层和固体推进剂药柱必须紧密地结合为一体。就像一只生长良好的柚子，果皮、海绵质和果肉都会紧紧结合在一起一样。

对于柚子而言，这三部分紧密结合并不难，在遗传基因的作用下就能自然而然地完成。但制造一台固体发动机时，要将金属或复合材料壳体、耐高温的隔热层和橡胶状推进剂药柱紧密结合在一起，就必须通过一套极为复杂烦琐的人工黏合方式才能实现。

发动机内需要黏合的共有三个黏合层——壳体与隔热层的层面，隔热层与隔热层的层面，隔热层与推进剂的层面。并且，三个黏合层的黏合材料、黏合工艺都不相同，任何一个环节出现一点儿小问题，都会造成某个层面开裂脱离的状况，也就是产生了脱黏现象。

“脱黏”是固体发动机的一种严重产品缺陷，会导致试验数据产生偏差，也可能会导致发动机壳体烧穿损毁，甚至发生爆炸。出现脱黏状况的发动机，就是不合格产品，只能作报废处理。

可是，航天四院根本无法承受发动机报废带来的后果。

那是1989年，一台大型发动机的推进剂花费就达到数百万元，在人均工资只有100多元的时代，是令人瞠目的天文数字。并且军工行业还处于“严寒期”，院内账户上的资金已经所剩无几，研制这款发动机的经费，都是当时主管工作的副院长从兄弟单位借来的，此时根本没有资金重新制造一台。

航天四院的领导和技术专家们经过商讨，决定立即组织“突击队”，再度启用“挖药修补”的非常手段，叶定友、阮崇智两位副院长担任队长、副队长，从各车间抽调人员，钻进发动机，挖掉脱黏区域的推进剂，查清问题，将其修补好。徐立平就是被选中的突击队员之一。

这情节实在太熟悉了！

20年前，不到一岁的徐立平被送回姥姥家时，四院正组织“敢死队”，为出现缺陷的发动机进行“挖药”补救。20年后，徐立平被选入“突击队”，依然是为出现缺陷的发动机进行“挖药”补救。除了“敢死队”换作“突击队”外，其他的情节几乎一模一样。

能够入选突击队让徐立平特别激动，他是看着“小人儿书”长大的那一代人，那时的小人儿书里，讲的都是董存瑞、黄继光、邱少云那样的英雄故事。那些画面和故事，在无数少年心中种下了英雄梦。自己将要参加的行动中，“突击队员”“高度危险”“国家利益”这些关键词，唤起了他心底的英雄梦，让他真切感受到个人与国家紧密相连的使命感和荣誉感。

还有另一个让他兴奋的是，参与这种任务的人，必须技术水平过硬，这说明他的技术已经获得认可。

他知道这项任务风险极大，怕父母担心，在家里只字不提入选突击队的事情。他父母虽然也听说院里准备挖药的决定，但他们并不知道儿子已经被借调到了五车间，也是成员之一。

十几名突击队员中，与徐立平同龄的年轻人只有三四个，并且都是航天四院子弟。这并非照顾“自己人”，而是因为这项任务极度危险，他们父母都是本单位职工，清楚这里的工作性质，如果任务中发生不测，也能理智地对待。

徐立平是突击队中年龄最小的一个，他21岁的生日，是在发动机的火药堆里度过的。

七

徐立平满怀着英雄气概，也做好了思想准备，但当他真的走进工房，将要钻进发动机时，还是难以抑制地紧张起来。心跳不由自主就加快了，手心也不停地往外渗汗。

那台十多米长的巨大圆柱体横陈在工房中间，直径比一个站立的成年人还高。一个多月前，它停在三车间的厂房里，徐立平曾跟着师傅一起为它做过端面整形。如今，再度面对它时，却必须钻进内部，在十几吨富含巨大能量的推进剂的包围中工作，那是与端面整形完全不同的感觉。

推进剂药柱的中心位置，有一个多角星形的通孔，从发动机这端一直贯通到另一端。这个仅比肩膀略宽的通孔被称为“芯孔”，操作者将从这里钻进发动机，爬到脱黏部位进行挖药。黑洞洞的芯孔如同一张巨兽之口，环绕的星角如同一圈利齿。芯孔内铺设几层纯棉帆布，布头搭在芯孔外，像巨兽吐出的舌头。

相比于 20 年前的那次挖药，徐立平参与的这次，难度、危险程度都是几何倍数的增长——发动机体积、推进剂总量增大了十几倍，操作者还必须在推进剂的包围中工作，芯孔内空间狭小，光线昏暗，操作难度极大。

即将钻入发动机的徐立平，身穿一套统一配发的纯棉工作服，脚上是一双布面羊皮底舞蹈鞋，事实上，连贴身的内衣内裤都是统一发的纯棉质地。这都是为了避免因摩擦产生静电。

发动机内的固体推进剂有着古怪的特性——用步枪射击、从高处抛下的撞击力，都很难将其引燃引爆，但它不能接触明火，哪怕一颗小小的静电火花儿，都可能将其引燃。那十几吨推进剂一旦燃烧起来，钻在其中铲药的人会被烧得灰都不剩，这正是徐立平他们所面对的危险。

徐立平深吸一口气，努力让自己平静些，工房内弥漫着推进剂散发出的化学品味道。他将一条裤腿略微提起，身旁的同事将一根长长的导线系在他脚腕。那也是为防止产生静电的安全措施。

他又深吸一口气，将两层厚厚的棉口罩戴好，弯腰钻进芯孔。“里面的空间太小了，稍一抬头就碰到上面的药面。”前后左右都是厚达几十厘米的固体复合推进剂，徐立平觉得，有种被巨兽吞噬的感觉，全身的肌肉都紧张得微微悸动。

虽然采取了预防静电的专项措施，但“往里爬的时候，都是特别小心，生怕摩擦出静电”。多年后，徐立平回忆起那时的情景，还会下意识地眯起双眼。“发动机里面，化学品气味更浓，呛得人呼吸困难，刚进去时，眼睛刺得睁不开，不停流泪。”

推进剂中含有数十种化学物质，会不断挥发出有毒的刺激性气体。他们不能使用面罩式防毒面具，因为视野太窄，工作时容易磕碰到周围的推进剂，最主要原因是防毒面具用橡胶和金属制成，容易产生静电。于是，只能戴两层棉口罩防护。但身处充斥着浓烈挥发气体的推进剂芯孔里，棉口罩根本起不到防护作用，不过是聊胜于无的一种象征性心理安慰。徐立平说，爬到发动机里那片做了挖药标记的位置，不过四五米的距离，他已是满头大汗。一方面是因为紧张，一方面是因为呼吸不畅。

芯孔内，推进剂表面画出了一圈标记，那是他师傅王广仁凭借铜锤敲击、手钻打孔取样等方法划定的位置。画线区域内的推进剂已被削去一层，那是几位院领导和 7416 厂领导先后钻进来查看情况时，用铲刀尝试铲除的痕迹。

徐立平爬到挖药位置，在外辅助的同事立即从芯孔另一端递进一根静电导线，他伸手接住便绑在手腕上，然后再接住同事递进来的铲刀，刀柄后面也连着一根导线。那都是消除静电的安全设施。

做完这些准备，他必须努力让自己迅速平静下来，尽快开始工作。因为在发动机芯孔内挖药，每个人的工作时间不能超过 15 分钟。推进剂挥发出的化学气体过于浓烈，长时间工作会导致中毒。

狭小的芯孔内，徐立平只能侧身半躺半坐在推进剂上挖药。在别扭的身姿和巨大的精神压力下，还要保证每次推刀的动作平稳不变形，并且每一刀切下推进剂的厚度还必须控制在 0.5 毫米以内，这难度绝非平常修整药面时的状况可比。

“发动机里面特别安静，能听到衣服摩擦声，刀刃切下药面时的沙沙声，自己的呼吸声。”徐立平说，“还能听到头部血管‘嗵嗵嗵’的跳动声，震得耳膜疼。平常在外面干活儿，根本听不到这些声音。”

徐立平觉得，那十几分钟是无比漫长的时间。完成一个班次，倒退着爬出芯孔时，像刚干完一场高强度体力工作般的大汗淋漓、疲惫不堪。

每次换班出来，他必须立刻离开工房。整座工房里，只留一名钻进发动机内的操作者，和一个站在发动机外的辅助者。其他队员都在距工房几十米外农田边的山坡拐角处等候换班。这是为预防万一发生意外时，将伤亡降低到最小。

坐在山坡下等候换班时，老师傅们有说有笑看上去挺轻松，其实每次换班出来时，他们也同样满身大汗。毕竟每次爬进去，都像是在“鬼门关”前走了一遭，那种精神压力，谁都难以克服。他以为，多进去几次就会放松些。可实际上，每次进去都是满身大汗的状态。而他们每人每天要钻进去三四回。

要挖除的推进剂实在太多，受空间狭小和操作时间所限，发动机内挖药的效率却不高，即便是徐立平的师傅“一把刀”王广仁，十几分钟也只能铲下 100 多克的废药。这项工作从满山红叶的秋季进行到山风刺骨的寒冬，持续了将近 3 个月，徐立平和同事们一刀一刀挖出了 302.75 公斤推进剂，才将脱黏部分全部显露出来。

发动机专家和设计人员立即进行勘察、分析，迅速制订出解决方案，徐立平他们随即又开始对挖除部分进行灌浆修补，这依然要钻进壳体中进行手工操作。

灌浆修补工作持续进行了一天一夜，糊状的推进剂散发出更为浓烈的挥发性气体，徐立平和老师傅们完成修补走出工房时，“什么东西都看不清，眼前像蒙着一层雾，过了两三天才慢慢恢复视力”。

修复后的发动机很快进行了试车，并取得圆满成功，后续研制工作得以继续进行。突击队员们因此获得了集体二等功，当时的航空航天部部长也发来贺电向突击队员们致敬。这是徐立平获得的第一项荣誉。

几年后，那款发动机通过了国家验收，定型装备于某战略导弹，中国战略武器水平由此跨出巨大的一步，迈上一个台阶。随后，这款发动机的相关技术被进一步改进，成功应用于多款国家重点型号的设计中。

而经过这次挖药的历练，徐立平的技术水平和心理素质也有了飞跃式的提升，如同一把经过烈焰与冰水淬炼的钢刀，已经磨砺出斩金断玉的坚硬锋刃。

不料，这次挖药行动后不久，他却经历了人生中最灰暗的时光。

八

在挖药行动刚开始的那几天，徐立平就觉得腰部和右腿隐隐作痛，随着挖药工作的持续，痛感也越来越明显。他没跟师傅或同事们说起这事，因为担心被人误会是惧怕危险而找的借口。与挖药时的危险和日渐严重的疼痛相比，他更在意肩上的责任和自己的名誉。

一直持续的腰腿疼痛，在挖药任务结束后竟越发严重，去医院检查几次都查不出原因，医生只能采用打封闭针的疗法给他镇痛。但这样的治疗根本无效，日渐加剧的疼痛已经让他无法持久站立，走路时都一瘸一拐，只能住院治疗，可是医生面对这病因不明的症状，依然束手无策。入院几天后，他已经无法自主行走，连上厕所都要由两个男同事架过去，医生推断，他可能会因此而瘫痪。

一个刚满 21 岁的年轻人，才完成挖药壮举，还没来得及品味英勇豪迈之情，便要面对余生可能瘫痪在床的残酷，实在让他难以承受。多年之后，徐立平依然不愿提及那时的痛苦心情。他觉得，痛苦是私人的事情，说出来引人同情、感叹，很不堪，很没劲，很不够爷们儿。

那段时间里，女友梁远珍每天守在医院里陪护，让徐立平感到温暖。她也是航天四院的二代子弟，同样是技校毕业，一年前经朋友牵线，此时正在热恋期。

得知徐立平住院，正在西安市进修的梁远珍立刻请假，赶回医院陪护照顾。她也知道了徐立平可能会瘫痪的状况，但根本没考虑将来会怎样。“那时年轻吧，没想太多，就是一心要照顾好他，一辈子这样都无所谓。”梁远珍说。

徐立平的母亲温荣书却考虑得很多，她每天晚上都难以入睡，她担心儿子后半辈子就这样瘫在床上，也怕因此耽误了梁远珍。

徐立平在医院住了一个多月，病情不见任何好转，温荣书便跟徐桂林商量：“医院也没办法，那就接回家来休养吧。”

温荣书认为，儿子的病是钻发动机挖药时，吸入过量挥发性有毒气体所致。20 年前，她的同事陈明义就因挖药时中毒住院半个月。儿子徐立平参与的这次挖药，持续时间更长，并且钻进了不通风的发动机内，环境更恶劣，所以导致中毒的可能性很大。

徐桂林觉得奇怪，为什么参加挖药的其他人没事，偏偏徐立平就不行了？温荣书的回答是：每个人对化学品的抗敏性不一样，20 年前参加挖药的队员中，也只有陈明义出现了严重的中毒反应。

但医生却无法作出这样的诊断，推进剂中含有多种化学物质，那时的医院还没有技术手段排查出这些有毒物质，更没法验明徐立平丧失行走能力与中毒有关，病因不明的状况下只能采取保守治疗方案，相当于在医院休养。

温荣书平时不爱说话，遇事却极有主见。她觉得，儿子在医院休养，单位承担那么多医疗费，还要每天安排两名职工去照顾，作为单位里的老职工，她心里实在过意不去。于是决定将儿子接回家中休养，由她自己照顾。

徐桂林便将儿子接回家中，看着他卧床不起的样子，心里说不出的难受。“哎！当年分配时，不去搞整形，随便到哪儿去都行啊！我是真后悔让你选这个啊！”

情绪低落的徐立平不忍父亲的自责难过，低声劝慰他：“危险的事儿总得有人干。你跟我妈都干过危险的工作，你们后悔过吗？”

儿子的反问，让能说会道的徐桂林顿时没了词，他也执行过高度危险的任务，并且引以为荣。其实，航天四院家属院中那些左邻右舍，家家都有在危险岗位工作的人，都曾参与过危险任务。“咱干的就是这种行当。”这是航天四院职工们挂在嘴边的一句话。

温荣书理解儿子的心情，“我们工作的时候，都是争着去干危险工作，觉得能为国家作贡献是最光荣的事。我想，他们年轻人，肯定和我们当年是一样的”。

但是，自己的孩子因工作遭遇意外，甚至后半生都可能受到影响，实在让她心里难过。她决定，用自己的康复计划，帮助儿子重新站起来，生龙活虎地过好今后的日子。

徐立平被接回家时，梁远珍也跟到家里来照顾，这个姑娘对儿子的爱，温荣书全都看在眼里，“照顾得太好了，连袜子都是她帮着穿”。她打心底里喜欢这个姑娘，可这样的照顾，只能让徐立平依赖于别人的帮助。更何况，如果儿子不能重新站起来，必然会拖累这个好姑娘。

作为长者，温荣书必须考虑长远。她便硬起心肠，对梁远珍说：“你的学业不能再耽误了，我来管他，你回去继续学。”说完便将姑娘连劝带推地送出了家门。

九

“从现在起，你所有的事情我们都不帮，全靠你自己做。”温荣书开始实施自己为儿子制订的康复计划。饭菜不再端到徐立平面前，要吃饭就得自己走到餐桌旁，上厕所也不再有人搀扶，必须自己走过去。

徐立平当然知道妈妈的一片苦心，谁会愿意在病榻上度过余生。21 岁的他，还有无数未曾走过的地方，还有无数未曾经历过的事情。他心中无比渴望重新站起来继续正常的生活，他想要立刻回到自己的岗位继续工作。

因为长时间没有下过床，徐立平的双腿已经毫无力气，并且不受控制。他用手将双腿搬下床，扶着床头摇摇晃晃地站稳，然后强忍疼痛扶着桌角、墙面，一点点地缓缓挪动。每一步，他都迈得艰难，挣扎几分钟，只挪出四五米的距离，急得满头大汗。弟弟妹妹想上前扶一把，都被温荣书用严厉的眼神制止。

徐立平一次次忍痛站起来，在家中艰难地行走，直至力竭……20 年前，还在襁褓中的他被送回老家，蹒跚学步时，妈妈没能陪在他身边。如今，上天仿佛要弥补母子俩那段缺失的时光，21 岁的他，在妈妈的督促下再次学习走路。但这样的“弥补”，实在令人伤感。

两个多月的练习后，不知是体内的毒素被逐渐排出，还是每天的行走训练重新“激活”了身体机能，徐立平腰腿部的疼痛居然逐渐减轻，不需要辅助，也能自行走动了。不久后，他返回了工作岗位。

不过，原因不明的病症还是给徐立平留下了后遗症，右腿肌肉明显萎缩，比左腿细了一圈。并且，腿疼的状况还是会时常出现。“疼得受不了时，就吃点芬必得。”徐立平说，“去西安的医院检查过几次，还是查不出原因。有大夫说是梨状肌综合征，但也不能确诊，我也就不去查了……这么多年也就这样了。”

徐立平在家养病进行康复训练时，弟弟徐凡平从技校毕业，分配到了43所的复合材料车间。那是生产特种化学复合材料，用以制造火箭发动机壳体、喷管等部件的地方，不必跟危险的推进剂打交道。因为有徐立平的前车之鉴，父亲徐桂林觉得小儿子徐凡平的这行当危险性小，他心里踏实了很多。

1990年8月，弟弟徐凡平报到上班的时候，哥哥徐立平也回到了自己的岗位。他被留在五车间新成立的整形组，从事大发动机的多面整形工作。

半年后，徐立平被任命为整形组副组长，配合老师傅王安民组长工作。外号“老黄牛”的王安民工作勤恳、技术高超，他不光干活儿肯出力，还特别心灵手巧，爱动脑，发明了不少专用工装、工具和特种整形刀具。

跟王安民师傅一起工作的那段时期，徐立平学到了很多小发明、小创造的思路和方法，也开始尝试自行设计各种整形专用刀具和工具。王安民也很喜欢徐立平在技术方面的钻劲儿，只要他来请教，就知无不言、言无不尽地倾囊相授。

那段共事的经历，让徐立平获益匪浅。不仅让他对整形技术有了更深入的理解和体会，发明出许多提高生产效率的专用刀具、工具，还让他看到并学到了老一辈航天人对后来者“传帮带”的责任心。

“有一些发明，就是王师傅提出改进思路，我再完善加工出来的。”徐立平说，“上报成果的时候，王师傅坚决不提他自己，就说是我们搞出来的，努力地把年轻人往上推。”

若干年后，当徐立平成为“老师傅”时，也像王广仁、王安民师傅教他时一样，将自己的技术知无不言、言无不尽地传授给了下一代年轻人。

十

1994 年，26 岁的徐立平被任命为五车间整形组组长，成为全厂最年轻的班组长。

那时，几乎所有的军工单位都向大中城市周边搬迁。航天四院也获得国务院批准搬迁，这已是航天四院第 7 次搬迁。不过，徐立平仍在老厂区。

建设新厂区需要大量资金，国家拨款却有限，很大一部分资金需要单位自筹。可那时军工行业依然不景气，只能建好一点儿搬一点儿。

徐立平并不着急，他在这片山区里生活了 20 年，对周围的一草一木都有着深厚的情感，真要离开，还有些舍不得。并且，那年春节，他和相恋 5 年的女友梁远珍举办了婚礼，在山沟里的家属区分到了一套属于自己的两居室。

梁远珍在 7416 厂二车间工作，那是为发动机壳体内生产绝热层的车间，几十米外就能闻到刺鼻的化工品气味，工房内更是熏得人睁不开眼睛，必须戴上防毒面具才能工作。

“我们厂里的工作，要么是危险工种，要么就是有害工种。”梁远珍说，“外面人可能会觉得太危险了，其实我们都习惯了，再危险、再有害，总得有人干嘛。”

相比较而言，徐立平弟弟徐凡平的工作确实好些，他在一个负责生产高强度复合纤维的车间工作。所谓复合纤维，就是用不同的化学原料经过高温高压等特殊处理，再以抽丝工艺制成纤维材料。这些纤维材料经过编织、胶合、塑形后，强度比钢材高几倍，重量却轻很多，可用于制造发动机壳体、喷管等部件。徐凡平的工作就是将各种化工原料制成纤维材料，这同样需要很高的操作技术。

徐凡平也跟他哥一样，短短几年间，就成了车间里的技术骨干。徐桂林对两个儿子的表现颇为自豪，“我们家的人，干技术活儿都还不错的”。并且他对小儿子徐凡平的工作也很满意，因为“安全性比较高”。可他万没想到，小儿子在这个“安全”岗位上竟然也发生了意外！

那是1995年初夏的一天，徐立平被叫到办公室接听电话。听筒那端，父亲的声音焦急：“你弟出事了！快来医院！”

徐立平倒了几趟车，赶到医院，看到病床上的弟弟时，简直无法辨认。“整个头肿得……”徐立平讲述时，努力地想找到一个恰当些的形容词，但他实在找不出能够形容出当时状况，还能优雅些的词语，“……说不好听一点儿，就像猪头那么大……真是那么大。脸上全是黑的，根本看不出是谁！”

徐立平后来才知道，那天徐凡平与几名同事正对生产复合纤维的压力容器进行调试，由于一名工人操作失误，导致容器中的高温化工品四处喷溅，现场人员都被烫伤，无一幸免。他弟弟徐凡平，面部和躯干大面积烧伤，伤势最严重。妈妈说，他弟弟能活着从抢救室出来，已经是个奇迹。被推进抢救室的时候，医生曾告知：“烧伤情况很严重，你们要有思想准备。前几天有一个烧伤百分之三十的，没抢救过来，他这都百分之六七十了……”

此后的几天，徐立平和妈妈轮班陪护弟弟，熬过了危险期。此后，妈妈又细心照料被严重毁容的弟弟，度过了漫长的康复期。

几年之内，两个儿子先后在工作中遭遇重大伤病，温荣书却没有掉过一滴眼泪。她性格温和，不善言谈，但每遇大事都冷静果断、极有主见。她默默承受着心理上巨大的痛苦，从没有过怨天尤人，更没对单位提过任何非分要求。她有一条最朴素，也是最坚定的认识：“他们是为工作、为国家的事情受伤的。我们干这行的时候，都做好了为国家牺牲的思想准备……”

十一

1999 年 10 月 1 日，新中国 50 周年华诞。

航天四院的家属区内空空荡荡不见人影，几乎所有的职工、家属们都守在家中，双眼紧盯着电视屏幕。

那天，千里之外的天安门广场正在举行盛大的阅兵式。这场被称为“世纪大阅兵”的盛典上，导弹方阵中一款最新装备——远程战略导弹引起世界关注。它的出现，标志着中国拥有了高机动性的“撒手锏”，可以灵活部署于任何地点，快速对来犯之敌实施战略反击。

那些威武雄壮的“撒手锏”上，就装备着航天四院研制的固体发动机。虽然只能在电视屏幕中观看阅兵，虽然只能看见几个一晃而过的镜头，虽然没人知道他们的存在，但那依然是他们最骄傲、最自豪的时刻。

导弹方阵驶过天安门时，徐立平兴奋地站起身，指着电视屏幕中的导弹，对刚上小学的儿子说：“这个发动机，我给它整的形！”梁远珍看了他一眼，说：“那里边的绝热层还是我们贴的呢！”

夫妻间戏谑的抢白拌嘴，恰恰反映了航天工作、发动机制造的典型特点——设计、生产、检测、试验，数十个环节、上千道工序，航天四院各研究所、生产厂、试验站的每一位职工都参与其中，每一个岗位都不可或缺。

“不可或缺”中，也包括徐立平的弟弟徐凡平。导弹壳体和喷管应用的复合纤维材料，就是他与工友们生产出来的。几年前被严重烧伤的徐凡平，如今已经重新回到生产一线，继续从事本职工作。导致他受伤的那次工作任务，以及伤愈后参与的工作任务，都与电视中出现的那款导弹武器密切相关。徐凡平为这款导弹的成功，付出了高昂的代价。虽然经过多次痛苦的皮肤移植手术，烧伤的面部和身体得到了修复，但从前的相貌已经难以恢复，并且，移植的皮肤没有汗腺，每到夏季都极为痛苦，这是他后半生都将面对的状况。

作为车间里的技术骨干，徐凡平参与并出色地完成了各项重大任务，也因此被评为国家高级技师。无论是个人技术水平，还是为国奉献精神，都并不比哥哥差。

就连徐立平当时还在上小学的儿子，也间接地为航天事业作出过“贡献”。儿子用手摇削皮机削苹果时，徐立平获得启发，设计出一款用于小型发动机整形的手摇式半自动刀具，工作效率和安全性都获得极大提高，这款半自动整形刀便以徐立平的名字命名为“立平刀”。

徐立平当然知道，那隆隆驶过天安门广场的“撒手锏”，装备的发动机是由数以万计的同事们共同努力才取得的成功。但他实在难以抑制心中的兴奋，因为没有多少人像他那样，与这款发动机有着“最深入的接触”。

从 1986 年正式立项，到 1999 年取得成功，这款发动机是“13 年磨一剑”，而徐立平参与了其中 10 年的“磨剑”历程。1989 年，他钻进发动机壳体内挖药，并因此中毒卧床几个月，就是为了解决发动机研制中遇到的问题。

那次挖药后，研制工作向更高的层面推进，其间频繁遇到各种疑难问题，又进行过多次类似的挖药行动，徐立平都是作为主要成员参与其中。“很多状况必须从发动机内部挖药取样查找原因，都是由我们来完成。”身为组长的徐立平已成了经验丰富的“老师傅”，要和当年他师傅一样，第一个钻进去画线操作。“那时候，我基本感觉不到紧张了，要是带头的人都紧张，这个活就没法干下去了。”

徐立平曾趴在发动机内，在壳体和推进剂之间的绝热层上打孔取样，取样部位距金属壳体仅 5 毫米，全靠手感控制。若不慎钻到壳体，摩擦产生的小火星就会让推进剂瞬间化作狂暴的烈焰。他进行细致的测量和试验，确定打孔部位及钻头安全转速，一次打孔即准确取出预定样块，顺利找到了病灶。

为了让设计人员清晰看到缺陷状况，准确分析判断，徐立平曾将整块推进剂挖出来，那难度和危险性，比他第一次参与的挖药高得多。还有一次，是将发动机壳体从外部打掉，这是此前从来没人干过的危险操作。所幸，此后的多次挖药，徐立平再没有出现过第一次那样的过敏反应。他也感到奇怪，觉得应该是身体获得了适应性。

因为他无数次冒险与这款发动机有过“亲密”接触，看到它展示在公众面前，那自豪和兴奋也就难以抑制。

妻子梁远珍是最能理解他心情的人。说起丈夫的工作，梁远珍会情不自禁地掉眼泪：“我都不敢去想……我怕影响他，家里面的事情，我都很少让他操心，我就怕他分心走神……”她的担心绝非多余，跟“火老虎”打交道，意外随时可能发生，真是不能有一丁点儿疏忽。

十二

在徐立平的记忆中，整形组的工作任务是从2000年开始逐渐多了起来。

改革开放以来，国家经济实力迅速提升，对科技领域的投入也逐年增长，尤其是航天领域获得了前所未有的资金投入，各种新型号研制项目纷纷确立。中国航天从那时起，终于走出了长达30年的低谷寒冬，迎来春暖花开的高速发展期。

时代的改变带来技术的革新，药面整形技术也有了新的变化。徐立平刚进厂时，手工整形是唯一的整形技术。后来，开始尝试用改造后的普通机床对中小型发动机进行机械化整形。

1998年，四院开始研制第一台由电脑数字程序控制的全自动整形机床，如果取得成功，不仅可以实现远程人机分离操作，还能将药面整形的尺寸精度保持在0.01毫米之内。

徐立平也被点名选入课题组，成为这台新设备的研制成员之一。

在这台由电脑控制的机器面前，徐立平十几年积累的手工整形和机械整形经验都要重新整合，“老师傅”转眼之间又成了“学徒工”。面对汹涌而来的新技术浪潮，必须再一次磨砺自己的“刀锋”，进行技术升级。

“其实，我最大的愿望，就是自动化操作能够完全取代手工操作！安全性、精度和效率都大幅度提高，多好啊！”面对新技术，徐立平很兴奋，“我们航天技术工人，不是民间传统手工匠人，不搞传统技艺保留和传承。我们追求的是高可靠性和高效率，设备越先进越好啊。现在技术发展太快了，必须活到老学到老，紧跟时代，掌握最先进的技术。”

时代的改变带来技术的革新，药面整形技术也有了新的变化。面对汹涌而来的新技术浪潮，必须再一次磨砺自己的“刀锋”，进行技术升级。“其实，我最大的愿望，就是自动化操作能够完全取代手工操作！安全性、精度和效率都大幅度提高，多好啊！”面对新技术，徐立平很兴奋，“我们航天技术工人，不是民间传统手工匠人，不搞传统技艺保留和传承。我们追求的是高可靠性和高效率，设备越先进越好啊。现在技术发展太快了，必须活到老学到老，紧跟时代，掌握最先进的技术。”

事实上，早在 1990 年，徐立平就开始学习电脑编程和操作，并自己购买了家用电脑。也正是因为拥有这些基础，他才被选入课题组，参与新设备的研制工作。

不过，学过基础编程课程与实际应用编程还是有着相当大的差异，那是一次不同以往的“学徒”经历。徐立平必须向设备厂方的技术人员学习这台设备的编程语言，同时，还要配合技术人员编写出整形操作程序，因为发动机整形时的步骤、要点，没人比他更清楚，厂方的技术人员也听取他的建议，修改了多项程序设置。

在徐立平的配合下，这台数控设备很快便顺利投入使用，让某型号发动机整形效率提高了数倍，徐立平也在此过程掌握了全新的整形技术。

2005 年，航天四院又与相关厂家联合研制了一台国内最大的立式数控整形机，用于某大型发动机内孔复杂形面的整形。徐立平再次被调入课题组，参加设备安装调试工作。他结合多年工作经验，提出改装吸屑装置、加装连锁装置等 20 余项改造建议，完善了设备安全保障系统。这款数控整形机最终顺利通过集团公司技术鉴定，填补了国内技术空白。

徐立平和同事们经过几个月的摸索，熟练掌握了设备操作技术，由此实现了某大型发动机远程自动化整形操作，安全性全面提升的同时，加工周期也缩短为原来的三分之一。

在随后的工作中，徐立平和同事们又逐步摸索出适用于不同发动机、不同燃速推进剂的整形参数，并针对一些特殊形面，设计出专用整形刀具。在新技术这块“磨刀石”上，徐立平又成功磨砺出自己的锋刃。

凭借不断的钻研精神和高超的技术能力，徐立平先后被评为国家高级技师、航天特技技师，多次获得国家级、省部级“技术能手”称号，并夺得技术工人技能水平的最高荣誉——“中华技能大奖”。

因其对国家航天事业和国防建设的贡献巨大，徐立平曾被授予“全国五一劳动奖章”，并被评为“航天固体动力事业50年十大感动人物”。

2006年，徐立平所在的药面整形组搬迁到了西安市东郊。此前的几年间，因为工作需要，7416厂几个车间的整形组分分合合重组了几次，此时全部集中到了三车间。整形组无论怎样分合，不变的是组长依然由徐立平担任。

那时的徐立平，早已继承了当年他师傅“一把刀”的名号。新型发动机研制生产时，上级指定必须由他进行首件产品操作才能放心，而他的操作步骤便是此后执行的定型工艺。神舟飞船逃逸发动机这种重大项目，他甚至被指定为药面整形的唯一操作者。

成为“老师傅”的徐立平，当然要承担带徒授技的责任。和当年他师傅一样，每逢学徒初到，徐立平带他们做的第一件事情，就是去销毁药渣。“这成了我们安全教育的传统，亲眼看过后，就知道要时刻小心了。”他还会在工房工位旁，对徒弟们讲述此处曾发生的事故，以及因操作失误而牺牲的同事，让年轻人引以为戒。

虽然机械化、自动化整形技术已经大量应用，但某些特殊形面的整形依然要靠手工操作，年轻学徒们必须掌握这一技术。徐立平将自己的技术倾囊相授，他带过的7名徒弟中，有1人被评为绝技绝招人才，4人被评为国家级技师。

对于组内其他年轻组员，徐立平也同样毫无保留地传授技艺。国家的航天事业需要更多高水准的技术人才，需要更多年轻人迅速成长承担重任。在徐立平的班组中，先后培养出整形技术骨干30多名，连续多年获得航天四院“金牌班组”、集团公司及陕西省国防科工委“安全生产示范岗”、“陕西省工人先锋号”等称号。

徐立平早已继承了当年他师傅“一把刀”的名号。新型发动机研制生产时，上级指定必须由他进行首件产品操作才能放心，而他的操作步骤便是此后执行的定型工艺。神舟飞船逃逸发动机这种重大项目，他甚至被指定为药面整形的唯一操作者。

十三

时间迈进21世纪，中国航天业进入高速发展阶段，载人航天、探月工程、天宫空间站等一系列太空探索工程的成功，九三阅兵式上、朱日和沙场上，导弹方队的威武雄壮，让国人振奋，引世人瞩目。航天科技成为中国“自主创新”“攀登世界科技高峰”的标杆行业。航天工作者颇具神秘感的工作和生活状态，攻坚克难保证成功的奋斗精神，日渐成为大众希望了解的关注点。徐立平便在这样的大背景下，走入公众视野。

2015年10月1日国庆节，中央电视台隆重推出大型专题系列片《大国工匠》，第一集《大勇不惧》便讲述了徐立平的故事。电视画面中，身穿航天蓝工作服的徐立平专注铲药的场景，震撼了观众。

专题片播出后，获得了极高的收视率。那是徐立平第一次在国家级平台上亮相，也让数十年间高度保密的特殊工种——固体发动机端面整形工，被世人所知晓。

专题片播出后不久，航天四院政工部便接到一份通知，要求他们推选一位事迹感人的优秀职工，参加中央电视台“感动中国2015年度人物”的评选。

航天四院有近1.2万名职工，其中包括国际宇航科学院院士1名，中国科学院院士1名，中国工程院院士2名，国家级、省部级航天专家近百名。技术工人中，全国技术能手14名，省部级技术能手上百人。从这么多精英中挑出一个候选人，实在是件艰难的事情。

经过几轮艰难的筛选，航天四院政工部最终决定推送徐立平参评。他的工作经历、工作状态、工作精神，甚至他的家庭结构，在航天四院都颇有典型意义。颁奖典礼即将举行的前几天，航天四院王玫突然接到通知，徐立平当选了，让他立刻前往北京，参加颁奖典礼录制。

2016 年 2 月 14 日，中央电视台黄金时段播出“感动中国 2015 年度人物”颁奖典礼。电视画面中，徐立平身着那套航天蓝工作服，高高举起奖杯。

“我这人嘴笨，干这事儿就是赶鸭子上架，硬着头皮上的。”徐立平觉得，自己不属于那个“曝光”在公众面前的世界，他更喜欢曾经那种不为人知的状态。但他不曾想到的是，更高的荣誉和更多的采访依然纷至沓来。

2017 年，中共中央宣传部再度发布徐立平的事迹，授予他“时代楷模”荣誉称号。这让徐立平的心中更觉不安，在接受媒体采访时说:“我只是做好自己的本职工作，与‘时代楷模’的称号还有很大差距。我是‘航天二代’，父辈们经历了各种艰难困苦，才一步步走到现在，我是在耳濡目染中传承了‘航天精神’。我觉得，这个荣誉，是给四院全体职工的。”

2019 年 9 月，“最美奋斗者”获选名单公布，徐立平再获殊荣，这是被载入中华人民共和国史册的至高荣誉。徐立平做梦都不会想到，自己这样的普通工人，竟会获得如此殊荣。

“最美奋斗者”称号，是为热烈庆祝中华人民共和国成立 70 周年而隆重表彰的英模人物和先进集体。获得表彰的 300 名英模和集体，是中华人民共和国成立 70 年来，各个时期在各自岗位上作出非凡业绩、赢得人民广泛赞誉的先进分子和杰出代表。

几个月前，徐立平被列为候选者时，他觉得自己根本不可能入选。“候选名单里那些英模人物，雷锋啊、邱少云啊、黄继光啊……这都是咱们从小学习的榜样人物啊！我就是一个普通工人，怎么可能跟他们同框？”

“我只是做好自己的本职工作，与‘时代楷模’的称号还有很大差距。我是‘航天二代’，父辈们经历了各种艰难困苦，才一步步走到现在，我是在耳濡目染中传承了‘航天精神’。我觉得，这个荣誉，是给四院全体职工的。”

名单公布之时，徐立平的名字赫然在列，他与自己从小敬仰的英模人物同框了！“担不起、担不起！真的是觉得担不起啊！心里诚惶诚恐的。”

事实上，“最美奋斗者”的评选意义，就是为大力弘扬“幸福源自奋斗、成功在于奉献、平凡造就伟大”的价值理念，评选出高举爱国主义伟大旗帜，培养爱国之情、砥砺强国之志、实践报国之行，始终做爱国主义精神的坚定践行者。

而徐立平这样一个普通工人，是怀着国家至上的信念，数十年默默奉献，在平凡中创造了伟大的人。他正是符合“最美奋斗者”标准的践行者。

十四

2020年初夏的那个雨夜，已经52岁的徐立平回顾自己的经历时，感慨时间过得太快了，“哎呀，自己觉得还挺年轻的，在别人眼里，已经是小老头了”。车间里，这年龄还在一线工作的已不多见，“我现在干一些精细活儿，也得戴老花镜了”。

从1987年进厂到如今，不知不觉中，徐立平已经在整形工位上工作了33年。此前，他没留意过年龄问题，直到几个月前他爱人梁远珍办理退休手续，他才猛然意识到，这一代人已经开始逐渐退场。“男工退休年龄是60岁，不是说要延迟退休年龄嘛，估计我还得再多干几年。”

如今，徐立平已成为航天界最具知名度的人物，经常被各地邀请进行个人事迹和航天精神的宣讲活动。此外，还承担了多项社会职务。他当选为全国人大代表，成为陕西省总工会的兼职副主席，同时

徐立平的背后，那些工作在航天四院以及其他研究院的同事、同行们，那些默默为国家、为航天事业奉献一生心血和智慧的科技工作者和技术工人们，都是这样平凡而又伟大的奋斗者。他们用自己的行动、自己的工作、自己的付出，践行着国家至上、无私奉献、追求卓越的信念。他们在不为人知的角落磨砺刀锋，铲除研制过程中一个个艰难险阻，推动着中国的航天技术进入高速发展的通途。

担任着陕西省国防工业工会的兼职副主席。

让更多的人了解航天事业、了解航天人的工作状态，宣讲“自力更生、艰苦奋斗、大力协同、无私奉献、严谨务实、勇于攀登”的航天精神，已经成为他肩负的另一项重要职责。

做宣讲活动的时候，徐立平刻意地将自己的事迹模糊处理，更多地讲述航天工作者群体是怎么奋力拼搏的。“航天技术是一系列复杂施工作业程序的总和，每个环节都需要极高专业水准的团队协作完成，每个成员都有着近乎相同的工作状态、生活状态、精神面貌、敬业精神。”

接受过无数次采访，经历过数百次讲座、报告会，如今的徐立平面对媒体和众多听众时，语气、语调已经非常流畅自然了，但他依然说不出什么豪言壮语。

他说，自己就是个平凡的普通人，当年父母为他取名“立平”，为弟弟取名“凡平”，就是寓意兄弟俩要做平凡的人。他这样的平凡人，不过是做了些普通的事，那些在别人看来惊心动魄的时刻，在他眼中只是从事过无数次的日常工作，讲述那些过往时，也就平淡得像是聊家常。不过，言语之间，心中的那份自豪和崇高感会自然地流露出来，因为他参与制造的产品都是国家重点型号项目，都是镇国安邦的国之重器。

“……我真的很惭愧，把我给推出来了，其实，我一直认为，这些荣誉应该是属于大家的！”

徐立平的背后，那些工作在航天四院以及其他研究院的同事、同行们，那些默默为国家、为航天事业奉献一生心血和智慧的科技工作者和技术工人们，都是这样平凡而又伟大的奋斗者。那些数十万计的无名英雄，终其一生都不会拥有面对媒体、观众的机会，不会有讲述自己担当与坚持的舞台。他们用自己的行动、自己的工作、自己的付出，践行着国家至上、无私奉献、追求卓越的信念。他们在不为人知的角落磨砺刀锋，铲除研制过程中一个个艰难险阻，推动着中国的航天技术进入高速发展的通途。

匠心筑梦

——记“最美奋斗者”窦铁成

匠心筑梦

——记“最美奋斗者”窦铁成

高　鸿

窦铁成简介

窦铁成，男，汉族，1956年10月出生，中共党员，陕西蒲城人，中铁一局电务公司电力工、高级技师。他参与中国中铁典范工程、高速公路、地铁等上百个工程，解决技术难题69个，合理化建议及小革新38次，解决送电运行故障400余次，负责安装的98座变配电所一次通过验收，全部被评为优质工程；累计写下了90余本200多万字的学习笔记，获国家实用新型专利4项。荣获“全国五一劳动奖章”，被授予“全国劳动模范”“全国知识型职工标兵”“全国优秀共产党员”“最美奋斗者”等荣誉称号。

2002年，粤北山区迎来入冬以来最强寒潮，高寒山区气温降至零摄氏度以下，部分路面结冰，异常寒冷。京珠高速公路开始修建，中铁一局电务公司承担了广东境内某标段的系统机电设备安装工程，“金牌工人”窦铁成被点将前去增援，带领电力安装试验班对工程难点进行攻关处理。

北京至珠海的高速公路是贯通我国大江南北的主动脉。这条高速公路全线设计标准起点高、技术新、难度大，跨越祖国南北疆土，地质较为复杂，被称为“世界上最具有挑战性的山区高速公路”项目。项目要求引进国外先进技术，配套的设备60%以上都是从发达国家进口的。中铁一局电务公司承担了广东境内某标段的收费、照明、通信、监控等五大系统机电设备安装工程。

接到任务后，窦铁成日夜兼程，带领大家进驻没门没窗、水泥地面尚未铺好的变电所。寒风瑟瑟，阴冷潮湿。该标段工程使用的设备基本上都是法国某公司的产品。面对这些国外设备，窦铁成只能通过翻译过来的资料边学边干。为了尽快了解这些法国运来的设备，他们在山沟里的变电所刻苦钻研，废寝忘食。新建的变电所条件非常简陋，什么生活设施都没有。大家白天在工地上干活，就着吃方便面，晚上挤在一起研究设备说明书，很快便完成了安装任务。

然而，就在进行交工送电前的空载实验时，意外发生了，一台升压变压器上侧的开关不断跳闸。在场的人员不知所措，目光全都投向窦铁成。

窦铁成冷静地翻开图纸，对每一个节点详细地测电阻值、测电流、测绝缘，可故障还是排除不了。业主埋怨他们安装技术有问题。一时，整个施工工地上的人心里都不是滋味。此刻，窦铁成的心里也在翻江倒海：自己负责过那么多工程，施工中还没有出现过安装质量问题。然而这次用的是国外进口设备，许多图纸都是外文注解，难道真的是什么环节出了问题？窦铁成是个责任心很强的人，当场表示："请业主放心，如果是我们安装过程中出现问题，一切责任由我们承担！"窦铁成将工友和徒弟们召集到一起，强调："我们电力公司承揽安装工程以来第一次出现这样的问题，而且安装的是国外进口设备。从现在起，我们全力以赴，查找安装的每一个工序是否做得标准，放线、接线，包括各个螺栓垫片安装。每一个环节，必须做到百分之百到位。"经过一番严格检查，窦铁成发现一切安装程序都达到了施工标准要求，只剩下总控空气开关这最后一关的检查了。对这个法国进口的巨型开关，窦铁成反复观察。是否问题就出在这里呢？他心里没有把握，因为他们只是按照图纸安装，不可能怀疑设备设计有问题。他再次检查安装工序，确定百分之百达到设备安装技术要求。这样一来，只能怀疑产品设备设计数值有问题了。这些设备是业主与法国某公司签约进口的，在没有经过法国制造公司同意之前，是不能拆装的。

窦铁成将这个情况向公司领导作了口头汇报，并向业主提出，应与设备供应方——法国有关产品供货公司联系，让他们派技术人员到现场处理问题。公司领导认为事关重大，一再强调："我们一定要把安装的技术标准做到位，有关数据要百分之百准确，不能有半点差错。因为一旦把这个信息发送出去，不但我们公司与业主、与法国设备产品供货公司打官司，还涉及中国与法国技术上的声誉啊！"窦铁成很肯定地作出法国供货方在设计数据上有问题的判断。公司要求业主向法国某公司发出了产品定值有差错的电子邮件，要求厂方派技术人员来施工现场核实。厂方很快回复："我们的产品很精密。有问题？不可能！一定是你们施工队安装工序不标准。"业主把邮件复转给窦铁成团队，要他们再做进一步核实。窦铁成斩钉截铁地说："如果不是法国设备设计方面的问题，我愿承担专家往返机票及相关费用！”大家都替他捏一把汗。在中方几次督促下，对方不得不派设计工程师前来施工现场查看。

法国专家来到现场，以傲慢的姿态听完翻译介绍，非常自信地表示他们的产品绝不会有问题，应该是安装方面存在漏洞。窦铁成让翻译转达要与法国专家交流的意愿。法国专家问翻译：“他是干什么的？”翻译回答：“是中铁局的一名工人。”法国专家不屑一顾地说：“他有什么资格和我交谈？叫你们的工程师来吧。”窦铁成听后笑着对翻译说：“你给他讲，中国工人也能和他探讨他们在产品设计中存在的问题。我们用事实说话，用数据验证。”通过翻译，窦铁成把几天来测算的各种数据，空气开关有关部件的电流量、电流衰减速度的数值以及发现的疑点，一一告诉法国专家，明确表示厂方在设计方面存在问题，请厂方打开开关调整有关数值。法国专家在认真听取了窦铁成有关数据和理论的分析后，脸上的表情渐渐转变。专家拿着窦铁成测算的数据反复核实和分析，不得不承认空气开关的设计数值有疑点，同意让中方打开开关做时间数值的调试。

现场上地上施工的工人围成了直径 10 米的一个圈子，包括法国专家在内的几十双眼睛盯着窦铁成和他的徒弟们。窦铁成头戴褪色的安全帽，身穿被洗得发白的工作服，黑瘦的脸颊上挂着眼镜。他熟练使用各种工具，将空气开关拆卸，经过调试和总装进入分离式接线环节，马上就要合闸了。大家明白，如果在调试后空气开关再跳闸，证明人家法国生产的设备没有问题，这不仅丢了中铁一局电务公司的声誉，而且也丢了中国铁路工人的声誉啊！

时间在一瞬间似乎凝固了。大家屏声静气，期待着窦铁成合闸的那一刻。

在大家热切的注视下，窦铁成用力将调整后组装的空气开关合闸，控制电屏柜上的指示灯瞬间星光闪烁，在场的所有人欢呼雀跃。法国专家拉着窦铁成，竖着大拇指连声说道：“Good！ Good！”接着用不太标准的普通话说：“中国工人——了不起！”

一

1956 年 10 月 1 日，窦铁成出生在陕西省蒲城县的一个知识分子家里。

父母都是知识分子，却并没有让知识在窦铁成身上得到太多的延续。那个年代，因为家庭成分的原因，自幼聪颖好学的窦铁成，不得不在初中毕业后就插队到了农村。

1972 年，窦铁成初中毕业回到渭北老家务农，再苦再累，当医生的父亲送给他的“开卷有益”的话他始终记着。在农村的那些年，窦铁成见什么都学，除了铡草外，所有的农活都会做。虽然只有初中文化，在那时的农村，窦铁成却是村民眼中的文化人。他自幼喜欢读书，对无线电产生了浓厚的兴趣，到处借书学习，了解电器原理知识。东家灯不亮了，西家电线断了，他都主动跑过去帮忙。渐渐地，他成了远近闻名的安灯接线维修电器的能人。那时的窦铁成或许并没有想到，今后自己将与电结下不解之缘，成为电工行业的翘楚。

窦铁成在学习上从小好强，记得初中时有回考试，其他功课都在 90 分以上，语文考了 86 分，他回家后竟哭了一鼻子。

1979 年，国家实行改革、开放、搞活的方针，对城镇下乡插队知识青年、城镇待业青年进行就业安置，窦铁成和弟弟窦铁宝都在范围之内。中铁一局向社会招工，兄弟俩同时报名参加考试，结果都被录取了。这时，难题来了：根据政策，他俩只能去一个人。窦铁成让弟弟去，弟弟则让他去。兄弟俩互相推让的时候，母亲做了主。母亲说小的还有机会，让大的先去吧。那时候，窦铁成已经结婚，并且有了一个女儿。告别家乡去一个陌生的地方上班，妻子很担心他适应不了。万一干上几天不行被辞退怎么办？窦铁成告诉妻子自己一定会努力学习，再说他在农村这些年练就了爬杆架线的本领，电力工人嘛，就是和电打交道，这个工作能做好。

然而参加工作之后窦铁成才知道，自己在农村学会的那些东西都是鸡毛蒜皮，真正的电力专业知识自己一窍不通。当他被派到唐山一个工程工地时愣住了：高高耸立的电力铁塔，密如蛛网的电力导线，构架林立的变电设施，令人眼花缭乱，别说上去摆弄，看着腿都发软呢。

中铁一局是个流动分散的企业，驻地远离城市，篱笆为院，帐篷为房。窦铁成记得上班的第一天晚上，一场瓢泼大雨下来，水倒灌进了他的帐篷，鞋和脸盆都漂在了水面上。在农村受过苦的他没觉得这有多苦。每天的工作便是架线、立杆、挖沟、埋电缆，一些人发牢骚，觉得比在农村干活还累，有些人甚至甩手不干了。窦铁成没有退缩，他觉得能参加工作便是荣幸，更何况干的是自己喜欢的事情，要好好珍惜才行。

上班不久，窦铁成就发现，那些技术不高、干不好活的人总是被人瞧不起。他暗下决心，一定要当一个让人看得起的工人。然而因为初来乍到，有的老职工在操作设备时，一到关键时刻就把他支开，不让看。

“一个人可以没有文凭，但不能没有知识和技能。没知识，没技术，就会被人瞧不起。”面对窘境，窦铁成下定决心从头开始学习。文化程度低，那就干中学、学中干。那时他和老工长住一个宿舍，这给他提供了看图纸学技术的便利条件。除了看技术书之外，工作中，窦铁成对每一个施工环节都细心琢磨，每天下班，总爱画画算算。

要学的东西太多，常常是头天所学的第二天又忘了。窦铁成采用“笨”办法，白天学，晚上记，在笔记本上详细记下施工和技术要点，还有自己的心得体会。没想到，这个行为成了他受用一生的习惯。到现在，40 多年的时间，他已记下了 90 多本工作笔记，洋洋洒洒 200 余万字。功夫不负有心人，学到后来，窦铁成闭上眼睛，电力原理、电路流程都能像放电影似的从脑中闪过。慢慢地，他心中有了底，这些笔记也在施工中派上了大用场。窦铁成活干得既快又好，很快在数百名员工中脱颖而出。

1980 年 7 月，窦铁成以优异的成绩考取了中铁一局电力技术培训班。同班同学都是各单位的佼佼者，也有被直接推荐来的工长。当时，他感觉压力很大。“笨鸟先飞”，抱着这个死理儿，窦铁成开始了没日没夜的学习。星期天，其他学员或探亲访友，或聚会玩耍，他依然把自己关在教室里苦读。在此期间，除了春节之外，窦铁成没回过一次家，哪怕是农忙时间。他给在乡下务农并带着孩子的妻子写信说：“我不回去了，我要抓紧每一天时间多学习。”凭着这股钻劲，7 个多月的培训结束时，窦铁成拿到了全班电力考试的最高分。就这样，窦铁成用一年时间完成了人生的第一次跨越——从一个乡下后生变成一个熟练的电力工人。

师傅说：“当机遇到来时，如果你没有提前做好准备，就会与它失之交臂。生活中不是机遇少，而是我们对机遇视而不见。”

不久，属于窦铁成的机会终于来了。京山压煤改线工程施工，窦铁成第一次接触电力技术工作。巧在窦铁成和工长住一个工棚。工长见这个小伙子好学，又有理论知识，就试着问：“你能不能干技术活？”窦铁成自信道：“让我先试试看！”工长见窦铁成这般自信，就把一个小变电所的安装工作交给了他。

窦铁成与两个工友照着图纸施工，半个月后就完工了，活干得又快又好，得到工长的高度认可。之后，窦铁成又去给其他小组打了一次增援。后来，他很感激那位工长给了他施展技术的平台。

1983年，在京秦铁路沱子头变电所施工时，因为工班没有技术员，老工长想让窦铁成承担技术员的工作。他先给窦铁成一张图纸，说：“你去试试，考考你，看你这‘钻头’有多硬——看图纸，走出电路二次原理图。”窦铁成看完图后，利索地将各类电路怎么走说得头头是道。工长听后心服口服，放心地说：“好好干，把好技术关。”

初担重任，可不能丢人，得拿出硬功夫！窦铁成白天干活，晚上把自己关在备用调压器室里，对照专业书籍，一张张图纸、一条条线路、一个个节点地分析解读，细细研究设备如何安装、电缆怎么走。后来他回忆说：“我把7套加起来一寸半厚的各类不同技术图纸齐齐地画了一遍。”4个多月后，工程通过了验收，窦铁成这才深深地松了一口气。整个工程还获得了国家优质工程银质奖。

4个多月的艰辛换来的荣誉，坚定了窦铁成做一个有知识的好工人的信念。他一头扎进电力专业的知识海洋里，尤其是电子技术、继电保护等方面的知识，一点点啃，一点点琢磨、消化。他先后购买了《高等数学》《电工学》《电磁学》《电子技术》《电机学》《钣金工艺》《钳工技术》《机械制图》等大量图书。窦铁成工作以来，微薄的收入除了寄回养家外，全被他用来买书了。那段时间，他先后买了三大箱子专业书。他把这些书当作生命的一个组成部分，工地搬迁到哪儿，书就跟着搬到哪儿。那些年他很少回家，家里的大事小事都无暇顾及，两个孩子出生都没有回去。工友们打趣说：“老窦把书搁眼前，把老婆撂一边。”

在同事的眼里，窦铁成就是一个令人难以置信的“书呆子”——除了干活外，绝大部分时间手不释卷，甚至在施工完毕转移地点时，他在火车上看，在汽车站候车室也看。有一次休完假回单位在临潼站等火车，他因看书竟错过了上车的时间。难得回到家里，人家串门谈家常，他把自己圈在家里继续看书，以至有朋友较真地说："你是回家来探亲呢还是学习啊？"

窦铁成的一位领导说："他看书能笑出声来。"

许多人感到奇怪，电是个多么抽象的东西，电力学是门多枯燥的学科，窦铁成怎么能乐在其中呢？

的确，电，对很多人来说，是个抽象的概念。但对窦铁成来说，电是一个绚丽的、完整的、看得见的真实世界。他说："我这个专业就跟福尔摩斯探案似的，要靠推理。像继电保护，一级一级按逻辑顺序排列，你设计它的时候要遵循逻辑关系。声信号、光信号的设计也是这样。我们找故障原因的过程也是推理。"换句话说，每当窦铁成运用推理成功地找到了故障的症结，他就立刻享受到推倒多米诺骨牌一样的快感。点倒第一块，"哗"的一声所有的骨牌全都按既定的顺序倒下，形成图案。

一提起电，窦铁成就眉飞色舞："电力的发展一日千里！我们对500千伏超高压送电感到力不从心时，700千伏超高压送电已经在我国应用了。现在，人们又在研究1000千伏超高压送电。

"在试验室里，科学家正在研究用微波运送电力。微波功率非常小，不会危害人体。我相信二三十年内就能实现。到那时，地面的铁塔、电杆就都没了！

"我们修建铁路，最早跑煤水火车、内燃机车，然后是电气化机车，现在正在兴建磁悬浮列车。这个变化多么惊人！

"我曾经有一个想法，用噪音发电带动路口的红绿灯。这在理论上完全行得通。声音和电、光可以互相转换。但我没这个能力把它变成现实……科技太神奇了，所以，我迷恋它！"

窦铁成读书学习已经进入一种境界。于别人，读书是苦，学习是累；于他，读书是快乐，学习是享受！就像他自己感悟的：“日积月累的学习，使人的思维和境界在潜移默化中提高。”

1991 年，在京山压煤改线唐北车站施工，窦铁成开始接触调压器的安装调试工作。当时，他对控制器的工作原理知之甚少。

晚上一回宿舍，窦铁成就翻阅相关参考书籍进行补课。有一天晚上，他叫来徒弟一块儿分析研究，最后，徒弟困得直打哈欠，他只能自己研究了，直到凌晨 2 点左右，才弄清了控制器的工作原理。那一刻，窦铁成非常激动，竟不由自主地大喊了一声，惊醒了已入睡的工友……

窦铁成的工作笔记和书籍整整装了四大箱。那些笔记本有的因年代久远已泛黄，但上面的字迹却无一例外极其工整，上面记录着数字、绘图等方面的技术问题，以及工作中的点点滴滴，间或还有他的一些心情日记。这是他工作 40 余年来的“履历”，也是他自学成才的丰厚“证据”。

工友们都知道，窦铁成随身不离“三件宝”：工具包、笔记本、数码相机。每天工作之余，他都要将技术要点等记录在笔记本上，便于分析总结。详细的记录，成为重要的原始数据资料。窦铁成的徒弟、大学生赵亚平有一次和师傅干完了一段工程，事后过了一段时间，他把工程的有关细节忘了。恰巧，有关部门要他写该段工程的技术总结，可一些数据他怎么都想不起来了，只好问师傅。果然，窦师傅的笔记帮了他的忙。

现在，窦铁成的徒弟、工友们深受他的感染，几乎每个人都养成了和他一样的好习惯，不管在哪里施工，都随身带个小本记工作笔记。

窦铁成说：“学习没有终点，做一个有知识、技能强的好工人也没有终点。”1999 年，单位财务部门配备了办公电脑，一下子引起了窦铁成的好奇心。他请求财务人员说：“你把钥匙给我，晚上我给你看守办公室，我要学电脑，一举两得。”就这样，已经 40 多岁的窦铁成每晚钻到财务室里，从辨认一个个字母、掌握一个个功能开始，练打字，写总结，钻研 CAD 制图软件。一个个不眠之夜的磨砺，终于使窦铁成练就了直接用电脑设计、绘制各种电力技术图纸的技能。他也因此成为中铁一局电力专业工人中掌握电脑绘制开关站图纸技术的第一人。

不断地学习使窦铁成一直走在新技术的前沿。从电磁保护到晶体管保护，从微机连锁保护到四电集成保护，我国电力变配电所经历的几次升级换代，窦铁成都精通，了然于胸，未曾丝毫落伍。他始终是企业掌控运用新技术的引领者，被誉为中铁一局的“电力专家”。2013 年 4 月 28 日，习近平总书记同全国劳动模范代表座谈，习近平总书记称窦铁成为改革开放历史新时期的“金牌工人”。

2008 年 4 月 25 日，中央电视台《面对面》栏目曾做过一期《金牌工人——窦铁成》的节目。主持人问道：“窦师傅，你怎么理解‘金牌’这两个字？”窦铁成坦然答道：“我觉得我还不是金。”主持人说：“那你告诉我什么是‘金牌工人’，你理解的‘金牌工人’是什么样的。”窦铁成说：“我觉得在技术领域和学习科学技术这方面永远也不会达到金的。‘金牌工人’应该是人们眼中最好的工人，是各个方面都比较优秀的工人。我是这样理解的。”主持人说：“你觉得你还不够格吗？”窦铁成说：“不是说我不够格，我觉得我还没有达到顶峰。”主持人问：“什么是顶峰？存在顶峰吗？”窦铁成回答道：“不存在顶峰，我认为技术领域永远没有止境。静下来的时候我常想：像我这种情况太多了，这么多的一线工人，他们都很优秀。”

多么朴实谦逊。一个人只有严格要求自己、谦虚谨慎、戒骄戒

不断地学习使窦铁成一直走在新技术的前沿。从电磁保护到晶体管保护，从微机连锁保护到四电集成保护，我国电力变配电所经历的几次升级换代，窦铁成都精通，了然于胸，未曾丝毫落伍。他始终是企业掌控运用新技术的引领者，被誉为中铁一局的“电力专家”。（杜芳栋　摄）

躁、兢兢业业，潜心所从事的事业，一丝不苟，才能不负众望，脱颖而出，成为出色人才。

“学有所用，其乐无穷。”这是窦铁成写在笔记本上的一句话。正是这句话，让他在精通理论知识的同时，积累了丰富的实践经验，为公司作出了巨大的贡献。

“没有窦师傅不学的东西，很多国外设备图解都是英文的，为了搞懂弄通，他不顾自己没有任何英语基础，开始自学英文，研究国外设备图纸。”对窦铁成，同事们打心眼里佩服。有一次，窦铁成在四川施工，为了研究一个新仪器，他打电话问上大学的女儿相关英文单词。女儿对他说:“你身边那么多大学生和年轻人，干吗还非得自己干呢？”他说也不为什么，看着这么好的设备，就忍不住想上手啊。后来，窦铁成成了单位第一个掌握那台仪器操作技巧的人，让身边的一些大学生赞叹不已。

多年不间断的学习，让窦铁成成了铁路电气和变配电施工的“技术 120”——有技术难题，大家只要拨打窦铁成的手机号码，难题往往迎刃而解。许多问题，窦铁成不需要去现场，只要听人讲解大概情况，就能很快找出症结所在。

1988 年，西安到安康的铁路建设正忙，窦铁成所在的中铁一局电务处秦岭电管队负责为国内第一长的秦岭隧道施工供电。

一天，电闪雷鸣，大雨滂沱，电管队在秦岭山上的 4 个变电所接连跳闸，电全停了，可值班人员却怎么也找不到故障点，急得团团转。无奈，他们便电话求助远在几十公里外的窦铁成。

当时西安也突然停电，窦铁成正在办公点办公。他点着蜡烛，从随身携带的包里拿出图纸，胸有成竹地通过电话指挥现场值班人员排除了故障。

“神了！”知道这件事的人无不这样评价。

窦铁成事后挺不好意思地笑了笑说：“那 4 个变电所，有 3 个我都干过，情况很熟，图纸全在我脑子里装着呢。”

2008 年 3 月 8 日，达成线金堂变电所提速改造工程施工快完成的时候，公司总经理陪同铁道部副部长到现场检查工作。现场员工都佩戴着“技术员”“电力工”的胸牌，只有窦铁成戴着“技术顾问”的胸牌。

领导与员工挨个握手，到窦铁成跟前，看这个老工人胸前佩戴着与众不同的牌子，就好奇地问：“是不是正式工？收入怎样？有没有上岗证？”

窦铁成挺直了腰板回答说：“我有四个证：安全监察证、电力工操作证、技师证、试验员证。”听了回答，领导高兴地直拍窦铁成的肩膀，连声道：“不错！不错！”

2008 年 4 月 14 日，内蒙古境内东乌铁路棋盘井配电所突然跳闸断电，窦铁成只用了 10 分钟的时间，就从 5000 多条线路中找到了出现问题的那条线路，从而及时恢复了供电，保证了铁路的正常运行。

“干一行，爱一行，精一行。做什么事情一定要做好做到家，要做到极致。吃得苦中苦，方为人上人。”窦铁成经常对徒弟这样说。

二

党的十八大以来，习近平总书记多次强调要弘扬工匠精神。党的十九大报告提出“弘扬劳模精神和工匠精神”。在新时代大力弘扬工匠精神，对于推动经济高质量发展、实现“两个一百年”奋斗目标具有重要意义。

什么是工匠精神？工匠精神是人们在长期的物质生产过程中形

“干一行，爱一行，精一行。做什么事情一定要做好做到家，要做到极致。吃得苦中苦，方为人上人。”窦铁成经常对徒弟这样说。（巨跃先 摄）

成的一种职业素养和职业品质，是中华民族5000多年历史文化在生产生活中的积淀。工匠精神在我国源远流长，战国时期的《庄子》中便记载了游刃有余的“庖丁解牛”。庖丁将宰牛做到了极致，同时也对自己的手艺怀有一种绝对的自尊和自信，这便是一种早期的工匠精神。

1997年，中国最长的西康铁路秦岭隧道供电施工开始了，某家单位承包了供电任务。电务公司从下属单位抽调了30多个人组成了电管队，具体负责隧道施工的供电和线路维护。

西康铁路电力建设任务下达时，点还没建，图纸先到了。负责施工的窦铁成连续几天在办公室不分昼夜地研究图纸。有一天傍晚，窦铁成看图入神了，竟没注意到办公桌上插着电源的电热杯水已熬干了。别人上厕所路过他的办公室，闻到一股焦煳味，就试着敲门，他回过神来，这才发现办公桌已被烤出了一个黑窝窝。

电管队当时非常困难，当年外欠款40万元，员工收入低，制度不健全，人心涣散。领导让窦铁成负责制定一套制度并进行考核。

窦铁成先从整章建制入手，出台了《综合考核办法》，内容囊括设备的运行、维修、安全，党建思想政治工作，连卫生等项目也纳入其中。这项制度出台后，他逐项严加落实。

然而制度开始运行的时候并不顺利。

刚开始，员工们以为这不过是雷声大、雨点小罢了，并未放在心上。考核中，窦铁成将每个变电所看得很细，把所内的电缆沟都看了一遍，看是否有烟头、垃圾等可燃物落入。对容易出现隐患的设备上的小螺丝，他一个一个上一遍。

制度规定，考试成绩不及格的要补考，补考再不及格的停发当月奖金。尽管奖金的数额不是很大，但个别考试不及格的员工还是急了，纷纷找到窦铁成求情。

有名员工补考后还是不及格，按制度要扣发当月奖金。这名员工请来窦铁成的熟人——机关部门的领导前来说情，窦铁成回绝了。他说这关乎制度，制度定了，就要执行。随着时间的推移，员工们的技术水平和业务水平都稳步提高了，学技术的风气日渐浓厚。

制度出台以后很长一段时间，窦铁成负责考核的工作未变过。即使再忙，月月考核他从未落下，落实制度不含糊。每一项内容经检查打分后，由各工点负责人签字认可，在队里上会通报之后，财务严格按照每个人的得分情况计算奖金。时间长了，大家的自觉性渐渐提高。现在，制度管理的理念，已经在窦铁成所在的单位里深入人心。

有一次，窦铁成到青岔变电所例行春检，在地沟里发现了一条施工时留下的草绳。按规定，地沟里不允许遗留杂物。

年轻的所长是窦铁成的徒弟，马上向师傅承认错误，希望师傅能看在师徒情分上对他网开一面。窦铁成正色道："你们其他方面做得不错，但地沟里有杂物就违反了规定。你是我徒弟，执行制度要从你开始。"为一条草绳，青岔变电所每个人被扣了好几百元，扣得大家实在心疼。要知道，那时候工资都不高。但从那以后，这个所每个人都自觉遵守规章制度，把工作的每个细节都做到了位，再也没有出过什么偏差。

"标准"是窦铁成一直坚持的。因为坚持，"窦铁成标准"使他参与的很多工程获得了免检的待遇。1996 年，窦铁成参加京九铁路施工建设，淮滨变电所是京九线上的第二个变配电所。工程监理方验收时，得知是窦铁成带人干的，当下表示免检，让他们直接送电。

1999 年 6 月，窦铁成出差到陕北一家单位去排除故障。几天后回到单位，按照常规查看值班记录，发现（西康铁路）秦岭青岔变电所曾出过断电故障，虽已排除，但他还是想把原因查出来，看看到底是什么故障。

青岔变电所负责给正在秦岭隧道施工的大型机械供电。窦铁成先看了线路维修记录，第二天，他来到山上，查看故障现场，发现隔离开关刀口有金属熔化的痕迹。从技术角度判断分析，他确认故障发生的原因是违章操作，应该定为责任事故。

这次事故虽然没有造成严重后果，但是为了让那名员工吸取教训，窦铁成通过做思想工作，让那名员工承认了错误。

众所周知，电力工程是修建铁路、高速公路的最后一道工序，工作地点往往在偏僻荒凉的野外，吃住行都不方便，经常还得抢工期，属于高危行业，特别需要吃苦耐劳精神。东乌铁路第四项目部负责人魏宁彬回忆和窦铁成第一次合作的情景，往事历历在目。1993 年，在丰准线施工，窦铁成是班组长，魏宁彬是技术员。为了完成窑沟一号隧道和二号隧道的照明工程，窦铁成钻进隧道后就没有出来。原来他嫌驻地到工地 40 分钟的路程太远，不利于抢工期，就把工具和生活用品搬到隧道里，没白没黑地干。在隧道里，每天他们都是从石缝里接渗出来的水泡方便面吃。“就把饭盒放在铁轨上，然后跪到砧木上，趴到道砟上（吃饭）。因为吃饭的时候中间没有停的环节，饭盒也不洗，往那儿一扔接着就去干活。几个人轮换着、循环着，你吃着，我上去打眼儿。实在太累了，在避车洞里把设备包装板摞起来当床打个盹儿。”窦铁成说。40 多天时间顺利完工后，窦铁成走出隧道，原本黝黑的脸色竟然变得灰白。

长年在外施工，他们风餐露宿，披星戴月。窦铁成说，精伊霍铁路施工期间，冬天他们在山上施工，吃水要去山下的河里砸冰，拿回来后在锅里溶开再用，十分辛苦。房间非常潮湿，柜子上都是白毛。被子湿得盖不成，拿出去晾在外面，米、面等东西也晾在外面，结果一场大雨，被子全湿了，面也成了糊糊。无奈只好凑合着用，凑合着吃。

2000年5月，我国“八纵八横”路网骨架的重要组成部分西（安）南（京）铁路一期工程开工建设。从渭南到西峡的300多公里的丛山密林中，窦铁成带领队伍以车为家，抓时间，抢速度，历时两个多月，提前完成了给13个局级用电单位和200多个施工点送电的任务。一次，在西峡试验工地，大雨初晴，被试验的变压器依设计需要安装于半山腰。汽车无法通行，窦铁成就借用农家马拉车向试验场地行进。黄胶泥很快便将车轮沾满，欲进不能，欲退无路，时间紧迫，窦铁成俯下身子将车轮上的泥一块一块用手抠下来，汗水流淌满面，泥巴沾满全身，沙粒划破双手，一把汗一把血。无声的行动就是命令，在窦铁成的带领下，工友们齐心协力，艰难地将设备推到了半山腰的试验场。

京山、京秦、京包、兰新、西延、京九、西康、西南、乌鞘岭、达成、浙赣等铁路建设和京珠、泰赣等高速公路建设，都包含窦铁成的汗水和心血。

2001年，西安到南京铁路电力施工时，中铁十六局一个变电所遇到变压器环流故障，铁道部西康电管所问窦铁成如何解决。窦铁成将数据输入电脑分析，立刻找出问题症结。设计院一位工程师感到惊讶:“你怎么能用电脑分析出来？是不是有专用软件？”窦铁成只是笑笑。

原来，窦铁成一直用电脑分析每日每月报表，分析故障却是头一次，他是根据多年经验准确地分析出故障原因的。

2003年，队伍在甘肃乌鞘岭铁路复线施工，当地属于高原区，风很大，三四月的天气好比三九天，地下冻层达到一米六七。窦铁成和工友们晚上加班时，冷得人抱团，连仪器都冻得不显示数据了，人的清鼻涕流下来竟冻成了冰溜子。大家干完活只是洗个手和脸，就是一盆黑水。

工期非常紧，窦铁成到工地后制订了方案：先放电缆后挖沟。由于整天奔波在工地，电缆沟里的电缆支架把他的棉衣挂出了一条条絮絮。

有一天下午立25米高的避雷针，工作完成后，到了晚上刮起了沙尘暴。窦铁成太累了，在宿舍里躺下后，不知道啥时候门被大风吹开了，被子上落了厚厚一层黄土。早上起来，他见此情景，满床的土顾不上收拾，立即跑到工地，看避雷针在大风过后是否还安好。

紧张的乌鞘岭工程，他和工友们提前两天完成了任务。

2005年，窦铁成在乌鞘岭检查配电所时，发现电量大量流失。为查明原因，他用时一个半月，带着徒弟每天上山下山，在线路上检测。之后，他用准确的数据与有关施工单位交涉，为企业追回损失680多万元。

乌鞘岭工程后不久，泰赣高速公路机电工程工期严重滞后，窦铁成被“点将”增援。面对按正常施工速度需一个月才能完成的工程，详细了解情况后，窦铁成承诺：“保证一个星期完成任务。”工作中，窦铁成带领大家争分夺秒抢工期，夜以继日赶工作。3吨多重的变压器，受地形限制，就位困难，只能靠绳索拉、肩膀推、钢棍撬，直径100毫米的钢管都变成麻花状。工程硬是一个星期按时完成。工作中，窦铁成一丝不苟、精益求精。在浙赣线板杉铺牵引变电所施工期间，50吨重的变压器就位后，机身离完全重合仅差不到1厘米，符合规范要求，但他坚持做到一丝不差，带领大家继续干了两小时，直到机身在一条线上为止。

赵亚平是窦铁成最得意的徒弟之一。提起师傅，他由衷地称赞：“在我们大家的眼里，师傅就是标杆，就是标准，就是我们工友的一把尺子。”

窦铁成培养徒弟耐心严格。一个徒弟初中未毕业就接班当了长期临时工，窦铁成从零开始，耐心地给他讲授变配电设备的工作原理，指导他进行设备安装。像弯制一根硬母线这类误差很小的问题，他严格要求徒弟反复拍直了重做。后来，这个徒弟也成了技术高手，是电务公司青年电力工高级技师、供电维修队队长，带领参赛队在陕西省电力线路工职业技能竞赛中技压群雄，一鸣惊人。

2004 年底，窦铁成带领中铁一局电力试验所的工友，在神朔铁路线上给初装的神池南变电所做电力检测，检测出该变电所 110 千伏变 10 千伏的变压器出现了问题。变压器是变配电所的心脏，如果问题不解决，一旦运行，可能造成价值 30 多万元的变压器爆炸，导致整个变电所瘫痪，还会影响整条线路的安全运行。

窦铁成反复检测，及时和厂家联系，据理力争让厂家来人。厂家说："绝对不是我们产品的问题。"窦铁成坚决地说："如果不是你们的问题，你们来人的差旅费、误工费都由我负责。"

厂家后来来人了，经反复检测，果真是他们的产品出了质量问题。厂家来的人信服地说："你检测得确实准确，如果不检测出来，还不知道要造成多大的损失呢。"

2006 年 7 月，浙赣铁路电气化提速改造工程施工正酣，中铁一局电务公司负责国内铁路规模最大、技术含量最高的变电所——板杉铺牵引变电所的施工，工期一提再提，在场施工的技术人员压力大增。这时，大家不约而同想到一个人——公司电力高级技师窦铁成。

窦铁成作为技术顾问火速前来。参加工作几十年来，作为公司电力施工的技术顶尖高手，他已经记不清多少次奔赴火线打增援了。

施工现场环境异常恶劣，高温潮湿，蚊虫肆虐。窦铁成熬了一个又一个通宵，对照着设备说明书仔细计算。窦铁成在板杉铺牵引变电所施工时，户外的活占了一大半，当时天还在下雨，大家整天就在泥地里干活。之后，他们又遇到了罕见的高温天气。晚上学习时，窦铁成在室内光着膀子，后背被蚊子叮得满是疙瘩。工友用手机给他的背部拍了特写让他看，他笑笑说：“没事，蚊子在我这里吃饱了，就不会去叮你们了嘛！”

按照设计要求，变压器引入线为铜板双导线，但这种导线国内买不到，从国外买费用昂贵，工期也不允许。

窦铁成提出“简化结构，保证功能”的加工方案，组织大家利用现场既有的铜排、铜螺栓等材料，加工制作出符合功能要求的全铜间隔棒。这一技术被设计院专家评价为“行业一流”，完全达到技术指标。后来，该技术在900多公里的浙赣线电气化改造工程迅速推广，节约成本四成多。

浙赣工程竣工时，窦铁成作为施工单位的代表，在长沙电力调度室，点下计算机鼠标，发出远程送电的命令，强大的电流瞬间经过开关、变压器传输到接触网导线上，一次性送电成功！

那一刻，窦铁成激动不已，泪水涌了出来。

在北京地铁昌平线施工过程中，窦铁成发现地线支架的绝缘装置不合理，于是联系厂家优化设计。新产品不但杜绝了加工过程中有害气体对人体的损害，每套还节约劳动力80%，提高工效4倍，获得国家知识产权局专利证书。在西成高铁施工抢工大干期间，窦铁成发现了设备的直流电阻差值过大的异常情况，经过反复试验，多次与设备厂家协调沟通，最终修复设备，避免了变压器烧毁的重大事故。

几十年来，窦铁成每年奔波在各工点的时间在11个月左右。他宿舍床头的箱子里，安全帽、工作服、洗漱用具、书、常用药品一应俱全，单位有事，随时准备开拔。在西康铁路秦岭变电所，数百米规格不同的铝板材要加工成长短不等、角度各异的连接导线。按照传统做法，既费时，成品还不美观。窦铁成大胆设想，利用现场的废料，设计制作了一套煨弯器，一下子提高工效近5倍。

“世界上没有两个完全一样的工程，不同的地点、不同的时间就要用不同的办法来施工，可以说每个工程都要创新。在这个过程中，施工技术人员因地制宜，将知识、技术创造性地用于工程，解决难题，就会从中享受到快乐。”这是窦铁成秉承的，也是他坚持的。（张陕峰 摄）

“世界上没有两个完全一样的工程，不同的地点、不同的时间就要用不同的办法来施工，可以说每个工程都要创新。在这个过程中，施工技术人员因地制宜，将知识、技术创造性地用于工程，解决难题，就会从中享受到快乐。”这是窦铁成秉承的，也是他坚持的。参加工作以来，他勤于思考，善于结合所学，主动攻关新课题，解决新难题，累计为企业节约成本 1800 多万元。

三

大道至简，匠心至繁。匠心质造，精艺传承。

2006 年 11 月 18 日，在陕西省电力线路工职业技能竞赛中，窦铁成获得第一名。更为神奇的是，获得第二、第三名的，居然是窦铁成的徒弟李洪江和孙晓峰！师徒三人包揽前三名，在领奖台上激动地抱成一团，成为业界的一段佳话。

徒弟们感慨，师傅这么多年努力学习、辛苦摸索而来的经验，全都毫无保留地教给身边的人，实在令人敬佩。

与很多知识分子相比，窦铁成所掌握的知识或许谈不上有多高深，但他这种乐于共享、不计回报的奉献精神令很多专家和教授自愧不如。师者，传道授业解惑。窦铁成主动把技能传授给工友，督促他们学习，并不断探索更有效的教学方法，从传道授业解惑的角度来看，更配得上“教授”这个称呼。

窦铁成能够得到大家的尊重，不仅在于他有很强的技术能力，还在于他公私分明。有一次在施工时，窦铁成路过一条街道，偶然看到一款非常实用的便携式万用表，他想，平时用的万用表体积都比较大，不方便随身携带，就自己掏钱买了 4 只万用表，送给了身边的同

与很多知识分子相比，窦铁成所掌握的知识或许谈不上有多高深，但他这种乐于共享、不计回报的奉献精神令多少专家和教授自愧不如。师者，传道授业解惑。窦铁成主动把技能传授给工友，督促他们学习，并不断探索更有效的教学方法，从传道授业解惑的角度来看，更配得上“教授”这个称呼。（巨跃先 摄）

事和徒弟。一些同事听说他是自己掏钱买的，就劝他说，这是工作用具，用公家的钱报销就好了。他说：“这是我送给大家的，虽然钱不多，但代表我的一点儿心意，不能因为钱不多就占公家的便宜！”

窦铁成的徒弟李洪江刚参加工作不久，有一天，他看见师傅在变电所的院子里捡起两颗生锈的螺丝，很不理解。师傅说：“你不知道，这是宝贝！”他还认真地用油浸泡去锈，然后仔细用塑料袋包好。

有次测试线路时，需要更换锈断的螺丝，大家很着急，怎么找都找不到合适的。这时，只见窦铁成从身上掏出个小包打开。李洪江一看，里面是各种型号、规格的螺丝，上次师傅在院里捡的那两颗自然也在其中。师傅乐呵呵地对李洪江说：“你看，派上用场了吧！这些都是我平时收集的！”李洪江动情地说：“现在这个社会，爱企如家对很多人来说只是口号，可窦师傅真的是把企业当成自己的家了！”

除了大公无私、勤俭节约，窦铁成还是个能工巧匠。

有一次，在柳园机务变电所施工时，没有导线煨弯工具，又没有现成的。窦铁成来到工地后，土法上马，用汽车千斤顶、角钢和槽钢，加工了一个做工精细、实用的导线煨弯器。

由于经常在隧道里施工，随着线路的铺设画线，脚手架也需跟着一节一节地移动，施工人员需不断在脚手架上上上下下，非常麻烦。窦铁成想，如果给架子装上轮子，人就不用上上下下了。后来，窦铁成发明了一种组合施工车，把硬钢丝固定在上面，自动在隧道壁上画线，比手工画出来的规范许多。组合施工车人走车走，线走灯走，发电机和工具在架子上也跟着走，省时省力，安全便捷，使工作效率大大提高。

电务公司有这样几个数字让人惊叹：中铁一局电务公司电力专业共有职工 550 人，窦铁成带过的徒弟就有 406 人；全公司共有电力高级技师 38 人，窦铁成的徒弟就有 30 人，特别是全公司最顶尖的 18

名电力高级技师，有 12 人曾师从窦铁成。虽然他的徒弟不少已经担任了副总经理、经理等比他更高的职位，但还是习惯称呼他“窦师傅”“窦教授”。

“一个人的能力再大，也做不了多少事。这个世界太大，需要做的事太多了。如果我能把自己有限的知识传授给尽可能多的人，就等于把一个人的能力放大成一个团队的能力，我也省了不少劲，还能为企业留下一笔宝贵财富。”谈起育人之道，窦铁成如是说。

“我喜欢勤恳、有悟性、肯钻研的人。”关于收徒，窦铁成有自己的标准。

孙晓峰进入“师门”，就是典型例证。

孙晓峰自小贪玩倔强，初中未毕业就在社会上游荡。到电务公司时，他父亲对他的要求只有一句话：“儿啊，咱有毒的不吃，犯法的不做。”

孙晓峰上班后由于性格耿直，调皮捣蛋，许多人都避而远之，认为“朽木不可雕”，窦铁成却慧眼识珠：“别看孙晓峰顽劣，但他有悟性，有事没事喜欢到这边的变电所转转，问这问那，对各种设备都充满了好奇心，想探个究竟，是个可塑之才。”

“只要引导好，年轻人都是宝！”对孙晓峰，窦铁成格外关照，没事就和他拉拉家常，干活时经常有意识地让他搭把手，顺便讲讲电路原理。

渐渐地，孙晓峰入了门，成为公司最年轻的电力高级技师之一，独当一面。

45 岁的李洪江是窦铁成的得意弟子，曾经也是中铁一局电务公司年轻的高级电力技师之一。

1995 年，李洪江技校毕业时，仅仅会用个摇表，打个耐压，至于其他所知甚少。窦铁成经常在操作中给他讲授操作的要领。后来，

“一个人的能力再大，也做不了多少事。这个世界太大，需要做的事太多了。如果我能把自己有限的知识传授给尽可能多的人，就等于把一个人的能力放大成一个团队的能力，我也省了不少劲，还能为企业留下一笔宝贵财富。”（张陕峰 摄）

窦师傅带他接触了更为复杂的变配电所检验测试，使他掌握了更精确、更先进的试验方法。

“窦师傅教给我的最宝贵的东西，是一种对待工作的态度！”窦铁成的徒弟赵亚平说。

赵亚平讲了一件事：自己刚大学毕业参加工作，有一次在商州干活，第一次独立装了一个开关柜。而二次配线，一般的要求是把线接进去，能正常运行就行了。接完线，赵亚平自豪地看着自己的第一个成果，很有成就感。可窦师傅看了后不满意，把线全都给拽出来了，让赵亚平重新接。窦师傅教导他说：“不光是接上，还要接得漂亮！外观美不美，质量好不好，反映的是人的素质。”

就是这样一位教授级工人，多年来把培养年轻人当成自己义不容辞的责任。只要和他共过事的年轻人，不管是谁，他都毫无保留地向他们传授知识和技能。窦铁成利用一年一度的系统测试机会，给年轻职工传授试验技术。每到一个所，他就把大家召集起来，针对变电所的设备逐个进行讲解，对核心部位重点分析，不时向周围的年轻人提出问题，引导他们作出正确的回答。

四

窦铁成从小从父母那里接受了良好的家庭教育，多年以来，他一直记着父亲给他说的“心底无私天地宽”的话。在做人方面，他行得端，立得正，严格要求自己。比如，在多次和不同厂家合作的过程中，一些厂家以辛苦为由给他一些“红包”或“好处费”，他都一一拒收。实在不好驳对方面子的红包，他接过来后便上交给单位，从未占为己有，徇私舞弊。

2008年春节刚过，窦铁成给公司购买了一些大型设备。后来，厂家来人说了一些产品技术上的事情，临走时，给了他一个2000元的红包。他推辞不掉，最后碍于情面收下了。第二天，他就上交到了单位财务部。窦铁成说：“这种事情，虽然只有厂方代表和我知道，虽然2000块钱是我整整一个月的工资，不算少，但是我绝不能拿，因为这不是我挣来的。这是我做人和做事的原则！”

还有一次，窦铁成为单位采购物资，他付款的时候，厂方代表跟他很熟，就问他开多少钱的发票。他说：“应该开多少就开多少！”像这样的事，对窦铁成来说太多了。他从来没有改变过自己的原则。他说，这样做，心里很轻松，没有任何负担和压力，可以全身心地投入工作！

经过多年的努力，窦铁成在施工技术方面积累了丰富的经验，也逐渐有了一些名气，很多企业许诺丰厚的待遇，要他去发展，他都一一回绝。他说：“我取得的成就，都是我深爱的中铁一局培养的结果，人不能忘本！”

窦铁成负责对电力专业所有电器设备检验、检测，他严格执行国家质量法，根据质量法的要求拿出数据，分析合格或不合格，然后说明原因，提出解决办法，确保万无一失，签字盖章后方能送电。窦铁成说在质量验收的过程中，必须认真把关，一个字母或符号都不能错，需层层把关，严格要求，如有差池便会被吊销营业执照，需要负法律责任的。在电气公司，只要是质量方面的事他都管。窦铁成做事谨慎，爱较真。有些人认为他太苛刻，不理解他，因此对他有看法、有意见，他感到很无奈。

工友们说：“窦师傅干活不知道累，很正统，但在困难面前从不退缩，再苦再难也能带领我们完成任务！”

有一年，某单位请中铁一局电力试验中心派人到朔黄铁路阴塔牵引变电所帮他们做电力试验。窦铁成带几个工友去了。那地方天冷不说，风还大得出奇，能把人吹得退着走。工作地点远离驻地，业主要求的时间又特别紧，根本容不得把时间都花在跑路上。怎么办呢？附近只有一户老乡，闲着一间门合不住、墙裂着缝的房子。大家看了都说："咱换个地方吧！"

窦铁成笑了笑说："就住这里！你们睡里面，我睡外面！"于是在这样的条件下，窦铁成带着大家，圆满完成了试验任务。

有一次，站所施工改造工程进度滞后，领导让窦铁成前来督战。当时工地上满是石头，窦铁成有一天在现场扛着30公斤重的悬垂走路，脚下没有站稳，把脚板骨给扭了。但他没有为此休息一天，只是让徒弟买了些药，每天仍然一瘸一拐地在工地上忙碌。跟着他干活的徒弟小孙感慨地说："师傅就是师傅，不愧是我们的样板啊！"

张利1997年被分到窦师傅部门工作。"那时很怕他。窦师傅每月都要定期检查我们的工作记录，问我们一些设备运行的问题。如果回答不好，检查肯定不能过关，逼得我们只好硬着头皮学。在他来检查设备之前，我们先要自己仔细检查一遍。"张利说。

"说实在的，我们都不愿意和他出差到野外工作，不仅工作很累，也住不好吃不好，真是风餐露宿，但我们又说不出什么来，因为即使条件再差，他还时时照顾我们，最累最苦的还是他。"张利说，"他老是说'你们大胆干，万一出了错就说是我让你们干的'。"

俗话说，一招鲜，吃遍天，但窦铁成在传授弟子技术经验时从不"留一招"。电力试验员荣爱群刚上岗时，对新业务不熟悉。窦师傅主动找出资料，并把自己多年积累的电力试验资料交给她，关切地说："你先看着，不懂了再问。"

对于大多数徒弟来说，由于师傅经常野外作业，不可能时时当面请教，但只要在工作中碰到了困难，打个电话，师傅总会耐心解答直到问题解决。如果可能，师傅还会亲自来指点。

东乌铁路供电技术主管田俊民回忆说：“农历大年二十九凌晨4时，第四项目部一号变压器突然跳闸。技术人员处理了一个小时仍没有解决，只好给窦师傅打电话。那会儿，窦师傅正在七八十公里外的框框井变电所，二话不说坐车赶来，只用了十几分钟就解决了问题，边处理还边给技术人员讲解。”

“我喜欢年轻人，喜欢他们活泼开朗的性格和积极向上的精神。我不怕把自己的技术传给他们，只要他们能用得上，能为国家作出贡献就行。”窦铁成说。

窦铁成的徒弟们说：“师傅不仅传授我们技术，更重要的是教给我们一套思维模式和工作方法，以及对工作和生活的态度。窦师傅身上有一种大公无私的奉献精神，这种高贵的品质值得我们好好学习。”

五

铁路电力工人是个苦差事，不仅干的活脏、累，而且长年奔波在外，很少有时间和家人团聚。窦铁成工作了近30年，和家人在一起的时间却不足3年。

在紧张的工作之余，窦铁成也牵挂着家人。有时他会把牵挂写在日记本里，有时他只是拿出笛子，坐在山坡上，吹一曲悠长的《草原之夜》。

长年的野外生活使窦铁成的脸越晒越黑，深深的皱纹如沟壑纵布，看上去比实际年龄要老许多，可是这张脸在妻子杨华芳看来，依旧像年轻时一样帅气。

窦铁成有个幸福的家庭，妻子杨华芳理解他、支持他。“老人过世他不在，孩子出生他不在，家里盖房他不在。他永远都是忙的。年前，我受了点儿伤住院了，他在跟前伺候了几天。30多年了，这是我唯一一次享了他的福！我理解他，我觉得很幸福，满足了。”谈起丈夫，杨华芳感慨万千。她说有一次，窦铁成随国资委组织的考察团到国外考察学习，回来后除了记满学习笔记的80页笔记本以外，还给她买了结婚以来第一枚戒指。虽然这枚戒指只要几十欧元，杨华芳却觉得十分珍贵。

那些年，因为长年在外漂泊，窦铁成深知愧对家人，回家后他抢着刷碗洗锅，还带着孩子们去河边捉鱼、唱卡拉OK。大女儿窦虹说：“父亲很少在家，我小时候很怕他。高中毕业了都不知道他是干啥工作的，只记得父亲每年回来都带着奖状。上大学后才知道父亲是干啥的。现在我很理解父亲，也很钦佩父亲，他是一个理想主义者。”窦铁成把女儿们唱的歌用手机录下来，随身带着，成了他的“随身听”。

随着现代通信技术的发展，窦铁成也赶了把“时髦”。他每天都和妻子互发一条微信交流，还和女儿视频聊天。

窦铁成给自己起的两个网名分别是“四海为家”和“天边的云”，他说这两个名字就是自己生活的真实写照。工作40年来，他和家人聚少离多，最忙的时候，要历经4个省、行程数千公里，穿梭于9个变电所之间，一个工点少则七八天，多则十天半月。窦铁成的二女儿窦楠上高中的时候在学校寄宿，宿舍里的同学常常埋怨父母唠叨，说家里人管得太多了。听着听着，窦楠不由得暗自伤心，躲在被窝里蒙头哭了。父亲长年不在家，母亲一门心思扑在了庄稼地里，窦楠连听他们唠叨的机会都没有。窦楠说：“其实，父亲用他独有的方式爱着我们。在我刚开始认字的时候，父亲会在家书里用汉语拼音给我们写几句话，虽然他嘴上不说，但细腻的感情跃然纸上。”有一年，父亲带着全家人去洛河摸鱼，那是窦楠记忆中全家唯一的一次郊游，抓到的小鱼也是她儿时吃到的最鲜美的东西了。现在父亲经常给她们打电话，上网视频聊天，有时候他还会写一些诗、编一些短信发给她们。父亲无论走多远，离开家多长时间，心里总装着她们。

每当回忆起和窦铁成相识、相恋到成家这几十年的日子，杨华芳都会非常激动：“我俩十七八岁定的婚，22 岁结婚，至今已 40 多年，在一起待的时间却不超过 3 年。那些年，他像天上的云一样四处漂泊，一年也难得回一次家，家里什么事都帮不上忙。有些人问我：‘嫁给窦铁成后悔吗？’我说不后悔，习惯了。家里有事，他回来，事是那么大；他不回来，事也是那么大。咱不拖他的后腿。他是个实在人、大忙人，也是个好人，没有心眼儿，对工作太认真。这么多年了，他没拿回来啥，就拿回来了一堆荣誉证书和奖状。有时，我一个人太累的时候也会埋怨他，但有一次我听老窦说在哪个隧道里干活，一个月没出去几次，整天接岩石上掉下来的水泡方便面吃，就忍不住掉眼泪了……”

窦铁成说，有一件事令他难以忘记：“记得大女儿两岁那年，单位工程不太紧，都放假了，我怀着迫切的心情，就想马上见到一年多没有见到的妻子和女儿。说句心里话，平时连做梦都想女儿在叫爸爸。谁知当我踏进家门时，女儿看到我的面孔，叫了声‘叔叔好’就跑得老远。当时，我的心都快碎了。每当想起这些，我的眼泪就在眼眶里打转。我欠妻子、欠女儿的太多了！”

长年野外作业，工作上的劳累、对家人的牵挂叠加在一起，窦铁成感受如何呢？

“每次一个工程顺利完工并交付业主，每次攻克一个技术难点、取得一点技术成果，我都感到很自豪；每当我和老伴短信联系或打电话时，与女儿在网上聊天时，回到家里抱着外孙女时，我感到是最幸福的。”窦铁成说。

在《我心中的父亲》一文中，窦虹写道：“自从我在昆明上学，慢慢地发现，父亲的形象变得愈来愈清晰。我身体里流淌着父亲的血液，可他给予我的不仅仅是生命。他在我心里树立起一座高山。父爱如山，父亲就是我精神世界里最巍峨、壮丽的山峰。

“我觉得父亲是一个理想主义者，他没有把艰苦的工作当作一种负担，而是把自己的追求融入工作。那一个个完工的变电所如同他亲手缔造的作品，是他引以为傲的宝贝。父亲跟我说，如果当年中铁一局招工没有把他这个农村后生招进去，就没有他的今天。

“父亲参加工作30多年了，把人生的黄金时期都奉献给了他热爱的工作。他用执着和坚毅创造着自己的人生价值。他身上有一种农民的朴实无华，也有一种知识分子的忘我追求，他知道责任在肩，所以从未停顿。父亲和天底下所有的劳动者一样，为社会和企业奉献着，为祖国努力着。父亲没有给我们创造丰厚的家业、殷实的生活，但他用言传身教，用漫长的时间影响着我们、教育着我们、鼓励着我们。现在我和妹妹相继硕士毕业，也都找到了不错的工作。父亲让我们学会了独立地生活，勇敢地面对困难，永不放弃自己的追求，这都是我们永远珍视的精神财富。

“当父亲的事迹在中铁、陕西省乃至全国广泛传播后，我们全家人都打心眼里为父亲高兴。他拥有着那么美好的事业，他有那么优秀的徒弟，他亲手完成了那么多工程。父亲的人生是多么的丰满富足！

“我曾经对他的误解已经烟消云散，我们经常分别的思念和期盼让我更为父亲加油鼓劲。我深深地理解了父亲，也深深地敬佩着父亲。在我心里他变得更加伟岸。父亲为我树立了一种生命的高度，传给我取之不尽的精神财富。我深深地感谢父亲，更深深地爱着我的父亲。”

窦铁成在事业上取得了很大的成绩，得到了企业和同行的尊敬，但他却一直为没有时间照顾家而感到内疚。几十年来，他忙于工作，在施工一线摸爬滚打，和妻子、孩子们聚少离多。单位曾三次安排他带家属去旅游疗养，但他都因为工作脱不开身放弃了。他总是宽慰妻子说：“等我退休了，天天陪着你，带你去外面好好转转。”

六

在中铁一局电务公司职工贾中华的脑海里，窦铁成挥泪书写慰问信的场面让他一直记忆犹新。他回忆说，那是 2002 年元旦前夕的一个夜晚，正在埋头工作的他忽然听到了一阵轻微的、极力压抑的抽泣声。一抬头，竟然看到窦铁成饱经沧桑的脸上挂着一串串的泪珠，极力压抑的抽泣声让人觉得格外悲凉。他当时很奇怪，是什么触动了他心中最柔软的部分？是什么让他泪如雨下、失声痛哭呢？待窦铁成的情绪稍微平静之后，贾中华默默地走了过去，电脑屏幕上那几行黑体字至今让他记忆犹新：“是你们，几十年如一日地照顾老人；是你们，在风雨中艰难地接送孩子；是你们，用柔弱的肩膀扛起了家庭的重担，洗衣，做饭，孤寂，等待，慢慢消逝了你们青春的容颜；是你们，给了长年漂泊的职工一个心灵的港湾。谢谢你们，尊敬的职工家属！”

由于长年在外工作，窦铁成特别能理解长年累月在外施工的工友们。节假日他尽量让工友休息，自己上班。他手机里记着很多徒弟的生日，总是及时发短信将祝福送给他们。戈壁荒漠、大山深处，一句问候让大家心里多了份温暖。

中铁一局电务公司职工韩凌从2003年毕业后进入公司以来，每年6月9日生日时都会收到窦铁成自编的祝福短信。她说，窦师傅对他们这些年轻人特别关心。除了他们的生日，每逢节假日，窦师傅也少不了送他们祝福。韩凌说，刚到公司那会儿，她觉得自己一个女孩家，大专毕业后有个稳定的工作就可以了，但窦铁成却不断鼓励她继续学习深造。在师傅的言传身教下，她边工作边学习，上完了本科课程。2005年论文答辩那段时间，她正好要值夜班，窦铁成知道后，主动帮她值了半个月的夜班，让她安心准备答辩，使她顺利地通过了考试，取得了本科文凭。

铮铮铁汉的似水柔情在细微处也表露无遗。耿丽娟大学毕业后一进入电务公司，就被派到了棋盘井东乌铁路施工现场，同去的一共有3名女生。“简易房、砖头地，不时还有老鼠出没，我们几个刚走出校门、远离家乡的女生心里不免有些失落，是窦师傅的关心让我们坚持了下来。”耿丽娟回忆道。当时，居住的条件很简陋，宿舍除了一张床外，连把凳子都没有。一天，她们下班回到宿舍后，惊喜地发现房间里多了3把可爱的小凳子。那是窦铁成专门利用空闲时间到镇上给她们买的。“我们本来想着有把普通的凳子坐就不错了，没想到窦师傅这么细心，买了这种花花绿绿、女生都喜欢的折叠凳子给我们。”在电务公司职工陈晓红的眼里，窦师傅是一个充满爱心的人。在施工工地上，看到流浪的小猫、小狗，他就会给它们喂东西吃，把它们养起来。

徒弟刘月峰回忆起窦师傅最兴奋的一次，说:“那天晚上，窦师傅喝了点酒，来到我办公室，讲起了他刚刚完成的两本企业内部技术手册《变电所施工工艺》和《电气试验操作规程》。他兴致勃勃，讲得眉飞色舞，像孩子一般高兴，感觉就是多年的积累终于化成了文字。这两本手册就像他自己的孩子一样珍贵。”刘月峰说有一次去窦师傅在东乌铁路第四项目部的宿舍，一间约12平方米的小屋，迎面是两个大木箱和一个大柳条箱摞在一起。打开看，里面全是他买的专业书籍和以前的笔记。靠窗的书桌上放着他的手提电脑、几张图纸和书籍。床头夹着一台没了灯罩的台灯，那是他睡前看书用的，据说用了十几年。窦师傅打开他的手提电脑，给刘月峰看自己在野外拍摄的照片：蓝天、白云、高山、溪流、野花、小鸟……

“这都是以前在野外工作时拍的。虽然有时活比较累，但看看、拍拍这些大自然的景色，心情就会好些。”窦师傅说。

除了摄影，窦铁成业余时间还喜欢吹笛子。他说在外施工期间，每当思念亲人时，总要在没人的地方吹吹笛子排遣一下寂寞。“不能经常和亲人在一起十分遗憾，但当我看到车站站台上的灯光，当我看到铁路上的红绿灯不停变换，当我看到铁路上疾驰的列车满载着旅客，特别是当我看到节假日旅客们满面笑容回家去看自己的妻儿父母，我感到我是最幸福的！”窦铁成说。

七

2019年9月，新中国成立70周年“最美奋斗者”表彰大会在人民大会堂举行，中铁一局电务公司电力试验所质量负责人窦铁成喜获殊荣。

2019年10月1日，窦铁成受邀在天安门广场观看庆祝新中国成立70周年阅兵盛典。

“10月1日那天也是我的生日，能和祖国一起庆祝生日，能在北京国庆盛典现场观礼，我的心情真是万分激动。”窦铁成说，“作为一名普通的技术工人，参加国庆阅兵观礼，这是国家对一线工人的肯定

“科学技术迅猛发展，新材料、新工艺、新工具不断涌现。要想做最优秀的技术工人，就必须紧跟时代的步伐。这些新技术不但自己要适应，还要和身边的技术人员经常交流，共同进步。”窦铁成锲而不舍地在他热爱的岗位上，展现一个“大国工匠”的情怀和担当精神，是新时代的最美奋斗者！

和褒奖，也是我们砥砺前行、不断奋斗的动力源泉。”

2019 年 10 月 18 日，陕西省“最美奋斗者”进企业宣讲活动在中铁一局西安地铁九号线香王车辆段项目部举行，窦铁成走进地铁建设一线，与工友们分享“最美奋斗者”的故事。

面对荣誉，窦铁成自信而坦然：“这些荣誉我当之无愧，但是，这些荣誉都是组织给的、弟兄给的、中铁一局给的，因这肥沃的土壤才有窦铁成。对我来说，每一次荣誉都是加油站。”

窦铁成说，作为一名企业员工，衷心地为祖国感到自豪，一定要把爱国的热情转化为实际行动，干一行，爱一行，专一行，精一行，在平凡的工作岗位上干好自己的本职工作。

2016 年 10 月，窦铁成到了光荣退休的年龄，可以实现他对妻子的承诺了。然而中铁一局离不开他，电务公司试验所离不开他，窦铁成技能大师工作室离不开他……窦铁成还是像往常一样，风雨无阻。

退而不休，窦铁成感觉现在更忙了。现在他除了主持试验所的工作、带研究生授课外，还要经常参加一些社会活动，挤出来的时间主要还是学习，以适应高速智能化发展的需要。他说：“科学技术迅猛发展，新材料、新工艺、新工具不断涌现。要想做最优秀的技术工人，就必须紧跟时代的步伐。这些新技术不但自己要适应，还要和身边的技术人员经常交流，共同进步。”

工匠精神，匠心为本。有没有工匠精神，关键是看有没有一颗安于默默无闻、执着于追求卓越的匠心。

窦铁成锲而不舍地在他热爱的岗位上，展现一个“大国工匠”的情怀和担当精神，是新时代的最美奋斗者！

为人民而写作

——记“最美奋斗者”路遥

为人民而写作

——记“最美奋斗者”路遥

张艳茜

路遥简介

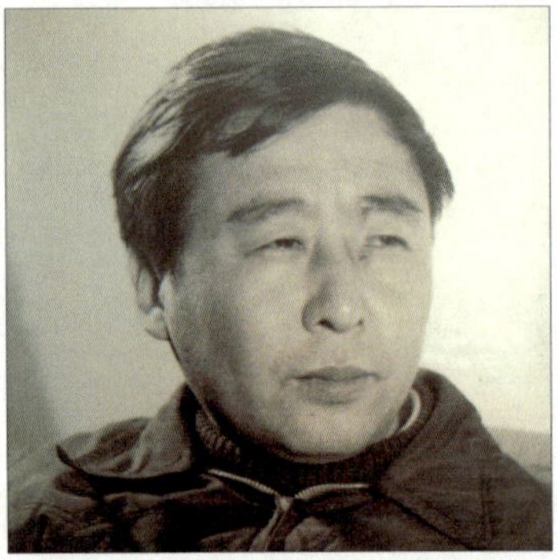

路遥（本名王卫国），男，汉族，1949年12月出生，中共党员，陕西清涧人，著名作家。中篇小说《惊心动魄的一幕》荣获第一届全国优秀中篇小说奖；中篇小说《人生》荣获第二届全国优秀中篇小说奖，其执笔改编的同名电影荣获第八届电影百花奖最佳故事片奖。百万字长篇小说《平凡的世界》先后在中央人民广播电台播出3次，直接听众超过3亿人，印量已超过2000万套，荣获第三届茅盾文学奖。路遥和路遥的作品，以一种独特的精神，激励、鼓舞了成千上万的读者。被授予“陕西省劳动模范”“改革先锋”“最美奋斗者”等荣誉称号。

1992年11月17日作家路遥去世，距今30年了，对于路遥作品的阅读却在持续升温。路遥的代表作《人生》《平凡的世界》《早晨从中午开始》赢得了持续而广泛的读者市场，构成了一个突出的社会现象、一个文学现象。

《平凡的世界》第一卷发表于1986年，第三卷写完后三卷一起出版是1988年，至2018年出版30周年时，共印了1700万套。现在，每年这部著作印100万套，目前印数已超过2000万套。

路遥和路遥的作品，以一种独特的精神，激励、鼓舞了成千上万的读者。

2018年，路遥荣获“改革先锋”称号；2019年，路遥又被授予“最美奋斗者”荣誉称号，再次成为文坛和大众读者瞩目的作家。

一

> 童年，不堪回首。贫困饥饿，且又有一颗敏感自尊的心。无法统一的矛盾，一生下来就面对的现实。三四岁你就看清了你在这个世界的处境，并且明白，你要活下去，就别想指望别人，一切都得靠自己。因此，当七岁上父母养活不了一路讨饭把你送给别人，你平静地接受了这个冷酷的现实。你独立做人从这个时候就开始了。
>
> ——路遥《早晨从中午开始》

1949年12月2日，路遥出生在陕北的清涧县石嘴驿镇王家堡一个小村子。

1992 年 11 月 17 日作家路遥去世，距今 30 年了，对于路遥作品的阅读却在持续升温。路遥的代表作《人生》《平凡的世界》《早晨从中午开始》赢得了持续而广泛的读者市场，构成了一个突出的社会现象、一个文学现象。路遥和路遥的作品，以一种独特的精神，激励、鼓舞了成千上万的读者。

路遥的父母是普普通通的农民。1956年，小名叫“卫儿”的少年路遥，刚刚有了大名叫王卫国。这一年，路遥7岁，因为两个弟弟的出生，家里实在没有办法养活当时已有的4个孩子，就决定将路遥过继给延川县他的大伯家。

秋季的一天，路遥的父亲带着他一路讨饭，从清涧县的王家堡讨到了延川县郭家沟的伯父家。当时，他的父亲跟他说，是带他到延川郭家沟伯父这里住几天。

多年后，已经是著名作家的路遥，一个夏天的傍晚，在陕西省作家协会院子里，回忆那天离开王家堡去往延川路上的情景时说，那天清晨，母亲拖着虚弱的身体，为“卫儿”做了一顿早饭。母亲又将几天前专门为“卫儿”做的一双新布鞋拿出来，让他试穿在脚上。这是7岁的“卫儿”第一次吃饱饭，也是第一次穿新布鞋。少年“卫儿”心情快乐得要唱出歌来。但是还没有走出去多远，新布鞋的鞋帮不够柔软，开始磨着他的双脚，很快脚上就起了水泡，一步一疼，他跟不上父亲的脚步了。路遥说，就因为是第一次穿新布鞋，他很不舍得把鞋脱下来。要不是心疼会将这双新鞋磨破，他会一直坚持着走完全程。

少年路遥，已初步有了分析判断能力。他明白，伯父家无子嗣，而他家兄弟姐妹多，到了伯父家，他就是伯父伯母的儿子。尽管路遥很不愿意，但他还是噙着眼泪躲在大树后面告别了父亲。少年“卫儿”留了下来。不是他的选择。大伯也是一个老实巴交的农民，虽然没有文化，家里也不富裕，但是他还稍稍有些余力供养路遥上学，这对于少年路遥来说，是任何事情都比不过的说服他留下来的理由。

从小食不果腹、衣不蔽体的生活屈辱，导致了少年路遥的孤独、内向、压抑的性格。现在，少年路遥远离了亲生父母，将面临另一重人生考验。在那些起初冷落路遥的小伙伴的记忆里，路遥聪颖而淘气，有着农村孩子特有的野性，也有着与年龄不相符的极强的自尊心。与一些比自己大好几岁的男孩子打架“总不服输”，这种姿态，实际上映射出了他抗争命运、积极进取的人格心理的萌芽。

路遥42年短暂的一生，所走过的每一步，肯定都有着他7岁时任何人都无法体会的艰辛。他在踏上新的征程时，就如同穿上了那双崭新的布鞋，喜悦的同时也伴随着艰苦，但是路遥坚持了下来。路遥7岁时的经历就预示着，他将是条顶天立地的汉子。

二

> 少年时期在生活上和心理上所受的磨难，以及山区滞重的生活节奏和闭塞的环境限制，反而刺激了我爱幻想的天性和追求新生活的愿望，因此极想了解更广阔的外部世界。
>
> ——路遥《早晨从中午开始》

路遥在延川县城读高小和上初中的那5年，吃饭问题成为压倒一切的头等大事。在路遥的记忆中，他几乎没有吃过一顿饱饭。他交不起每月五六元钱的伙食费，有时，连5分钱的清水煮萝卜也吃不起。从家里带到学校的是他的养母为他准备的糠团子，无法在学校的灶上加热，因为一加热就会散团了，他只好就着开水吃冷食。即使是这样的粮食，也有可能是他大妈，也就是他的养母出去讨饭讨来的。学校的饭菜分为甲、乙、丙三个等级，初中的班主任常有润老师和路遥要好的同学，了解路遥家中的极度窘迫，有时会将自己省下的饭票给路遥一些，让路遥暂且凑合吃上丙级菜：黑窝头、稀饭、腌酸菜。

看书，是抵制饥肠辘辘最好的良方。延川中学的阅览室里，有不少的藏书，古典小说居多，《红楼梦》《三国演义》《水浒传》等等。有些著作，路遥在高小期间就阅读了。在语文老师程国祥的推荐下，路遥开始阅读《创业史》《保卫延安》《红岩》《三家巷》等，以及《钢铁是怎样炼成的》《青年近卫军》《毁灭》《铁流》《牛虻》等，他还从程国祥老师处借来了许多文学杂志阅读。

困难的岁月，对别人来说，也许只是经济生活上的困难时期，而对作为贫困的农村学生路遥来说，则是经济上和精神上双重的困难时期。

少年路遥要用比克服来自饥饿还要多的精力，去克服周围人对自己不屑的，或是轻慢的目光。读书、上进、和命运抗争、改变人生道路，成为少年路遥心中的自觉追求。

三

> 路遥对我讲起那段历史时，曾是泪流满面。后来他开始写文章，并把自己的名字王卫国改成了路遥。当他写完《惊心动魄的一幕》和《在困难的日子里》这两个中篇小说后，他说他终于写出了自己埋得很深的一段心灵历程。
>
> ——王天乐（路遥弟弟）《苦难是他永恒的伴侣》

经历了社会人生动荡与打击的路遥，此时，已经不再是当年奋力要走出郭家沟时的懵懂小子。虽然又重新回到了郭家沟，但是，已经在另一个广阔的世界闯荡过的路遥知道，他无论如何都不能在这个小山沟里就此打发自己的一生。

平时话语不多的路遥，一般不爱与人交流，但是他喜欢和北京知青交往。在与延川插队的优秀北京知青陶正、张五爱、孙立哲等清华附中的学生交往过程中，路遥获益匪浅。北京知青突然间拓宽了路遥的思维空间，为他打开了另一个世界的大门。

后来成为作家的路遥，在病榻上回忆与北京知青，尤其是回忆与陶正交往的经历时，很认真地说，陶正是他导师式的启蒙者，也是文学创作的启蒙者。正是因为陶正，让他知道了，世界上还有一项营生叫写作。陶正的学问，陶正的思考，陶正的所作所为，在路遥看来，既新鲜又神圣。陶正最热心专注的是研究和思考国际政治，这对一个陕北山沟沟土生土长的农村青年路遥来说，有着无法抵挡的诱惑力。

做了民办教师的路遥，开始意识到，或许从文学创作上能走出一条路来。通过个人奋斗和努力，从而改变生存环境、改变个人命运，依靠文学创作，架设一条横跨城乡之间、工农之间深壑的悬索。

在路遥很痛苦也很果断地结束了一场刻骨铭心的初恋之后，当时，只有 19 岁的北京知青林达，出现在路遥面前。路遥立即将这个清瘦、白净、文质彬彬又待人和气的女孩子印在了心里。

当时的路遥对北京女知青的倾心，不仅仅是在意她们的外表和性格，更多的则是被她们的学识、心胸和视野所吸引。

在北京知青中，林达参加工作算比较早的。她先是插队在延川县关庄公社前卢沟村，后来担任了关庄公社妇女干事，再后来，调到延川县革委会通讯组，成为宣传干事。

毋庸置疑，北京知青林达是在路遥的人生最为苦闷的阶段，走到路遥身边的。林达的爱情，恢复了路遥的自信，为他注入了强大的动力。

1970 年春天，署名“路遥”的短诗《车过南京桥》在《延川文化》

发表，这首诗很快被《延安报》和省群艺馆的《群众艺术》选载。

路遥写在墙报上的诗——《我老汉走着就想跑》由时任延川县革委会通讯组副组长的诗人曹谷溪推荐，在1971年8月13日《延安通讯》上发表，诗作《塞上柳》之后在1971年9月28日的《延安通讯》刊发。

1972年5月，为纪念毛泽东《在延安文艺座谈会上的讲话》发表30周年，由曹谷溪主编的诗集《延安山花》出版，发行量达10万册，其中收入路遥创作的诗歌有《进了刘家峡》《电焊工》《塞上柳》等6首，以及与曹谷溪合作的《当年“八路”延安来》和《灯》2首。

1972年9月1日，由延川县工农兵文艺创作组创办的一份小型文艺报纸——《山花》诞生了，这是“文化大革命”后期西北地区第一份文学报。“延川县工农兵文艺创作组”没有编制，由曹谷溪、白军民、陶正、闻频、路遥等人共同编辑。路遥的作品频繁出现在《山花》上。

路遥以一种与命运决战的姿态，以一种狂热痴迷的心态，投入文学创作之中，而文学创作的初步实践，也挖掘出了他生命深处的巨大潜能。他的才华日渐显露，成就日渐突出。

四

路遥在文学创作上不断取得进步，但是，文化素质偏低的问题也日渐明显。有机会就到大学学习深造，这是路遥始终没有放弃的梦想。

1973年，在邓小平主持下，相关部门对两年前开始实行的推荐和选拔工农兵上大学的规定进行了修订，增加了“文化考试”的内容，试图恢复用知识选拔人才的制度。这一年，高等学校招生除须经过评议推荐及审查、复查外，还要进行语文、数学、理化三科的文化考查，由各地、市命题，县（市）主持。

1973 年 7 月 24 日，路遥与近千名的报考者，其中北京插队的知青占了很大比例，一同走进延川中学的考场。

延川县招生办不久公布了考试成绩。虽然考试成绩不尽如人意，但对于路遥来说，短暂的时间里，能有这样的成绩已实属不易，比当年考生的平均分还高出一些。

首先来延川县招生的是陕西师范大学。延川县革委会首推路遥，可是，陕西师范大学在政审中检查路遥厚厚的档案材料，了解到路遥在“文化大革命”中的情况，拒绝录取他。

被陕西师范大学拒绝录取之后，路遥只有争取延安大学中文系这个机会了。时任中共延川县委书记的申易，专程为路遥上大学的事情，一连三次从延川去延安大学，认真详细地解释，特别是延川县委再次正式作出结论，说路遥在政治上没有问题，并竭力推荐路遥上大学深造。

申易的解释和延川县委的结论，得到了延安大学中文系和学校领导的支持。1973 年 8 月 20 日，延安地区革命委员会高等院校招生办公室，终于在路遥的高等学校选拔学生登记表上盖上红印并签署意见：同意上延安大学。

1973 年 9 月，路遥背上恋人林达为他准备好的被褥和衣物，怀里揣着林达省吃俭用积攒的一点积蓄，以一个顽强的奋斗者形象，以一个痛苦的思索者形象，以一个怀抱着文学情怀、执着于文学追求的文人形象，踏上了走向延安的道路。

办妥新生报到手续，路遥就赶赴西安，参加 1973 年 9 月 5 日陕西文艺创作研究室召开的全省文艺创作座谈会。

由于刚刚恢复的《陕西文艺》（即《延河》在“文化大革命”期间的改刊版）1973 年 7 月份将路遥刊发在《山花》上的小说《优胜红旗》刊登在创刊号上，路遥作为重点青年作者，参加了这次“文化大革命”以来规模最大的陕西省文学活动。

会议结束后，路遥从西安返回延安大学。在班上沉默寡言、给人的印象是质朴而沉稳的路遥，早已明确地认定，自己上大学的目标就是读名著、学创作，为实现自己的文学梦想奠定坚实基础。怀揣这样的信念，路遥便将所能利用的一切时间，包括别人休息和娱乐的时间，都用在了读书上。阅览室和图书馆成为他上大学期间最热衷去的地方。路遥在能够找到的欧洲文学史、俄国文学史和中国文学史等著作中，系统地阅读了大量的世界文学名著——《战争与和平》《安娜 · 卡列尼娜》《复活》《悲惨世界》《欧也妮 · 葛朗台》《高老头》《红与黑》《死魂灵》等。文学，在某种意义上，正在构成或者说已经构成路遥的生活方式和生命意义。

一边读书、一边写作的路遥，在大学的第三个学期结束时，陆续在刊物上发表了诗歌《红卫兵之歌》（与金谷合著，《陕西文艺》1974 年第 4 期）和散文《银花灿灿》（《陕西文艺》1974 年第 5 期）。路遥在延安大学成为师生瞩目的人物。

1974 年的冬天，路遥还是延安大学中文系的大一学生，正值学校放寒假期间，他被《陕西文艺》编辑部作为有潜力的青年作者，安排在编辑部做实习编辑，当时的省作协被安置在西安东木头市 172 号办公。

那是一段对路遥来说十分难得的时光。不仅因为能近距离与敬仰的文学前辈接触，得到了文学氛围的熏陶，还因为在那样一个特殊岁月，看到和感受到文学前辈为文学的复兴和陕西青年作家的成长倾洒心血与汗水。

五

我的生活经历中最重要的一段就是从农村到城市的这样一个漫长而复杂的过程，这个过程的种种情态，在我的身上和心上都留下了深深的印记，因此也明显地影响了我的创作活动。

——路遥《路遥自传》

对于一个农村青年来说，从农村到城市，就是一条苦苦追寻和艰难拼搏的漫长之路，而且大多数人未必能到达目的地。

1976 年，路遥大学毕业。经过多方努力，路遥终于从延安走进了西安，正式成为陕西省作协《延河》编辑部的一名小说编辑。这个已经站在人生重要转折点的农村青年，文学创作崭新的一页也正式展开了，这一页和他从农村走向城市同步进行着。

在那个年代，路遥在省作协的作家和优秀的编辑那里，听到了许多陌生的作家和作品的名字。在文学创作方面，甚至在非文学领域，这些作家和资深编辑，以他们的文学修养和丰富的知识，给予了路遥无私的指教，不仅激活了路遥的文学细胞，也在潜移默化地滋养和丰厚着路遥的内心世界。

20 世纪 70 年代末，陕西省作协回到之前的办公地点高桂滋公馆。行政机关在前院办公，《延河》编辑部在三个四合院的最后一个小四合院办公。这里像东木头市 172 号的小院一样，青砖铺地，别有一番清幽古朴的感觉。

路遥被编辑部安排到小说组看初稿。小说组的一间办公室里，为他支了一张床，成为他的办公室兼宿舍。本来生活就一向凑合，单位又没有食堂，所以单身的路遥常常用 5 分钱的咸菜和用取暖的炉子烤的馒头，就能吃几顿。每天夜晚，当整个大院的灯光熄灭的时候，小说组的办公室里依然亮着一盏孤灯，灯下是独坐的路遥，在烟雾缭绕中，看书、写作、思考。他常常因前一晚熬夜，第二天早晨延误上班。

1978 年，路遥与林达结婚之后，编辑部向省作协申请，为路遥争取了一间只有 10 平方米的宿舍，在小院犄角旮旯的位置。

冬天里一个干冷干冷的夜晚，在这间小房子，路遥开夜车时间太久，睡得很晚，也睡得很沉，取暖的蜂窝煤炉子的烟囱堵塞了也不知道，满房子弥漫了煤气味儿。天快亮时，路遥感觉头晕，想爬起来，却浑身无力地跌落床下，费力地爬到门口，既叫不出声喊人，也站立不起来打开门。好在旧门板的缝隙漏风，又刚巧那天召开编前会，喊他来参会的同事发现不妙，砸破窗户玻璃，救下了路遥的性命。

从做《陕西文艺》实习编辑到《延河》小说组正式编辑，路遥在编辑与写作的双重实践中，与陕西文艺创作研究室的同行和早就享誉中国文坛的著名作家柳青、杜鹏程、李若冰、王汶石等人有机会接触，甚至得到他们的直接关怀和指导，还有与资深编辑贺抒玉、董得埋、张文彬、王愚、李星等交往交流。路遥对文学的理解无疑是潜移默化而且更加深入了，文学的视野更加开阔了，写作能力也逐渐增强，自信心更足了。文学期刊编辑的经历，成为路遥驰骋中国文坛的重要基础和准备。

六

1978 年，我 28 岁，写了我的中篇小说处女作《惊心动魄的一幕》。两年间接连投了当时几乎所有的大型刊物，都被一一客气地退回。原因是和当时流行的观点和潮流不合。

——路遥《早晨从中午开始》

20 世纪 80 年代，中国历史发生了翻天覆地的变化，新的时代开始了。此时，一个陕西中青年作家群体，也在改革开放大时代变革中崛起，路遥、贾平凹、陈忠实是这个群体的代表，他们的崛起是改革开放给予的，是新的时代给予了他们创作资源和启迪，给予了他们创作激情和动力。他们和同时代作家的阅读史、接受史，叠合着改革开放史，也意味着中国作家精神结构的丰富和再构。

改革开放初期，文学的潮头是“伤痕文学”的涌现，紧接着，是“反思文学”的潮流。

路遥没有去盲目追赶当时的文学潮流。一是这样的创作思路并不对应他的题材和心理体验，二是路遥更多地在思考文学的价值和生命力。他在没有找到自己的文学定位时，创作量很少。

这段时间，路遥一边从事日常的编辑工作，一边审视着文坛的动向。他依然认真地工作，到了夜晚，依然独坐于一盏孤灯下，烟雾缭绕中，熬夜读书、思考。他要寻找到自己创作的突破口。

1978 年冬天那起煤气中毒事件之后，路遥躲在那间小屋里，一周之后，一篇极具挑战精神的中篇小说——《惊心动魄的一幕》诞生了。

这篇小说既不属于“伤痕文学”，也不属于“反思文学”的主流。

遭遇多家刊物退稿之后，《惊心动魄的一幕》终于在《当代》1980年第3期发表。《当代》主编秦兆阳认为小说虽然不合当时的“时俗”，却非常“难得”。

秦兆阳的充分肯定，对于《惊心动魄的一幕》荣获 1979—1981 年度《当代》文学荣誉奖起到了关键作用。1981 年这篇小说又荣获

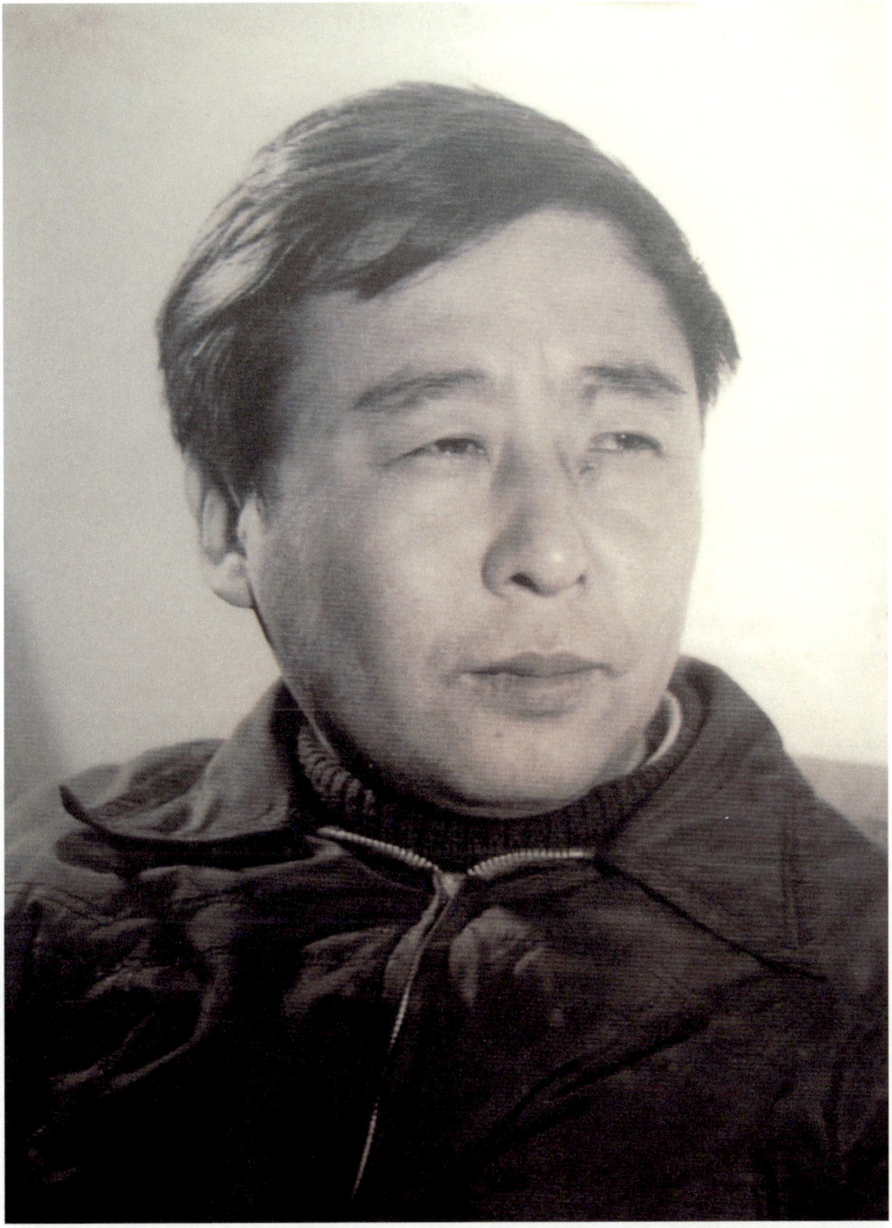

20 世纪 80 年代，中国历史发生了翻天覆地的变化，新的时代开始了。改革开放初期，文学的潮头是“伤痕文学”的涌现，紧接着，是“反思文学”的潮流。路遥没有去盲目追赶当时的文学潮流。一是这样的创作思路并不对应他的题材和心理体验，二是路遥更多地在思考文学的价值和生命力。他要寻找到自己创作的突破口。

第一届全国优秀中篇小说奖。这是路遥的作品第一次荣获全国性文学大奖，这无疑增强了路遥创作的信心。

七

> 毫无疑问，这又是一次挑战，是个人向群体挑战。而这种挑战的意识，实际上一直贯穿于我的整个创作活动中。中篇小说《惊心动魄的一幕》是这样，《在困难的日子里》也是这样，尤其是《人生》，完全是在一种十分清醒的状态下的挑战。
>
> ——路遥《早晨从中午开始》

路遥的文学探索之路，几乎在每一个关键时期，都面临着艰难的选择。一方面是一个时期盛行的文学主潮，另一方面是自己对生活的认识和文学理想。面临选择，路遥总是义无反顾不惧寂寞地选择忠实于自我。

1981 年夏天，路遥背上一个军用旅行包，回到陕北，回到黄土地，住在靠近延安的甘泉县招待所，开始了《人生》的写作。

在甘泉县招待所写作《人生》时，路遥的精神真正达到了忘乎所以的地步，他在县上为自己特意安排的一孔条件较好的窑洞里，每天伏案工作 18 个小时，不分白天和黑夜地写作。有时候，思路不畅，他就短暂休息一下，深更半夜在甘泉县招待所转圈圈走。

写作期间，后来担任陕西省作协《延河》主编的白描，正在延安大学工作的妻子那里度假，白描专程去看望路遥。只见窑洞里烟雾弥漫，房门后铁簸箕里盛满了烟头，桌子上扔着硬馒头，还有几根麻花、几块酥饼。路遥头发蓬乱，眼角黏红，夜以继日地写作，以致他的手臂疼得难以抬起。

路遥对白描说，他是憋着劲儿来写这部作品的，说话时牙关紧咬像要和自己，也像要和别人拼命。

13 万字的《人生》，路遥用了 21 天就完稿了，但是人已经累得仿佛大病一场。尽管身体极度疲惫，但是，心里却轻松了许多，毕竟了却了多年的一桩心事。

1981 年 10 月，路遥将稿子寄给中国青年出版社《青年文学》主编王维玲。不久，路遥就收到王维玲热情洋溢的回信。王维玲对这篇小说提出了非常详细的修改意见，年底，又专门把路遥约到北京修改作品。路遥被安置在中国青年出版社大院内一间高大明亮、条件最好的客房里，这是专门接待老作家的房间。

在中国青年出版社将小说修改完，路遥没有在北京多留，急忙返回西安。他当时是《延河》小说散文组的副组长，有编刊工作在身。

小说修改后的题目是《生活的乐章》，王维玲和编辑南云瑞感觉不理想。路遥在小说开始前引用了作家柳青的《创业史》中的一段话:“人生的道路虽然漫长，但要紧处常常只有几步，特别是当人年轻的时候。没有一个人的生活道路是笔直的，没有岔道的，有些岔道口譬如政治上的岔道口，个人生活上的岔道口，你走错一步，可以影响人生的一个时期，也可以影响人生。”看到“人生”二字，王维玲感觉，“人生”作为小说标题既切题、明快，又好记，大家也觉得好，于是初步定下来，并写信征求路遥的意见。路遥很快回信:“作品的题目叫《人生》很好，感谢您想了好书名，这个名字有气魄，正合我意。”

为了扩大《人生》的社会影响，中国青年出版社想在出书前在一家有影响的刊物上做重点稿推出，王维玲想到了《收获》杂志。

1982 年第 3 期《收获》发表了路遥的中篇小说《人生》，与此同时，中国青年出版社出版了《人生》的单行本。

《人生》的意义，在于塑造了高加林这个富有历史和时代内涵的当代农村青年形象。这个形象既是深刻的，也是丰富复杂的，他的全部行为几乎都来自个人出人头地、改善个人境遇的欲望，所以，他是真实可信的。在路遥展示的城乡文明对立差异的背景下，高加林的所谓个人的自私动机和欲望冲动，来自历史，来自不合理的现实。他是历史的现实的全部不合理因素的产物，又是历史的现实的全部必然要求的产物。

《人生》发表后，立即轰动了整个中国文坛，被视为当代文学一部具有开拓性意义的力作。因为小说所塑造人物的真实，因为“高加林”这样的农村青年所面临的艰难选择，因为所反映的城乡差异带来的种种矛盾正是中国的现实……《人生》不仅在文学界、新闻界产生了非常大的反响，《人生》更引起了广大读者的广泛关注。它由文坛走向了知识界、走向了大学校园、走向了工厂农村，更走进了千千万万各行各业读者的心中。

全国各地报刊短时间内，发表了大量的评论文章，文学界形成了路遥研究的第一个高潮。一时间，关于“高加林”，关于“高加林与刘巧珍的爱情悲剧”，引发了一场轰轰烈烈的大讨论。对“高加林”的是非评判，不同层次的读者从不同的角度上展开了激烈交锋，热闹非凡，成为当代文化生活中的一个奇特景观。

八

我深切地感到，尽管创造的过程无比艰辛而成功的结果无比荣耀；尽管一切艰辛都是为了成功，但是，人生最大的幸福也许在于创造的过程，而不在于那个结果。

——路遥《早晨从中午开始》

路遥的《人生》发表并引起社会各阶层读者广泛关注后，1982年9月，中国作协西安分会（即后来的陕西省作协）研究决定，将路遥从《延河》编辑部调入创作组。路遥就此成为省作协专业作家。

1983年3月，《人生》当之无愧地荣获第二届全国优秀中篇小说奖。

1983年，西安电影制片厂决定将路遥的小说《人生》搬上银幕，由路遥自己执笔改编，吴天明做导演。

1984年的秋天，《人生》在全国公映，继小说发表之后，再一次引起极大的轰动，并由此引发关于《人生》的新一轮评论，成为社会热门话题。电影《人生》成为新时期以来最受观众欢迎的影片之一，一举荣获了第八届大众电影百花奖最佳故事片奖。

同年，上海话剧团将《人生》改编成话剧公演；根据小说改编、由著名表演艺术家孙道临主持的《人生》广播剧也在同一时期播出，同样获得了成功。

《人生》之后，路遥又相继发表了中篇小说《黄叶在秋风中飘落》《你怎么也想不到》《我和五叔的六次相遇》，还有短篇小说《生活咏叹调》等等，出版了中短篇小说集《当代纪事》。可是，这些作品发表和出版后，竟然无声无息。

一方面是鲜花和掌声的荣誉包围，另一方面又无法尽快突破《人生》的影响。此时，评论界的质疑声也开始出现——路遥的小说再也超越不了《人生》了。

路遥在写作前或是作品写完后，甚至在取得定评或获得奖励之后，对自己所要写的或已写成的作品都有着较高的期望，这种期望成为他的原动力，成为他不竭的斗志，也成为他的一种精神包袱。因此，路遥的文学事业从来没有轻松过，眉头舒展的日子不多，陷入一种文学的孤独也是必然。

实际上，质疑的声音首先来自路遥自己。

路遥希望耳边的喧嚣尽快结束，他渴望重新回到安静的创作状态中，他说要像一个土地上的劳动者一样不能误了农时去耕作。于是，他逃离城市，回到陕北家乡。他把自己"丢"在沙漠里思考了好几天。他要为自己寻找到答案。

> 也许是二十岁左右，记不清在什么情况下，很可能在故乡寂静的山间小路上行走的时候，或者在小县城河边面对悠悠流水静思默想的时候，我曾经有过一个念头：这一生如果要写一本自己感动规模最大的书，或者干一生中最重要的一件事，那一定是在四十岁之前。我的心不由为此而颤栗。这也许是命运之神的暗示。
>
> ——路遥《早晨从中午开始》

此时的路遥，已经进入了而立之年。沙漠行走的路遥，此刻这个意识变得强烈而且相当明确，要把早年富有浪漫色彩的幻想变为人生的现实。

要完成一部"规模很大的书"。这是不是一次命运的"赌博"？而赌注则可能是自己的青春抑或生命。

当走出茫茫辽阔的毛乌素沙漠时，路遥也将自己从《人生》轰动带来的欢呼和风光中剥离出来。

路遥知道，要完成这部书，无疑将耗时多年。这期间，必须要在所谓的"文坛"上完全消失。

九

正是那贫瘠而充满营养的土地和憨厚而充满智慧的人民养育了我。没有他们，也就没有我，更没有我的作品。他们是最伟大的人，给他们戴上任何荣誉的桂冠都不过分。但是他们要求的从来不是这些，而是默默无闻地、永恒地劳动和创造。

——路遥《不丧失普通劳动者的感觉》

创作者的路遥是孤独的。

为什么把目标定在40岁以前？路遥说这话时才30岁出头，身体也健壮如牛。

路遥与人谈起这个想法时，举出许多伟大的作家为例，他们创作的大部分作品都是在40岁、50岁之前完成的。

从1982年到1983年间，路遥“平静而紧张地”开始了《平凡的世界》前期的准备工作。他将自己从社会活动中抽身出来，远离喧嚣的采访，逃避热心读者的追踪，文学活动不再见到他的身影。

路遥首先列了一个近百部长篇小说的阅读书目。这些书，有的是重读，有的是新读。有的要细读，有的仅粗读。尤其是要尽量阅读、研究、分析古今中外的多部头长卷作品。

路遥列的这个长长的阅读书目，后来完成了十之八九。同时，路遥还阅读了其他杂书，政治、哲学、经济、历史和宗教等等方面的著作。

在专门的读书活动进行到差不多的情况下，路遥按计划转入另一项“基础工程”——准备作品的背景材料。根据他初步设计，这部书的内容将涉及 1975 年之后 10 年的中国城乡广泛的社会生活。

于是，新一轮的阅读又开始了。为了更清晰、准确地把握这 10 年间的时代背景，路遥找来了 1975 年以来的《人民日报》《光明日报》，一种省报、一种地区报和《参考消息》的全部合定本。房间里顿时堆起了一座又一座“山”。

前期准备这部“规模很大的书”的阅读，室内的工作暂时可以告一段落，又进入了另一个更大规模的“基础工程”——到实际生活中去，即深入生活。路遥打点了行装，他要回到陕北，回到他热爱的黄土地上，开始他计划中的体验生活。

提着一个装满书籍资料的大箱子，路遥开始在陕北各地奔波。

路遥的体验生活不是走马观花，而是身体力行。他在山上放过羊，在田野里过过夜。来到延安时，他还与新婚蜜月中、刚刚做了记者的四弟王天乐一起，来到延安市的东关。两人穿上了一身破旧的衣服，装扮成王天乐当年在延安东关揽工的样子。兄弟俩一连在工地上干了 3 天，路遥干活不专业，一共挣了 30 元钱，还被扣掉 20 元，两人 3 天挣了 50 元钱。路遥对四弟说，咱俩现在一起去邮局，将这笔钱寄给父亲去。

十

我是一个血统农民的儿子，在大山田野长大，又从那里走出来，先到小县城，然后又到大城市参加工作。农村我是熟悉的；城市我正在努力熟悉；而最熟悉的是农村和城市的“交叉地带”。我曾长时间生活在这一地带，现在也经常“往返”于其间。由于城乡交往的逐渐频繁，相互渗透日趋广泛，加之农村有文化的人越来越多，这中间所发生的生活现象和矛盾冲突，越来越具有重要的社会意义。

——路遥《面对着新的生活——致〈中篇小说选刊〉》

开始为“规模很大的书”做准备时，所有的文学活动和其他方面的社会活动，路遥基本上都不再参与，生活处于封闭状态。就连1984年中国作家协会第四次会员代表大会，作为陕西代表的路遥，也请假没有参加。但是陕西省作家协会的两个文学活动，路遥还是抽出身来参加，用他的话说是“怀着告别的心情，专意参加了两个较欢愉的社会活动”。

第一个活动是1984年3月22日至27日，陕西省作协在西安召开农村题材小说创作座谈会。在这个会上，路遥作专题发言，他说，对于文学创作，最重要的是关注人和人的命运，在一切变化中，人的变化，包括人的情感和心理的变化，是作家关注的主要对象。在当前来说，大变革的农村生活中，农民身上发生了一些什么样的变化，这是需要作家用全副精力来研究的。同时，关注当前农村生活，但应该具有一种深沉的历史感，还应该有穿透未来的能力。

在这个发言中，路遥再次提出了“交叉地带”这一概念，他认为，当代农村生活呈现出一种复杂交错和广泛地相互渗透的状态。这种状态，已大大不同于20世纪50年代和60年代的中国农村生活，要反映今天的农村生活，不了解和不熟悉城镇和其他行业的生活，就可能受到一种局限。

1985年3月5日，中共陕西省委、陕西省人民政府召开优秀文艺创作表彰大会，对陕西省近年来涌现出来的一批优秀文艺作品的作者给予奖励，得到表彰的青年作家有路遥、贾平凹、李凤杰。同时，省政府还决定，对陕西省近年来在文学艺术创作方面作出突出贡献的路遥、贾平凹、吴天明、李凤杰等作家、艺术家给予晋升两级工资的奖励。

1985 年 4 月 21 日，陕西省作协召开中国作协陕西分会三届二次（扩大）理事会，通过民主选举、无记名投票，路遥、贾平凹、陈忠实、杨韦昕四位理事当选为中国作协陕西分会副主席。

1985 年 8 月 20 日至 30 日，路遥参加了第二个被他称之为“较欢愉的社会活动”——陕西省作协召开的长篇小说创作座谈会。

当时，全国长篇小说创作逐渐繁盛，陕西同一些省市发展的情势相比，似乎迟缓了。在第一届、第二届茅盾文学奖评选中，陕西均无作品推荐，长篇小说创作至少在当时处于劣势。陕西的小说家清醒地认识到这一点，承认这个事实，并发奋努力去改变这种局面。

路遥在这个会上，又有很独到的发言。他说，小说，尤其是长一点的作品的创作，要求作家的，首先不是艺术上的东西，而是作家观察生活的着眼点和理解生活的能力，作家仅有“一度进入生活”还不够，还要有“二度进入生活”。好多作品没有绝妙的东西，就因为作家没有“二度进入”的深刻认识。路遥还说，近年来国内长篇小说并没有给他带来满足，他没有这种印象。

这次会议，对新时期陕西长篇小说创作起了很大的促进作用。而路遥实际上已经投入关乎他终生事业成就的“大决战”当中，这次会议是他在精神上和心理上的一种必要的调整。

长篇小说创作促进座谈会一结束，路遥就“神秘失踪”了。1985 年 8 月 21 日他赶赴铜川鸭口煤矿。

路遥在《平凡的世界》里写到的“大亚湾煤矿”，就是鸭口煤矿。而且，他作品里好多鲜活的人物形象就来自矿区。

路遥在鸭口煤矿，没有在吃住方面提任何要求，而是一来到矿上，就要求下矿井。他要和矿工们一起劳动，与矿工们交朋友。头上

他说，小说，尤其是长一点的作品的创作，要求作家的，首先不是艺术上的东西，而是作家观察生活的着眼点和理解生活的能力，作家仅有“一度进入生活”还不够，还要有“二度进入生活”。好多作品没有绝妙的东西，就因为作家没有“二度进入”的深刻认识。长篇小说创作促进座谈会一结束，路遥就“神秘失踪”了。1985 年 8 月 21 日他赶赴铜川鸭口煤矿。(王清林 摄)

戴着一顶矿灯，穿着一件破旧的满是煤灰的工作服，脖子上也学着采煤工的样子，扎一条白毛巾。这时候的路遥，活脱脱一个采煤工模样，他跟着工人乘上下井的升降罐笼车。

路遥和工人们在井下的工作面爬着行进，汗滴在掌子面，走在危巷深处，那种感觉，不是苦和累的考验，而是生与死的考验。

当路遥拖着沉重的步子，浑身无力地来到搭车的地点，罐笼又像井中提桶般迅速上升。走出井口，浑身煤灰和污秽的样子，竟然不能认出他是谁了。路遥学着矿工们的样子，坐在金灿灿的阳光下晒着太阳，贪婪地呼吸着新鲜空气，说了一句富有哲理的话：只有在井下生活过的人，才懂得阳光的价值。

十一

文学创作的艰苦性还在于它是一种创造性的劳动。

为了适应这种艰苦的、创造性劳动的需要，我们必须一开始就培养自己的优良品质。

——路遥《作家的劳动》

1985年秋天，所有写一部“规模很大的书”的前期工作全部完成。路遥决定到铜川一个偏僻的陈家山煤矿去开始第一部初稿的写作。尽管他已间接地搜集了许多煤矿的素材，但对煤矿这个环境的直接感受，远远没有其他生活领域丰富。按全书的构思，一直要到第三部才涉及煤矿。也就是说，大约在两年之后才写到煤矿的生活。但是路遥知道，进入写作后，他就很难再中断案头工作去补充煤矿的生活。

路遥在《平凡的世界》里写到的“大亚湾煤矿”，就是鸭口煤矿。而且，他作品里好多鲜活的人物形象就来自矿区。路遥在鸭口煤矿，没有在吃住方面提任何要求，而是一来到矿上，就要求下矿井。他要和矿工们一起劳动，与矿工交朋友。路遥和工人们在井下的工作面爬着行进，汗滴在掌子面，走在危巷深处，那种感觉，不是苦和累的考验，而是生与死的考验。走出井口，路遥学着矿工们的样子，坐在金灿灿的阳光下晒着太阳，贪婪地呼吸着新鲜空气，说了一句富有哲理的话：只有在井下生活过的人，才懂得阳光的价值。（王清林 摄）

在路遥来陈家山煤矿之前，矿上已经在离矿区不远的矿医院为他找好了地方。那是一间用小会议室改成的工作间，一张桌子，一张床，一个小柜，还有对路遥来说无用的沙发。

> 我知道接下来就该进入茫茫的沼泽地了。但是，一刹那间，心中竟充满了某种幸福感。是的，为了这一天的到来，我已经奔波了两三年，走过了漫长的道路；现在，终于走上了搏斗的拳击台。
>
> 是的，拳击台。对手不是别人，正是自己。
>
> ——路遥《早晨从中午开始》

当一切准备就绪，要寻找一个好的开头，却将路遥实实地困住了整整 3 天。待路遥冷静下来，终于找到了一个比较理想的起点。

五六天过后，路遥已经开始初步建立起工作规律，每天伏案十五六个小时，掌握了每天大约的工作量和写作进度。墙上出现了一张表格，写着 1 到 53 的一组数字——第一部共 53 章，每写完一章，就画掉一个数字；每画掉一个数字，路遥都要愣着看半天那张表格。每画掉一个数字，就证明他又前进了一步。

早饭被路遥错过了，中午一般只有馒头、米汤、咸菜。晚上有时多吃点面条，有时和中午一模一样。这个矿山医院，医生职工大都回家吃饭，又几乎没有几个住院的，所以，伙食也相当简单。

每当路遥写作到凌晨，只能吃上一个冷硬的馒头，喝一杯咖啡填一填早已空空如也的肚子。睡下后，时常感觉第二天起不来了，但一觉醒来，体力稍有恢复，路遥立即从床上爬起来，用热水洗把脸，痛饮一杯咖啡，又坐在书桌前开始新一天的写作。

一向喜欢孤独的路遥，此刻也惧怕起了孤独。从来到陈家山煤矿，屈指算算，已经一个人在这深山老林里度过了很长一段日子。多少天里，没和一个人说过一句话。这就是生活。你既然选择了一条艰难的道路，就得舍弃人世间的许多美好。

长长地吐出一声叹息，路遥重新坐回桌前，回到那一群虚构的男女之间。在这样的时候，来描绘他们的悲欢离合，就如同一切都是路遥自己切身的体验和感受。一个流着辛酸的或者是幸福的泪水的人，在讲述他们的故事——不，这已不是故事，而是生活本身。

1986 年元旦在即，墙上那张有 53 个数字的表格，终于被路遥一个数字一个数字地画掉。寒冬中，路遥坐在越野车的前座上离开陈家山煤矿，怀里抱着第一部已写成的 20 多万字的初稿。透过车窗，看见外面冰天雪地，一片荒凉。当初进山时，还是满目青绿，遍地鲜花，一切都在毫无觉察中悄然消逝了。坐在车上，路遥默默地流下了眼泪，没有遗憾，只有感叹。因为他有一份 20 多万字的礼物，给予这段不平常的日子，应该算作是一个小小的凯旋。

十二

凌晨，从工作间出来，累得弯腰勾背，穿过一片黑暗向家属楼走去。嘴里不由自主地发出一声声疲劳的叹息。有时候，立在寂静无声的院子里，感到十分凄凉。想想过两个小时天就大亮，到处一片沸腾，人们将开始新的一天，而我却会拉起窗帘，陷入死一般的沉睡中。

是的，我已经完全脱离了正常人的生活规律，感觉一直处在黑暗之中。我渴望明媚的阳光照耀着我。

——路遥《早晨从中午开始》

回到西安，休整了两个星期，过了春节，路遥借来同事李秀娥在省作协四合院内的一间房子，作为他的创作工作室，开始修改抄写已完成的 20 多万字——规模很大的书的第一部。

这间工作室，与陕西省作协院子里其他房子一样，冬天没暖气，夏天不透风，里面呈长方形，采光很不好，白天也得开两个灯。

路遥将资料、书籍、生活用具各就其位，固定不变，感觉完全是一个手工作业的工场。冬天里，房子很冷，需要支起一个蜂窝煤炉子取暖，但是路遥嫌生炉子费事，耽误时间，干脆连火也不生，干冻着。这里在别人看来是乱七八糟的，在路遥眼里则是“井井有序”。抄写到手僵硬的时候，停下来烧一杯咖啡。脑子一片空白，两眼直直地对着墙壁，慢慢喝这杯咖啡，是他一天中最愉快的时刻。

陕西省作协的同事，知道路遥在紧张地投入长篇小说的创作，极少去打扰他，除非是紧急公务时，就派李秀娥来到路遥这个“手工作业的工场”。李秀娥经常是在满房子烟雾缭绕中，凭着屋内一盏灯的灯光，才找到埋头伏案的路遥，而他的手里还拿着香烟。

李秀娥就趁机开开窗户为路遥透透空气，工作间的桌面上总是归置得清洁整齐，称心如意，否则路遥便不能进入创作。然而，桌面以外，则任意零乱，地面更是不堪入目，烟头能扫一簸箕。有很多次李秀娥提出要为他打扫房间，路遥总是不肯。有时候，就让李秀娥坐下来，说上几句话，或者安排李秀娥这个陕北老乡去邮局，为路遥老家的两边父母寄去生活费等。短暂停下来安排这些事情的路遥，看上去神情疲惫，眼睛红红的。

和许多作家创作前绝口不提自己的题材与故事不同，路遥对自己即将写作的作品，喜欢先给朋友讲。据时任《延河》主编的白描回忆，当年的陕西省作协大院，路遥经常和三五好友，整晚说自己的人物和故事。有时他兴奋得边讲边在地上团团转。他是通过这种方式，判断别人的反应，同时借此梳理自己的思维。

一个下午，短暂休息的时候，路遥和大家聊天。路遥说，他觉得他对这个长篇的名字一直不太满意。那天，子页也来到陕西省作协大院，一块儿聊天。子页灵机一动说，那你干脆叫《平凡的世界》得了。

“叫《平凡的世界》?”路遥一听，直呼，“太好啦！我就要这个名字。”

十三

作家的劳动绝不仅是为了取悦于当代，而更重要的是给历史一个深厚的交代。

——路遥《早晨从中午开始》

1986年夏天，第一部书稿全部修改抄写完成了。但是他并没有完全地轻松下来。

路遥的担心已经被证实了。过去发表过他作品的一些有影响的大刊物，看过这部作品以后，都婉转地给他退稿了。辗转了几个编辑部，最后由谢望新主编的广东《花城》杂志表示愿意发表。之后，中国文联出版公司决定立即出版发行。

1986年夏天，路遥离开西安，这次他来到延安地区的一个偏僻小县城吴旗县（今吴起县），开始了《平凡的世界》第二部的写作。

在吴旗县武装部院子招待所一孔很小的窑洞里，路遥开始了又一次的“长途跋涉”，这是一次消耗战。

1986年第6期《花城》发表了路遥的长篇小说《平凡的世界》

（第一部）。同时，《平凡的世界》（第一部）单行本也在 1986 年 12 月顺利出版发行。

1986 年 12 月 29 日至 30 日，创刊一周年的陕西省作协主办的刊物《小说评论》与《花城》编辑部一起，在北京召开了路遥长篇小说《平凡的世界》（第一部）座谈会。会上，《平凡的世界》几乎遭遇了被全盘否定。很多评论家认为这部作品写法陈旧，有人甚至刻薄地说，这不是《人生》的作者写出来的作品。现实主义写法行将死去，路遥还在坚持这样写，多么沉闷，多么没意思。

20 世纪 80 年代，许多外国文艺思潮刚刚涌进中国，现代主义、先锋派、意识流等方兴未艾，不跟潮流好像就落伍了。

还有评论家认为《平凡的世界》相较《人生》而言，是个很大的倒退。只有著名文学评论家朱寨、蔡葵、曾镇南给予了小说肯定。

参加完座谈会后，白描叫了出租车去宾馆接路遥，准备一起回陕西。那天，北京下起了大雪，寒风呼啸，车子打着滑。路遥却对外面的世界全然无感觉。他坐在车上，纹丝不动，整个人像个木头，始终沉默着。看着路遥的神态，白描知道路遥面临着精神上的沉重打击。

回到西安后，路遥重新恢复平静。事实上，路遥是在对比了各种主义、各种写法之后，为《平凡的世界》选定了现实主义的写作手法。路遥的选择是用了心的。他认为，现实主义写法最适合他，更重要的，是适合《平凡的世界》这样一个题材——面对最朴素的人，选择最朴素的写法。从根本上说，任何手法都可能写出高水平的作品，也可能写出低劣的作品。问题不在于用什么方法创作，而在于作家如何克服思想和艺术的平庸。

历史证明，路遥的坚持是正确的。也许现实主义可能有一天会“过时”，但在现有的历史范畴和以后相当长的时间里，现实主义仍然有蓬勃的生命力。

十四

> 困难或挫折是经常性的。这种困难在很大程度上是自己给自己专意设置的。追求的目标越高，困难和挫折的系数就会越大。但是没有追求，就不可能产生像样的作品。为了“顺利”而回避困难，实际上等于自己欺骗自己。文学本身就是一种困难的事业。一切都是在不断克服各种各样的困难和挫折中进行的。因此，具备顽强的毅力对作家来说是一个先决条件。
>
> ——路遥《答〈延河〉编辑部问》

抄写《平凡的世界》第二部时，路遥的情形更加凄苦，每天进行着超负荷的体力与脑力双消耗的劳动。除过劳累，还存在一个饥饿问题。他没想到在煤矿没啥可吃，回到西安城里还是没啥可吃。不是西安城里没有吃的，主要是没有时间正点吃饭。有时一天只吃一顿饭，而且常常拖在晚上 10 点钟左右——再迟一点儿夜市就关闭了。

有时候，写作顺利或者困难时，不知不觉就到了夜间 12 点钟。

在修改抄写《平凡的世界》第二部快完稿时，路遥忽然吐了一口血。

一向对自己的身体很自信的路遥，时常将自己的身体置之度外。现在，身体问题却像大山一样压得他抬不起头来。

1987 年 11 月，因在文学创作上作出突出贡献的路遥，被陕西省人民政府授予“劳动模范”称号。而此刻，“劳动模范”路遥正在进入《平凡的世界》第三部极艰难的创作之中。

十五

农村的问题也就是城市的问题，是我们共有的问题。

千千万万的高加林们还要离开土地，而且可能再不返回。但是，我敢肯定地说，他们中的大多数人和土地的感情也仍然只能是惋惜地告别而不会无情地斩断。

——路遥《早晨从中午开始》

1988 年 3 月 27 日起，每天的中央人民广播电台长篇连播节目时间，向全国的听众播送了长篇小说《平凡的世界》，历时 4 月有余，全书于 1988 年 8 月 2 日播送完毕。这是一次打破常规的播出——因为全书还没有最后完成，他们只是看了第三部的初稿，就决定开始播出全书。根据要求，路遥必须最晚在 1988 年 6 月 1 日将《平凡的世界》第三部完成稿送到中央人民广播电台。这样，他们才能来得及接上前面的部分而不至于中断。

准备发表《平凡的世界》第三部的大型杂志《黄河》也已推迟发稿 20 天在等这部书的手稿了。时间确实进入读秒阶段。由于路遥的精神高度紧张，使得他的腿不断地抽筋，晚上的几小时睡眠常常会被惊醒几次。

最后的冲刺时刻终于来临了。

1988 年 5 月 25 日，是路遥一生中，让他不能忘记的一天，许多日子他都没能记住，其中也包括他自己的生日。

这一天，起床后，路遥一边喝咖啡、抽烟，一边坐在写字台旁静静地看着桌面上的最后十来页初稿。

他再一次想起了父亲，想起了父亲和庄稼人的劳动，从早到晚，从春到冬，从生到死，第一次将种子播入土地，一直到把每一颗粮食收回，都是一丝不苟、无怨无悔、兢兢业业、全力以赴，直至完成——用充实的劳动完成自己的生命过程。

这让路遥感到，他在稿纸上的劳动和父亲在土地上的劳动本质上是一致的。由此，这劳动就是平凡的劳动，而不应该有什么了不起的感觉；由此，你写平凡的世界，你也就是这平凡的世界中的一员，而不是高人一等；由此，1988 年 5 月 25 日就是一个平平常常的日子，而不是一个特殊的日子。

尽管这样想了，因为即将在这一天完成《平凡的世界》的全部创作，路遥仍然无法控制自己的情绪，五味杂陈，百感交集。过分的激动终于使路遥写字的右手整个痉挛了，五个手指头像鸡爪子一样张开而握不拢。笔掉在了稿纸上。他把暖水瓶的水倒进脸盆，随即从床上拉了两条枕巾放进去，然后用手抓住热毛巾在热水里整整泡了一刻钟，这只握笔的手才渐渐恢复了常态。

在接近通常吃晚饭的时候，路遥终于为全书画上了最后一个句号。

路遥擦去面颊上的泪水，坐下来点燃了一支烟，沉默了片刻，让自己的心情尽量恢复平静。

《平凡的世界》自开播以来，在听众中引起了强烈的反响。中央人民广播电台收到了许多听众的来信，他们在信中一致赞扬《平凡的世界》是一部非凡的著作，作者饱含着对祖国对人民的爱，表现我们这个时代的主流。有的单位组织集体收听《平凡的世界》的时候，还展开了同步的评论活动，更加深了收听者对《平凡的世界》、对书中人物、对那一段社会历史生活的感受和理解。

《平凡的世界》广播剧先后在中央人民广播电台播出 3 次，直接听众超过 3 亿人。

百万字的长篇小说《平凡的世界》与中篇小说《人生》，具有相当一致的精神：城乡交叉地带的社会底层生活成为路遥反映的共同内容。这部长篇以全景的视角，全方位地展示了1975—1985年间中国西部农村广阔的社会生活画卷。路遥以一个劳动者的立场，去体验农民“赤诚而质朴的品质和苦熬苦累的精神”，以一个农民儿子的身份去平视乡村，描述他的父辈和兄弟姐妹的现实生活。

改革开放40多年来，关于“三农”问题，关于城乡二元对立、城乡差别问题，在1982年的中篇小说《人生》和1986年的长篇小说《平凡的世界》里，路遥就已经提出来了。历史证明，路遥的敏感是对的，对文学的敏感也是对的。

《平凡的世界》作为长篇小说从全局性和整体性反映了改革开放最初的10年。作品中积淀了太多当代社会变革的信息，展示了那个时期中国农民的渴望、追求以及为改变命运所作出的不懈努力，或者说是中国农村青年的奋斗史。

从某种意义上说，《平凡的世界》又是一部励志作品，路遥用自己的经历和笔触塑造了一批通过奋斗改变自身命运的青年农民形象。孙少安、孙少平身上，延续着高加林富有个人主义色彩的人生追求，他们恰是社会转型期中国农民的典型形象，也是群体缩影。他们从来都没有被苦难所吓倒，没有被失败所打垮，而是朝着自己的目标和理想，勇往直前。他们试图通过自身奋斗打破宿命，改变命运，这显然契合了所有农民的心理需求。孙少安、孙少平们追逐梦想的信念坚不可摧、乐观自信，这无疑对年轻人来说是一种巨大的鼓舞。人们可以从书中找到自己的影子，或者说是希望像作品中的主人公一样通过自己的努力实现梦想。

1989年，中国电视剧制作中心拍摄了14集电视剧《平凡的世界》，并于1990年初在中央电视台播出，得到了广泛好评。

1991 年 3 月,《平凡的世界》获第三届茅盾文学奖。

1999 年,《平凡的世界》被评为“百年百种优秀中国文学图书(1900—1999)”之一。

1988—2021 年间，在中国大陆高校图书馆借阅榜上,《平凡的世界》一直名列借阅榜前列。

30 多年来,《平凡的世界》和路遥的其他著作版本之多、销售量之大，在中国当代小说中独领风骚。

十六

我们的作品凭什么来打动别人的心灵？

在我看来，要达到这样的目的，最重要的是作家对生活、对艺术、对读者要抱有真诚的态度。

艺术劳动，这项从事虚构的工作，其实最容不得虚情假意。

我们永远不丧失一个普通人的感觉，这样我们所说的一切，才能引起无数心灵的共鸣。

——路遥《出自内心的真诚》

1991 年 3 月 30 日，第三届茅盾文学奖颁奖大会在北京举行。他说，能获得茅盾文学奖，自然很激动，因为付出了 6 年多的心血终于得到了认可。但是，这并不意味着他的作品从此就是文坛的最高水平，也并不意味着没有获奖的作品就不够获奖的资格。接着，路遥长时间沉默后说：“我创作的这一页已经翻过去了，我要很好地总结一下，然后进入创作积累阶段。”

他似在自言自语：下一个目标将是什么？

颁奖归来的路遥，有过一段相对悠闲的日子。陕西省作协的人，习惯了每天在院子里看见坐在一把藤椅上悠闲地晒太阳、沉思默想的路遥，他像是这个旧式院落里的一道风景。

《平凡的世界》完成后，路遥总有一种什么事没有做完，还不能画上句号的感觉。此时，路遥的思想又在日益明显的身体病痛中飞翔起来，进入了《早晨从中午开始》的酝酿中。

这篇6万字的长文，注入了路遥全部创作思考和激情，他写得认真，写得严肃，而且写作过程顺心顺手。

《早晨从中午开始》的意义，绝不在于是对《平凡的世界》的写作画上了一个与作品本身重量相等的句号，而在于路遥展示了他崇高的文学信仰和文学追求。当路遥结束了他一生执着追求、奋斗的文学事业，结束了他短暂的人生生命历程之后，我们才理解了路遥对这篇《早晨从中午开始》创作心得如此重视的苦心。他不只是要完成“一部规模很大的书”，还要完成像《早晨从中午开始》有创作思想和思考的创作谈。这样，路遥才算真正完成了自己英雄而悲壮的人生史诗般的总结。

《早晨从中午开始》正是路遥在生命的最后瞬间爆发出的又一束耀眼光芒。

十七

人民是我们的母亲，生活是艺术的源泉。人民生活的大树万古长青，我们栖息于它的枝头就会情不自禁地为此歌唱。只有不丧失普通劳动者的感觉，我们才有可能把握社会历史进程的主流，才有可能创造出真正有价值的艺术品。因此，全身心地投入生活之中，在无数胼手胝足创造伟大历史伟大现实伟大未来的劳动人民身上领悟人生的大境界、艺术的大境界应该是我们毕生的追求；因此，对我们来说，今天的这个地方就不应该是终点，而应该是一个新的起点。

——路遥《在茅盾文学奖颁奖仪式上的致词》

除了自己的文学创作外，路遥一直想为陕西省作协干一些事情。为繁荣陕西文学创作，也为文学家的生存改善，他有过筹划，有过一些大胆的切实可行的想法。

可是，从 1992 年 8 月 6 日，路遥被朋友们从西安开往延安的火车上抬下来之后，就因病倒在床上，在延安住院一个月，之后又转院到西安的医院。病情每况愈下，长久没能下病床的路遥，腿部肌肉已有些萎缩。大家期待着路遥能够站立起来，早日康复，期待着路遥康复后带领大家一起实现改变作家现实生活的梦想。

路遥终究是要强的，他对看望他的朋友总说他感觉在慢慢好起来，并且发誓一般说道：“我一定要站起来！”

没有人怀疑路遥的话，熟识路遥的人都知道，他拥有比钢铁更坚强的意志。学生时代就酷爱摔跤的路遥，懂得摔跤场上有胜有负，这次与他交手的是疾病，路遥被摔倒了，但他自然不会轻易认输。他要重新站起来的，他坚信他会赢得这场角斗。

路遥从未想到过自己会猝然而去。他是那么热爱生命，他对身后之事未留下任何遗言，因为他有太多牵肠挂肚的事需要去做、去实现。

1992 年 11 月 17 日晨 8 时 20 分，路遥，这位坚强不屈、驰骋在文学沙场上的勇士；这位拳击台上，对手永远是自己的拳击手；这位短暂的一生都在与坎坷命运顽强搏斗，打不倒、摧不毁的战士，在与病魔作最后一搏时，还是被病魔打败了的悲情英雄，永远停止了他那激越的心跳，永远合上了他那善于体察普通人人生的双眼，永远离开了他用艺术建造的平凡的世界……

此时，是一天的清晨，而此时，却是路遥的深夜，因为属于路遥的早晨还没有来临，他安详地睡着了……

人们说路遥短暂的一生是孤独的，是寂寞的，这固然与他的天性、他的经历以及他始终追求的崇高有关。但是，也因为有许多人，他们无法与路遥同行，而是怀着崇敬尾随在他的身后，在敬仰中远离着他，使他处于了孤独之中。其实，路遥一生都在追求崇高境界的同时，也追求着平凡、普通。

劳动者路遥，用一部《人生》和一部《平凡的世界》，为自己的生命画上了一个完整的句号。路遥没有留下什么遗憾，路遥的生命延续在他创造的文学世界里，这就是一种不朽。路遥无疑是文学沙场上一个夸父式的勇士，其人生价值也就有了最灿烂的收获和回报。

一颗铆钉的辉煌历程

——记“最美奋斗者”薛莹

一颗铆钉的辉煌历程
——记“最美奋斗者”薛莹

周瑄璞

薛莹简介

薛莹，女，汉族，1973年8月出生，中共党员，辽宁大连人，中航西安飞机工业集团股份有限公司国际航空部件厂“薛莹班”荣誉班长。29年来，她秉持认真负责的职业态度，勇于创新创造，积极主动，以精湛的飞机装配技能和较强的班组管理能力，带领全体组员改进操作方法、工艺流程，进行精益制造等百余项创造创新。“薛莹班”先后交付7000余架（份）优质垂直尾翼，啃下一块又一块硬骨头，精益求精亮出中国制造新名片。被授予“全国劳动模范”“全国三八红旗手标兵”“陕西省道德模范”“陕西省优秀共产党员”等荣誉称号。

“全国劳动模范”“全国三八红旗手标兵”“陕西省道德模范”“陕西省优秀共产党员”……这些荣誉，对于普通人来说，奋斗一生得到一个，就是巨大的喜悦和终身的成就。然而，这样的至高荣誉，薛莹都拥有。2019 年国庆前夕，她又光荣地成为新中国成立 70 年来“最美奋斗者”之一。

走近薛莹，我们能领略到一位女性的成长历程，感受到她的质朴真诚、对事业的专注精神，领略到静水深流的人格力量，见证一位“大国工匠”的风采。

一

薛莹个头不高，纤细，秀美，羞涩，说话时面带微笑，一双秋水般的大眼睛，饱含静美与沉思。她就像是一个邻家姐妹。就是这样一位看似柔弱的女性，创造了中国航空事业的神话。

2020 年 7 月上旬的一天，我与薛莹步行将近一个小时，穿过阎良城，走过城中村，从西飞集团厂区来到她的家中。一路上她和风细雨地讲述着阎良的发展变化，谈着在这片土地上我国航空事业半个多世纪的发展与壮大历程，说着她的工作、学习、家庭、丈夫、女儿。她是一位充满自豪感的企业员工，像众多亲切可爱的女性一样。在骄阳下，我们来到了她的家。

家里宽敞明亮洁净，东西归置得整整齐齐，角角落落都显得温馨而雅致，是一个典型的和谐的三口之家，连带一只不知钻到哪里去了的小猫。书柜里，除了图书之外，还有飞机模型等各类小摆设，更多的是各种奖牌奖杯，还有奥运会、全运会的火炬模型……是一个内容丰富的陈列柜。薛莹拿出一个金光闪闪的奖杯，让我拍照，她笑容灿烂，散发着发自内心的幸福。客厅墙上悬挂名人书法，是专为女劳模题写的内容，又有夫妻二人的合影，还有几张她的照片。其中一张横幅工作照上，她拿着铆枪在工作，表情专注，镇定自若。她指着那张走党的十九大代表通道时的照片说："我最喜欢这张，显得我个子挺高的。"说这话时的薛莹，是一个纯粹的爱美的女人。

我问："你家这么干净，平时谁打扫的？"她说："我呀，我挺爱干家务的。"

她抱出几十本获奖证书，放在客厅茶几上。我数了两遍，有 30 多本。她说，这只是一半。我打开来看，从国家级到省部级，每一个证书都显赫不凡。

这是我第一次目睹在新闻上听到过名字的那些荣誉证书，并且看到它们如此集中地摆放在一起，每一个上面都印着薛莹的名字，有着编号。这些荣誉是用来奖励那些为国家建设作出突出贡献的人。投身祖国的航空事业，20 多年如一日，克己奉公，严守本分，用专注的行业精神，视质量为生命，钻研磨砺，严守红线，把自己打磨成一颗严丝合缝的铆钉，准确无误地镶进国家建设这架大机器所需要的位置上，与其融为一体，化作它庞大身躯的一部分。而国家也并没有忘记每一个为之奋斗的公民，给予他们应得的回报和荣誉，肯定了奋斗者的尊严和价值。

薛莹将这些证书一个个收入囊中，作为她丰厚的人生宝藏。我一个个看过，小心地抚摸，开玩笑地对薛莹说："今后，人们不应该再问你得过什么荣誉，而应该问你还有什么荣誉没有得过。"薛莹面带微笑，平静地说："一位领导开玩笑地对我说，你作为一个工人，该得的奖都得到了，算是大满贯。"面对纷至沓来的荣誉，薛莹经历了惊讶、激动、幸福、感恩、平静的心路历程。她说："我个人很平凡，

“我个人很平凡，只是做到了一个工人该做的事情，离了单位和集体，我什么都不是。党和国家给我这么多的至高荣誉，我唯有心怀感恩，努力工作，且行且珍惜。”

只是做到了一个工人该做的事情，离了单位和集体，我什么都不是。党和国家给我这么多的至高荣誉，我唯有心怀感恩，努力工作，且行且珍惜。”

第一次见到薛莹，是在2018年的第十二届全国妇女代表大会上，我们同为陕西代表团的代表，一同赴京参会。无论是临行前的省上领导相送，还是在北京时国家领导人接见，大会小会，发言讨论，薛莹总是最安静的那一个。她衣着朴素，气质贤淑，发言之外，默默地端坐着、行走着、倾听着、思索着。在诸多场所的她，不显眼，不声张，不卑不亢。她身上有一种专注的聚焦的向内的力量，好像总是沉浸在自己那个安静的世界里，对于外部环境的纷扰没有更多的关注和介入的愿望。

第二次见薛莹，是在2019年年初。春节前的省团拜会结束，我与她在电梯里匆匆相遇，衣着得体、光彩照人的她要直接赶去机场，再到北京参加人民大会堂举行的全国春节茶话会和中央电视台的春节联欢晚会。

“最美奋斗者”的写作，让我得以走近薛莹，与她相处、交谈，参观她的工作环境，让我认识到一个立体真实、令人尊重的薛莹。从一个劳动模范的成长经历，我们看到一个平凡而又出色的女性的成长、成熟，学习、领悟到个人和集体的关系，个体命运和国家建设、时代发展的相互映照。

二

薛莹出生在阎良，和这一片土地上成长起来的许多青年一样，是一个小小的“航二代”。她的出生和成长，她生活中的一切，都与飞机息息相关。她所走过的人生道路，似乎是为了注解新中国航空事业的发展脉络。1973 年 8 月，薛莹来到这个世界的时候，她的父辈们已经在阎良这个曾经的小镇，为祖国航空事业奋斗了十多年。

因为地处祖国腹地，阎良全年干旱少雨，气候干燥。20 世纪 50 年代，国家进行航空制造企业选址的时候，将目光放在了西安东北角这个名叫阎良的小镇。随后，来自全国各地的数以万计的建设者相继来到内陆小镇阎良。他们有海归知识分子，有经过国家层层选拔的军人，更多的还是来自全国各地从航空院校毕业的大中专学生以及从哈尔滨、沈阳等东北老工业基地来的援助航空建设的年轻人。拓荒者、建设者从祖国各地汇聚而来，在这片并不宽阔也不富饶的土地上，开始了长达数十年的辛勤耕耘和现代化建设。

地处内陆，条件艰苦，设施简陋，信息闭塞，交通不便，拓荒者的生活条件可想而知。青年工人还编了顺口溜：阎良阎良一片荒凉，几栋楼里都是和尚（单身汉），娶不上媳妇见不着爹娘。在这一片希望的田野上，建设者们经历了难以想象的困难，在无边的庄稼地上建起了大厂房，盖起了家属区，安下了小家。春种秋收的田野变成将飞机送上蓝天的车间、跑道和生产线，一代航空人，用坚定的信念、辛勤的劳动，历经 8 年，于 1966 年建成了一座占地 100 多万平方米的大中型军民用飞机研制生产基地。中国航空城拔地而起，小镇阎良成为西安市的一个区。

建厂初期以制造轰炸机为主，20 世纪 60 年代轰 – 6 上天，拉开了中国航空事业发展的序幕。阎良成为中国飞机制造的重地、运输机的摇篮。

几十年的城区扩展，一代代新机型的诞生，见证着中国航空事业的发展与腾飞。1997 年 6 月，西安飞机国际航空制造股份有限公司（简称“西飞国际”）上市，成为我国第一家航空军工上市公司。几代航空人开荒拓土，薪火传承，完成了从白手起家到体系完备、从测绘仿制到自主研发的转变，从封闭的军工企业变为开放包容、与国际接轨的现代化企业。新的世纪，试飞英雄李中华又有新的口头创作：上有天堂下有苏杭，除了北京就是阎良。有职工说：“秦汉霸业，国防重器，腾飞之地，唯数西飞。”这些生动的语言充分表达了航空人的豪迈之情和他们对这片土地的热爱。每一个机型的试飞成功，都刷新着中国航空事业的新高，也打开了中国航空融入国际航空制造产业链的格局。

如今的阎良，是集设计、制造、试飞为一体的现代航空城，国家级科研制造单位体系成熟，环境优美，文化发达，高端人才云集，承接大宗国际航空制造转包业务，参与世界大型飞机制造。

20 世纪 80 年代，中航工业西飞与美国波音公司签订了合作生产波音 737–300 飞机垂直尾翼的合同，从此开启了中国航空人搏击国际航空制造业的新篇章。时至今日，波音 737 系列飞机仍是飞翔在全世界蓝天上的主力机群。从 737–300 至新一代 737 垂尾生产，西飞人走出了一条披荆斩棘、不断创新的发展之路。

薛莹从事的工作就是波音 737–300 垂直尾翼可卸前缘组件的装配。

20 世纪七八十年代，工人加班可以带着孩子进入厂里，儿时的薛莹就跟着妈妈在单位加班，妈妈看图纸她也看图纸，所以长大以后，她对各种图纸有一种亲切感。航空报国，是第一代航空人的远大理想和对自己的日常要求，这些品质也潜移默化地影响着薛莹。航空企业是半军事化管理，航空人不同于一般企业的职工，他们把自己当成不穿军装的军人，执行命令听指挥，有一种高度政治责任感，纪律性更强。一个新产品，要求几年内拿出来，就必须完成，没有商量余地。保密是红线，坚决不能跨越。

薛莹童年的记忆就是看飞机。天气好的时候，中午时分，正在吃饭，听到飞机轰鸣，端着饭碗仰头眺望，那是飞机试飞。看飞机成为阎良人的日常，对于孩子来说，更是新奇和激动，心中生出无限畅想。我问：“现在还看吗？”她回答：“看，只要有轰鸣声，就抬头看，直到飞机飞出了视野范围。”

看飞机成为航空城的孩子们融入血液中的自豪，他们从小就比同龄人有了更多的仰望天空的时间，也有了更多的航空知识，更有长大后航空报国的明确信念。

薛莹的母亲徐桂英，当年和许多年轻人一道，坐着火车从东北来到西北，成为新中国第一代航空人，将自己的一生献给了航空事业。她对薛莹的人生选择起了决定性的作用。她的小女儿接替她成了航空人，处在更好的时代，作出了更大的成就，这当是一位母亲最感欣慰的事情。

现在的阎良，虽然远离中心城市，但并不闭塞与落后，因为飞机城的日常运行，代表着高科技和严密有序的管理。西飞技校作为当时为企业培养技术工人的专业学校，其毕业生全部会被区内几家航空企业录用——可算是稳端铁饭碗。因此，西飞技校成为职工解决子女就业问题的首选。

薛莹从小就是个懂事听话的孩子，深受父母喜爱。初中毕业时，母亲决定让薛莹报考西飞技术学校。选择专业的时候，对专业分类一无所知的薛莹凭着感觉填了“钣金工”。她觉得女孩子学钣金，将来敲敲打打挺好的。回家跟妈妈汇报，妈妈看着瘦小的女儿思考再三，给她改报了铆工班。薛莹当时也不明白这二者有什么不同，就按妈妈的安排，学了铆工。母亲也没有想到，或者说她并没有奢望，女儿在这条平淡无奇的道路上，竟能走出完全不同的人生，创造了无限的辉煌。看来这个小女儿的身上，除了乖巧、懂事之外，还有着刚强与坚韧。

技校 3 年，是薛莹轻松、快乐的时光。原本聪明好学、有悟性有着良好学习习惯的她，应对技校课程很是轻松。她将更多的注意力放在实操课上。各种异型工具，以及经验丰富的工人师傅自己总结出来的一些干活诀窍，都让她好奇不已。

薛莹在技校的班主任就是现在西飞培训中心的党委书记，薛莹直到现在还称他为王老师。王老师对薛莹比较赞赏，在他眼里，这个女生学习努力，细致耐心，操作有悟性，是个可造之才。机械制图专业，薛莹是第一个免考的学生。在当时这个专业的学生能达到老师要求的也不多。这当然得益于她从小跟着妈妈接触图纸。由此薛莹也逐渐认识到学习的重要性，各门功课都很努力，成绩一直优秀。她始终是老师们眼里的好学生，父母心中的好孩子。

三

1992 年 12 月，19 岁的薛莹以优异的成绩从西飞技校毕业，被分配到当时隶属于西飞集团的国航总厂，成为一名铆装钳工。老师傅们看着这个身材娇小的小姑娘，都不禁为她捏一把汗：哎呀这小身板，铆枪拿得动吗？工具搬得了吗？加班吃得消吗？

小姑娘倒是很快就展现出来让人喜爱的一面：爱笑。不管见到谁，她都先绽开甜甜的笑颜，叫一声“师傅好”。她早上头一个来，打扫班组卫生，打好全组开水。在工段里，她手脚勤快，眼里有活儿，工作台上、地面上，哪儿有水渍，哪儿脏了，她似乎总能第一个看见，并及时打理干净。

工作后的学习与学校里的学习又不一样了，注重实际操作，要实打实作出质量合格的产品。班长是个严肃的人，脸上少有笑容。薛莹就默默地看，仔细地观察。师傅们干到什么时候，她就看到什么时候，在一旁帮忙递送工具，不懂的地方，及时提问。师傅说：“厂里不需要学徒工加班，你待在这儿也不给你发加班费，快回家吧。”薛莹说：“我就是看看你们怎么干，白天只顾干活，没时间好好学习。”

别的青年工人业余时间都忙着谈恋爱、看电影、轧马路，而薛莹总是待在车间和班组，跟着师傅们学习。一会儿给师傅们添热水，一会儿拿个小本本写写画画，记些什么。

娃娃勤，爱死人。很快她赢得了师傅们的喜爱和器重，师傅们都愿意给她传授几招。而薛莹也表现出良好的悟性及素质，一点就通，然后自己反复揣摩，练习，直到烂熟于心，手下见功。

少女细嫩的双手，每天和蒙皮、铆枪做伴厮磨，慢慢变得满布伤痕，粗糙起来。只要付出的足够多，成绩总是会显现出来，薛莹迅速而坚定地成长。度过了初期操作的陌生与胆怯，看着飞速转动的风动锯，她不再紧张，原来要两小时干完的活儿，后来几十分钟就解决了，她跟师傅们的差距越来越小。在同期进厂的年轻人中，她很快脱颖而出，班长脸上现出会心的微笑。

2000 年，因为老班长转岗，厂长找到她谈话，认为她工作干得好，人也稳当，希望她能担任班长一职。就这样，27 岁的小姑娘成为波音垂尾前缘班班长。

作为一名铆工，她业务过硬，但是否能带领一支团队干出漂亮的活儿，达到波音公司的要求，从而扩大合作范围，拿到更大订单，这还是一个未知数。

一个班组，十来个人，并不是那么好管理的，大家各有各的性格，各有各的想法，尤其薛莹在他们眼中基本还是个小孩子，那些老大姐、老大哥，轻易不服她。薛莹布置任务有难度，工作不像她想象

少女细嫩的双手，每天和蒙皮、铆枪作伴厮磨，慢慢变得满布伤痕，粗糙起来。只要付出的足够多，成绩总是会显现出来，薛莹迅速而坚定地成长。度过了初期操作的陌生与胆怯，看着飞速转动的风动锯，她不再紧张，原来要两小时干完的活儿，后来几十分钟就解决了，她跟师傅们的差距越来越小。在同期进厂的年轻人中，她很快脱颖而出。（冯新胜 摄）

的那么顺利。女工多，各种事情就多一些，孩子接送，老人生病，今天这个请假，明天那个有事。薛莹面临双重的困境：一方面大环境决定生产方向和任务，质量上、管理上，都要达到最好；一方面她孩子小，她还要管理一个班，排班、顶班、换班，要精密计算、合理安排，还要完成自己的工作任务。

薛莹有过烦恼，也哭泣过。班组最多的时候有 16 个人，如何让这 16 个性情各异的人在工作中变成一条心，拧成一股绳，这真是个难题。

她找领导汇报工作，班组成员怀疑她打小报告，冷言冷语讽刺她，不配合工作。那段时间她每天睁开眼睛，一想到又要去上班，要处理一堆不如意的事情，要面对一些不欢迎她的人，就很头疼。她想过逃避，想打退堂鼓，辞去这个恼人的小班长，只专心干好自己的工作。妈妈对她进行鼓励，用自己多年的人生经验、工作经验为她出主意想办法。她慢慢悟到，做好班组长并不像干好个人工作那么简单，整体的好才是好。

她也反思自己：如何让大家更信服？要领导十几个人，首先就得包容他们，容得下他们的各种性情和这样那样的缺点，求大同存小异，以干好工作为目的。她克服管理难题，多动脑筋，公平公正，以身作则；遇事和大家勤商量，多沟通，工作自己多干点；内部矛盾不扩散，采取大事化小、小事化无的原则；对于不团结的职工，利用搞活动和工作中排班，有意识地把他们调到一起，制造小氛围让他们自己和解；平时工作中实施人性化管理，真情管理，上班前、下班后跟大家聊一聊。无论怎样，班组对外是一个团结协作的集体，要以最好的状态呈现。慢慢地，大家愿意听她的安排和建议了。

当时有一些外出试制产品的任务，只能拿试制工资，没有额外费用，不挣钱，没人愿意去。她带着一个新人去干，连试 3 架（份）垂

做好班组长并不像干好个人工作那么简单，整体的好才是好。她也反思自己：如何让大家更信服？在班组里每天面对的都是琐碎小事，但这些小事考验着她的能力，表现着她的公心与真诚。就这样，她一点点收获着大家对她的信任与尊重。她逐步成为大家的主心骨，班组的灵魂人物。（乔涛 摄）

尾，完成产品的验证。去之前要把工具、标准件全部拿齐，各种细节考虑周全，否则少一样东西，就得跑回来重拿，一来一回，时间浪费在路上。她带着这个新人，跑了 3 个月时间，虽然钱挣得少，但圆满完成了任务，积累了宝贵的工作经验。

班组工资考核是计件制，她若外出开会或学习，工作由别人替她干，她就将自己名下的计件工资发给干工作的人，这样班组里她经常工资拿得最少。虽然外出开会学习也是工作，但她坚持这样做。所以当了班组长后，她的工资收入反而比从前少了。

在班组里每天面对的都是琐碎小事，但这些小事考验着她的能力，表现着她的公心与真诚。就这样，她一点点收获着大家对她的信任与尊重。

薛莹在技术工作上勤于观察、善于思考，经常根据生产情况提出合理化意见，完善工艺流程。波音 737 垂尾前缘装配质量攻关被列为总厂重点项目。当时厂里推出 6S 管理、精益制造的方案，推行行迹管理、可视化管理，就是将工具摆放有序，随时可见，用完立即放回原处，方便下一次使用，创造一个科学化规范化的工作环境。薛莹班组成员有抵触情绪：工作已经挺累了，还做这些？薛莹放弃休息时间，开动脑子，自己设计、制作工具架。经过 3 个多月的试制，经过无数次试验，她最终制作出小推车式工具架，果然达到了工艺要求，改善了工作环境，使产品质量与进度有了保障，生产效率提高 25%。

小班长的威信逐步建立起来了。工作中的事，生活里的事，家长里短，婆婆妈妈，夫妻矛盾，甚至恋爱关系，大家都爱跟她说一说。她是一个最好的听众和知心姐妹，亦是心理疏导员。班组人员的困难，她想办法解决，职工家里红白喜事，她必亲自出面问候料理。日久见人心，真心换真情，点滴积累，真诚相待，她逐步成为大家的主心骨，班组的灵魂人物。有一次她外出开了几天会，回来后，一个小姐妹说：“可算回来了，都想你了。”她心里暖暖的。

2004年，波音公司代表提出了必须用小于5磅的推力使前缘组件上300多个孔上下同心，验收检测时他们只用大拇指轻轻推。5磅，大拇指的推力。以往装配时都是几个人推着前缘贴紧垂尾拧螺栓，波音公司提出的要求在当时简直是难以想象的苛刻。但是薛莹勇敢地接下了这个任务。

那段时间，除了吃饭、睡觉，薛莹全身心扑在工作上，装配现场就是她另外一个家，家里只是吃饭睡觉的地方。回到家，丈夫说：“先把你头上的铝屑抖干净，别吃到了肚子里。”

经过他们的不懈努力，装配一架垂尾前缘的周期一点点在缩短，10天，5天，3天……波音737-700垂尾月产量由7架份很快提高到10架份、12架份、14架份、24架份……2019年月产量达到了36架份，平均每个工作日完成一架份还多。

有一天，薛莹正埋头切割蒙皮余量，“嗞”的一声响，一条细铝丝贴着护目镜左侧划过额头皮肤。她只觉得额头一沉，还没感到疼，就听见同事的惊叫声，紧接着看见脚下无数双鞋子晃来晃去，感到有血顺着额头流下来。此时她还不知道，铝丝已经贴着护目镜平行钻进头皮五六厘米。在医院做完了紧急处理后，医生连声庆幸铝丝没有扎进脑部，薛莹这时才感到后怕起来。

经过30多架份的试制、40多个昼夜的鏖战，重要时刻终于来临。在验收现场，所有人的目光都紧紧盯着波音公司代表的手，现场的空气仿佛瞬间凝固。美国人用大拇指轻轻一推，垂尾前缘所有孔全部同心！

“OK！”波音代表露出了满意的笑容。最后他的目光落在了薛莹身上，微笑，点头，眼里流露出由衷的赞赏。

前缘班全班成员被波音公司授予“用户满意员工”称号，且波音公司向全球供应商推广他们的质量控制经验。

2005 年，薛莹所在班组被命名为“薛莹班”，这是中航工业西飞集团首次用个人名字命名的班组，也是西飞班组建设的最高奖励。

在薛莹看来，简单的事情认真做，平凡的小事坚持做，小铆钉里同样隐藏着大境界。如今，这个班组在薛莹的带领下，成长为一个能打硬仗的班组，每个人都以班组为荣，每个人都是干活的一把好手，没有偷懒的，没有讲条件的。薛莹班和雷锋班、赵梦桃小组、李素丽车组等名称一样，成为中华人民共和国建设史上一个闪亮的名片，都是质量信得过的班组。

为了防止工人干活时将小卡板等工具随手乱扔，薛莹在工具箱、零件周转车上贴了小标签“用完工装，请马上复位”。干完活把所有杂物再清理一遍，大家已经形成了这样的习惯。

工作态度是基础，专业知识是平台。薛莹班的学习室里，书架上摆满了专业技术资料和班组建设、企业文化等书籍。工作之余，班组的十几名工友就在薛莹的带领下学习、交流、讨论，切磋技艺，了解国内外大事、国际新闻，学习理论知识。犹如海绵一般，他们吸收着知识的养分，专业能力和思想素质也在不断提高。大家深知，自己所从事的工作，关系着飞机飞行安全。质量是企业的生命线。薛莹平时对大家十分和气，但在质量问题上绝不含糊，不合格的产品坚决返工重做，没有任何通融余地。

2005 年，薛莹第一次乘坐飞机，是去北京开会，当时乘坐的正是波音 737。当她想到这架飞机上有她亲手装上的铆钉，心情非常激动。她走进机舱，忍不住对身边乘客们说：“这架飞机的垂直尾翼，是我们班组安装的。”乘客们为这个娇弱的年轻女子鼓起掌来。从那以后，经常乘坐飞机的薛莹，当然不再向乘客们炫耀这件事。但一想到身后那个指向蓝天、造型完美、维持飞机平衡的垂直尾翼出自他们之手，自豪感和幸福感便油然而生。

参加工作十几年来，数不清有多少节假日是在生产现场度过的。那一排排整齐的工装，光洁挺拔的前缘，那刺耳的铆枪声与风钻声，都是那么亲切。一迈进那高大的装配厂房，薛莹就感到内心激动不已。每当她听到“我和我的祖国，一刻也不能分隔”的歌声，总觉得那是飞机滑翔的旋律，她不由得仰望天空，满怀着航空人的自豪感。

管理一个小班组，她再次感到自己能力有限，她需要进一步学习，拓宽视野，增强管理能力。她想到了深造学习，可孩子刚上小学，自己的时间、精力都是问题。

好在丈夫很支持她，决心两人一起带孩子、做家务，给她多腾出了一些时间。薛莹报名了西安交通大学继续教育学院，在西安航校开设的辅导点学习管理科学专业。业余时间的学习，有许多艰辛，工作、家务、孩子，都要兼顾。春夏秋冬，风里雨里，上课、学习、考试，她咬牙坚持。学制 3 年，20 多门课程，她考了 4 年，直到全部通过，终于拿到了理想中的本科文凭。

团结协作的班组管理逐渐得心应手，事业不断创出佳绩。薛莹班先后荣获了“全国质量信得过班组”“全国工人先锋号”“全国五一巾帼奖”“全国三八红旗集体”等荣誉。她自己也获得了一系列的荣誉。但她时时牢记，只有在团队中才能实现自己的人生价值，只有将自己像一颗铆钉一样钉在合适的位置，才能更好地发挥自身价值。有记者问她：“如果把自己比作飞机上的一个构造，你的选择是什么？”薛莹说：“我更喜欢当一颗铆钉，铆在自己的位置上。因为铆钉虽小，但每一颗都关系着整架飞机的安全。”是的，飞机制造这个行业，必须保证各个工序、各个部位的零差错，才能完成一架飞机的顺利起飞、安全运行。

2007 年，34 岁的薛莹当选为陕西省人大代表；2012 年，薛莹当

在薛莹看来，简单的事情认真做，平凡的小事坚持做，小铆钉里同样隐藏着大境界。有记者问她：“如果把自己比作飞机上的一个构造，你的选择是什么？”薛莹说：“我更喜欢当一颗铆钉，铆在自己的位置上。因为铆钉虽小，但每一颗都关系着整架飞机的安全。”

选为党的十八大代表；2017 年，薛莹当选为党的十九大代表。喜悦与幸福之余，她也有过迷茫，一开始不知从哪个角度发声，不能全面地理解政府工作报告，理解党和国家的政策，总之她自感还不能达到相应的高度，不能更好地履行代表的神圣职责。

人生有无数个开始，每一次进步与成功，每踏上一个台阶，都是下一段征程的启程，需要不断地储备能量。薛莹将目光转向了更高层面的学习与进取。

四

薛莹一路走来，自我定位准确，从各方面严格要求自己，初心不改，孜孜以求，不负众望，用十几年时间，完成了从一个女工到全国劳模、党的十九大代表的升华与蜕变。

作为全国妇联常委，她多次呼吁培养女性劳模，爱护女性劳模。她也常和广大女性朋友交流，谈到女性的家庭情感、事业焦虑，尤其是谈到面对负面因素要去怎样适应和克服时，她说，一定要树立自尊自强自信自立的精神，否则小小的风言风语就能打倒你。

薛莹和大多优秀女性一样，也有过烦恼，有过沮丧，尤其刚当上小班长的那些年里，孤独无助，常有失败感。心情不好时，她逛街、走路，把自己走得很累，回来睡上一觉，然后再针对困难想出对应的办法。她严于律己，宽以待人，对待工作，认真负责，义不容辞，对待成绩和荣誉，不争不抢不纠结，顺其自然，保持愉快轻松的学习工作状态。她观察到，凡做大事的人，都是很注重细节的人。工作中自不必说，严谨细致，那么多荣誉，足以证明她是个一丝不苟的人。在生活中，与人相处，温和厚道，尊重他人，热爱生活，她将家里家外打理得井井有条，各种细节做得恰当而到位。

她从没想过自己会和“成功”搭上边，只认为自己是个幸运者。她也曾跟年轻朋友交流关于成功的话题，她认为不要总想着自己什么时候成功，而是着眼于做好眼前的工作。做好当下，才能收获未来。无论你到了哪个岗位，做好自己的工作是根本。如果连当下都不愿做、做不好，只是空想，那么你获得未来的机会是零。青年朋友应培养良好的心理素质，注重文化素养及人格锻造，机遇到来时，要学会把握，并且要证明自己有把握机会的能力。

这些年来，她倒是感动于时时受到各方的关注与支持，得到各级组织、同事、朋友的认可。2017年11月18日，薛莹从北京领奖归来，小区门口悬挂着横幅：欢迎全国道德模范薛莹回家。那一刻她的眼泪差点掉下来。不论是在自己的工作单位还是在他们居住的家属区，她都有一种身处集体的温暖和幸福感。她唯有用自己的努力创造、辛勤劳动、履职尽责来回报社会各方的关爱。

薛莹从小生活在一个幸福和谐的家庭，她一直认为，家和万事兴。女性在家庭，要以柔克刚。夫妻二人要相互理解、信任与尊重。婚姻也是一场学习，两人因缘分走到一起，结合成一个小班组，携手同心，培养孩子，孝敬老人，尤其是当妈的，要时时给女儿作出榜样。女人要作出一些成就，需要更多的付出和牺牲，承担来自外界和内部的双重压力。夫妻二人也需要不断磨合，一同成长。二人也像天下众多夫妻一样，有过矛盾与争执。尤其薛莹刚当班长的那几年，早出晚归，每天下班回来，身心疲累，进门就先躺在沙发上歇歇，然后才起来管孩子做饭。人的精力体力毕竟有限，大量精力放在工作上，家里势必疏于打理。薛莹也曾疏于家务、疏于照顾孩子，有过焦头烂额的忙乱无措。薛莹伤心过为难过，后来她鼓励丈夫多做点儿家务，不管他做得好不好，薛莹都及时鼓励。在这个过程中，她体悟到，夫妻的长期磨合也是一场修行，时时考验和校正着自己。

后来她在工作上的成绩，得到了丈夫的认可和支持，二人开始一起分担家务。经过多年的磨合，一起走到了理性沉稳的中年，二人更好地理解了婚姻与家庭的内涵，他们更加珍惜对方，学会了相互理解与欣赏。现在约定俗成，买菜做饭是丈夫承担，其余家务都是她来做。三口之家幸福和谐，丈夫性格幽默，女儿是个开心果。女儿对母亲非常依恋，薛莹出差在外，女儿每天都要打几个电话，说这说那，像只快乐的小鸟。夫妻俩孝敬双方老人，孩子也有样学样，对爷爷奶奶、外公外婆都很好。

她并不因功成名就而在家里颐指气使，她还是那个贤惠的妻子、孝顺的儿媳、慈爱的母亲。她也并不将家务当成负担，而是将其看作一种享受，边听音乐边做家务，她同样有一种成就感。

五

一架飞机上有上百万颗铆钉，每一颗铆钉的质量都直接影响到飞机的安全。薛莹愿意做这样的铆钉，铆在合适的位置上，实现自身最大的价值。这是薛莹的心声，也是她努力写就的一首平实而伟大的叙事诗。

薛莹有着众多的头衔与身份，她不再只代表她个人，这些头衔与身份，每一个都需要投入相应的精力去履职尽责。

作为陕西军工劳模服务团团长，薛莹组织陕西军工企业的劳模，先后赴陕西秦正集团等单位跨企业集智攻关，传授技能，为培养更多的技术能手和创新人才作出贡献。作为陕西省人大代表，她设立薛莹工作室，对群众反映的问题进行认真思考与实际调查，提出议案，其中一项建议被西安市交通运输局采纳并实施。作为从企业到各部委的四级兼职副主席，她呼吁培养工匠精神，注重产业工人队伍的建设。作为全国总工会女职工委员会兼职副主任，她希望有更多的机会和平台，让一线工人和女性发声。她希望争取一些合理的政策，让工人和技能人员有一个更好的成长环境，实现技能强国。

记忆最深的是2015年在中央党校中青二班的学习，当时来自全国各地的青年领导干部、优秀人才，聚集北京海淀区大有村学习。一年的学习让她大开眼界。她至今还记得，报到那天，拉着行李箱走在中央党校幽静的林荫路上，惊喜、激动，让她感到学习是一件多么幸福的事情。但随之而来的是恐慌，大量的理论、时政、国际视野学习，让她这个来自基层、来自班组的人应接不暇。虽然之前在公司党校和省委党校学习过，自己平常也坚持看书学习，但那毕竟是短期培训、自己摸索，不是系统的、全面的学习。

搞技术的人，思考方式更为直接一些，只有非此即彼的答案。通过学习，通过与全国各地各行各业同学的交往，她大开眼界，思想境界大为提升。精彩、全面的课程设置，高级别专家的授课，火花碰撞的探讨与交流，结合理论的实践调研……她像一块海绵，全力吸收着丰富的知识，一点点消化着精神大餐。她对国防、科技、军工行业的相关知识与新闻信息很感兴趣。课余时间她集中阅读大量书籍，《资本论》等之前望而生畏的巨著，她也拿来细心捧读钻研，认真做好笔记。

她感到自己在很多方面还存在不足。比如她从事了20多年的技术工作，加上本来性格属于爱较真的一种，喜欢一条道走到黑。这个性格对于搞技术工作是非常好的，因为在技术上要丝毫不差、刨根寻源，对技术上的难题更是要多问几个为什么，必须找准问题，找到解决方法。但是，这种爱较真的性格也是眼睛里揉不得沙子，对自己做的事情容不得一点儿瑕疵，免不了瞻前顾后、患得患失。

经过一年的党校系统学习，她接触到更多技术以外的工作方法和思维方式，明白了再不能用过去那种单一的观念看待世界了，如果凡事一味较真，直来直去，或许难以得到希望的结果。她明白每一个问题的出现原因是复杂的，要学会多角度地分析问题、思考问题，用更多的智慧来解决问题。

薛莹对班组工作非常熟悉，所以她在很多场合并不愿意过多地谈及自己，总想说说她的班组。班组工作“麻雀虽小，五脏俱全”，班组是企业的细胞，是机体的神经末梢，企业的各项政策最后执行的落脚点就在班组。只有每一个班组充满了生机和活力，充满向上的力量和充沛的战斗力，企业才会有旺盛的生命力、强大的竞争力，才能实现又好又快的发展。

在党校安静的学习环境下，除了上课、读书外，她仔细梳理了自己的班组工作，回顾了自己走过的人生历程，将工作实践与心得体会很好地总结到结业论文中。这篇优秀的论文，除了对我国的劳模制度进行系统梳理外，还对自己的劳模身份、工作定位、如何履行社会职责等，作了全新的阐释。她在论文中写道：劳模是指在社会主义建设事业中作出突出贡献，其人品、态度和业绩堪称榜样和典型的劳动者。我国的劳模选拔标准是工作贡献和思想品德并重，因此劳模都是德艺双馨的人，不仅工作贡献很大，道德品行也明显高于常人，尤其是吃苦耐劳、无私奉献的精神。大部分劳模是普通劳动者，他们日常工作就是和普通的生产工人、技术人员、管理人员在一起，而劳模的身份使得他们能够与单位中、上层接触对话，既能够向上反映基层的利益诉求和意见建议，也能向基层传递上层的各种信息，实现上情下达、下情上达。劳模精神浓缩为“爱岗敬业、争创一流，艰苦奋斗、勇于创新，淡泊名利、甘于奉献”，在多样化的价值观中确立主导价值取向。

对于如何做好劳模，如何对待本职工作及班组成员，薛莹有如下几点感受：

一是诚信。上对领导，下对班组成员都要做到有章必循、有诺必践。要正确认识自我，明确定位。同时对客户更要讲诚信，有了客户的信任企业才会更好地发展。双方的互信才是合作牢靠的基石。

二是敬业。薛莹的父母是第一代航空人，从我国航空事业刚起步到现在多种机型的蓬勃发展，他们是最真实的见证者。在他们身上，薛莹深刻感受到“敬业”二字的含义，也看到了他们那份对航空事业的挚爱。这种挚爱也化为一种浓厚的情感复制到第二代航空人的身上。她继承了他们对事业的尊重，在长期工作中，这种尊重甚至逐渐演化为敬畏，因为航空制造业关联着国家财产安全，承载的是一条条鲜活的生命。这种敬畏，让她们对自己做的每一项工作的每一道工序都严谨、严谨，再严谨。

三是友善。首先，要处处替他人着想，切忌以自我为中心。学会站在别人的角度来考虑问题，心甘情愿作出自我牺牲。关心爱护班组成员，对他们的进步和职业发展要多提供锻炼机会。其次，要胸襟豁达，善于接受别人的意见和建议。

四是和谐。和谐是一切事物发展的基础。班组如此，企业如此，国家亦如此。

一年期满，学习归来，薛莹觉得自己的思想境界、理论水平、认识水平都提升了很多，看待问题、分析问题、处理问题的方式也有所改变。公司同事和领导也都看到了她的这一变化。

2017 年 10 月 18 日，中国共产党第十九次全国代表大会“党代表通道”第一场采访活动在人民大会堂举办。薛莹在回答记者提问时说到工匠精神：“工匠精神是恒久坚持和精益求精。世界上经营寿命长达百年的企业，无一不是将工匠精神融入企业文化之中。在制造业进入智能化的今天，工匠精神并不过时，它的核心本质是专心致志地做事。看似简单的事，要坚持做。人生最有意义又最难做到的事情就是坚持。质量无小事，一架飞机的制造，每一道工序都至关重要。”薛莹说：“过去，我们的制造能力不能完全满足国际一流航空公司的要求。经过不懈努力，现在我们闯过了各种难关，最重要的是提升了国产大飞机的整体制造能力。虽然对于一架飞机来说，一颗铆钉微不足道，但每颗铆钉都要恰如其分地待在自己应该待的位置上。微小如我，也有一个梦想，用中国工匠的双手作出更多的优质产品，让世界享受中国制造。”

薛莹始终自觉发挥劳模的示范引领作用，组织成立了劳模创新工作室，积极开展技术攻关和技能传承活动，解决现场瓶颈问题，培育工匠大师。她和前缘班的工友们，曾创造了月产 36 架（份）波音尾翼的纪录。如今，在全球飞行的 6000 多架波音 737 系列飞机中，都装着西飞人制造的垂尾。每一架飞机的垂尾上，都有着薛莹班辛勤的汗水和付出！

薛莹一直在思考、在探索，新时代的劳模如何更好地发挥自己的作用，做“智慧型劳模”。因为新时代的工人再不是靠出大力流大汗创造价值，他们是“智慧型工人”，可以通过对工具、工序、工艺规范的改进，使自己的操作更加得心应手，节约人力和资源，而不是单纯完成生产任务。有记者曾问她工人和工匠的区别。她认为，工人可以把产品做到及格，而工匠一定要做到 90 分以上，好工人是用心在做，好工匠是用脑加用心在做。而“智慧型劳模”更要在此基础上提升自己，在企业内部，在社会上，最大限度发挥自己的作用。她作为西飞集团的航空技能带头人，主持劳模创新工作室的相关工艺改进项目，积极参与技能大师工作室项目、技能带头人培养人才项目，实施人才培养计划，以提升工作效率，促进技能人才的健康成长。

这些年，薛莹在省内外作过许多场报告，大力宣扬劳模精神、工匠精神、岗位奉献精神，宣传爱国主义教育。她参与党的十八大和十九大宣讲，先后参与各种类别报告会、交流会100多场，用生动的语言和切身的体会、真实的例子，与众多青年学子、普通劳动者分享自己的成长之路，讲述自己从铆工学徒到班组长再到“大国工匠”的经历。她的每一次蜕变都和矢志不移、坚持奋斗密不可分。她的每一场演讲都引起听众强烈的共鸣，他们与她交流对话，延伸交往，从她身上汲取精神力量。她也耐心地面对众多如当初的她一样的追梦人、奋斗者，为他们答疑解惑，给他们加油鼓劲，帮他们树立信念，用自己的成绩和行动力争影响更多的人，形成自强不息、积极向上的社会氛围。

2019年11月，薛莹作为杰出校友，被邀请回到西安交通大学，为广大师生作了专题报告。她结合自身工作实际，用朴实无华的语言分享了自己20多年“铆钉”人生的奋斗进取历程，着重解读了工匠精神的深刻内涵。2018年11月，由中宣部、全国总工会、共青团中央、全国妇联共同主办的“将改革开放进行到底”百姓宣讲活动全国宣讲报告会在人民大会堂举行。她作为道德模范，为首都各界干部群众700多人作了报告。她的内心充满自豪，让更多的人了解了航空工业。

目前，有着众多荣誉和社会职务的薛莹，岗位还是国航厂总装工段薛莹班的铆装钳工。没有外出开会、学习、宣讲等活动的时候，她还是愿意回到岗位上，回到机器轰鸣的车间，回到她的班组，因为那里是她的根。她会跟大家一起干活，跟工友们聊天谈心，指导一下年轻人，查看一个又一个成品、半成品的垂直尾翼，看看一个又一个铆钉组装是否到位，质量是否合格，甚至打开工具柜，看看那一包包各

时代和机遇选择了她，而她不负时代，不辱使命，无私奉献，稳步前行。身披光环，历经繁华，薛莹还是那个薛莹，真诚善良，初心不改，与生活和谐相处；她却又不再是从前那个薛莹，她从女工队伍中脱颖而出，历经身心种种考验，抓住机遇，不懈努力，完成了一个女性的身心成长，书写出完美的人生答卷。（前排左一为薛莹）

种型号的铆钉。这样做的时候，她心里十分踏实。薛莹有不少师傅，徒弟也多，常常走在路上，就听到一声亲切的称呼：“师傅。”对面是一张青春洋溢的面孔，她停下电动车，说几句话，就像对兄弟姐妹一样。

薛莹是一个专注的人。她的工作需要专注、果断与力量，来不得半点拖泥带水，不能有一丝犹豫不决，必须注意力高度集中，精准而迅速，需要千万次的一锤定音。工作中，自是高度专注，生活中，她也养成了这种习惯。她倾注情感于自己的工作和事业，沉浸在自我的那个心灵世界，外界的纷繁复杂仿佛近不了她的身。她对这个世界索取不多，所需甚少，只有爱与感恩。她常常觉得生活给她太多，而她只是一个凡人，守在自己平静的世界里，就像她说的：很简单，不复杂。她身上更多的是守住本分做好自己该做事情的专注与简单，好像有一层看不见摸不着而又强大无比的保护膜在包围着她，塑造着她。这个保护膜是她用多年的刻苦、磨砺和专注为自己打造的护身符。

身披光环，历经繁华，薛莹还是那个薛莹，真诚善良，初心不改，与生活和谐相处；她却又不再是从前那个薛莹，她从女工队伍中脱颖而出，历经身心种种考验，抓住机遇，不懈努力，完成了一个女性的身心成长，书写出完美的人生答卷。无论是工作中还是生活中，她都以身作则，为企业发展和社会发展，为国家建设贡献一己之力。就连日常小事，也处处体现着一位劳模的高素质：遇见问路的，她详细指引方向，如果对方是孩子，还要再叮咛一句，注意安全，小心汽车。

她的故事告诉我们，踏实做好本职工作，不断历练和成长，在平凡工作中作出不平凡的业绩，实现自己的人生价值，是一件幸福而美好的事。

山坳里的奋斗者

——记全国劳动模范张莲莲

山坳里的奋斗者

——记全国劳动模范张莲莲

厚　夫

张莲莲简介

张莲莲，女，汉族，1952年3月出生，中共党员，陕西延安人，自1981年以来，先后承包1750余亩荒地，带动全家四代和村里人植树20余万株，使荒山披上了绿装。张莲莲要求她家所有党员都要发挥模范带头作用，传承“守望青山、艰苦创业、甘于奉献”的家风。几十年来，她在村里修路架线、资助孤儿，为村民办好事办实事。她荣获“全国绿化奖章”，被授予“全国劳动模范”“全国最美家庭”“全国巾帼建功标兵”“全国优秀共产党员”“陕西省劳动模范”“陕西省双学双比女能手”等荣誉称号。

张莲莲，年逾七旬、身高不足一米六〇的延安市安塞区金明街道办雷坪塔村村民小组的农村妇女，生活在陕北的大山皱褶里。从1981年起，她带领全家人开始种树植绿。截至2021年，她家累计栽植成活的树木就达20多万棵，为1750多亩荒山披上了绿装，为陕北高原由黄变绿、为黄土高原水土流失的治理作出了特殊的贡献。

那么，这位身材矮小的陕北农村妇女，为何能迸发出巨大的生命能量，进而作出如此伟大的壮举呢？

一

陕北高原从地域环境上讲，是黄土高原的有机组成部分。延安以北是长期饱经风浸雨蚀形成的沟壑区，构成了陕北黄土高原沟壑纵横、山大沟深、土硗地瘠的地理特征。

张莲莲所在的安塞区金明街道办东营行政村雷坪塔村，就在延河流域的沟壑区内。地理形态的延河，是黄河一条比较小的支流，发源于延安市与榆林市交界的白于山区，流经安塞区、宝塔区、延长县，汇入黄河。打个比方，延河是黄河这棵大树的枝杈，雷坪塔村则是一片小树叶，它的一径细流仅是延河的一个毛细血管而已。雷坪塔村就隐藏在安塞区黄土沟壑的皱纹里，是个在县级行政地图上也找不到的小山村。它距延河川道大约2.5公里、距县城大约7.5公里路的样子。村子的地理特点像个羽毛球拍，只有细线一样的道路与外界联系，若是不经意地寻找，谁也不会注意到那细缝一样的沟壑中竟隐藏着一个叫“雷坪塔”的小山村。这个小山村的20多户人家，绝大多数是战乱年代从横山、子洲一带逃荒下来的贫苦农民。因为这个村最早定居

张莲莲，这位年逾七旬、身高不足一米六〇的延安市安塞区金明街道办雷坪塔村村民小组的农村妇女，从 1981 年起，她带领全家人开始种树植绿。截至 2021 年，她家累计栽植成活的树木就达 20 多万棵，为 1750 多亩荒山披上了绿装，为陕北高原由黄变绿、为黄土高原水土流失的治理作出了特殊的贡献。（邵瑞 摄）

的移民是雷姓人家，因此村子拥有了画地为牢般的“雷坪塔”名字。“雷坪塌，沟垴洼，水土流失年成瞎。地老天荒梁峁秃，糜谷旱得拧麻花。”当地流传的一段民谣，曾经诉说着这个村子自然条件的恶劣。陕北方言把“农民”叫“受苦人”，把“劳动”叫“受苦”。穷是这个村子在改革开放之前的典型特征，在土地上劳作的“受苦人”，每天“把东山日头背到西山里”，但就是脱不了这个“穷”字。

生于1952年的张莲莲，是距雷坪塔村5公里的龙安村人，严格意义上是“川道人”，她娘家的村子自然条件虽然要好于雷坪塔村，但说她是在苦水里泡大的一点也不为过。新中国刚刚成立后的陕北安塞农村，自然条件差不用说，那对所有人是一样的。更为关键的是她从小就活在艰难中，生父进了城，与结发妻子离了婚。母亲带着她，改嫁给龙安村一个贫苦的农民，再育一男二女。穷人的孩子早当家。张莲莲从小就非常懂事，五六岁时开始照看大妹妹与弟弟，喂猪喂羊，洗衣做饭。

1961年，小妹妹刚刚出生，母亲重病在县医院抢救，继父要照顾病人，只得把出生才10天的新生儿交给9岁的张莲莲管。这个才9岁的“小大人”从邻居婶婶那里学会做米面糊糊，并想方设法喂到新生儿嘴里。住了42天院的母亲虽然保住了命，但从此卧床不起。从这时起，张莲莲挑起了本应是母亲肩上的全部重担，操持起了家务。继父是生产队的好劳力，每天要干重体力活，挣工分养家，她就在母亲的指导下给继父做饭；一个弟弟和两个妹妹都还很小，她不能让他们饿一天肚子；除此之外，她还要照顾病重的母亲……

每天站在石头上够着锅台做饭，跪在锅台上洗碗，坐在炕上学做针线活，这就是少年张莲莲的人生常态。当然，她也想上学，看着同村的女娃娃背着书包上学，放学回来嬉戏玩耍，她又怎会不想进学堂呢？

母亲看出女儿的心思："莲莲，这个世上没有谁能帮你，记着妈的话，天上下雨地上滑，个人跌倒个人爬。自己的苦只能自己受！"这个早熟的农家少女，噙着泪花，给母亲点头。

1962 年，张莲莲的母亲去世。继父是生产队长，一年四季忙于生产队上百号人的活计。张莲莲已经出落成一名利落的"家庭主妇"，把家里的事情安排得妥妥帖帖。

1968 年，16 岁的张莲莲出嫁到拐沟 5 公里路的雷坪塔村。出嫁那天，继父流泪，弟弟妹妹们号啕大哭，不懂事的小妹妹更是抱住姐姐的腿不让走："大姐，我要跟你走，你把我领上！……"张莲莲被迎亲的人们硬架到毛驴背上，驮进山大沟深的雷坪塔村……

丈夫家也是从绥德逃荒来的移民，是三辈十口人的穷困家庭。雷坪塔村的婚房是半截驴圈窑改造的土窑洞，因为太浅，只能用接厦子的方式凑合。张莲莲自小练就的操持家务的能力，很快得到这个大家庭的认可。但是矛盾也接踵而至，因为娘家的弟弟妹妹太小，她只好十天半月就赶回娘家安排继父与弟弟妹妹的生活。对此，婆婆很不高兴，指责儿媳："你是我家花钱买来的，不要再给娘家干活！"为此，张莲莲进行过激烈的反抗。没有继父，她可能连命都没有了，不照顾娘家人，她办不到，好在小她一岁的丈夫倒是理解。再后来，婆婆也就理解了。

1969 年，张莲莲做了母亲，有了大儿子。1970 年，张莲莲与公婆分家单过。她与丈夫的所有家当，就是接了厦子的半眼土窑，三升高粱米、一升半米。没有饭碗，小菜盆盆当饭碗；没有筷子，找个树枝当筷子。就这样，她与丈夫带着一岁的大儿子开始经营起这个一贫如洗的小家庭。身为"准木匠"的丈夫王耀武因为头脑灵活、腿脚勤快，常年外出当公社的义务工，修水库、上砖厂、养公路，就为了每天能领到一毛钱，补贴家用。张莲莲则在村里参加劳动，抚养孩子，操持家务。

那时，生产队规定男劳力一个月出28个工、女劳力出26个工；三个有孩子的婆姨编一组，轮流两人上地干活、一人照看三家孩子。冬天，全公社在东营大队搞农田基本建设。张莲莲总是鸡叫就起来做好全家人一天的饭，野菜糠糊糊熬一大锅。听见村里有人走，赶紧把4个孩子锁在家里出门，走2.5公里山路，每天干完额定的土方才能回家。回家时刻，一般是傍晚上灯时分，4个孩子在家已经饿得嗷嗷直叫。就这样，她一干就是45天，从没有缺过一天勤。

雷坪塔村是陕北典型的拐沟穷村，因为没有水浇地，只能是广种薄收、靠天吃饭。“文化大革命”时期的雷坪塔村，张莲莲一家6口人一般年景每人分270斤原粮，丰收了能分到300斤。生产队每年打的芝麻与黄芥还不够交公家的任务，社员根本吃不上油。“受苦人”没有油水、苦又重，分下的粮食到过年就吃得差不多了；二三月就要开始吃返销粮，春天一来，就要搭着野菜救命。陕北农村有民谚：“肥正月，瘦二月，半死不活的三四月。”其实，这个“肥”也是相对概念。1973年春节期间，张莲莲家买了三斤猪肉过大年。这个有肉的年味，竟让她回味了很长时间。

还有一年，因为大旱等原因，全队人辛辛苦苦上山种了一年地，只打了40担原粮，除了交公粮、留籽种与牲口饲料之外，分到社员口袋里的粮食就没有几颗了。吃了上顿没下顿，日子只能一天天地苦撑着。张莲莲的公公婆婆实在没有办法撑下苦日子，只好领着没成家的儿女们再一次“走南路”，到延安地区富县牛武公社一带逃荒去了，而张莲莲和丈夫王耀武只能留守在雷坪塔村苦熬日月。

那时，走上县级领导岗位的生父已经开始认了这个在苦水里泡大的农村女儿。见到张莲莲穷家薄业、一贫如洗，无限感慨地说：“莲莲，你这个家与寻吃讨饭的人唯一的差别，就是多了个锅灶！”

此时的陕北广大农村，早已陷入“越穷越垦，越垦越穷”的怪圈。因为植被破坏，水土流失现象严重，每年 3 月份，陕北都要刮近一个月“老黄风”。那“老黄风”一年一个轮回，刮得尘土飞扬，天昏地暗。信天游唱：“羊要吃草上坡畔，受苦人吃饭靠血汗。春种禾苗秋收谷，咱黄土里笑来黄土里哭……”

从文化心理学的角度来看，一个人能承受多大苦难，就能成就多大的事业，只不过需要假以时日。张莲莲不甘于自己的命运，陕北黄土地上成千上万个“受苦人”，期待着社会的变化与春雷的声音……

二

1981 年，党的十一届三中全会已经召开两年多了。全党已把工作重点转到社会主义现代化建设上，改革开放的浩荡东风刮到交通极为不便的陕北偏僻农村。此时的安塞县甚至整个陕北，受苦仍是农村人的基本生存方式。延安广大农村仍是“煤油点灯牛耕地”，交通不便，电力不通，所谓现代化的设施可能就是村里的有线广播。

1981 年是张莲莲的重要人生节点，在此之前与在此之后的张莲莲是两种人生状态。因为这一年春天，改革开放的春风终于吹到这个闭塞的小山村。当年正月，延安地区安塞县真武洞公社东营大队开始实行土地联产承包责任制。按照当时的土地承包分配标准，雷坪塔村社员每人能分到 30 亩坡地，还不算烂沟烂洼。张莲莲一家终于分到属于自己的想种什么就可以种什么的土地。她与丈夫的兴奋劲儿就甭提了！

张莲莲与丈夫到延安城里看望已经担任地区林业局副局长的生父。搞林业的父亲告诉她：“如今国家政策好了，你不识字，栽树是

1981 年是张莲莲的重要人生节点，在此之前与在此之后的张莲莲是两种人生状态。因为这一年春天，改革开放的春风终于吹到这个闭塞的小山村。张莲莲与丈夫在 1981 年就栽了上百亩地的树苗，种了几十亩庄稼地，打了 25 担粮食。从此，他们全家彻底告别吃不饱饭的历史！（邵瑞 摄）

个好办法。把树栽下，十来年就长成材了。好好下苦栽树，就能过上个好光景！……”

父亲的一席话如醍醐灌顶，点醒了张莲莲。她虽然不懂得改革开放与“十年树木，百年树人”的大道理，但是最朴素的人生认知还是明确的：地是自己的，自己说了算；丈夫王耀武是个木匠，自己栽的树长大了就可以打家具卖钱；只要把苦下到，就一定有收获。更何况这树只有个长、没有个短，到什么时候都不会亏人！……

张莲莲是个急性子，与丈夫一合计，就开始做栽树的前期准备工作了。她与丈夫大胆承包了雷坪塔村高树梁400多亩无人问津的沟洼地。打听到县苗圃有水桐、杨树等树苗，就东拼西凑借了100元钱，洋槐一株2分钱，杨树一株5分钱，夫妻俩第一次买了2000来棵树苗。苗圃离村子约10公里，进村的路拉不成架子车。张莲莲就同丈夫一人背50多公斤的小树苗回家。回家途中要过延河，河上只有两根光木头。怕掉到河里，他们只能蹚过满是冰凌的刺骨河水。他们一次次地饿着肚子、咬着牙蹚过冻得钻心的消冰水，往返20公里路。就这样，张莲莲与丈夫都落下了腿疼的病根。

树苗有了，要栽上不容易。栽树的黄金时间是春天地解冻后的两个月、收秋后一个月。时间宝贵，张莲莲与丈夫天不亮就吃了饭，把小儿子锁在家里，背上树苗，扛上工具，就上山栽树去了。他们一干就是一整天，有时晚上月亮上来了还在地里干。渴了喝点水壶里的水，饿了啃点窝窝头，累了就倒在树荫下小睡一会儿。他们承包的高树梁是没人去的荒山荒沟，沟道里全是坚沙石，陡崖上草都不长，铁锨铲不进，镢头挖不开。张莲莲就跪在地上用手刨，十个指头烂得血肉模糊；没钱买手套，就用破布条把手指缠上，用针缝成布套套在手上，等干完活后血肉和布套黏在一起，撕心裂肺得疼……

秋后栽树更受罪。张莲莲的两只手全是用力挖坑撕开的小口子，秋后的露水洒进去钻心疼。每天只好用火烧烧手上裂开口子的肉后继续干，旧口子还没长上，新口子又崩开了。就这样天天栽，没误过一个栽树的好天气。

树苗栽上了，还要像对孩子一样精心养护。夏天了，黄土山旱得直冒烟，不浇水小树苗都得旱死。张莲莲与丈夫又担起沉重的老木桶，从底沟里一担一担地担水浇树，肩膀压肿了，磨破了，但她从没叫过一声苦，比起小时候受的苦，这些都不算什么。因为她心里是甜的，她知道苦尽就会甘来。这些小树苗是她发家致富的希望！

就这样，张莲莲与丈夫在1981年就栽了上百亩地的树苗，种了几十亩庄稼地，打了25担粮食。从此，他们全家彻底告别吃不饱饭的历史！

三

著名作家路遥曾在谈论作家的劳动时言："正如一个农民春种夏耘，到头一场火害颗粒无收，他也不会为此而将劳动永远束之高阁，他第二年仍然会心平气静地去春种夏耘而不管秋天的收成如何。"

路遥这位黄土地的儿子，他懂得农民的劳动是最诚实的劳动，来不得一丝半点的马虎。这个简单而朴素的道理，张莲莲也懂。她晓得农业社生产队时期，许多人出工不出力，导致"人哄地皮，地皮哄肚皮"。如今，党和国家给了这么好的政策，自己再不好好干，就对不起小时候受过的那些苦了。

张莲莲与丈夫的栽树活动有3个最诚实的环节：育树苗，栽树，养护树苗。从1982年开始，张莲莲与丈夫买一部分树苗，捡拾一部分县苗圃、大队苗圃不要的小树苗，再就是把更多的精力集中在自己育树苗上。他们把自家地里的柳树、杨树的椽当苗子造林。丈夫上树砍椽，张莲莲扛椽，一次两三根，要从阳峁坡走1.5公里的羊肠小道，才能到达高树梁的沟底，把椽栽到挖好的树坑里。张莲莲肩膀上的皮肉压烂了，快长好了，又压烂了，布衫经常和血肉黏在一起。张莲莲发现7寸长的老槐树根埋在地里，两头可以出两根苗。于是，又开始挖槐树根，一段一段地收拾好，装在麻袋里，再与丈夫背到高树梁的栽树工地。最初3年栽树的树苗，就是这样靠过冰河买树苗、砍大树、挖树根来解决的。

栽树难，不仅难在皮肉，更难在观念。张莲莲与丈夫上山栽树的举动，引发了雷坪塔村许多人的不解。有人当着张莲莲的面，用斧头把刚成活的小树苗连砍几株，故意搞破坏。张莲莲伸长脖子，针锋相对地斗争："我栽树光明正大，你砍树不光彩，你只要把我砍不死就不顶事！你砍了，我还要栽！……"

"别人砍了我的树，比打我的孩子都让我心疼，"她对丈夫说，"我真希望那些人不要砍树，哪怕打我一顿我都愿意。"

还有人害了"红眼病"，故意将羊群赶进林地，不消半天，刚刚萌绿的小树被啃食殆尽。看到那些被损毁的小树苗，张莲莲在山坳里放声大哭。

"算了吧，咱好好种地不行吗？种树30年才成林，我们能等得到吗？"连丈夫都开始劝她放弃。但倔强的张莲莲不服软，红着眼眶的她第二天又扛着铁锹上山了。"别人都说我种不成，我就偏要种成给他们看！"为了解决好事者的破坏，张莲莲与丈夫在种的树的空隙里全都种上粮食。因为羊踏青苗违法，这样才把树苗稳住了。

打击接二连三。开始种树时，由于树根不牢，夏天的一场暴雨下来，成片的幼林被连根拔起，一年心血，毁于一旦。村里人都说："这下她该放弃了吧？咱这焦黄圪塄，天生就不是种树的料！"

树垮了，但张莲莲没垮。她愈挫愈勇，山上得更勤了，把树栽得更深了。村里人发现，除了晚上睡觉，山梁上总有一个挥舞镢头的瘦小身躯，质疑声逐渐变成了慨叹声：“这婆姨，身子比锄把子高不了多少，哪来这么大的力气哩？”

有一次，她扛着树苗上山，一脚踩空踏进田鼠洞，右膝受伤，自此落下病根，至今难以打弯。直到10年之后，她才做手术将右膝盖骨摘除，一块不锈钢人造膝盖骨永久植入体内。

陕北的山梁陡峭，有些超过75度的山峁连羊都上不去。有一次用架子车拉树苗上山，车子翻落沟底，驴子被扣在车下奄奄一息，张莲莲没被吓住，硬是把树苗扛上了山。

经过3年的努力，张莲莲与丈夫在荒山栽树成功了。雷坪塔村不长一棵树的高树梁荒山坡上，全是他们栽种的树木。一到夏天，这高树梁沟沟洼洼全是星星点点的绿意。这一切，让张莲莲更有信心了。

造林就得成片，成片才好养护。1985年春，张莲莲与丈夫为了集中连片造林，征得村委会同意，除保留一点基本的口粮田外，把自家20多亩耕地置换成几百亩荒坡地，同时还买了几个迁出户的老林地和两块集体林地。

“她疯了吧？人家都忙着种地，她放着好地不种，却在山地上种树？”在那个温饱尚成问题的年代，张莲莲的举动堪称惊世骇俗，流言蜚语随之接踵而来。“人家的嘴长在人家身上，说又说不疼人。我才不管它！”张莲莲非常倔强，认准的事情九头牛都拉不回来。

为了彻底解决育苗问题，张莲莲又借了3万元，雇用推土机推平16亩坡地，作为育苗基地。没有育苗的种子，他们就上山采集杨树与洋槐树种子，再不够就掏钱买种子；没有育苗的水窖，他们就肩挑石头自己砌。就这样，张莲莲与丈夫在雷坪塔村建起全村第一个育苗基地，5年共育出各种树苗70多万株。这些树苗除了自家用之外，

经过 3 年的努力，张莲莲与丈夫在荒山栽树成功了。雷坪塔村不长一棵树的高树梁荒山坡上，全是他们栽种的树木。一到夏天，这高树梁沟沟洼洼全是星星点点的绿意。这一切，让张莲莲更有信心了。（邵瑞 摄）

还卖了一部分补贴家用。

在张莲莲夫妇的带动下，4个正在外打工与上学的儿女一回到家，就主动扛起镢头上山栽树。他们知道，父母的诚实劳动就是让这个家有个好光景。

张莲莲夫妇除了种好庄稼、春秋两季栽树造林外，冬闲就做木箱卖钱。他们夏天买树锯板，冬天抓紧时间做木活。村子没电，一到晚上张莲莲就举着煤油灯为丈夫照明；丈夫则专心致志地做木箱，天天忙到后半夜。就这样，每5天能做两对木箱。做好木箱后，夫妻俩和衣躺一会，凌晨3点左右起来做饭，天不亮就背上木箱走2.5公里山路出沟，再把木箱放到架子车上，拉到县城集市上去卖。一对木箱卖60元，除去木料费，能净挣30元。5天两对木箱，能挣60元，这是很可观的收入。

在做着“发家致富”梦的同时，张莲莲与丈夫谋划箍新石窑，下决心搬出那个住了十几年的半眼土窑洞。他们在村子沟道里打好石头，又一块一块地背到窑基地里。

1988年，是张莲莲家的幸福年。那年夏天，她与丈夫用卖木箱、卖原粮的4700元钱，箍了7眼新石窑。这个举动，引起雷坪塔村人的极大震动，他们天天来看风景。张莲莲1968年嫁到村里时，新房是接了厦子的半眼土窑洞；1981年张莲莲开始栽树时，为了100元买树苗钱，借了大半个村子。可就是这短短的七八年间，张莲莲就富得一下子敢箍成7眼新石窑。这可是雷坪塔村历史上的最大新闻！

就在起劲儿箍窑的时候，安塞县妇联主任李爱莲来了，听说张莲莲的事迹后专门进村来看看情况。

李爱莲看到张莲莲又红又肿的肩膀问：“你的肩膀怎么了？”

张莲莲说：“栽树扛柳椽压的。”

李爱莲心疼地说：“你的肩膀已经这么肿了，歇一歇吧！”

张莲莲摇了摇头："不敢歇！砍下的椽要及时栽，一刻也不能误，一天也不能歇！……"

李爱莲落泪了："你才是全县的妇女勤劳致富典型。我们到处找先进，总算找到你这个真典型了！"

张莲莲也脱口而出："幸福的家庭是奋斗出来的。现在国家政策这么好，鼓励大家致富，只要好好下苦栽树，就能过上好光景！……"

李爱莲的手与张莲莲的手紧紧握在一起。从此以后，张莲莲栽树植绿的事迹传到安塞县，传到延安地区，传到陕西省。

四

1990年以后，常年与妻子开大车跑运输的大儿子，干脆把孩子留给了张莲莲。从那时起，张莲莲与丈夫开始背上孙子种树。丈夫扛着树苗，她背着孙子，带好两人的干粮、水以及孙子的奶粉等用品，每天都是早上去晚上回，既要照顾孙子，又要栽好树。这样带孙子种树的事情让外人不可思议，好在他们夫妇有的是力气，有的是精力，也有的是情怀。

张莲莲与丈夫就这样日复一日，年复一年，不停歇地栽树、浇水、锄草、守护，起早贪黑地在山里摸爬滚打，一干就是十来年。十年树木，第一批杨树、槐树成材，张莲莲家彻底摆脱了贫困，也有效地示范与带动了雷坪塔村的村民。

榜样的力量是无穷的，眼前看得见的可学可摸的榜样更能产生惊人的效能。这"身子比锄把子高不了多少"的女人能致富，为什么我就不行？雷坪塔村许多原先不看好张莲莲的人、原来妒忌张莲莲的人，开始转变了观念，也开始在自家地里栽起树来了。

1995 年，张莲莲夫妇召开家庭会议，又作出一个更惊人的举动。他们承包新窑垴畔园子湾 100 亩荒地，租来推土机，平整出山坡梯田，开始栽植苹果树。为此，他们投入大儿子与儿媳跑长途搞运输挣来的几十万元钱。陕北苹果树的栽种一直在延安以南的洛川、黄陵、富县一带，因为经营时间长，有相对成熟的果园管理经验。而延安以北的安塞一带搞山地富士果园，基本上是刚刚起步，能否赚钱尚是个未知数。果园种植是精细农业，后期需要投入大量的人力物力，不像柳树、槐树与杨树那么简单。但是既然要长远发展，就必须栽种一批经济林，形成一个长效机制。

大家的意见统一了，接下来就是怎样干的问题。果树栽上去必须尽快浇水，雷坪塔村是个缺水的小山村，石缝里渗出的泉水在后沟，离果园又远。张莲莲每天凌晨三四点就起身，一个人去后沟担水。担水上山要 20 多分钟，担空桶下山走小路要 10 多分钟，一个来回要半个多小时。她每天吃早饭前要担 10 回水，一晌午要担 20 回水，天黑再担 10 回水，每天必须完成 40 担水的任务。有一阵子，张莲莲累得快撑不住了，但她一想现在栽不活这批果树，既撂了钱，又让这 100 亩地白白荒废一年。她咬紧牙关，硬是坚持下来了。

为了一劳永逸地解决用水问题，张莲莲夫妇又带着儿女起早贪黑地开路打坝，修蓄水池，铺设管道，既满足了果树灌溉需要，也让全村人吃上了甘甜的泉水。这个果园三四年后就挂果了，盛果期时一年净收入三四十万元。张莲莲与丈夫笑得合不拢嘴，儿女们也夸这位有主见、有行动力的好母亲。

1999 年，对于全延安市的百姓来说是个永远值得记忆的年份。国家把陕北地区的退耕还林工作提升到战略层面。而在国家退耕还林政策全面启动前的很长一段时间内，张莲莲家的树木已经是安塞乃至全延安市少有的个人成片林地了。也就是说，张莲莲夫妇花十几年心血栽种的成片林地已成为绿色的旗帜，有效地带动与示范了退耕还林的实施。

有了国家政策做保障，张莲莲夫妇的决心更大了。他们一家又先后承包雷坪塔村 1200 多亩荒山，全部种植仁用杏、核桃树、刺槐等经济林，真正走上以林养林的规模化生产道路。“一户致富不算富，大家致富才算富。”张莲莲与丈夫不光自己栽树，还免费给村民们提供树苗，带动大家一起绿化山林，种树致富。

张莲莲种树十几年如一日的先进事迹，再次引发社会的广泛关注。党和政府给了她多个极高的荣誉：1997 年，被陕西省人民政府授予“陕西省劳动模范”称号；1999 年，被全国妇联、国家林业局授予“全国三八绿色优质工程奖”；2000 年，被国务院授予“全国劳动模范”称号。

2000 年 4 月下旬，张莲莲作为延安市的全国劳动模范随陕西代表团进北京。4 月 28 日一大早，陕西代表团召开全体会议。带队的领导让张莲莲站起来，举起双手给大家看看。第一次参加这样高规格会议的张莲莲不知道是什么意思，就慢慢地站起来，胆怯地举起双手。

这时，全场突然安静了下来，人们都盯着张莲莲这双手背是黑粗皮、手指头满是粉红色嫩肉、关节肿大变形的手。顿时，全场响起热烈的掌声，记者们纷纷压下快门拍照。领导接着说：“张莲莲这双手，是一双饱经风霜、营造绿色、造福子孙的手，体现了我们的延安精神，体现了劳动的光荣、劳模的光荣！……”

全场再次爆发出热烈的掌声，张莲莲的眼睛湿润了，她这样大字不识一个的普通农民，因为诚实劳动得到了国家的礼遇与大家的尊重。

有了国家政策做保障，张莲莲夫妇的决心更大了。他们一家又先后承包雷坪塔村 1200 多亩荒山，全部种植仁用杏、核桃树、刺槐等经济林，真正走上以林养林的规模化生产道路。“一户致富不算富，大家致富才算富。”张莲莲与丈夫不光自己栽树，还免费给村民们提供树苗，带动大家一起绿化山林，种树致富。（邵瑞 摄）

生父已到癌症晚期，走到生命的最后时刻。躺在延安市医院病床上的父亲时而清醒时而昏迷，清醒时断断续续地给大夫说："我那个受苦的女子当了全国劳模……"

在北京领完奖后，张莲莲就急着赶回延安。父亲拉着张莲莲的手不放，喘着粗气说："我在延安电视新闻上看到你临走前接受记者采访。我还怕你不会说话，可你说'我到北京开会，就是让大家学习农民！'你说得好，说得好！当农民也能上人民大会堂！……"

这句话，其实就是张莲莲的心里话。当年，她第一次怯生生地走进生父城里的家后，就没有自在过一天，她知道那不是她的家。如今，病榻上生命垂危的父亲读懂了她，因为她坚毅的目光明确地告诉世人："我要活得像个人！"

张莲莲用已经变形的粗糙双手紧紧抓住老父亲。她的眼泪像断了线的珠子，再也控制不住情绪，人生所有的委屈在此时得到了最彻底的释放……

五

因为成为种树典型，张莲莲在2000年获"全国劳动模范"称号后，又于当年年底被中共延安市委、市人民政府授予"发扬延安精神先进个人"称号；2003年，她当选为陕西省人大代表，出席了陕西省第十届人民代表大会，并当选为大会主席团成员。

2003年，张莲莲还光荣加入了中国共产党。自举起拳头宣誓的那一刻起，张莲莲有了自己的新打算，她要调整自己的人生姿态，带领乡亲们走共同富裕的道路。在她的言传身教下，次子、长媳、长孙后来也相继加入中国共产党。

为了让乡亲们种的树能顺利通过验收，张莲莲看见有空地就补种，比主人家还上心。县里对各村退耕还林进行大检查，有些村民因为缺劳力，林地需要补栽。张莲莲就自己出2200多元雇了10个工人，对那些没有达标的林地进行及时补栽。她想，自己是共产党员，理应让家家户户的树都栽满、长好。经过多年的努力，雷坪塔村的林草覆盖率达98%。雷坪塔村的荒山秃岭都栽上了树、披上了绿装。水土流失问题解决了，环境自然也就变好了。

2005年，53岁的张莲莲又被赋予一项更为艰巨的任务，她被村民选为东营行政村雷坪塔村村民小组组长。雷坪塔村是一个长期被现代化“遗忘”的偏僻山村，这个村子错过了延安地区20世纪90年代后期轰轰烈烈的通电、通路、通邮的“三通”工程，甚至没有享受到安塞在20世纪90年代以后因石油开发而富裕起来的陕北能源县的红利。到张莲莲正式担任雷坪塔村村民小组组长的2005年，雷坪塔村仍然处于没路、没电、没桥的封闭与落后状态，这不能不让人心痛。

从高票当选村民小组组长的第一天起，张莲莲想得最多的不是自己家如何种树致富，而是怎样为集体为大家多办实事。她虽然不识字、没有文化，但有的是胆量与勇气，有的是解决困难的意志与能力。为此，她捋清思路，决定从雷坪塔村的实际出发，开始解决雷坪塔村的修路架桥、通电与办学问题。张莲莲自己买票乘车，到镇里、县里、市里甚至是省里，一次次地敲开领导办公室的门，诉说雷坪塔村的困难，跑资金争项目，一项一项地解决村里的实际问题。

2006年，张莲莲协调解决了雷坪塔村的通电问题。电力公司架了30根电线杆，引线入户，雷坪塔村彻底告别了祖祖辈辈点煤油灯的历史。在架杆通电期间，张莲莲用自家的米面油肉给17名电力工人做了十来天饭，每天中午和丈夫担两担饭和水，最远要走5公里山路送到施工现场，让工人们吃上可口的饭菜。

2007年，张莲莲又协调解决了东营行政村办小学的问题，建了校园围墙，硬化、绿化与美化了校园。从此，东营小学的学生告别“晴天一身土，雨天一身泥”的生活。

2007年，她协调修通了东营村过延河的过水桥，从此东营行政村的孩子们再也不用蹚水过河，附近百姓也少了出行的熬煎。

2007年，她还找到陕西省主管交通的副省长，请他批复雷坪塔村通往东营村的砂石路。省里下拨了60万元经费，但具体执行起来难度很大。她又托人给当时的延安市市长打电话，想方设法找到市长面陈情况，这才开始施工。路修完了，还差12万多元，张莲莲和丈夫商量后拿出自家钱垫上，才算了结了工程款。后来张莲莲仍不断奔走呼吁，雷坪塔的进村路终于被改造成一条加宽的柏油路，大卡车也能开进去。

2013年7月份，延安下了一个月大雨，雷坪塔村村民的窑洞全部进了水，还出现了几孔危险窑洞，随时有崩塌的可能。张莲莲马上安排问题严重的6户10多口人住进自家新盖的平房里，每天早晚还给大家做饭吃，直到5天后镇里做了统一安排。雨季过后，张莲莲又专门给镇里汇报、给县里反映，请求县里从根本上解决受灾村民的住房问题。当年，县里在县城边上给雷坪塔村全村家家户户分配了户均60平方米的救灾房。

张莲莲虽然没有文化，但她有敢作敢为的性格与坚定如磐的执行力。这既让她成为一名好的致富能手，也让她成为新山村建设的推动者。经过多年的不懈努力，雷坪塔村里通了电，有了进村的柏油路，甚至还在县城分配到政府统一规划的搬迁安置小区的新房。这样，雷坪塔村人才真正融入现代生活。

人不负青山，青山定不负人。从自己到孙辈，张莲莲一家三代接续栽树20万棵，也从绿水青山中享受到生态红利。栽种的树木长成

人不负青山，青山定不负人。从自己到孙辈，张莲莲一家三代接续栽树 20 万棵，也从绿水青山中享受到生态红利。张莲莲利用已经老化的苹果园创办生态农场发展林下养鸡业。2015 年，张莲莲一家搞起农养结合、产供销一条龙的万只土鸡生态农场。如今，这个生态农场年出栏土鸡 3 万多只，以张莲莲名字命名的“莲花鸡”品牌也打出名堂。（邵瑞　摄）

材后，张莲莲申请到林业局批准的400方林木砍伐手续，准备间伐成材树木卖给煤矿做矿柱。可是，间伐了200方后，张莲莲难过得老泪纵横。因为这些树木，都是她的孩子、她的心头肉。她与丈夫决定从此不再砍伐树木，就让它们永远守护这个家园。

张莲莲仍然决定在这千亩林地上做文章，利用已经老化的苹果园创办生态农场发展林下养鸡业。2015年，张莲莲一家搞起农养结合、产供销一条龙的万只土鸡生态农场。如今，这个生态农场年出栏土鸡3万多只，向西安、延安等40多家大型超市稳定供货，以张莲莲名字命名的“莲花鸡”品牌也打出名堂。2016年，张莲莲成立了集生态林、用材林、经济林种植，莲花鸡、生猪养殖，与特色餐饮服务为一体的公司，发展壮大林中经济。2019年，她的公司成立了党支部，大儿媳妇是党支部书记，支部中的全体党员都来自她的家庭，被群众称为“家庭党支部”。

富裕起来的张莲莲总是想办法帮助乡亲们。生态农场自创办以后用工达350人以上，其中90%为雷坪塔村和周边的农民。逢年过节，张莲莲都会把“莲花鸡”和鸡蛋送到乡亲们家中。2019年，张莲莲与金明街道办124户建档立卡贫困户通过入股分红的形式共同发展“莲花鸡”养殖，使每户每年稳定增收1040元。

荣誉也不断地飞到这个不断奋斗的家庭。2016年，张莲莲的家庭被授予“三秦最美家庭”荣誉称号；2017年，张莲莲家庭荣获了“全国最美家庭”称号，她本人被授予“全国巾帼建功标兵”荣誉称号。2019年，全国绿化委员会为张莲莲颁发了“全国绿化奖章”；中共陕西省委宣传部、陕西省总工会等五部门联合推选张莲莲为“最美劳动者——新中国成立以来陕西最有影响力的劳动模范”。与此同时，担任万莲工贸有限公司党支部书记的大儿媳李红卫，也荣获陕西省五一劳动奖章。

2021 年是中国共产党成立 100 周年的特殊年份。在庆祝建党百年活动之际，张莲莲又一次受邀走进人民大会堂，受到习近平总书记等党和国家领导人的接见，荣获“全国优秀共产党员”称号，获颁荣誉证书与纪念章。

为此，张莲莲兴奋不已。回想 70 年来走过的路，她觉得自己是幸运的。自己就是个能下苦的农民，是好时代提供了能干成一番事业的好机会；若遇不上这个好时代，自己很可能连饭都吃不饱，怎么能成为“全国劳动模范”“全国优秀共产党员”呢？

张莲莲的家位于雷坪塔村的高台上，背后是簸箕形的群山，前面是村子中央与逶迤而去的出村路。院子的北面是一线 5 眼新石窑，窑洞里的现代化设施一应俱全；东西方向各有张莲莲事迹展室与万莲工贸有限公司党支部活动室。院门两边挂一副木制楹联：“躬耕高原编织绿色幸福家园，守德存厚勤俭持家福寿绵长”；院子四周围墙上写着她家的家训：“植树造林，就能过上好光景”“幸福的家庭是奋斗出来”；院墙上还装饰了一些大红大绿的安塞农民画。这是一个非常温馨的农家小院。

当我提出要实地参观千亩林地时，张莲莲让大儿子驾车沿环山路上山。站在高处，环顾雷坪塔村四周的群山与沟壑，满目都是茂密的林地，已经看不到裸露的黄土了。

张莲莲像介绍自家的孩子一样兴奋：“这片是水桐树，那片是刺槐树……都是我栽的。你来得不是时候，到了夏天，我们雷坪塔村就是小森林。风一吹，林海好像绿色的波涛，一浪高过一浪，向山顶推展开来，可好看呢！”

在雷坪塔村生态环境的保护与治理上，张莲莲当推首功。从 1981 年上山种树开始，她用坏了 100 多把镢头，穿坏了 300 多双鞋，也落了一身病：直到现在她换了不锈钢膝盖骨的腿仍行动不便；她的手骨节粗大异于常人，手掌发白尽是老茧；右手的四个指头仍向里弯着，无法伸直。但劳动是光荣的，张莲莲累并快乐着，她干成了一件自己无憾的大事！

我与张莲莲有一个约定，等夏天了再来雷坪塔村看风景。届时，这个变化着的黄土山坳，将以更加招展的绿色讲述奋斗者张莲莲的动人故事！

坎坷之路的尽头是繁花似锦

——记全国道德模范路生梅

坎坷之路的尽头是繁花似锦

——记全国道德模范路生梅

吴文莉

路生梅简介

路生梅，女，汉族，1944年出生，中共党员，北京人，1968年毕业于北京第二医学院，1969年服从分配到陕北佳县县医院工作，1999年退休后为广大群众义诊20多年至今。佳县人民过去缺医少药的现实情况使路生梅决心听党话、跟党走，出色地践行了自己要在佳县基层扎根奉献服务50年的诺言。路生梅50多年来走过的路，是一个普通共产党员在党的指引下，听党话、跟党走，在贫困的佳县基层扎根奉献的真实历程。被授予“全国道德模范”“中国好人”“三秦楷模”“诚信之星”“最美医生”“全国优秀共产党员”“全国最美巾帼奋斗者”“全国三八红旗手标兵”等荣誉称号。

一

时间是最好的验证，谁是真革命，谁是真的听党的话，时间是最好的试金石。

在70岁之前，我从来没想过党给我这么多荣誉，我没想过别的，那么多年只想着多治好一个病人。

我的成就感，全来自我的病人被治愈！

——路生梅

1968年底，24岁的路生梅还是一个梳着小辫子的刚刚毕业的女大学生。她在北京西城区南礼士路派出所办好户口迁移手续，服从分配到陕北佳县县医院工作的时候，没有想到会在佳县生活这么多年。从北京第二医学院毕业时，老师叮嘱她："你的天职就是治病救人。不管在什么情况下，在多么艰难的情况下，你的天职就是这样。"这句话被路生梅记了一辈子。

53年之后，2022年初，因荣获"最美巾帼奋斗者"称号而专程进京领奖的佳县人民医院退休医生路生梅，在回顾自己50多年前的选择时笑着说："那时很年轻，但我没有那种娇滴滴的少女之心。我们是毛泽东思想武装起来的，就是听党话、跟党走，打起背包就出发呗！但我没想到我会永远回不来了。我到佳县是从被动到主动的过程，再到情到深处的不舍离去。对于佳县的感情，对于佳县人民的感情，对于我家庭的感情，我必须要兑现我要在佳县服务50年的诺言。"

在此之前，路生梅先后获得了"全国道德模范""中国好人""三秦楷模""诚信之星""最美医生""全国优秀共产党员""全国最美巾帼奋斗者”“全国三八红旗手标兵”等荣誉称号。路生梅说，她不是为了荣誉而工作的，但她特别珍惜党和佳县人民给她的荣誉。

我们的党在不同历史时期，总是根据人民意愿和事业发展需要，提出富有感召力的奋斗目标，团结带领人民为之奋斗。路生梅50多年来走过的路，是一个普通共产党员在党的指引下，听党话、跟党走，在贫困的佳县基层扎根奉献的真实历程。从她50年来走过的路可以清晰地看到，路生梅个人的人生价值和共和国的发展紧密相连，在令人难以想象的困难中，她与20多万佳县人民一起从泥泞坎坷走向繁花似锦，与亿万中国人民一起见证了我们的祖国从贫穷羸弱走向富强辉煌。

路生梅的人生之路完全重叠在我们的祖国全面改革开放、全面建成小康社会的时代步伐上。

二

我要到祖国最偏远、最艰苦的地方为人民服务！

——路生梅

1963年，路生梅考上了北京第二医学院。

1969年1月9日，路生梅来到陕西榆林佳县县医院工作，这是她从北京第二医学院毕业后分配的工作单位。和路生梅一起毕业的63届163个学生，家都在北京，和他们的学长学姐一样，这批毕业生全部被分配在黑龙江、甘肃、青海、西藏等地，这和60届毕业生中有一部分分配在北京市各大医院有着巨大的不同。因此，在毕业前的那段时间，路生梅和她的同学们对自己的命运安排是有足够心理准

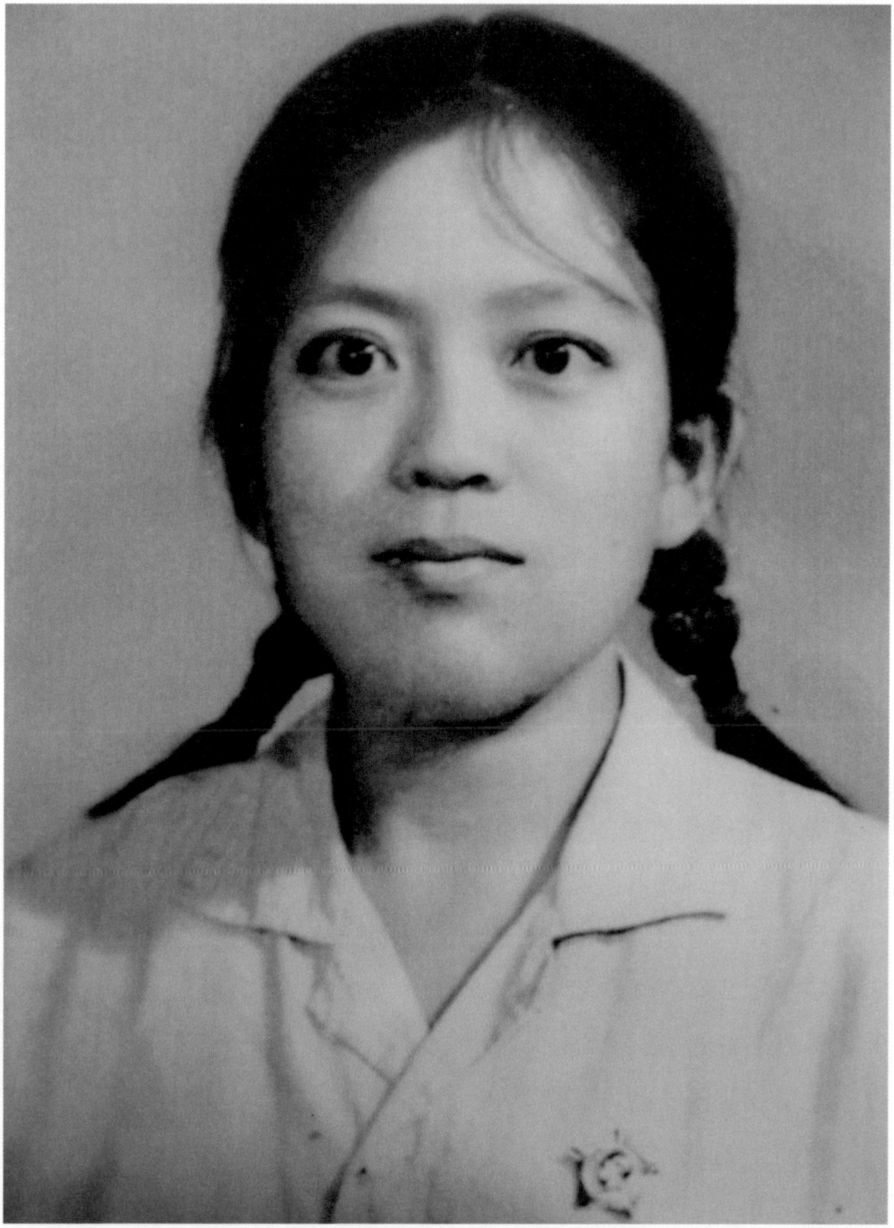

“我要到祖国最偏远、最艰苦的地方为人民服务！”路生梅个人的人生价值和共和国的发展紧密相连，在令人难以想象的困难中，她与20多万佳县人民一起从泥泞坎坷走向繁花似锦，与亿万中国人民一起见证了我们的祖国从贫穷羸弱走向富强辉煌。

备的，许多同学都向学校递交了服从分配的申请书。

而路生梅和几个同学还向组织递交了志愿到祖国最偏远最艰苦的地方为人民服务的决心书。有这样的念头，是因为她知道，毛主席指示要“把医疗卫生工作的重点放到农村去”。而且路生梅听说过，有个男同学分配到甘肃工作，他刚到了那里就提出要去医院看看，领导带他骑上马在戈壁滩上奔驰，终于在一片旷野里停下后，领导用长长的马鞭杆子在四周比画了个大圈，然后转头对他说：“小伙子，你的医院就在这里了！明天就开始建医院，你需要什么就说，老百姓们早都盼着有个医院呢！”

路生梅想不出还有什么比这样被偏远地区贫苦人民所需要更有意义的事情了，自己是争取入党的积极分子，应该听党话，所以她晚上回家就毫不犹豫地写了决心书，一气呵成。几天之后，路生梅得到自己被分配到陕西佳县县医院的消息。她回到家和谁也没有说，只默默做着去陕北高原工作的准备。听老师们说，那里是比她想象要去的祖国最艰苦、最偏远的地方更近些更好些的地方。可是，能准备什么呢？她整理的几乎全是自己上医学院期间的学习笔记。路生梅生在北京长在北京，从来没离开过这个城市。她想不出北京之外的地方是什么样儿，也想不出那个叫作佳县县医院的地方和自己在北京实习的大医院有什么不一样，除了把自己仅有的几件衣服叠好，她再也没有什么可以准备的了。

北京开往西安的火车票是哥哥排队帮她买的，这是他和父亲、姑姑知道路生梅被分配到陕北佳县工作后唯一想到能帮她做的事情了。从学校宣布了分配通知到大家做好准备离开北京，只有短短一周时间，同学们都慌着要买票、要准备行李、要积极奔赴祖国的四面八方、要尽快走上自己的工作岗位，大家连毕业合影都没心情照了。在凛冽的寒风中，路生梅从姑姑家先去父亲和继母那里做了告别，然后表妹和几个同学送她去北京火车站。

火车站里送别的人群嘈嚷拥挤，陌生的地方全是陌生的人，是路生梅从未见过的杂乱，有人缩在长椅上扯着呼噜睡得香甜，有人在大声说话，有人在默默流泪，路生梅低头跟着表妹和同学们奋力穿过人群往火车上赶，她没有哭。

这是路生梅第一次坐火车。同学们帮她往行李架上放箱子，表妹附在耳边叮嘱她要记得写信，提醒她别忘记到西安换乘火车时用火车票先托运好行李，又交代她陕北冷，别忘了给新棉鞋垫上厚毡垫。路生梅在来来往往的人群里只觉得心乱，她从又厚又硬的大围脖里露出半张脸冲着表妹不停点头。

分别了，火车开动时的轰鸣和震动，车窗外表妹和同学们脸上的担心和不舍，在她眼里转瞬就消失了。这离别的一幕深深烙印在 24 岁的路生梅心里。火车开动的一刻，路生梅憋了好几天的眼泪忍不住流下来，北京给了自己幸福的童年和富有革命理想的青春，这一走，什么时候还能回来？突然有太多太多舍不得的东西全都涌到了她的心口，路生梅止不住地哭起来。

这是她对北京的最后的记忆。怀着对未来的迷茫和不安，路生梅从火车的窗口远眺着自己从未见过的村庄、城市、河流、平原，懵懂地离开了北京城。

1969 年的佳县还没有通火车，离那里最近的火车站在陕西的铜川，但北京没有直达铜川的火车。家人四处打听到的结果是，路生梅得从北京先到西安，然后在西安火车站转乘开往铜川的火车，再从铜川搭乘大卡车到佳县，去她的工作单位报到。

火车停在西安火车站的时候，路生梅已经在火车上把头埋在藏蓝色棉猴的袖子上哭过两次了。新大衣是姑姑陪她去买的，因为听邻居大妈说佳县在陕北的黄河边儿上，风大雪大，冬天比北京还冷，家人临时凑钱给她买了件藏蓝色连带着帽子的新棉猴和有着塑料底的新条绒棉鞋。穿这么贵又这么好看的棉大衣和棉鞋，是路生梅过去根本不敢想的，但在火车上坐了半天之后这新鲜劲儿就完全消失了。小时候路生梅的母亲就去世了，之后父亲和继母待她都很好，没有让她觉得自己和别人家的孩子有什么不一样，倒是姑姑因为心疼她没有母亲，对她格外照顾，甚至后来把她接到自己家去住。哥哥更是宠爱这个有着双亮晶晶大眼睛的妹妹，出门陪着她，凡事让着她，宠得她连橘子都要剥了橘子皮她才肯吃。但是突然间这些亲人们在北京的生活还在继续，而自己却要被火车送到一个遥远而陌生的地方，从此一切都要靠自己了！

漫长而孤独的旅途中，路生梅的心渐渐被委屈和迷惘占满了。坐了那么久的火车，一路见了无数的村庄和城市，她以为西安已经是离北京很远很远的地方了，可是到了西安火车站，忙碌着从行李架上取行李的人们挤在车厢门口，他们告诉路生梅，西安离佳县还远呢！佳县可穷了！火车站跟前那些要饭的不少是佳县人。而且从西安到了铜川也没有直接通往佳县的火车，恐怕她只能从铜川坐卡车到米脂县，在那里住一夜，再从米脂县想办法搭乘大卡车去佳县了。

这是个令人绝望的消息，路生梅吃力地拎着姑姑给她的那口灰绿漆皮的薄木箱子下了火车，在西安火车站买好去铜川的火车票，又按表妹说的，凭火车票办好了把行李托运到铜川的手续。手里没了沉重的木箱，离火车到站的时间还有大半天，路生梅觉得轻松了许多，心里也好受了一些，便背着书包在西安火车站转悠。乘客很多，都背着扛着行李匆匆往出站口走。路生梅见到了一个卖羊肉泡馍的摊子，有几个乘客在埋头吃饭，每个人的碗里都热气腾腾的。她没吃过这饭，不知道什么是羊肉泡馍，但冻透僵硬的身体和手脚让她决定掏出钱买一碗。摊主递给她一个蓝花大海碗和两个圆而硬的面饼，她便坐在一个小马扎上学着别人用冻得麻木的手把饼慢慢掰成小块，然后交给摊主用热汤去煮。吃的时候路生梅却被这汤的膻味熏得差点儿背过气去，她屏着气把泡软的馍块捞着吃完，逃一样地离开了饭摊。没坚持过一个钟头，路生梅终于还是忍不下这恶心的羊汤膻味，在厕所把胃里的饭全吐了个干净才算好受了些。但是这难以消除的味道却像是浸渗到她的身体和衣服里一样，一直伴随着她登上了去铜川的火车。多年以后路生梅想起自己去佳县的那几天，挥之不去的一直是那股味道。这是她对大西北最初最深刻的印象。

那时她还不知道，她要去的陕北佳县，在那儿最好的生活就是能吃到羊肉了。

果然，火车上的那些人说的没错，路生梅坐着火车从西安到了铜川，又从那里转乘卡车到米脂县，她是坐着敞篷大卡车从米脂县到的佳县。卡车的车厢没有顶，只有齐腰高的车帮，拉了几十个穿得臃肿浑圆的人，不紧不慢地在灰蒙蒙的山路上蜿蜒前行。山上和路边的树全是干枝杈杈，也是灰蒙蒙的没有一丝绿色，大风吹过，黄色尘土漫天飞扬久久不散，前路就似弥漫在浓雾里一样什么也看不清，路生梅觉得这场景就像打仗一样。她在北京上中学、上大学时看过很多电影，这样荒凉贫瘠的场面应该只在电影里出现才对，可是佳县还没到呢！她未来要工作一辈子的地方，是在这路的尽头吧！

车上几乎全是佳县的农民，都穿着大羊皮袄，头上包着看不出本来是什么颜色的布头巾，上面落着一层黄土。他们盘腿坐在车厢里，热热闹闹地高一声低一声说着像外语的话，路生梅几乎听不懂一句。她没坐在人挨人、人挤人的车厢里，就扒在卡车司机驾驶室迎风站着，眯眼看着前方仿佛永远没有尽头的一座连着一座的山，心里不知不觉背诵起“山舞银蛇，原驰蜡象，欲与天公试比高……”，这是路生梅最喜欢的毛主席诗词，从刚知道自己被分配到陕北的时候，她的心里就涌出了这段诗词。可眼前却并没有红装素裹的万里雪飘，眼睛能看到的地方全都是光秃秃的山，这和她心里想的太不一样了。

路生梅的新棉猴虽然很厚，围脖包着头和脸只露了双眼睛，但风却是没遮没挡的。她全身早就冻透了，手脚也麻木了，脸上衣服上全是黄土，眼睛被尘土迷得睁不开，还流出了眼泪。农民们善良，见她被土呛得干咳，便腾挪出一小块儿地缝招呼她坐下。

“女子，快来挤挤暖暖！可冷的天，你一个人去佳县做什么？”

“阿姨，我去佳县县医院工作。”

不知道大妈和大爷们听没听懂她的京腔，他们就只是眼里含着笑意望着她。

路生梅揉着冻得僵硬的膝盖挨着两个大妈腾出来的地方坐下，耳边呼呼的风声就小了，她立刻就感觉到了她们宽厚的身体挤着自己，她们的体温很快就给她带来了温暖。多年以后，路生梅每每回想起那个时刻，一个人确实是太孤单太无助了，但是只要在人民群众之中就有了温暖和支持。

三

如果我可以重新规划自己的人生，我想留在北京，但是50多年在佳县我也不后悔。

不能说是无怨无悔，但我还是觉得值得，我在这个地方实现了我做医生的价值。

——路生梅

土地贫瘠的佳县在黄河中段的西岸，毛乌素沙漠的南边，常年黄沙漫天。佳县县医院就在县城西门外的郊区。

坐了大半天卡车，路生梅到了佳县。从米脂县到佳县的大卡车跳下来，路生梅向人打听去佳县县医院的路，那人指着远处城墙上的洞子冲她说："佳县东靠石头西靠岸，县城只有一条路。出了城墙洞子有条路，那片坟地里的几排窑洞就是你要找的县医院！"

路生梅看到的却是三条路，都不长，她冲着城墙洞子走的时候，平生第一次看到了一头黑色的毛驴，正驮着两只木桶往坡路上走，木桶里是黄浊的水。

她的心一沉，站在那里四处张望，除了赶着毛驴拉水的老汉，看不到什么人。路生梅挺起腰杆，顺着坑洼坎坷而窄长的街道出了城门洞子，路过一片坟地，踉跄着从陡峭的大下坡走向那片有着四排窑洞的地方，然后大步走进佳县县医院的大门。

佳县县医院有四排窑洞，加起来有 40 多孔，其中十来孔是门诊，十来孔是行政、财务、职工灶、职工宿舍，还有十几孔窑是住院部，一盘土炕上能住三四个病人，最多的时候全院能收治四五十个病人。

路生梅报到后被安排住在县医院的宿舍窑洞里，紧挨着病人们住院的窑洞。这时她的行李从火车托运到了米脂县，还没捎到佳县。可她顾不上行李，急着想要开始自己的新生活，急着想要给人们看病，所以到了佳县的第二天路生梅就在门诊窑洞里上班了。门诊病人不少，门诊窑洞里的两张桌子对在一起，和路生梅面对面接诊的是楚大夫，1959 年从上海医学院毕业后分配到这里的内科医生。她猜医院领导担心她没有太多经验，专门安排了有丰富临床经验的老同志带她吧。

全院一共有 30 多位医护人员，除了路生梅和这位楚大夫，县医院这时已经有协和医科大学、北京第二医学院、天津医科大学、西安医学院毕业的学生先后分配在这里工作了，加上县医院原有的一大批医护人员，这个县级医院在当地的医护水平是比较高的。一心想着上班给病人看病的路生梅很快就融入了这个集体，上班的时候多看多学多思考，休息的时候和大家一起到医院开垦的菜地去劳动，种的洋芋、萝卜能给职工灶的伙食增加些蔬菜。到了集体学习的晚上，她就和大家一起发言、学习，用标准的普通话给大家读报纸。没多久，路生梅很快就了解到佳县的情况。县里的农民大多很贫苦，她亲眼看到有些病人住在佳县附近更偏远的山沟沟里，除了羊肠小道没有路，从山村走到公路边就得十几里路，得了急病的病人有时在抬往医院的山路上就去世了；有的病人好不容易被抬出了山沟，却在到佳县诊治的路途当中去世了；山路不好走，有的病人坐着小船在黄河上颠簸着来医院，到时已经奄奄一息了……每当见到这样的病人，路生梅总要心情沉重好多天，生活的困难压得她透不过气，面对的病人更是让她无法放弃。

年长些的大夫告诉她："小路，你莫急，能来看病的大多是佳县人，要么是急症。农村人家里条件不好，小病就靠熬，可惜多少人都把小病熬成了大病。唉！"

路生梅问："那大病呢？"

老大夫默了默："那也得熬，乡下人日子紧，哪顾上看病？"

路生梅看出他心情很沉重，心想，佳县人如果有病都靠"熬"，那当大夫的就要想办法帮他们治病才对！

老大夫仿佛看出她心里的想法，又说："唉，再大些的病，咱们医院小也治不了，还是得拉到榆林治。"

路生梅惊讶地问："要是榆林治不了呢？"

老大夫说："那病人就没指望咧。西安和北京，大多数佳县人去不起……"

路生梅的心又重重地沉了下去，这和她想的根本不一样！她想到最艰苦的地方来，就是想要救治病人的，要是病人还得拉到榆林、西安或北京才能治，那她学医又有什么用？国家为什么要把自己从北京分配到这里来工作？她的理想不就是要帮助这里的病人么！路生梅不服输的劲儿上来了，她在心里下了决心：无论如何要尽快把学的知识灵活用在临床上，她得争取让病人来了都治好！绝不能让自己的病人再拉到榆林去！

路生梅的决心下了没过一个礼拜，一个中年男人被半夜送来了。她听到院里有抬人的声音和说话的声音，远近的狗也都在叫，便知道来了重病人，慌着穿好衣服跑到门诊窑洞，正好看到被抬在门板上的病人正大口大口咳出血来，他的婆姨用手捂住他的嘴尖声哭叫道："你可要忍住，吐完没血了你就得死咧！"

血从她手指缝里涌出来，病人被呛住了，剧烈咳嗽起来。佳县县医院的大夫们住的家属区窑洞离医院不远，都从家里被敲着门叫来了，可是十来位大夫围着病人做了空洞性肺结核需要手术的诊断结果后，大家又都沉默了。路生梅小声问身边的老大夫："怎么不抓紧手术？现在只有钳住肺部血管才能止血！"

老大夫摇摇头："咱们没血库，医疗设备跟不上，哪敢给病人做大手术？"

病人当晚就被家属拉着送去了榆林，眼睁睁看着病人把小病"熬"成了大病，最终县上治不了还得拉走，路生梅好多天都不得劲儿。让她痛苦的是，在佳县像这样因为没有及时治疗把小病"熬"成了大病的病人特别多，有的是一般性阑尾炎，病人在家里咬牙拖着熬着，最终忍不下了，送到医院已经成了化脓性阑尾炎；路生梅要求自己在门诊时必须不厌其烦地给病人讲解医疗知识，她觉得病人的健康、寿命和生活环境有巨大关系，佳县太贫困了，人们太穷了，在乡村里长大的人们，医疗知识和常识都少得可怜，老乡们又都有着惊人的忍耐病痛的能力。她得找一条给佳县这些穷人看病的路子——用最便宜最简单的药，在最初得病的时候就把他们治好。

这是比面对生活上的困难更让路生梅有着巨大压力的难题。

四

哎呀，天底下在我们中国大地上还有这么艰苦的地方，真的和北京是天壤之别！但是已经到了这里了，而且已经向组织向学校作出了承诺，那就好好干吧！

——路生梅

路生梅到佳县的当天就意识到，水，居然是这么金贵的东西！在北京的时候，水是可以随意用的，喝的水、洗脸刷牙的水、做饭的水、洗衣服刷鞋的水、洗脚洗澡的水，随用随打。路生梅长到 24 岁从来没有想过，每天都在用的水，在佳县会以每天一瓢的定量供应给自己。她一下子被这个现实的困难震住了，立刻想起刚到佳县时看到的那只驮着两桶水的黑驴和赶着驴的老汉，原来自己喝的这瓢水，从黄河里打上来再送到县医院，要经过这么多艰难啊！县医院每天发给每位职工的黄河水不能直接喝，需要先沉淀大半天，让河水里的黄泥土在盆底静静淀出一层，用纱布滤去杂质沙粒，再把清水倒在锅里烧得滚开才能喝。而其他需要洗的脸、手脚、头发、衣服、鞋……就都没有水可用了。这意味着路生梅所有讲究卫生、水洗为净的生活习惯都得改变了。

她得尽快适应这里的每一个生活细节，直至完全和佳县人一样。

寒冬腊月来到佳县的路生梅，前几个晚上还在烧得热乎乎的炕上睡着好觉，接下来的好多天却都在和自己宿舍窑洞里的那盘炕作斗争。刚来时，路生梅和马护士住在一孔窑洞里，马护士本身就是佳县人，会烧炕，路生梅刚来那几天就一直享受着热炕的温暖，可惜马护士家里有事请假回家了，窑洞里只有她一个人住，烧土炕便成了路生梅每天最怕的事情。后来路生梅实在是点不着那些煤炭，总也生不着土炕连的灶火，炕没烧热，还次次都炬得满窑洞黑烟，呛得人直咳嗽，她就索性放弃了烧炕，不再受烟熏的罪，也就再没有热炕可睡了。

有天早晨，路生梅硬是被冻醒了，整个窑洞都是寒冷的，炕是冷的，被窝和身体也是冷的，桌上搪瓷缸子里的水冻得结了冰。听着外面远远的狗吠，她蜷缩在被窝里第一次想北京的家了。现在北京的父亲和继母该在温暖的家里起床了吧？胡同里的孩子们这个时候会不会已经起床上学了？姑姑家的煤炉子永远都有温暖的火苗，如果自己从小会烧水做饭，就不会因为不会生火烧炕而睡冷炕，冻得自己大半宿都睡不着觉。路生梅不由得哭起来，她发现，只有眼泪是温热的。

没想到大夫们很快就知道了北京来的小路大夫不会烧炕，晚上一直都在睡冰炕，大家不用谁来说，就主动每天来帮她烧炕。让路生梅感动的是，他们并不是只烧几天炕，而是一直帮她烧到了春暖花开的时候。这样的温暖最直接地坚定了路生梅在佳县工作下去的决心。

但是在佳县的一切，对路生梅来说还是太难了！在医院见到的病人的痛苦，在乡村见到的老乡家的贫苦生活，经常让她不敢相信自己的眼睛。路生梅常常在心里震惊：哎呀，天底下在我们中国大地上还有这么艰苦的地方，真的和北京是天壤之别！但是已经到了这里了，而且已经向组织向学校作出了承诺，那就好好干吧！

生活的巨大变化，使路生梅时常面对过去从未想过、现在又无法回避的困难。在没人的时候她不知道哭过多少次，但她不愿让别人觉得她这个北京来的人娇气，心里暗暗下了决心要在最短的时间里完成对自己的各方面“改造”。

1969 年的春节还没过完，路生梅接了个任务，医院安排她去农村老乡家出诊，忙完就天黑了，只能在老乡家里住一夜。不知怎的她就染了虱子，全身都痒，头发和衣服里都是黑芝麻一样的虱子和更小的白色虮子，没几天连铺盖里都满是密密麻麻的虱子在爬，让人恶心又无可奈何。路生梅打听找来了六六粉撒在炕边，他们再去老乡家出诊就想了办法，把脱下的衣服都吊在窑洞顶上，这样染上虱子的情况才好了一些，但根本不可能绝迹，路生梅就从思想上说服自己：佳县多少山村多少户老乡人家一辈子就这样过了，他们都能习惯，自己也能习惯，老乡们不是总说虱子多了不咬吗！

1969 年冬末，一连下了几天鹅毛雪，整个佳县覆盖了厚厚的白雪，路生梅要到县城十几里外的崔家畔村出诊。崎岖不平的山路是结了冰的，上面积了一尺多厚的白雪，路生梅深一脚浅一脚走着，生怕踩在石缝里崴了脚。塑料底的棉鞋是她唯一的一双棉鞋，是当时北京最时兴最贵的好鞋，姑姑怀着对路生梅的疼爱不舍，担心她到了陕北受冻坚持给她买了这双鞋。可谁也没想到，这样的塑料鞋底被冻得又硬又脆，在冰天雪地里几乎就是双溜冰鞋。路生梅记不清她在雪地里摔了多少跤，流了多少眼泪，十几里的路，成了路生梅这辈子难以忘怀的艰难，但她一次也没生起放弃不去的念头，她只惦记那个等着出诊的娃娃需要抓紧治疗。

崔家畔村这家娃娃患的是麻疹肺炎合并心衰，病情很重。路生梅出发前已经详细问过娃娃的病情，在医院准备好的药品和针剂也都带来了，经过叩诊观察，她确定自己的诊断没错，见娃娃全身滚烫，脸上已经有了红色皮疹，因为心衰脸憋得发紫。路生梅丢下药箱赶紧给娃娃做人工呼吸，纠正心衰，然后打针治疗。为了方便照料，路生梅在窑洞里陪着娃娃住下来，直到第三天娃娃才算是脱离了危险，有了好转。

娃娃的爹妈和爷爷奶奶激动得不住声地感谢她，一家人高兴地把家里所有好吃的都摆在炕桌上请路生梅吃，把花生、大红枣往她手里塞，娃娃的小姐姐和小哥哥挤在炕头逗小弟弟。这温暖幸福的场景让路生梅突然觉得，从北京到佳县受这么多苦，能救活这个娃娃，能让这个家这么囫囵着幸福着，她值了。

这样的心情从那之后就伴随了路生梅一辈子。

生病娃娃的病情终于稳住了，路生梅把药留下，给娃娃的妈妈交代了用法和用量，正打算要回县城的时候，村里的人听说路生梅治好了这个娃娃，都纷纷抱着自家的娃娃找她。路生梅仔细向他们询问了症状，又观察了娃娃们，立刻惊住了，他们症状都一样，小小的村子里竟然有 5 个麻疹病儿！麻疹病有着很强的传染性，患儿往往容易有生命危险。路生梅赶紧让他们通知村干部，在村里人的帮助下把患病的娃娃们都集中在一个窑洞里治疗，每天除了给每个娃娃做治疗还要求做好记录，为以后留作传染病防治的经验。在这个陌生的村庄，家家生活都很贫寒，可都想要努力报答这个说着一口好听的北京话的年轻女大夫。路生梅没有在意谁家管的饭更好一些，只是不分日夜地悉心照料这些生病的娃娃们，累极了，就在谁家窑洞里的土炕边打个盹，醒来看到老乡悄悄把老羊皮袄给她盖在了身上，她猛然想起这里面一定有很多虱子，但又累又困的她没有动，闭上眼睛又接着睡了。

一个多礼拜过去，娃娃们的热先后退了，皮疹也开始消退，病情控制住了，路生梅成了崔家畔村人们心里的恩人。在她离开村子要回县城的时候，村里的年轻妈妈给她送来一双新做好的千层底棉鞋，想来她们都看到路生梅的塑料底棉鞋在雪地上打滑，就抓紧时间纳了鞋底给她赶做好了这双棉鞋。

虽然医疗资源匮乏，病人又太多了，但路生梅几乎把一切时间和精力都投入到医院，把自己对生活的所有要求降到最低，上班的时候她在门诊，下班了她在住院窑洞照看住院病人，忙碌却又是愉快的。只有晚上回到宿舍窑洞，面对冷炕和空窑洞，路生梅才会从内心生起对未来的淡淡焦虑，有时会想起北京的姑姑和哥哥，想起自己在北京上学时无忧无虑的美好生活。

幸好这个时候高正胜出现了，这个纯朴正直的绥德汉子默默爱上了路生梅，他尽自己一切能力照顾这个一心扑在医院和病人身上的北京姑娘。高正胜是绥德县高家渠人，也在佳县县医院工作。对于这门亲事，高正胜的母亲一开始是有着很大担心的，她知道儿子长得好又精干，有着国家正式工作，端着铁饭碗呢，根本不愁问不下婆姨。但她没想到儿子喜欢上的是一个北京来的大学生，长着一双毛眼眼，还是个大夫。老人担心的不是路生梅不好，而是这个姑娘各方面太好了，她总怕儿子和路生梅的婚事不牢靠。高正胜竭力劝说母亲，一心想要和路生梅生活在一起，他说他一定能和她把日子过好，因为他看准了，他要娶的是一个善良正派有上进心的好人。

五

这里的人民是最需要我的人，这个地方也就是最需要我的地方。这里不艰苦，何处是艰苦啊？我要在这里为佳县人民服务50年！

——路生梅的入党申请书

纯朴正直的绥德汉子默默爱上了路生梅，他尽自己一切能力照顾这个一心扑在医院和病人身上的北京姑娘。对于这门亲事，高正胜的母亲一开始是有着很大担心的。老人担心的不是路生梅不好，而是这个姑娘各方面太好了，她总怕儿子和路生梅的婚事不牢靠。高正胜竭力劝说母亲，一心想要和路生梅生活在一起，他说他一定能和她把日子过好，因为他看准了，他要娶的是一个善良正派有上进心的好人。

1970 年高正胜和路生梅结了婚，他们的家还在佳县县医院的家属院里。有了这个绥德汉子，他们的窑洞里总是温暖的，路生梅再也没有住过冷炕。1971 年，路生梅怀孕了，这对高家和路生梅来说是个大喜事。高正胜和母亲商量了，决定让路生梅临产时回他的老家绥德县高家渠村，在那里生产坐月子，母亲就可以照顾她和孩子。高正胜的母亲很乐意儿媳妇回家生孩子，高正胜的妹妹也在高家渠村住，娘儿俩早早就开始为他们回家做准备。为了防止意外，路生梅还提前和绥德的妇产科大夫同事说好，请她到时候去帮自己接生。可到了路生梅临产要回绥德农村的时候，这位同事家里突然有了急事不能去了，路生梅得靠自己给自己接生了。

佳县县医院在当时没有分科室，基本上每个大夫都是全科大夫，因为病人来到医院挂了门诊的号，不管病轻病重都得找大夫看，病人需要立竿见影好起来。医院没分科，这就要求大夫们对每个病人的治疗负责。这是路生梅在北京上医学院和在北京大医院实习时没有见过的，她的专业是儿科，但是新生儿刚出生时产妇的各种病也得治疗，甚至有产妇来了她也要接生。路生梅刚到佳县县医院在门诊窑洞接诊了几天病人之后，就很快明白了，她实际上面对的是佳县的所有病人，她得会处理这些病人所有头疼脑热、发烧感冒、拉肚子的一切病症，所以路生梅一直在努力学习各科的各种病症解决治疗方法。遇上农村的出诊病人，医院安排她下乡上门救治的时候，她面对的病人可能是老人，可能是娃娃，可能是皮肤病，可能是心脏病，还有不少临产的产妇和刚生完娃娃的产妇。在自己没有结婚之前，路生梅已经在出诊的时候，凭借着自己弄到的一本《新法接生手册》和大学时的学习笔记，在农村老乡家里给不少产妇接过生了。她经历过一些惊险，也看到佳县农村卫生医疗条件极差的现状。他们生活的贫穷超出路生梅的想象，他们对生命健康的麻木状态和逆来顺受的认命态度也让路生梅觉得不可想象。因为物资极度匮乏，因为重男轻女，因为封建迷信，在许多农村，女人们对自己的身体不了解，对生孩子的危险也不了解，在临产的时候，只能把自己交给命运和村子里会接生的妇女。而这些接生婆几乎没有什么医疗常识，凭着胆子大就敢去接生，她们在善良地帮助这些产妇生下孩子的同时，也无意间埋下许多健康隐患，甚至直接造成产妇和新生儿的死亡。

路生梅记得刚到佳县工作时，有次去朱条沟村出诊，进门就看到因为农村产妇出血过多，村里的接生婆怕她血迷，正揪着产妇头发要把她疼醒。当时产妇躺坐在土炕上的一袋灶灰上，产妇的婆婆告诉她，因为怕儿媳出血把炕弄脏，等产妇生完娃娃还要在这袋子灶灰上坐完月子呢！在产妇嘶哑的呻吟声中，路生梅戴着手套刚把孩子接生出来，接生婆就拿起一把脏乎乎的剪刀准备给娃娃铰脐带，路生梅被吓坏了！她抢过剪刀丢在一边，拿起消毒过的医疗器械说："你快放下剪子！娃娃会得破伤风的！"

当时新生儿死亡率特别高，主要就是因为感染了破伤风杆菌，而一旦感染上破伤风，死亡率几乎是100%，可这是完全能轻易避免的呀！自从学医以来，路生梅还从未受过眼前这样巨大的心灵震撼，活生生的现实和她在大学书本上学到的知识完全不一样，她也无法拿她在北京大医院实习时见到的医疗条件和佳县县医院对比，更不要说窑洞里旧法接生的一切了。但无论是在北京、佳县，还是在村里，产妇都是同样的女人，她们腹中怀着的都是活生生的小生命啊！新生的娃娃被路生梅安全接生下来，洗净包好放在了妈妈的怀里，母子平安。因为产妇已经出血过多，为了防止产妇出现大出血，路生梅特意给她准备了止血药，又在她家里住了一夜观察，直到产妇完全恢复正常才放心离开。

路生梅怀着悲愤难过回到住处，心情久久不能平静。在寒冷的窑洞里，她怎么也睡不着觉，似乎渐渐明白了党为什么要把她和她的同学们分配到这些偏远贫困的地方工作。夜深了，被揪着头发呻吟哀求的产妇和那把黑乎乎的剪刀一直出现在她眼前。路生梅心里无法平静，她终于跳下炕，点上煤油灯，在小桌上给佳县县医院党支部写下了入党申请书。路生梅郑重地向党组织承诺："这里的人民是最需要我的人，这个地方也就是最需要我的地方，这里不艰苦，何处是艰苦啊？我要在这里为佳县人民服务 50 年！"

为了能拯救被病痛折磨的佳县群众，为了能救护每个临产的妇女，为了能保护襁褓中的小生命，为了践行自己的诺言，光有雄心壮志是不够的。医疗条件资源差，路生梅就想在医术上苦下功夫，以长补短，总之就是要治好病救活人！路生梅有个原则：开药尽量简单，最好不要用太贵的药，尽可能先解决病人的痛苦。在许多临床治疗的思路上，基层医院和北京大医院不太一样，也无法一样。她开始在自己的学习笔记之外找各种书籍学习妇科、儿科、内外科知识，又找当地的老中医请教和学习偏方，不断提升自己的医务水平。一本《新法接生手册》几乎被她翻烂了，然后路生梅在医院里、乡村里大力宣传普及新法科学接生。没过多久，许多佳县人都知道北京来的路大夫会新法接生，与旧法比，大人和娃娃都安全。有临近生产的妇女听说后，就专门到佳县县医院找路生梅，说自己要让她用新法接生。

佳县的任景芳至今还记得，1971 年 6 月 25 日，她的妈妈要生她的弟弟时坚决要找路大夫给她用新法接生。任景芳的爸爸就在很小的纸条上写了个名字，让她去医院找路大夫。任景芳跑着找到了路大夫，路生梅背起药箱就跟她去了。因为用了新法接生，她的妈妈顺利地给她生下了弟弟。这样经路生梅双手接生的娃娃，在佳县和附近的村子有许多许多，路生梅说她记不清有多少，但是朱条沟村那个产妇无助躺在灶灰袋子上的样子，接生婆对自己坚持要用消毒过的剪子铰脐带时不以为然的样子，却始终深深烙在路生梅的心上，多年都不能忘记。她对佳县当地普遍的旧法接生有着震惊和愤慨，总要心疼那些被不卫生的、愚昧迷信的生活习惯所伤害耽误的产妇，总是想要凭借自己的力量尽可能改变这里的现状。

这是她无论多难也要在佳县工作，帮助这些妇女和娃娃的最真的初心。

可是，当瘦弱的路生梅自己也无助地躺在婆婆家的土炕上，等待生下第一个孩子的时候，虽然有着给别人接生的经验，身边还有护理专业毕业的丈夫高正胜陪伴着，但她还是第一次感同身受地体会到佳县那些女人们无依无靠的苦和难了。经历了长久的阵痛，路生梅的儿子终于顺产生了下来，她挣扎着坐起身剪断脐带，突来的剧烈头晕却猛然让她休克了，她一头栽倒在炕上，幸亏高正胜果断地给她推了四管子的葡萄糖才使她缓缓醒来。

因为失血过多，路生梅在婆婆家比法定的 30 天产假多休息了 2 天，但在离开婆婆家回佳县县医院上班的时候，病弱无力的路生梅只能把刚刚满月的儿子留在婆婆家。从婆婆家的高家渠得走 20 多里山路到绥德县城，然后才能从那里坐上回佳县的汽车。路生梅在大风里走了 20 多里河滩路，回到佳县就病倒了，很长一段时间身体都很虚弱，人变得瘦削无力，幸好有高正胜细心照料着，才渐渐恢复了。路生梅在 1978 年生下第 2 个娃娃后的第 18 天，突然出现大出血，佳县县医院没有血库，院里的同事们主动给她输了几次血，及时挽救了她的生命。这让路生梅一直深为感动，并终身怀着感恩想回报他们。

这两件事和这些人让她对佳县的感情更加深了一层，也让路生梅不由得感慨，自己是大夫，丈夫也是医护人员，还在县医院工作，但在生娃娃的关键时刻也是危险重重，差点儿失去生命，何况那些村子里的妇女呢！自己的身体渐渐好转，路生梅接到急诊又可以积极去农村给娃娃们看病、给产妇们接生了。再到农村看到临产的女人时，路生梅心里怜惜爱护的心情更加强烈了，她愿意花更多时间给接生婆和妇女们普及医疗生育知识，教给她们娃娃常见病的家庭护理，希望自己能让她们少受些罪，少一些生命危险。

在路生梅工作的过程中，经历过给佳县育龄妇女进行计划生育手术、带环、做生育普查的时期，她曾经作为佳县县医院派出医生到大会坪村医疗站给妇女们做计划生育宣传。在医疗资源匮乏的时期，她见到许多妇女遭受着生活的重压和身体的痛苦，却茫然无知，这让路生梅既心疼又无奈。

大会坪村医疗站在佳县20里外的黄河边的河滩上，路生梅见到个50多岁的妇女，她不是育龄妇女，看上去也挺健康，只是走路有些蹒跚，一直在远处打转转，却又不到大夫旁边来看病。路生梅在休息的时候注意到了她，这个妇女见她给自己招手，就赶紧跑到跟前，刚说了一句“我那个地方疼死咧……”，见有个老汉从旁边路过，吓得转身就跑了。路生梅见过许多这样得了病觉得很丢脸的妇女，如果这次不给她看病治好，那这个妇女可能会把小病拖成大病、重病，兴许以后再也没机会治了。路生梅起身沿着河滩去撵她，让她过来检查一下。那个妇女听说要检查就坚决说不检查，她没病。路生梅知道她爱面子，便说等到中午休息的时候你来，没有人知道。果然中午时那个妇女来了，路生梅立刻闻到她身上很臭，但她很封建，不想脱裤子。路生梅急了，大声说：“你真傻，这病再拖下去你全身都会臭，就会死了！我看看你又不会少个啥！”

那个妇女哭了，路生梅看了之后，那个妇女只想让路生梅给她开点药。路生梅说你的病需要切开伤口引流里面的脓血，然后要每天不停换药才能好，不然越烂越厉害，会死人的！

那个妇女坚决不让路生梅到她家给她做引流，就让她在医疗站做，保证自己能忍住疼走回家，因为要是让老汉和儿子们看到她那个地方长了疮，她就没脸见人了，还不如去死。路生梅只好帮她切开肿块引流脓血，又给她包扎好。整个过程路生梅给她引流了两大盘脓血，那个妇女果然一声不吭忍着疼，一连几声谢过她后就拿着药蹒跚着顺河滩回去了。接下来的小半个月的时间，每到中午休息没人的时候，那个妇女就来了，路生梅给她换药、包扎。她很快就好了，步子越来越轻松，终于有一天，那个妇女的伤口长好了。路生梅始终不知道这个妇女的名字，但还记得她每次来总要想办法带些自己做的油馍馍、黄米糕，像她这样在家里操劳了一辈子却要看着老汉和儿子脸色过日子的妇女，在乡村有很多，她们连自己的身体健康也是完全不懂、完全顾不上的。

路生梅看到，因为穷，人们的生命力都很顽强，许多妇女忍着临产的阵痛还在烧火做饭，感觉要生了，就自己上炕把娃娃生下来。铰脐带时顺手抓到剪刀就铰，然后把娃娃包一包，自己穿上裤子跳下炕接着做饭。有的妇女就算是头胎，也都是在家自己生娃娃，遇上顺产还好，胎位不正、大出血、产后感染几乎是每个妇女都会遇到的，有的接生婆懂些用开水煮的消毒方法，会些接生揉推的技术还好；如果遇上生手来接生，产妇和胎儿的生命都会有危险。有的妇女生孩子后如果赶上农忙，连三五天的休息都顾不上就得下炕劳动了，得子宫脱垂的比较多，再从事繁重的劳动要戴上子宫托才行。路生梅看到太多太多妇女在自己生育的问题上完全是听任命运的状态，生产留下的后遗症一直好不了，很年轻的时候身体就渐渐垮了。

对这样的妇女见得越多，思考得越多，路生梅想做的事情就越清晰，她要想办法帮她们，把爱护自己的想法放进她们的头脑里去，把新法接生的好处告诉更多的妇女，让她们自己心疼自己。在一天天、一年年的现实工作中，路生梅的想法在渐渐实现，她对农村卫生医疗条件差的愤慨渐渐平和。她想，只有普及了新法接生，让农村的婆姨们都知道妇女和娃娃的医疗常识，才能真正救护到每个人。

路生梅常常想：做女人太难了！佳县的女人更是可苦可难了，我得救她们和她们的娃娃。

六

> 我的孩子7个月时幸好抢救及时没病死，我也见过因病没活下来的孩子，我理解每个当妈的心。我要普及新法接生，改变落后的医疗条件！
>
> ——路生梅

路生梅生下儿子的头一个月里，一直在绥德的乡下坐月子，享受着初为母亲的幸福。婆婆用陕北小米和红枣调养着她的身子，失血过多使她的体质下降，但仍然有充足的奶水喂养儿子。可是产假却只有一个月，怕耽误工作，再怎么不舍得，路生梅也只能忍痛给儿子断奶回县城上班了。路生梅门诊的病人每天都很多，大多是娃娃，看到别的妈妈笑着抱来康复的娃娃来谢自己，路生梅心里当然是高兴的，但不由得就想起自己寄养在农村的儿子。她总会从心里可怜自己的娃娃才一个月就见不上爹妈的面，只有几个月大的娃娃没有妈在身边会不会有什么头疼脑热？会不会营养不良？给儿子喂奶的奶妈家里很贫苦，她会不会自己吃不饱吃不好影响了奶水的质量？每次这样想念着儿子的时候，路生梅总是鼻子发酸、眼睛发热想要哭一场。

在儿子7个月大的时候，一连好几天，路生梅在门诊见到好多咳嗽的娃娃，起初只是平常的感冒发烧，但很快就发展成肺炎，住院的窑洞里渐渐多了这些娃娃，有的窑洞一盘土炕上躺了五六个发烧咳嗽的娃娃在输液。在佳县县医院刚刚出现多例症状相同的肺炎感染患儿的时候，路生梅立刻就想到了自己在农村的儿子。她想，无论如何，就算再忙下个礼拜天也要回趟绥德婆婆家看看儿子了，她得交代婆婆和奶妈现在是娃娃病流行的时候。可是每天大量患病的娃娃和大人都在排队看门诊，到了下班时间窑洞里和院子里还有等着看病的人们，怀里的娃娃病恹恹地一个劲儿哭。累了一天，路生梅终于把医院的病人看完，晚上回到家，连饭也顾不上吃就有人来敲窑洞的门了——从远处农村走了一天、两天山路赶来看病的人和娃娃们眼巴巴找来求她诊治，她又咋能不管？这个时期，正赶上丈夫高正胜被安排到西安市进修防疫检验，一天又一天，路生梅在医院里忙得不得了，根本离不开，回老家看儿子的事一拖再拖。

越是担心越是牵挂越是回不去，儿子却真的病了，而且病得不轻。等路生梅知道的时候，已经是婆婆用土方子也没用，怕得不敢再拖的时候了。娃娃先是拉肚了，奶妈看到了，以为 7 个月大的娃娃刚开始添饭吃坏肚子很正常。娃娃又拉了两天肚子，白天晚上总是哭，不好好吃奶了。婆婆觉得不太好，但家里没有什么药，她寻思着乡下人拉肚子要么吃些生蒜给肠子消消毒，要么吃坏了肚子拉一拉就好了。娃娃太小，又不敢像大人一样给他吃生蒜，想想小娃娃家应该也是这么回事，拉干净也就好了吧。又过了一天，娃娃没什么好转，奶妈说娃娃一点儿奶也不吃了。老人慌了神，大晚上跑到公社才找到一台电话机，哭着给佳县县医院打电话："我是高正胜的妈，我要找高正胜的婆姨路生梅！你和她说！她光顾着给她医院的那些娃娃们看病，她再不回来看看，她自个的娃娃都要拉肚子拉死咧！呜呜……"

这一夜路生梅是在极度焦急煎熬中度过的。她接了婆婆的电话后几乎是睁着眼睛一直没睡，只盼着天快亮吧，就有车可以坐上回家看娃娃了！从佳县县医院到绥德县城有100多里路，每天只有早晨6点的一趟汽车从佳县发车，到了绥德总要到中午12点多。从这里再到高正胜家的高家渠还有20多里路，这20多里路却要么是一直爬坡上山，要么是一直下山的陡坡和急转弯的山沟小路，要么是河滩路，什么车也通不了，只能靠两条腿走，就算一口气不歇也得走到下午快天黑才能到家。路生梅一大早坐上回去的汽车，路上不停地盘算，要是娃娃的病能在家治还好办，要是娃娃病重需要到医院治，不敢想着再等第二天的汽车回佳县县医院，更不敢想着跑榆林医院，离高家渠最近的是绥德医院，她就先抱娃娃去那里吧。路生梅紧赶慢赶在天黑之前跑回了家，儿子比她担心的还严重，连续几天腹泻已经严重脱水。路生梅双腿直抖，一步一挪进了窑洞一把抱起儿子，却见娃娃已经气息微弱，嘴唇干燥，眼窝凹陷得睁都睁不开，连哭的力气也没了。

路生梅抖着双手给儿子用听诊器听了心肺，见皮肤弹性差，她又翻起眼皮看了看眼睛，哽着问婆婆："娃娃啥时候尿过？"

婆婆早就在一边怕得手脚没处放地慌乱，她抹着眼泪说："一早上好像尿了几滴，下来就再没见娃娃尿过咧！"

路生梅边哭边把自己带来的葡萄糖水灌在奶瓶里，婆婆慌着倒了暖水壶里的开水把奶瓶泡着加温。路生梅把儿子抱在怀里，给他喂了些葡萄糖盐水，边往外跑边冲婆婆说："我抱娃娃去绥德县医院治！再晚就来不及了！"

路生梅一个人抱着儿子走走哭哭，没走多远天就快黑了。累得实在走不动了，她一屁股坐在山路边，把覆在儿子脸上的小包被轻轻掀开，看到儿子双眼紧紧闭着，路生梅放声大哭起来，心里绝望地想：我真后悔死了！ 20里路啊20里路，输不上液，我的儿子怎么办？!

20多里山路，路生梅几乎是一路挣扎着走出来的，她不敢停，生怕儿子随时就没了呼吸。等她拖着沉重的双腿到了绥德县医院已经是半夜了，来看病的病人却不少，尤其是得病的娃娃多，一个个大声咳嗽着，连院子里的长椅上也躺着在输液的娃娃。路生梅给儿子挂号看了大夫，一边输液一边办住院手续，等儿子终于躺在病床上的时候，她也虚脱得一屁股坐下再也起不来了。

住进医院后，儿子得到了输液治疗，高正胜也从西安请假赶来了，路生梅的心这才放松了。儿子的腹泻脱水终于好转了。可是因为住院的孩子太多，病床特别紧张，有的病床住两个娃娃，流行性肺炎在娃娃中迅速传染，大量的娃娃来住院前的病渐渐好了，却又都感染了流行性肺炎。到后来，住院的娃娃们几乎都成了肺炎患者，然后再慢慢治疗好肺炎出院。

路生梅一直全程在医院陪着儿子，眼睁睁看着因为贫困、无知和道路不通，许多孩子根本来不到医院就夭折了；因为医疗资源极度匮乏和昂贵的治疗费用，许多人哭着放弃给孩子治疗而回家等死；或是因为交叉感染形成了传染源，让更多孩子被感染加重了病情。任何一次疏忽给患儿带来的痛苦都是不可估量的，她看到了交叉感染的巨大隐患，心里焦虑极了。

经过 10 天的治疗，路生梅看着儿子一天天好转，渐渐有了生气，她知道这次算是有惊无险，终于松了口气。于是，她的心又飞回了佳县县医院——必须牢记这次交叉感染的教训。这次感染流行性肺炎的还有许多大人，为了避免患病的患儿传染给同一个病区住院的新生儿，她要尽快回医院向领导建议，把新生儿放在产科进行治疗管理，治疗时大夫们多跑动，减少新生儿和患病娃娃混在一起产生的交叉感染。儿子病愈后，她和丈夫带着 7 个月大的儿子回到佳县县医院的工作岗位上，当高正胜满县城到处找人给娃娃寻个奶妈时，路生梅却一刻也不敢停，拿着病历把住院的娃娃们全部梳理了一遍，判断是流行性肺炎的占了一大半。她立刻带着仅有的几个医护人员一连忙了好多天，抓紧时间把零散在各个窑洞里住院的娃娃们集中起来治疗，切断了传染源。

因为自己的孩子 7 个月时抢救及时没病死，路生梅对于自己的岗位有了更深的理解和认识，下决心将所有患病的娃娃都当成自己的孩子一样全心救治好，路生梅说："我理解每个当妈的心。佳县的妇女可苦可难了，我要普及新法接生，改变落后的医疗条件！"

路生梅说，最让她难过的是没救活的娃娃家长还来谢自己，那种自责、心疼是令人永远难忘的。她记得自己和几个医护人员，花一天一夜抢救 30 多次却最终死了的那个 4 个月大的娃娃。那个妈妈一直隔着窗户看着他们给娃娃做人工呼吸，看她给娃娃擦拭大便和血迹，他们抢救多久，妈妈就在外面哭着看了多久。最后他们筋疲力尽地看着娃娃没了呼吸时都哭了，那个年轻的妈妈抱了一床很烂很薄的小被子来包娃娃，然后跪在路生梅面前喃喃说："谢谢！谢谢路大夫！"

路生梅的心都要碎了，那时她恨自己为什么不是北京大医院的医生，那她的技术和医疗设备说不定能给母亲一点儿希望，给这 4 个月大的娃娃延续生命。

她见过许多因病没活下来的孩子，也见过更多因为得到了及时治疗而健康成长的孩子。这些娃娃们现在大多都长大成人，有的已经当了爸爸妈妈，有的还当了爷爷奶奶，都在自己的岗位上给国家和社会作贡献，有的还和自己一样成了医生。这不正是她当年在毕业分配时的愿望吗？最需要她的人在佳县，那她就实现自己的诺言，把自己的青春和人生都奉献给他们！

经过这几件事，她再也没有冲高正胜说过气话，更没有离开佳县的念头了。她经常对人说："佳县这个地方就是最需要我的地方，这里的人民就是最需要我的人，我要为佳县人民服务 50 年！"这话让她的丈夫高正胜从心里高兴，让她的婆婆放下了心，更让路生梅自己有了极大的使命感和用不完的劲头。

七

> 我的爱人是佳县农村的，他的所作所为，他对人的诚恳，对党的事业的忠诚，他平时能吃苦、助人为乐的精神，真的在我身上烙下了很深的印记，改变了我的人生和我的性格。
>
> 在以泪洗面的日子里，是佳县的父老乡亲安慰我、陪伴我、帮助我，强忍悲痛继续为病儿解除痛苦。陕北人民给我最大的感动就是淳朴，他们都老老实实的，都非常知道感恩。
>
> ——路生梅

在路生梅刚到佳县县医院的时候，那里有医护人员 30 多名，妇科、儿科都没有专门科室，而路生梅更是医院唯一的儿科专业的大学生。

那时佳县老百姓都普遍实行旧法接生，每 1000 个产妇平均有 15 人死于难产，每 1000 个新生儿就有 60 个死于各种感染性疾病。路生梅至今还清楚记得当时的情况：“真正搞起医疗临床来才发现，佳县的医疗状况很不好，医疗资源特别贫乏，当地人民群众的医疗知识特别少，旧的风俗习惯严重影响了人们对医疗知识的了解。”

一次次把命悬一线急需救护的佳县老百姓医治好，让他们重获新生，这使路生梅有了极大的成就感和责任感，每个病愈的老乡都让她

一次次把命悬一线急需救护的佳县老百姓医治好，让他们重获新生，这使路生梅有了极大的成就感和责任感，每个病愈的老乡都让她愈加坚定要把青春奉献给这里，决心要扎根佳县。

愈加坚定要把青春奉献给这里，决心要扎根佳县。就在这个时期，大量知识青年在国家政策的安排下，开始通过各种渠道迅速向大城市回流，当年随着时代洪流满怀激情来到农村的年轻人一个个回到自己生长过的北京、上海，这在路生梅心里形成巨大震动。那个时期，她经常听说身边哪个熟悉的人离开佳县回城了，要么是北京的亲戚写信告诉她又有谁从插队的地方回北京了。每次听到这样的消息，路生梅总要怔一会儿，然后沉默好几天。高正胜看出她内心的波动挣扎，有时会想办法劝说她，有时只能和她一起沉默。

高正胜的担心不是没有原因的，就算从来没有去过北京，但他从路生梅偶尔的描述中也知道她所生长的城市，那个祖国的首都和他们现在所生活的佳县，和他生长的山沟深处的那个高家渠村有着想象不出的巨大差别。看着妻子陷在痛苦之中，这个善良的陕北汉子心疼了，他甚至想，如果路生梅真心想回北京，为了她的幸福，他绝对不拦着她。

高正胜从第一次见到路生梅就喜欢上这个北京姑娘了，她是和他完全不一样的，也和他身边所有的陕北姑娘不一样，所以他所有的亲戚朋友，甚至他的母亲知道他想娶这个北京来的大学生后，都是震惊和不敢相信的。他们担心路生梅这样优秀的北京姑娘是不会安心在佳县这样的穷地方过日子的，怕她迟早要回去，怕他将来会伤心。大家都劝他，路生梅虽然是个好姑娘，但还是踏踏实实找个佳县姑娘过日子吧，路生梅那样的人不是他能高攀得起的！

可是年轻的高正胜却绝不放弃，他终于打动了路生梅，成了她的丈夫。在路生梅的心里，老高就是陕北汉子的代表，陕北人的纯朴品质都集中体现在他的身上：“我的爱人是佳县农村的，他的所作所为，他对人的诚恳，对党的事业的忠诚，他平时能吃苦、助人为乐的精神，真的在我身上烙下了很深的印记，改变了我的人生和我的性格。”

而对于佳县的老乡们，路生梅也有着深深的感情："在以泪洗面的日子里，是佳县的父老乡亲安慰我、陪伴我、帮助我，强忍悲痛继续为病儿解除痛苦。陕北人民给我最大的感动就是淳朴，他们都老老实实的，都非常知道感恩。"

路生梅一直记得，过去每次下大雪之后，丈夫怕她滑倒总要早早出门扫雪。他会从自家门口扫起，然后把自家往医院走的小路扫干净，再把医院的每孔窑洞前的雪都扫了，最后顺着医院出去一直扫到通往县城大街的路上才算完。医院的人谁不说高正胜特别热情、特别勤快、特别爱帮助人呢！在医院还没通电的时期，佳县人们晚上靠的就是煤油灯。为了省煤油，乡村的老乡晚上都不舍得点煤油灯，就着灶前做饭的火光就把一切要做的家务做完了，然后摸黑睡觉。可是医院赶上晚上紧急做手术必须要点煤油灯，碰上寒冬腊月医院的煤油不多了需要出去采购，别人不愿意去，他每次都笑呵呵地主动去买。路生梅从不拦他，她喜欢的就是他对人的实诚，总觉得他傻得可爱。

那段时间里，路生梅多少个黑夜难以入眠，多少次在心里反反复复纠结，白天在医院看到一个个病人她放不下心，晚上回家看到纯朴的丈夫和一双乖巧懂事的儿女她更不舍得，路生梅心里的天平始终倾斜在留在佳县这一边。相比医疗水平很高的首都北京，她觉得佳县县医院更需要她，佳县人民更需要她，善良的她郑重选择留下。

1981 年路生梅被选派到北京协和医院进修，这次去北京的机会异常珍贵，在她心里更有着非同寻常的意义。高正胜知道学习机会难得，便鼓励路生梅别放弃，让她一定要去。她当然是担心两个孩子，高正胜笑着说："你去吧，我保证把孩子照顾好！"路生梅高兴地如愿去了北京进修，在自己梦寐以求的北京大医院如饥似渴地学习治疗、观摩手术，宝贵的进修学习时间她一点儿也没虚度。当她兴奋地带着

1981 年路生梅被选派到北京协和医院进修，这次去北京的机会异常珍贵，在她心里更有着非同寻常的意义。高正胜知道学习机会难得，便鼓励路生梅别放弃，让她一定要去。路生梅如愿去了北京进修，在自己梦寐以求的北京大医院如饥似渴地学习治疗、观摩手术，宝贵的进修学习时间她一点儿也没虚度。

学到的新知识新经验回佳县后，路生梅才从孩子们那里知道，她在北京时，有一次两个娃娃都病了，都要输液，娃娃们哭喊着要妈妈，同事们劝说高正胜给路生梅打个电话，让她和娃娃们说说话吧，可高正胜怕路生梅在北京进修本来就惦记家和娃娃们，再知道两个娃娃都病了，得有多焦急！他不舍得路生梅分心，硬是没给她打电话。高正胜把两个输液瓶挂在床头中间，两个娃娃一边一个，自己睡在中间照顾他们俩，直到娃娃们病好了。他自己一边工作一边照顾家，所有的困难高正胜一句也没和路生梅说。

1983 年，路生梅又有了去陕西省主治医师学习班进修的机会，高正胜依旧支持她让她放心走。因为表现特别出色，指导老师表示可以帮她调回北京或调到西安工作。路生梅又一次面对难以割舍的抉择，这一次她很快就给老师做了回答："在佳县不能说是无怨无悔，但我还是觉得值得，我在这个地方实现了我做医生的价值。"

1984 年，在路生梅的牵头下，佳县终于有了自己的妇儿科。就在这一时期，路生梅帮助佳县县医院成立了第一个正规科室——儿科，拥有专业儿科医护人员 14 名，40 岁的路生梅担任了第一任儿科主任。这一年路生梅光荣地加入了中国共产党，成为她向往多年的共产党员。

这是她到佳县县医院工作的第 16 个年头。

随着新法接生的普及和推广，佳县的新生儿死亡率大幅降低，直到今天，佳县县医院儿科在整个榆林地区，医务水平仍然排在前面。为提高全体医务人员水平，她让医护分批进修，学习先进技术。在她和全院医护人员的努力下，佳县县医院成功晋级为二级甲等医院，被评为爱婴医院。50 多年来，路生梅亲手接生的婴儿数以万计，救治的病人更是不可计数，佳县不少人家的四代人、五代人都曾受到路生梅的医治。甚至有的老病人在生命临近终点的时候还要让家人把路生梅请来，当面把自己的儿孙们都托付给这个令人信赖的好大夫。这样深厚的情感使路生梅愈加把自己和佳县人民紧紧地联结起来。

因为路生梅行医经验丰富、医术高超，也因为她医德高洁令人钦佩，不止佳县的人们有病要找她看，榆林和黄河对岸县城、乡村的老乡们也愿意跑远路带娃娃来看病。路生梅心地善良，总是能看到佳县老乡们生活的不易，就总是体恤着这些纯朴的乡下人。她从来不开价格昂贵的处方，能够不花钱用偏方治好病人的就一定不让病人花一分钱；实在需要开药的病人，她也尽量少开药，或开些便宜药；如果有的病人需要住院治疗，那她就会想方设法让病人早些治好，节省下时间和钱早些回家。

佳县的李秀英现在82岁了，她在40岁的时候得了一场腹膜炎，差点儿要了她的命。和大多数佳县人一样，那时她家实在太困难了，生活很不好，4个儿子都小，最大的18岁，最小的儿子才5岁。李秀英的老汉赶毛驴拉车车，挣点糊口的钱，一天不拉车一天拿不回钱，当天就没饭吃了。李秀英当时肚子大得怕人，像是又怀了个娃娃一般，因为穷，她把病拖得实在拖不下去了才到医院来看，说怕自己死了几个娃娃也活不了！

路生梅给她诊断后宽慰她说："不怕，老姐姐，你不是要命的病，能治好，我慢慢给你治！但你得住院呢！你这肚子里的水得先抽出去，再每天输液把腹膜炎治好，你就能出院！等你回家我给你慢慢打针吃药再把结核治好！"

李秀英听说得住两个多月的院，吓得连声说："病不死也要饿死了！我不治了！我死就死了，不能给娃娃们拉上一屁股账！"

路生梅可怜她，劝她说："老姐姐，你可怜的不治了，你几个娃娃丢下咋办？"

李秀英想来想去不肯因自己治病让家里欠债，就找土方子去治，拔火罐拔得满背都是水泡。路生梅打听到她家就去找她，心疼地说：“老姐姐，快不能拔了，背拔得烂了使不得，病也没治！你真得住院！”

二儿子去找姑姑借到50块钱，李秀英终于被劝说得住上了医院，路生梅用针管给她抽出几盆子黄水。李秀英当时难受得不行，有时候一顿饭连一颗鸡蛋也吃不了，路生梅就逼着她尽量多吃饭，因为抽了那么多腹水急需要营养恢复。那时候路生梅在县医院旁边住着，每天来几次住院的窑洞看她，怕李秀英不舍得吃把饭给娃娃们偷偷省下，就劝她说：“你心疼住院花钱，要是营养跟不上就得打营养针，还不如吃饭营养吸收得快，饭比药便宜！”

李秀英听了就强迫自己吃饭，可是老汉要拉毛驴车跑一天，顾上3个儿子就很艰难了，哪有时间在医院伺候她，更不要说给她弄饭了。路生梅和医院的周惠珍大夫心疼这个可怜的女人，商量着把自己每天在灶上打的饭拨出一半凑成一碗给李秀英端到病床前，顿顿看着她吃下去。两个人这样省下饭给李秀英端去，一端就坚持了两个多月，直到她病愈出院。直到现在，李秀英回忆起当初路生梅救她的事，总是说起来就哽咽得抹眼泪。她说：“可怜我差点儿把几个孩子丢下，哭天抹泪差点儿活不了，好坏都没有能帮忙的人。老头还要拉车，还要顾生活，孩子们念书走了，就人家路大夫伺候我，不然连个伺候我的人都没有。不是人家路大夫，我活都活不了！我就常心里想，人家这个大夫是北京人，佳县人穷成这样，人家对我这么关心，我穷得不能更穷，报答人家恩情还报答不了。现在我什么都有了，可是我有了人家也有了，我常记得人家对我的恩情，可连报答的机会都没有！我常心里盘算说感谢她，那年大儿子在临潼工作，给我拿了两颗石榴。我说路大夫恐怕没吃过石榴，就舍不得吃要给她尝尝。可我迟早找也找不到她，不知道她在哪儿住着。我想给她吃两颗石榴，过几天她过来了，我藏起来的石榴都快干了，赶紧给了她。路大夫对谁都好，不是仅仅对我，有病的娃娃去了，她饭碗一放连忙就去看这个娃娃。半夜三更，病人难过得要命了，人家去叫她，一叫就到。现在她退休了还在看病，人家不要你一分钱，人家什么都不要你的，只说娃娃是什么病，你们去买什么药。所以人家路大夫这个人，我觉得实在好，就没有这么好的人！没有路大夫，我早就没有了，现在我的四个小子都长大成人，都工作了，国家安排的领工资，我啥都有，现在日子真好！我就说共产党好！”

佳县谭家坪村的刘军军直到现在说起当年路生梅救护自己的事情，也总是感激她是自己真正的救命恩人！那时刘军军患上了结核性胸膜炎，父母都着急万分。路生梅得知情况后，主动上门医治，看到刘军军的胸部已经有积水了，就告诉他这是结核性胸膜炎，需要穿刺，得往胸腔里打药，这在门诊和家里都做不了，必须要住院治疗。刘军军在佳县县医院住了20多天，路生梅除了给他安排治疗外，有空就去住院的窑洞看望，一直悉心照料，直到他痊愈出院。在佳县，像刘军军这样被路生梅从死神手里抢回来的人还有许多许多。

50多年来，当初与路生梅一同被分配到边远地区的北京第二医学院的63届163名毕业生中，有70多名调回北京，10多名去往海外，而留在毕业分配所在地一直没有任何调动的，只有路生梅一人。

路生梅和她的同事们为之奋斗和奉献了一生的，是我们的党和国家在这50多年里带领全国人民建设小康社会过程中，一个县级医院发展的真实写照，一个县级医院的共产党员的奉献之路。

路生梅在这个黄土高坡的小县城献出一生中最美好的时光，佳县的每一道山梁，每一个坡坎，都印着她的足迹，都是她听党话、跟党走的见证。

八

作为党员，为党工作没有退休年龄；作为医生，救治病人没有退休年龄。

生命留给我们多长时间我不知道，但是我觉得是党是祖国把我培养成一个人民医生，我应该把我所学到的知识，在我活在人间的时候，尽量多为一些个老百姓服务。

——路生梅

1999 年路生梅退休了，许多人都以为这一下她恐怕是要回北京或到西安过安逸的退休生活了。可是过了好多年，人们看到路生梅除了每周到医院义诊 3 天之外，平时还在家里给病人义诊，仿佛比没退休的时候更忙了，根本没有离开佳县的意思。

退休的大夫们有的会选择接受大医院的高薪聘请继续工作，她也选择继续工作，却是在佳县做没有任何报酬的义诊。只要来病人，路生梅总是赶紧放下手中的一切，耐心诊治。她的手机 24 小时都开机，就怕病人找不到她着急，即使是央视来录制节目，提议她关机，路生梅也说不行，她说节目可以不录，但绝对不能让病人找不到她。这是她多少年的习惯，无论在任何时候，她都把患者放在第一位。在接受采访时，路生梅总要先把义诊的时间安排好，再告诉采访者她在接受采访的过程中随时会有老乡抱着看病的娃娃来，可能会中断采访。在路生梅还没有退休的时候，慕名来医院挂号看病的病人就非常多，她退休义诊后，找上门求医的人更多了，有时候不分白天晚上，但她从来没有不耐烦过，也不觉得打扰了自己的生活。因为在路生梅的人生里，几乎所有的时间精力全都放在给病人治病这件大事情上了，没有

“生命留给我们多长时间我不知道，但是我觉得是党是祖国把我培养成一个人民医生，我应该把我所学到的知识，在我活在人间的时候，尽量多为一些个老百姓服务。”

其他的事情能让她分心，她的生活就是给病人治病。

几乎每天都有佳县或佳县附近的病人在门口喊她："路大夫！""路老姨！"路生梅总是乐呵呵应声打开自家窑洞的门，撩起自家的门帘让小病人赶紧进门，往往是前面一家抱着的小娃娃还在开药，后面等着看病的已经把娃娃领着站在旁边等着了，她哪有时间退休呢？

路生梅接到要去北京接受"全国三八红旗手标兵"荣誉的通知后，在接受采访的时候，本来正在讲着自己人生故事的她，看到志丹县来的老乡抱着娃娃来看病，就赶紧停止了采访先看病。隔了一个来小时，病人们走了，采访继续进行的时候，路生梅的情绪却始终是低落的，她在为这个来看病的娃娃难过。这个小病人总是不好好吃饭，家里人听说路生梅的医术高超后，专程搭车从志丹县赶到佳县来找她治病。路生梅听说眼前2岁模样的娃娃已经快5岁了，就非常吃惊，因为这个娃娃看上去只有10公斤重、80厘米高啊！她给娃娃做了全身检查，各项指标都不达标，孩子牙齿只有一点点，像酥饼一样直掉渣，但是家长一直没带他到医院做过诊断。路生梅沉重极了，她考虑是中枢性的甲状腺功能减退，这个娃娃已经错过了治疗的最佳年龄，就算治好了，一般情况娃娃以后也不会再长多高了，非常可惜。路生梅让他们赶紧带娃娃到医院去检查确诊，又主动帮他们联系医院，让他们去看看有没有更好更新的治疗方案。病人被带走了，路生梅却回不过神来。即使已经看过很多很多小病人了，但每当遇到这些无法挽回的病例，路生梅心里还是要难过很久，觉得提高全民对健康和疾病的重视和了解太重要了。

退休后的20多年里，路生梅除了义诊看病，还组建了志愿者服务队义务宣讲关爱老人、关爱社会，为留守儿童、贫困学子送温暖献爱心，带动身边更多人参与公益活动。新冠肺炎疫情期间，路生梅更是操心防疫工作，除积极参加核酸检测外，她不放过任何一个宣传抗疫知识和个人防护常识的机会，主动去给环卫工人讲解七步洗手法，指导年轻护工给病房科学消毒。

这些年路生梅得到了许多荣誉，也有一些奖金，她觉得自己的退休工资够用了，佳县还有那么多贫困老人、学生需要钱，就把这些奖金毫无保留地全部都捐赠给敬老院、孤寡老人和留守儿童，用于购买健身器材、老年人用品和学生学习用品。有次 5 万块钱奖励刚发给路生梅，她立刻就跑去办捐赠，支持公益事业。

2020 年 1 月，在新冠肺炎疫情暴发的紧要关头，76 岁高龄的路生梅向党组织交了 1 万元特殊党费，并向自己义诊的医院党支部、佳县人民医院党支部分别递交了抗疫请战书，要求去抗疫一线为人民服务。她和当年自己志愿分配到最艰苦最偏远的地方工作一样，主动请战到抗疫一线去工作，这一真情举动感动了无数人。路生梅在请战书中写道：

> 当前新冠肺炎疫情形势严峻，如果医院组织救援队，我要参加，无论奔赴哪里，无论生死，我都要参加，因为背上有责任，心里有使命，因为我是中国医生。不要嫌我老，我愿把生命留给患者，留给年轻的同行。

路生梅在回忆起那封令人感动的请战书时说：“我写请战书的时候，疫情来得很突然，大家都很害怕。我在临床见过各种肺炎，但是传染情况从来没见过这么严重的。我个人认为，祖国和人民面对的是大灾难，我应该做点什么，我应该给国家分担一些。我在微信上看到，全国那么多年轻的医生护士放下孩子就走了，我就想起我年轻的时候把儿子女子放下去医院值班工作。女子放学回家没钥匙进不了家门，只好蹲在院里存放蜂窝煤的石板桌子下面躲雨；生病还要自己拿着药和液体到医院门诊去输液，她见到我回家委屈得直哭，我也抱着她哭，心里愧疚对不起那么懂事的女子。多少次自己的女子生着病没人管，可我在救治别人的娃娃，他们没脱离危险我怎么能放下回去管她？现在我的儿子女子都长大成人了，连他们的娃娃也都长大上高中上大学了。我想，我都 76 岁了，活得够本了，我们当初学医、申请入党的时候，都说要到最艰苦的地方去为人民服务，都想走在别人前面去。疫情这么肆虐，坐在家里有什么好看的？我是共产党员，是医生，组织对我的考验时间很长了，家里不需要我操心了，我不忍心看到年龄比我小的年轻人冒着生命危险去疫情一线工作，我希望把生命留给他们，他们的人生还长，国家和人民还需要年轻的医护人员。”

2021 年，路生梅再次向党组织交了 3 万元特殊党费。对于一辈子都在佳县县医院工作，从来没有接受过高薪外聘，退休 20 多年来一直坚持给老百姓义诊的医生来说，路生梅是节俭清贫的。她生活的窑洞简朴而整洁，可她却一次次把奖金全部捐给公益事业，两次给党组织交特殊党费，倾其所有想要分担国家的困难和人民的苦痛。她总想着帮助别人，想着给予，路生梅的精神世界是那么富有，一颗拳拳赤子之心赤诚而火热！

当路生梅被评为 2020 年度全国“诚信之星”的消息传到她的母校时，校方极为重视，多次开会研究，决定授予路生梅“济世修德”杰出校友奖。2021 年 5 月 12 日，路生梅应邀回到离开 50 多年的母校——北京第二医学院做交流，现在学校已经更名为首都医科大学。50 多年走惯了黄河西岸的河滩，走惯了佳县山村的坎坷石路，路生梅重新走在 20 多岁离开北京时走过的柏油马路上，心情激动。长安街上的汽车流水般从眼前穿过，有着熟悉而久违的亲切，又有些陌生。重新走进自己年轻时学习的校园，她的耳边没有了奔腾不息的黄河波涛，听到的全是她自己至今也改不了的北京腔，路生梅对自己这50多年来给党和母校交上的答卷是满意的、欣慰的。

路生梅又一次在学校刻有“扶伤济世，敬德修业”校训的巨石前久久停留，心生感慨。是啊，这句话奠定了自己的学医之路，像一盏明灯在长夜温暖照亮了迷茫的自己，支持自己坚定无畏地行走在佳县艰难的治病救人道路上。

路生梅像半个多世纪前一样再次向母校作出承诺：“待我去世之后，将遗体捐献给母校用于医学研究，把自己的一生完完整整地献给医学事业。”

九

从北京德胜门后海胡同的柏油马路来到陕北佳县的山沟沟，路生梅坐着火车、敞篷大卡车、毛驴车走了一个多礼拜的时间；在佳县县医院和佳县周边沟沟村村的山路上，她却背着出诊的药箱子用双脚一步一步、来来回回走了大半辈子。53年的时光过去，路生梅成了20多万人口的佳县人人都知道的路大夫。从“小路大夫”到佳县人们口中的“路老姨”“路大夫”，路生梅从梳着辫子一口京腔的北京女大学生，成了一头白发却走路生风、能说一口京味佳县话的老人。

路生梅在佳县对病人所有的好，人人都记得。

路生梅在佳县生活工作50多年，虽然她离北京很远很远，可路生梅确信，党从来没忘记过她，一直在关注着她考验着她。而她以从未懈怠的50多年的忠诚和勤奋工作经受住了党的考验，那些荣誉就是最大的证明——她路生梅始终在听党话、跟党走！

如同奔腾不息的黄河水总是生生不息向东流去，路生梅的人生之

路生梅的路，是平凡的医护人员在本职岗位上质朴无华的奉献之路，像她这样的优秀共产党员，我们的身边有千千万万。在中华大地上，有无数像路生梅这样在医疗战线上的共产党员，在自己的村庄县城践行着朴素的“医者仁心、治病救人”理想。正是无数这样平凡质朴的共产党人在中国共产党的引领下，经过半个多世纪的默默奉献，把中国人民从饥饿、贫困、泥泞中带到了充满希望的新时代，把脱贫致富、全面小康的美好愿景在一个个佳县这样的贫困县变成了美好现实。(张磊 摄)

路也总是在她所信仰的共产主义的引领下，始终走在治病救人、为人民服务的大路上。

路生梅的路，是平凡的医护人员在本职岗位上质朴无华的奉献之路，像她这样的优秀共产党员，我们的身边有千千万万。在中华大地上，有无数像路生梅这样在医疗战线上的共产党员，在自己的村庄县城践行着朴素的“医者仁心、治病救人”理想，路生梅和佳县县医院就是其中的缩影。他们见证了苦难中国从缺医少药，到病有所医，再到全民健康水平不断提升，人民生命健康得到有效维护的全过程。正是无数这样平凡质朴的共产党人在中国共产党的引领下，经过半个多世纪的默默奉献，把中国人民从饥饿、贫困、泥泞中带到了充满希望的新时代，把脱贫致富、全面小康的美好愿景在一个个佳县这样的贫困县变成了美好现实。他们和全国人民一起，为实现国家富强、民族振兴、人民幸福的中国梦，为全面建成小康社会，建成富强民主文明和谐美丽的社会主义现代化国家而一直不懈追求、不懈奋斗，在最平凡无华的岗位上，奉献最美好的人生！

一生无悔，用教育托起中国梦

——记全国道德模范呼秀珍

一生无悔，用教育托起中国梦

——记全国道德模范呼秀珍

暮千雪

呼秀珍简介

呼秀珍，女，汉族，1944年12月出生，中共党员，陕西延川人，陕西省咸阳铁中特级教师。1965年起从事教育工作，坚守讲台50余年，没请过一天病假、事假，没耽误过学生一节课，没放弃过一个学生，没收过学生一分钱补课费，以刻苦钻研、勇于创新的精神，总结出“以教师为主导、以学生为主体、以合作互动为主线”的新型教学模式。退休后，她创建呼老师志愿服务团队，开展道德大讲堂，从1999年开始，已义务开设各种主题讲堂1439场。被授予“全国教育系统劳动模范”“全国道德模范”“全国中小学德育工作标兵”“陕西省优秀共产党员”“陕西省道德模范”等荣誉称号。

2014 年 12 月 1 日清晨 5 点，当整个咸阳城还沉陷在夜晚的寂静中时，年届 70 岁的呼秀珍披着北方黎明时分的霜寒登上车。这一天，她应邀随陕师大边远贫困地区农村校长、幼儿园园长助力工程返岗指导组去安康市紫阳县高桥镇幼儿园作报告。到达紫阳县时已是中午，匆匆吃过午饭后，又乘车 40 多分钟赶到高桥镇幼儿园。面对满堂家长，呼秀珍来不及休息，站着讲了一个半小时。当校长问她报酬该给多少时，呼秀珍答："不要报酬。我是老师，普及家庭教育本身就是我的职责和分内之事。我又是道德模范，传递正能量、服务社会，更是我义不容辞的责任。"

呼秀珍，陕西省咸阳铁中特级教师，从教 57 年，潜心培育 3000 多人，义务开讲各种主题讲堂 1459 场，听众逾 49 万人次，资助帮扶困难学生多名。先后受到国家、省（部）市（局）级表彰近 50 次，多次受到党和国家领导人接见。她用兢兢业业坚持不懈的耕耘践行了一名普通人民教师对理想和信念的坚定与执着；以自强不息锐意探索的奋斗，证明了在平凡的岗位上也可以建功立业创造辉煌；以雷锋精神为生命坐标，用无私奉献诠释教师的神圣，谱写下一曲响彻中华大地的爱之歌。

一

延川，几千年来，以它千沟万壑连绵起伏的广博与深厚滋养着无数陕北儿女，它是著名作家路遥的故乡，也是全国道德模范、特级教师呼秀珍的故乡。

1944 年 12 月，呼秀珍在延川县贾家坪镇折家洼的一孔窑洞里出

“如果说人生是一条河，我愿做条爱河，流到哪儿就把爱心带到哪儿；如果说人生是一首歌，我谱写的是一首平凡之歌。没有轰轰烈烈，也没有惊天动地，所做的一切都是该做的。”（张磊 摄）

生。之前已有 4 个哥哥夭折于疾病和战争，本应排行第五的她成了家中的老大。苦寒的生活环境里，幼年的她除了享受到母亲精神上的疼爱之外，生活并没有比别的孩子好。3 岁时出天花，无药医治，引发全身的黄水疮，挣扎在死亡线上时又遇胡宗南率军进攻陕北，母亲抱着她和村民四处逃难。没有想到，她居然活了下来。“一方水土养一方人，我的骨子里、血液里天生就有来自这片土地的顽强！”

这时候，呼秀珍的父亲正随部队战斗在战场上。这位 1934 年参加革命并入党的陕北汉子，因长年东征西战，仅以“父亲”的称谓停留在呼秀珍的童年里。新中国成立后，父亲转业到铁道部，一家人才团圆。团圆并不意味着稳定，投身新中国铁路建设事业的父亲，带着全家和工程队，从天水新阳镇起步，开启了四处迁徙的生活模式。铁路作业都在荒郊野外，没有学校，直到 1953 年，8 岁的呼秀珍才入学兰州铁一小。稳定的日子才过 4 年，1956 年，母亲因病逝世。当时父亲还在北京学习，12 岁的呼秀珍带着两个弟弟一个妹妹，守着长眠不醒的母亲茫然失措。现实不允许她陷入悲伤，安葬完母亲，呼秀珍一边上学，一边照顾弟弟和妹妹，以稚嫩的肩膀扛起了家里的半边天。1958 年，父亲所在的铁一局调迁到乌鲁木齐，举家西迁，留下她以寄宿方式在兰州继续上学。次年，上完六年级的她转学至乌鲁木齐，1963 年又转学到咸阳。1968 年，父亲蒙冤而逝。已成为教师的 24 岁的呼秀珍担起了整个家庭的重担……

“虽然生活一路坎坷，但是我一直很乐观，我想这与故乡是分不开的。”说起故乡，呼秀珍声音里满含深情与敬畏。她说：“我为这片土地自豪。如果说我有一定的思想或境界，都是这片红色土地赋予我的，这片土地给我这一生最宝贵的财富就是信念和梦想。”

原来，自小听着红军故事长大的呼秀珍，早在不知不觉中将忠诚于党、热爱人民、献身民族的信念刻进心里。幼年时的她，梦想就是快快长大，像那些英雄前辈一样，像父亲一样，做党的好儿女，为国家贡献力量，做一个对人民有用的人。

21 岁，因为生病，呼秀珍错过了高考。失落苦闷之中，听闻中铁建厂局教育科招收教师，她欣然报名，很快就被分配到陇县铁一小当临时代课老师。那时的她并不清楚教师意味着什么，她只是觉得这是一份工作，努力做好就行。

20 世纪 60 年代的铁路小学，教育资源极度匮乏，教学条件十分简陋，几张桌子、一块黑板、一根粉笔就是全部。“那时候，学校的学生很少，只有 200 多名，教师更少。一名教师往往要身兼数职，语文老师、体育老师、班主任，我都要做。教学方法也极为简单，教师讲，学生听，学生记，没有任何辅助手段。”

为了丰富学生简单枯燥的学习生活，课余时间，呼秀珍就带学生去村外做游戏、掏鸟窝、抓鱼。呼秀珍清晰地记得，有一次学生们抓到鱼后，争着抢着给她看，她就作势和孩子们比赛，在水里起劲儿地抓。终于抓到一条，欢快地喊：“看，我也抓到啦！”学生们却哄笑起来。原来她误把学生的小拇指当成小鱼，扯起来的是一只小手！她也忍不住大笑起来。

看着一张张纯真的笑脸，一双双明亮的眼睛，就在那一刻，在蓝天白云下，在清凉的河水中，一个念头蓦地从她心底跳出：一生都要做老师，做个能给孩子们带来欢笑的老师！

二

1986 年的咸阳，春寒料峭，朝霞晕染着整座校园。呼秀珍身披霞光，抱着教具急匆匆地往教室走，校长喊住了她，有点儿犯难地说某县的农村学校忽然来了几十个听课取经的老师，因没有提前打招呼，现在不知该怎么安排。当时没有电话，联系起来不方便，所以呼秀珍一点儿也没有责怪老师们的突兀，反而为他们四处学习的精神感动，果断地回答："那就分散到各个班听课吧，想听语文课的跟我来！"

那节课所学内容是说明文《晋祠》。师生问好之后，呼秀珍笑眯眯地对学生说："同学们，老师今天要当一次导游，带领大家逛一回晋祠。"边说边将前一天请同学家长用彩笔在白纸上放大的课文里的插图挂在黑板上。

这时一位叫刘明的学生兴奋地举起了手："老师，我昨天做了预习，我来给大家当导游吧。"

呼秀珍高兴地点头。刘明走上讲台，拿起竹条做的教棍指着挂图，声音洪亮地讲道："大家好，我是今天的导游，今天由我来为大家讲解晋祠的风景。先来说说这棵柳树吧，一看到这棵柳树，我就想起了一首诗：'碧玉妆成一树高，万条垂下绿丝绦。'"呼秀珍就在旁补问："这是谁的诗呀？"学生争先恐后地答："唐朝诗人贺知章！"……

一堂课在师生们热烈地讲与答的呼应中结束，十几位听课的老师意犹未尽，恍然大悟：原来语文课还可以这样上！

历史回溯，新中国成立初期，无数忠于党的教育事业的老师为提高教育质量殚精竭虑，在有限的条件下对传统的教育模式进行革新。20 世纪 80 年代初，全国教育战线上涌现出了许多优秀的教育先锋，魏书生就是其中之一。呼秀珍听了几次魏书生的示范课后，很受触动。她结合学校、学生的现状，摸索出了"以教师为主导、以学生为主体、以合作互动为主线"的立体式新型教学模式。

"把课堂交给学生，我做导演，重点负责孩子们潜力的发掘和能力的培养。"这种让教材变活，让学生积极参与，变知识型教学为能力型教学的授课模式，是对传统填鸭式教育模式的一次破冰，学生的学习热情也由此被点燃，班级成绩一路领先。文明班级、优秀班主任等奖项接踵而来，慕名来听课学习的老师络绎不绝。呼秀珍多次被学校委派到省内外学校讲示范课，传播先进的教育理念和模式。

“老师工作是无法量化的良心活，没有人要求你，监督你，但自己要对得起老师这份事业。”为此，呼秀珍始终坚持四个认真：认真备好每一节课，认真上好每一节课，认真批改每一本作业，认真对待教学中出现的每一个问题。为上好一节课，她常常备课一两天。根据教材翻阅大量的资料，反复推敲教学目的、重点、难点、课堂结构、板书设计乃至教学语言，将文学常识编成一个个顺口溜。经常到处奔波，借图片、制教具，并反复琢磨学习电视台节目主持人语言、情感表达的技巧。在上《周总理，你在哪里》一课前，为了使学生深刻理解周总理为国为民鞠躬尽瘁、死而后已的伟大人格和精神，她跑了7个单位，借到周总理的画像，又剪了30幅周总理生平贴图。那天，当学生们嘻嘻哈哈走进教室，看到铺着洁白桌布的讲桌上有一瓶淡雅的鲜花，正前方墙上贴着周总理的画像，再看看教室四周贴满的图片，忽然间肃穆下来，然后，在录音机播放的低沉的哀乐声中开始上课。看图片，讲事迹，师生分角色朗诵，一节课结束，很多学生哭红了眼睛。20多年后，有一个学生找到呼秀珍，告诉她就是在《周总理，你在哪里》那一节课上，他立下了努力学习，长大报效祖国的志向。

为向45分钟要质量，每一节课，呼秀珍都要别出心裁地设计，独具匠心地抓住契机对学生循循善诱。她组织学生将课文改编成剧本、评书，进行排演。课堂上，学生当过“导游”“小教师”。她还将歌曲、漫画巧妙穿插其中，打造了“一分钟演讲”“新闻播报”“分角色朗读”等情境，使课堂教学妙趣横生，引人入胜，学生都喜欢她的课，称之为“快乐的语文课”。

让学生从“苦学”到“乐学”的过程，也是呼秀珍不断自我革新的过程。

没有上过大学，没有接受过师范专业训练，始终是呼秀珍的一个遗憾。刚参加工作时，一次讲课中，她犯了一个错误，课后被听课老师指出，她非常惭愧。回家做晚饭时还在想这个错误，以致切菜时走了神伤了手。呼秀珍暗下决心，一定要以勤补拙提升自我，从那时起，她就养成了读书看报自学的习惯。

社会在飞速发展，知识更新周期大大缩短，置身时代滚滚前进的浪潮中，呼秀珍清晰地明白“水之积也不厚，则其负大舟也无力”的道理。多年的教学生涯也让她深切地认识到，教学不仅是一门科学，更是一门艺术。作为老师，不仅要有专业知识，还要有广博的通用知识和开阔的视野胸怀，要具备对学生进行知、情、意全面培养的能力，始终做知识上“春江水暖鸭先知”的先行者。

为了给学生源源不断地提供鲜活的知识，呼秀珍挤出一切时间看报、看书、自学，见到好文章就剪贴起来，通过考试获得了中等师范文凭。40 多岁时，参加了为期 3 年的中央党校大专班函授学习。当时身兼班主任和两个班课程的她怕耽误学生，不愿请假离职学习，只能夜里学。一个冬天的深夜，埋头于书本的她，忘了把蜂窝煤炉子搬出去，结果煤气中毒晕倒在地，幸亏邻居及时发现。醒来后的呼秀珍看见两个年幼的女儿安然无恙，不禁搂着女儿放声大哭。

20 世纪 90 年代中期，现代教育技术如春风漫过大江南北，多媒体教学的普及，让呼秀珍且喜且恐。年轻人一听就会的技术，她需要不断地操作练习。为了多学多练，她经常主动帮着同事一起制作课件。经过一番努力，她终于学会了做课件、制作网页等。多媒体教学手段的应用极大地激发了学生的学习积极性，呼秀珍又进入一个以老师为主导，以学生为主体的自主学习、合作学习、探究学习的教学模式的探索中。

“老师不只是教书育人，更要做好学生成长的引路人。作为教师，除了教授学生知识外，要把最好的品德、最好的理想信念输送给孩子们。爱心、梦想、勤奋、感恩、健康，我希望学生们都能拥有这些宝贵的财富。”为此，呼秀珍一直坚持开展“爱的教育”系列活动：组织学生办《祖国颂》报集，向孤儿和残疾儿童送温暖、献爱心，每年“三八节”前给妈妈写信，感谢父母的养育之恩。

家庭是孩子成长的沃土，呼秀珍深知家庭教育的重要性。1988年，她就开始创办《好家长》简报，每两周一期，组稿、排版、编辑、复印，整整坚持了16年，共编辑200多期，印发1万多张。一位家长写信给她说：“作为家长，我们发自内心地感谢您！您既是孩子的好老师，又是我们家长的好老师。”

“我真心热爱教师这份职业，这是我一生的追求。尽管我这颗星星那样微小，但我也要熠熠生辉！”孜孜不倦，兀兀穷年，呼秀珍潜心教学研究和改革，勇于探索、锐意创新，形成了自己的教学风格和一套较完整、较系统的教育教学思想。当了27年班主任，她所带的班级27次被评为优秀班级；她文明班级，曾前后7次参加省、市及全国大型教学比赛，获得一等奖4项，二、三等奖3项。经她负责的教育部国家级实验课题历时5年，荣获优秀成果一等奖，她被陕西省教育厅授予“教书育人终身荣誉奖”。

三

初秋的风，轻拂着脸颊，从铜川出差回来的呼秀珍，归心似箭地往教学楼走。

推开教室门，全班同学“哗”地同时起立热烈鼓掌。呼秀珍纳闷，回头一看，黑板上画着一簇鲜花。班长认真地解释道：“老师，这是咱们全班同学每人一笔，共同画成的。”呼秀珍惊讶：“我才走了一天呀！”话音未落，学生们异口同声：“老师，我们想你！”呼秀珍的眼泪夺眶而出……

“谁爱孩子，孩子就爱谁。我是一名老师，想方设法教好书、育好人，是应尽的职责。怎样才能做好？关键是爱，爱职业，爱学生。我觉得教育是一项要走进学生心灵世界的工作，唯一的通行证就是‘爱’，没有爱就没有教育。”

从教 50 多年来，呼秀珍每天早上 5 点起床，晚上 12 点入睡。没有请过一天病假、事假，没有耽误过学生一节课，没有收过学生一分钱的补课费。小病靠吃药，唯一的一次胆囊切除手术，她也靠药推迟到寒假。寒假结束，术后仅 16 天的她准时站在了讲台上，迎来的是久久不停的掌声。

结合“有教无类，因材施教”的传统教育理念，呼秀珍总结出了“爱生四法”：对学习好的学生，从严要求，爱得长远；对学习中等的学生不断鼓励，步步推进；对调皮学生和学习有困难的学生以诚相待，宽容耐心；对有特殊情况的学生处处体谅，悉心关怀。

有一年，呼秀珍又接过一届新生。初一第一学期的期中考试后，郑鹏因没有达到预期目标而沮丧。呼秀珍及时家访，耐心地帮助他调整学习计划和方法。郑鹏深受感动：“老师，您放心，我的目标不会改变，爬也要爬到前 20 名。”呼秀珍抓住这一教育时机，在班里提出“爬也要爬到前 20 名的郑鹏精神”。受到鞭策后，郑鹏狠下功夫，期末果然如愿以偿。呼秀珍又借用班级简报，亲自为郑鹏写了 6 篇评论文章，一评自觉学习的精神，二评不达目标决不罢休的精神，三评把学习当作责任的精神，四评对难题不敷衍不放弃的精神，五评自强不息的学习精神，六评虚心好学热心助人的精神。这些以一个中等学生作典型，贯穿了全学期 8 期简报的评论文章，激发了整个班的学习斗志，很多学生都有明显进步，郑鹏更是考出了优异成绩。

学生李鹏患先天性视神经萎缩，视力仅 0.1，孩子经常流露出自暴自弃的念头。初中 3 年里，呼秀珍组织了 12 人的帮学小组，为他抄笔记，给他讲励志故事，每年春游，呼秀珍亲自领着他。在老师和同学们的关爱中，李鹏重建自信，长大后，成为一名自食其力的社区盲人按摩医生。有个少数民族的学生，因父母溺爱，惰于学习。呼秀珍时时督促，假期把他叫到家里辅导，想着办法激发他的学习兴趣。学生受到鼓舞，奋起学习，在一篇作文里写道："老师，您是这样爱我，爱您的每一个学生。在以后的日子里，我一定要更加刻苦地学习，堂堂正正地做人，成为国家的有用之才。"学生李晓燕，父母相继去世，呼秀珍为她擦干泪水，指导她的学习，照顾着她的生活。高考时，李晓燕以几分之差落榜，心灰意冷。呼秀珍把她带回家，做了一顿可口的饭菜，鼓励她继续努力。第二年，她如愿考上大学。大学毕业时，李晓燕寄来一张别致的贺卡，上面镶嵌着 7 颗红豆，代表每个星期里，天天都深怀对老师的感激之情。她在贺卡上写道："呼老师，您既是老师，更像妈妈……"

师爱类似母爱，却又比母爱理性。呼秀珍深信真诚的师爱能唤醒学生身上一切美好的东西，激励孩子们扬帆前进。因此，她以海洋般深沉博大的爱，负载起学生理想与未来的航船。

有个学生叫刘涛，性情暴躁，因怀疑班干部向老师告了他的状，就动手打人。呼秀珍找他谈话，他吼道："呼秀珍，你算啥东西？"呼秀珍一愣，旋即冷静下来分析了原因，耐心地指出他的三点错误：不应主观臆断怀疑班干部，不应动手打人，不应骂老师。刘涛被感化，又悔又怕，连问："写检讨不？叫家长不？""不用写，不用叫。"刘涛

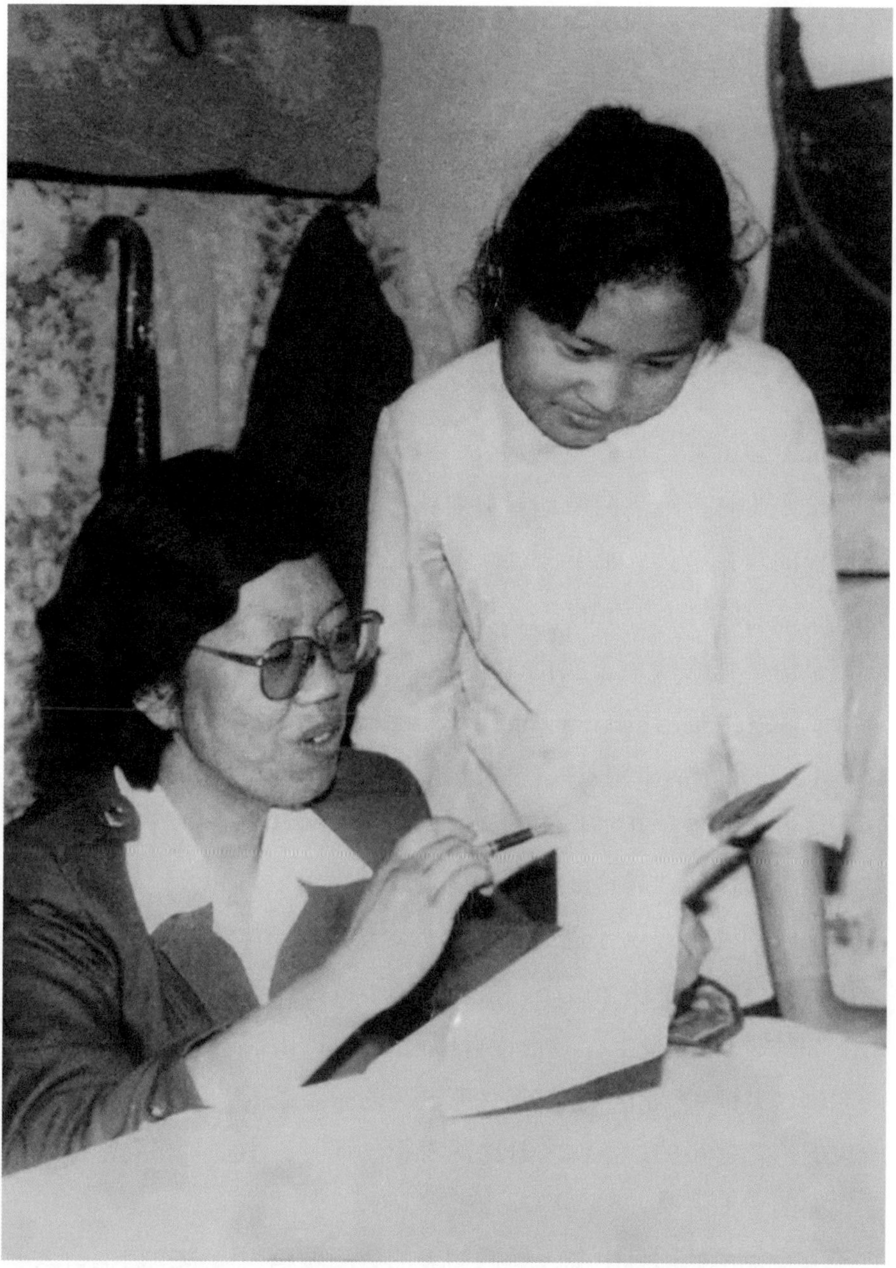

师爱类似母爱，却又比母爱理性。呼秀珍深信真诚的师爱能唤醒学生身上一切美好的东西，激励孩子们扬帆前进。因此，她以海洋般深沉博大的爱，负载起学生理想与未来的航船。

瞠目结舌。呼秀珍温和地说:“知道错了，改了就好，以后再也不能随便打人骂人，有损自己的形象。”一场师生风波就这样化解了。“要给学生以宽容，给他们时间去成长。一个学生不管学习怎么样，本性上都是一个有爱心、懂道理的孩子，最起码我可以教他做人，做一个好人，做一个对社会有用的人。”

如果说爱是教育的最高境界，那么尊重就是教育的真谛！

上课回答问题时，呼秀珍从来不会指着学生说“你来回答”，而是手指并拢，手心向上，伴着微笑，用邀请的手势请学生回答。如果答错了，尝试着给以一定的启发;如果回答正确，就予以掌声鼓励。在批改作业时，绝不简单地只打对错号。错了，将错误之处勾出来，把正确的写在旁边;如果全对，就写上几句鼓励的话。接新班级后，她会尽快记住每个学生的名字、家庭住址，然后尽快家访。

家访是呼秀珍最重要的工作之一。大女儿郭巧说记忆里有两个场景令她终生难忘:其一，每个深夜醒来，台灯下妈妈伏案工作的背影;其二，每个周末跟着妈妈去家访。

从教生涯里，几乎每个周末，呼秀珍都在家访。为了提高效率，她将学生按住址划成片区，一次可走访好多家。有一天，她从早上9点出门，到晚上6点才进家门，一天走访了29个学生，全天没有吃一口饭。当时两个孩子还小，留在家里不放心，就经常带着一起去。

“渭城朝雨浥轻尘，客舍青青柳色新。”咸阳渭城街边一排排苍翠的老柳，见证了20世纪80年代渭城区的一条条街巷里，一个母亲领着大的、背着小的，急匆匆赶路的身影。那时，小女儿郭灵常常睡着在妈妈的背上。

一个寒冬的周日中午，雪后初霁的咸阳城积雪满地，街上行人寥寥，呼秀珍扯着两个女儿呼哧呼哧地向学生家走，忽然脚下一滑，三个身影齐齐跌倒在雪泥中。女儿们爬起来哇哇大哭，满脸委屈地瞅着母亲。此时此刻，她们多么想像别的孩子一样，守在温暖的屋里听妈妈讲故事，吃妈妈煮的香喷喷的饭菜。

拍打着身上泥雪的呼秀珍明白孩子们的心思，但她坚定地说："等妈妈家访完了再回家！"

四

1985 年 7 月 2 日，对呼秀珍而言，有着里程碑般的意义。

这一天下午的第三节课后，呼秀珍刚回到办公室，同事告诉她学校党总支书记找她。呼秀珍心里一阵狂跳，定了定神后，转身奔出门。很久以后，回想起那个下午疾奔在两个办公室之间路上的自己，呼秀珍都忍不住热泪盈眶。

当书记郑重地告诉她，组织上决定讨论她的入党问题，并将一份入党申请书的正式表格递到她面前时，呼秀珍还有些恍惚。当确定一切都是真的时，她忍不住大哭起来。

这场痛哭，是久梦成真后的欢喜，是对党多年的爱的喷薄！

哲学家萨特曾经说："世界上有两样东西是亘古不变的，一是高悬在我们头顶上的日月星辰，一是深藏在每个人心底的高贵信仰。"

深藏在呼秀珍心底的神圣的、高贵的信仰，就是加入中国共产党！

作为老红军、老党员的女儿，从小听着红色故事，呼秀珍从懂事起，就早早地以党员的标准要求自己。

1962 年，新疆乌鲁木齐铁中的光荣榜上赫然贴出两个同学入党的喜讯。刚上高一的呼秀珍，大受鼓舞，不满 18 岁的她迫不及待地向党组织郑重地递交上了第一份入党申请书。只是，很快她转学离开了新疆。转学到咸阳铁中的呼秀珍，于 1963 年郑重地递交上了第二份入党申请书。但因铁中不在学生中发展党员，她的愿望落空。

1965 年，高中毕业的她接受分配到陇县铁一小任教。踏上三尺讲台不久，她就连续递交了第三份、第四份入党申请书。因为学校规模较小、党员发展工作较为缓慢等原因，均未如愿。但她没有放松自我要求，一直积极进取，助人为乐。1966 年底，她先后获评为铁道部建厂局“学习毛主席著作积极分子”“先进个人”，被树为教育系统标兵的她，调入宝鸡铁中任教。“文化大革命”中，她的父亲蒙冤去世，她强忍悲痛，一边以 32 元的月工资供养全家，一边承受着政治上的压力。她一度被调离讲台，管理过住校生，带领学生到农村参加夏收、拉练，上山下乡慰问知青，带领学校的文艺宣传队深入农村演出等。十年间，她将喜怒哀乐深埋，小心翼翼。党成了她心底唯一的光亮。

“我心里始终有一轮朝阳，那就是党！我相信党，热爱党，一心一意想入党！”“我的父亲是一名共产党员，作为他的大女儿，我要给我的弟弟妹妹带好头，我要申请入党，不能从我们这一代就脱节了！”1972 年，她向组织呈交上了第五份入党申请书，1973 年、1975 年又写了第六份、第七份入党申请书。

1978 年，党的十一届三中全会胜利召开。父亲得以平反昭雪，呼秀珍也被调入咸阳铁中任教。重返讲台的她，于 1983 年、1984 年写下了第八份、第九份入党申请书。申请书中，她向党深情地告白：“作为一个当代青年，我应该有更加崇高的目标，那就是为共产主义事业奋斗终生。今后的路也许还很长，我依然要坚定地、信心百倍地走下去。因为入党是我的信念，一不为升官，二不为发财，只为在党的教育下更好地工作。所以，不论党考验我多长时间，我都会接受考验的。”

一心向党，以至于多少年中，呼秀珍一听到或每每唱起《党啊，亲爱的妈妈》这首歌，心底就泛起涟漪。终于在1985年7月2日的这一天，她以执着与坚定不移的信念，成为党的女儿。

1985年7月4日，呼秀珍宣誓后，她在自己的政治学习笔记本上郑重地写下了这样一段话：“没进党的门，先做党的人。进了党的门，永做党的人。我要用一生的努力乃至生命，来珍惜和捍卫共产党员的神圣称号。”

在这一信念的鞭策与鼓舞下，仅从1987年到2000年，她先后被陕西省人民政府授予“陕西省劳动模范”“陕西省教学改革能手”“陕西省特级教师”“有突出贡献的专家”“先进女职工”“三八红旗手”“优秀共产党员”“三秦巾帼十杰”等称号，获评国家教委、人事部的“全国教育系统劳动模范”，中华全国总工会的“全国先进女职工”，铁道部的“铁道部优秀老师”“全国铁路优秀知识分子”等奖项，两次进京参加表彰会，受到党和国家领导人的接见。

五

“如果我有一棵快乐草，我会把它送给你，希望你快乐！如果我有两棵快乐草，那就你一棵我一棵，我们都快乐！如果我有三棵快乐草，那就你两棵，我一棵，希望你比我更快乐！”

这是呼秀珍经常对学生和女儿说的《快乐歌》，也是她对快乐的诠释——奉献是最大的快乐。

20世纪80年代，逐渐富裕起来的中国人，意识到了学习的重要性，纷纷开始为孩子的教育投资，教育培训机构应时而生。这时的呼秀珍已名扬咸阳地区的教育领域。有一天，咸阳市某教育机构负责人找上门，力邀她加入培训班。“别的老师一节课我们给15元，你一节课我们给50元！”这对于当时一个月300多元工资的呼秀珍来说，是个极大的诱惑。但是，她坚决地推掉了：“我不能为了钱丧失老师的荣誉。”

在呼秀珍心里，教师是个崇高的职业。她在漫长的教学生涯中深深体会到：教育是奉献而不是索取，是公益而不是功利，教师先自重，才能得尊重。她要坚定地维护这份神圣，哪怕一生清贫。

拒绝了诱惑，呼秀珍继续为学生奔忙着。一次，开学两天了，有一个学生还没有报到。下午放学后，呼秀珍按着地址找了去。那是一排平房，她向邻居打听学生的家时，学生刚好从低矮的门里走出来，看到呼秀珍，“哇”一声大哭，抽噎着告诉呼秀珍，家里太穷，妈妈借不到两块钱的学费，不让她念书了。呼秀珍红了眼圈，心疼地批评学生：“有困难，为啥不找老师？咱们班每人交了两毛钱的班费，老师可以先给你交上呀。再不成，还有老师给你掏学费呀，你咋能说不念书呢？”学生破涕为笑，终于回到了教室。

1991年、1992年，相继获得“人民教师”奖章、“特级教师”称号后，呼秀珍蜚声省内外。当时的西安市某中学校长向她发出了诚恳的邀请，只要她点头，就可以调往西安，她丈夫也可一起调动，女儿也会享受到更多优质的教育资源。思量之后，她拒绝了。起初，她说是原单位不肯放她走，若强硬要走，就没有人事关系。对方表示：“只要你肯来，我们给你重新建档！一切待遇是在咸阳的好几倍。”无奈之下，呼秀珍坦言：“咸阳的经济水平，决定了咸阳学校的条件和学生的条件都没有西安的好，正是如此，这里更需要我。”

此时，找呼秀珍补课的家长也更多了，她仍坚持不收一分钱补课费，继续将班里学习差的学生叫到家里，利用假期帮他们复习。孩子学习成绩上去了，家长们带着礼物上门，都被她挡在门外。“只要孩

在呼秀珍心里，教师是个崇高的职业。她在漫长的教学生涯中深深体会到：教育是奉献而不是索取，是公益而不是功利，教师先自重，才能得尊重。她要坚定地维护这份神圣，哪怕一生清贫。

子们学习好，我心里就高兴，我要是收了家长的东西，就没法用一颗平常心教育孩子了。”

1993 年，中共中央、国务院在《中国教育改革和发展纲要》中提出“中小学要由‘应试教育’转向全面提高国民素质的轨道”。一时间，中国的教育正式进入素质教育时代。

素质教育，首先要提高教师的素质。咸阳铁中开始了对年轻老师的素质培训，呼秀珍责无旁贷地担任了导师。在每月一次的培训课上，她将自己几十年的教育经验和技能向青年教师们倾囊相授：

“教书育人必须以德为本，德的核心是‘爱’字！”

“要相信每个学生都是人才，平等地对待每一个学生，了解每个学生的优缺点，尊重学生的个性，理解学生的情感，包容学生的缺点和不足。有的学生不擅长学习，老师可通过日常细节，找到他们的闪光点，将其放大，让每个学生都有出彩的机会。”

“老师要养成一颗细微的心，及时发现学生身心上的问题，帮他们及时解惑纠困，引导学生沿着健康阳光的方向成长。”

“和学生交朋友，耐心倾听学生的心声，真诚地沟通互动。学生最想得到老师的尊重与理解，当师生之间产生共情后，教育与被教育的通道就达成了。”

在她系统地培训和传授下，许多青年老师迅速成长为市、区教学新秀，有的走上了领导岗位。

1999 年，按规定，呼秀珍到了退休的年龄。这时，培训机构有人三番五次地高薪聘她去深圳，老家的亲戚聘她回延川，更有私立学校的人劝说她一起合作挣大钱。但她拒绝了这一切，接受了原单位咸阳铁中的返聘。

返聘回校的呼秀珍，担任学校心语室指导教师，工作重点转移到青少年心理辅导和青年教师的培训上。每学期开学，她都会把新入职老师的课听一遍，然后提出可行的意见和建议。

一天，年轻的董艳老师接到学校的通知，让她担任班主任。没有一点儿班主任工作经验的她，面对家长们质疑的眼神，寝食不安。呼秀珍得知后，对校领导说："可以告诉家长，这个班，由呼秀珍和董艳共同担任班主任。"

如何给学生讲话、动员、开班会？呼秀珍开始了一次手把手的"传帮带"。

两周后，学校组织冬季越野赛，呼秀珍说，这是展示班级风貌、历练班主任素质的绝好机会，建议董艳和学生们一起苦练，共同制定参赛方案。比赛前组织参赛同学一起宣誓，铿锵的誓词，让全班同学热血沸腾，一举夺得了团体第一。董艳和学生们一起忘情地喊、跳，董艳说："也就在那一刻，我找到了带好一个班的窍门！"

六

在连续获得第四届、第五届全国道德模范提名奖后，2017 年，呼秀珍入选第六届全国道德模范。

2018 年，咸阳市首家以呼秀珍的名字命名的道德模范工作室成立。

工作室以传播正能量、弘扬社会新风尚为理念，积极开展巡讲，通过青少年教育、心理咨询、谈心谈话、扶贫帮困等活动，引导学生爱党爱国，树立正确三观，帮助家长们排忧解惑。此时的呼秀珍已 74 岁，为党的教育事业奉献了 50 多载的她，原本可以含饴弄孙安享天伦，可是她还是心系孩子，情系国家，她要继续发挥余热，真心真情投入做好关心下一代的工作。

早在2002年，退休后被返聘回校的呼秀珍，为了帮助更多的家长提高教育孩子的能力，形成“家庭、学校、社会”三位一体的教育格局，积极努力推动咸阳铁中成立了咸阳市最早的“家长学校”。她亲自担任授课老师，自编教材，定期授课。因讲课联系实际，深入浅出，针对性强，深受家长们欢迎。每节课，近500个座位的会场坐得满满当当。“家长学校”开办近百场，累计3万余人次听课。先后开展了7届以“为国教子、以德育人”为主题的“好家长”评选活动。有个家长叫周强，每次听课都要认真地做笔记。他说：“呼老师教会了我们怎样去爱孩子、管孩子。以前总是望子成龙，现在我懂了，孩子只要健康阳光就好，如果我的孩子成不了大树，就让他成为一棵小草，给春天带来一抹绿色吧！”

2006年，铁中成立了青少年心理健康咨询室。在这里，呼秀珍帮助无数孩子走出心理逆境，重拾自信，她被孩子们亲切地称为“呼妈妈”。

她鼓励勤奋学习却不见提升的学生：“不比基础比进步，不比天分比勤奋，不比一时比坚持！”

她启迪因高考而焦虑的学生：“孩子，如果光想着考试，分数和名次会把你压垮，只要你送去的每一个黄昏问心无愧，迎来的每一个清晨都会充满希望。”

她开导因早恋而苦恼的学生：“青春期朦胧的恋情是正常的，但正常的不一定就是正确的。影视爱情是哈哈镜，不是教科书，理智驾驭，不沉溺，才能自拔。”

工作室成立后，除了帮学生和家长成长，呼秀珍坚持每月走进一个社区、设立一个主题，每场60分钟，有针对性地举办“道德大讲堂”和“公民道德论坛”，与社区群众零距离交流，讲文明、讲道德，帮助群众化解矛盾和家庭纠纷。有一次，有个男同志来访，气冲冲地诉说小区里有人遛狗时狗随地大小便，为此已发生多次争执，却一点儿效果都没有，再如此下去，不排除有更激烈的后果。呼秀珍耐心地建议道：跟社区委员会沟通，拟一份倡议书，发到社区群并贴到小区信息栏。言辞恳切地感谢宠物主人的狗儿给社区带来的快乐，然后建议主人遛狗时带上塑料袋，做好善后工作。不久，呼秀珍接到电话，男同志高兴地说事情果然解决了。

“儿子意外去世，我该怎样把这个消息告诉孙女？”“楼上住户卫生间漏水，多次协调找不到合适的处理办法”等等，只要有人来访，呼秀珍都会献计献策，并做详细记录，及时核实事情的进度和结果，两年下来记满了 7 个日记本。2019 年 10 月《陕西日报》以题为《一间办公室，温暖一座城》的文章对工作室进行了报道，经过各大网络平台的转发，在社会上引起强烈反响。

从 1999 年起，呼秀珍应邀在陕西各地作师德师风、家教家风等主题报告。不顾山高路远，不讲条件，不计报酬，从幼教机构到大学校园，从企事业单位到部队军营，她的足迹遍布三秦大地。至 2021 年底，已累计开讲各种主题讲堂 1459 场，听众逾 49 万人次。同时出版了 4 本家庭教育图书。在《中国妇女报》的《呼妈妈家教热线》栏目发表文章 80 篇。其间，从 2015 年开始，她连续 7 年走进咸阳市特殊教育学校作红领巾大讲堂公益讲座，受聘为该校“红领巾校外终身志愿辅导员”。

2020 年，一场突如其来的新冠肺炎疫情席卷而来。呼秀珍先到咸阳市渭城区红十字会，为疫情防控捐款 5000 元。之后，面对学生只能在家里上网课的状况，呼秀珍在街道办事处的帮助下，开通了抗疫助学服务热线，帮助老师研究制定如何提高网课的吸引力的方案，接听来自各地的答疑电话，前后为 300 余人提供了心理帮助。2021 年冬，咸阳因疫情，学校停课。77 岁的呼秀珍穿起红马甲，成为街头志愿者中的一员。咸阳铁中为她录制了《疫情挡不住求学路，奋斗的青春最美丽》网课，通过屏幕与无数学生和家长进行谈理想、谈奋斗等人生命题的互动。

2020 年 3 月，道德模范呼秀珍工作室荣获陕西省宣传思想工作创新竞赛一等奖和咸阳市培育践行社会主义核心价值观先进集体。2020 年 12 月 24 日，在陕西省关心下一代工作表彰大会上，呼秀珍作为全国关心下一代工作先进个人代表发言，她说："我虽然已不再年轻，但仍有满腔热情，愿意以夕阳之躯把祖国的朝阳托起，让红色江山永不变色，复兴大业后继有人。"

七

2016 年 12 月 12 日，第一届全国文明家庭表彰大会在北京举行。聆听了习近平总书记的重要讲话后，她动情地说："正如习近平总书记所说，每一个家庭都是社会的细胞，千家万户好国家才能好，民族才能好，从小家到大家，家国情怀是一脉相承的。要注重家庭、家教、家风……让家庭成为社会和谐的基点，成为梦想起航的地方。"

呼秀珍的父亲是一位浴血疆场的老红军。这位在新中国成立后投入铁路建设事业，当年被《人民日报》报道的铁道部劳模，以忘我工作、两袖清风、和睦博爱、淳厚忠孝筑起了照亮儿女们生命的红色家风。

"铁路工作人员都有免费车票，18 年间，父亲因为工作繁忙，从来没有回过陕北老家，更没用过一张免费车票。20 世纪 60 年代，国家在最困难时期需要精简职工，父亲作为此事的主要负责人，最先精简了自己的弟弟。一个夏天，家门口来了个挑着担子卖西瓜的瓜

“我虽然已不再年轻，但仍有满腔热情，愿意以夕阳之躯把祖国的朝阳托起，让红色江山永不变色，复兴大业后继有人。”

农，看见瓜农的鞋露着脚指头和脚后跟，父亲转身进屋找了几双自己的鞋子和几件衣裳送给瓜农。”“父亲坚决不允许我们占国家和别人的便宜，弟弟小时候有一次看电影没有买票，父亲知道后，狠狠批评了他。”“父亲对奶奶特别孝敬，后来无意中得知，奶奶是父亲的继母。”“父亲生前带我们去烈士陵园，对我们说胜利来之不易，不要把战斗岁月忘掉，要做革命事业的接班人，不能辜负党和人民的希望。”

循着父亲的足迹，呼秀珍一生都在播撒仁爱。1965 年，刚参加工作月工资只有 32 元的她就将仅有的 40 元钱寄给了榆林灾区；1983 年，闻知安康遭灾，月工资 52 元的她又寄去了 40 元；1985 年，为了迎接第一个教师节，她带领全班学生为新调入学校的 16 位教师每人缝制了一块坐垫；1991 年，为江苏灾区捐款 100 元；邻居张洪德的爱人下岗，一家人仅靠张师傅的几百元工资维持生计，呼秀珍知道后，逢年过节总会送去米面油等生活必需品，帮助他们渡过难关；另一户邻居娜娜，父亲是名普通工人，母亲没有工作，身体又不好，一家人日子过得相当艰难，呼秀珍经常给她送吃送喝，并不断鼓励她自强自立，娜娜最终考上了大学……几十年里，呼秀珍看到别人的困难，捐钱捐物，该出手时就出手，以致有几次女儿的学费都是借的。有一次，女儿想买一条绵绸裙，向妈妈要 10 元钱也未能如愿，而呼秀珍有几次参加教学比赛时穿的衣服还是借的。2015 年，她开始资助 3 名聋哑学生，每人每年 1500 元，直到各自完成学业。

“家风是凝聚家庭的核心价值观，是引领一个家庭积极向上的精神源泉。”作为与雷锋同时代的人，呼秀珍家的家风是：向雷锋同志学习，爱岗敬业、助人为乐、勤俭节约、奉献社会。

1993 年，小女儿郭灵参军，临走前，忙于工作的她，让家人转交给女儿一本党章，扉页上写着“听党话，跟党走，做党的好女儿”。之后，她坚持每个星期写一封信鼓励女儿，6 年不辍。《解放军报》

连续 4 次报道了此事，郭灵 20 岁时光荣入党。

1994 年，大女儿郭巧从陕西省人民警察学校毕业，前往基层派出所户籍室报到上班前，她叮嘱说：“户籍工作政策性强，关乎群众的切身利益，既要吃透政策、坚持原则，又要和和气气对待群众，讲道理，明事理，好话暖人心，春风能化雨。”

女儿们在工作中受了委屈，向她发牢骚诉苦时，她说：“海纳百川，有容乃大，要有宽容博大的胸怀，要能受得了委屈。如果做不到这一点，也就不能真正地做到全心全意为人民服务。”

“父母对孩子的爱有千万种，但最终起作用的，不只是语言，还有表率。”一个星期五晚上，郭巧打电话说，所里第二天上午要去慰问贫困户，号召干警们捐衣物，但她晚上加班，回不了家。呼秀珍叮嘱女儿安心加班，绝对不会让她误事。搁下电话，呼秀珍连夜找出十几件过冬的衣服和一床棉被。第二天清晨，大雨如注。呼秀珍和丈夫打着伞乘公交车，又深一脚浅一脚地走了一段泥泞的路，衣物送到女儿手上后，老两口浑身浇透，捐的衣物却一点儿没湿。有一次，郭巧连日加班，好几天没有回家，某个傍晚就趁下班后两个小时的时间回了趟家。当她推开门时，发现呼秀珍夫妇俩都病了。郭巧慌忙找药，哽咽着说：“妈，我不去加班了，留下照顾你们。”呼秀珍擦去女儿的泪水，坚定地说：“那不行，既然你对群众有承诺，就一定要去。工作干好了，就是对父母尽孝了。”夜幕降临，郭巧牵挂不舍地骑上单车赶回单位。

在妈妈的言传身教下，郭巧和郭灵成长为绽放在警营和军营里的两朵鲜花。作为基层民警，郭巧工作 20 多年来，先后荣获“全国优秀人民警察”“全国公安机关爱民模范”“全国三八红旗手”等称号，连任两届团中央委员。郭灵军校毕业后分配在北京解放军 307 医院工作，先后 7 次受到部队嘉奖，2011 年荣立三等功，现任解放军总医院第一医学中心政治协理员。

不仅女儿受呼秀珍影响，家族里的成员都在各自的岗位上有所作为，全家出了 5 个省部级劳模是呼秀珍最大的欣慰与自豪。生于新世纪的外孙们，丝毫没有骄娇之气，品学兼优，富有爱心。郭巧的女儿岳亮从四年级开始就跟着郭巧去敬老院和困难群众家中做公益，2015 年被评为陕西省“美德少年”。2021 年，正上大二的岳亮光荣入党。至此，除了两个还在上学的外孙，一家 9 口人里有了 7 个共产党员。

2012 年，呼秀珍家庭被全国妇联授予“全国五好文明家庭标兵户”；同年，咸阳市委、市政府就将呼秀珍家庭命名为“雷锋式家庭”，号召全市学习。2013 年开始，陕西省委宣传部组织“呼秀珍雷锋式家庭”报告团在全省巡回报告。西安、延安、宝鸡、安康、咸阳……报告团每到一处，都受到当地市委、市政府的高度重视，每场报告都是近千人聆听。

八

把人民放在心里的人，人民会将他高高举起！为人民呕心沥血的老师，人民会回馈她荣耀与光环。57 年的勤勉躬耕，呼秀珍先后受到国家、省（部）市（局）级表彰近 50 次，连续 20 年担任省人大代表和市政协委员。

“从教多年，我深深体会到，爱岗就是爱党，爱党就是爱国，爱岗就是忠诚党的教育事业。”1999 年，咸阳市教委和市委宣传部举办了为期一个月的“呼秀珍教育教学先进事迹展览”，呼秀珍整理的 18 本剪贴本和 48 本教案也在其中。剪贴本分门别类，有课堂教学集、优秀作文集、优美散文集、班主任工作集等；48 本教案，扉页上都写

“用教育托起中国梦，多好啊！这一生选择当老师，我一点儿都不后悔。如果有来生，我还当老师！”

着“认认真真教书，全心全意育人”“和和气气做严师，扎扎实实抓教学”等自勉话语，每一字每一句都闪烁着她对教育事业的执着与忠诚，都浸透着她对党、对人民、对学生深广无垠的爱。这些爱，正在中华大地上蔓延、生根、发芽、开花，以独有的芬芳释放着能量，发挥着力量。

“我教过的学生有3000多，他们现在遍布国内外，有的在科技领域，有的在公务员队伍里，有在医在商的，也有当老师的。每逢过年过节，都有许多学生发来问候，或找上门来看望我。还有很多学生通过电话、微信、视频，给我汇报他们的成绩，我真为他们骄傲和高兴，觉得所有的辛苦都值得。我也总是习惯性叮嘱他们认真工作，坦荡做人，奉献社会。学生们就会笑说‘您放心吧，这些种子您当年就种在我们心里啦’。”

她资助过的众多孩子中的赵阿肖写信道：“感谢您对我们的无私帮助。您知道吗？在我心里又多了一位亲人，您的爱驱散冬日的寒冷，您的爱融化我心灵的坚冰，给了我战胜困难的勇气。我一定会努力学习，学做一个和您一样充满爱心的好人，去帮助更多需要帮助的人，让这‘爱之链’永不断裂……”

时代在召唤，呼秀珍壮心不已，如今她依然每天奔忙在讲课、讲座的路上。仅2021年，她就为建党百年献上了100场报告，讲党史、讲师德、讲道德、讲家风、讲革命故事等，听众3万多人，而且不断有人加入道德宣讲的队伍中。

“作为教师，培养学生的爱国精神、奋斗精神，让每一名学生都有自己的中国梦，是每一位老师的责任与使命。”责任是一种担当，使命意味着奉献，有奉献就有牺牲，对家人陪伴的缺失，是呼秀珍今生最大的遗憾。问她可曾后悔，她不假思索地答：“用教育托起中国梦，多好啊！这一生选择当老师，我一点儿都不后悔。如果有来生，我还当老师！”

初春的午后，阳光从湛蓝的苍穹洒下，旗杆顶端，鲜艳的国旗迎风飘扬。隔着栅栏，放眼新式塑胶操场，雪白的线道规划出来的区域里，分布着一群一群正在上体育课的学生。望着一个个生龙活虎的身影，呼秀珍的眼里噙满笑意，那是一种盛着无限深情与憧憬的笑。我想，那里一定装着坚定的关于中华民族伟大复兴的中国梦、赤子梦！

赤子之心

——记全国脱贫攻坚奖获奖者卢效平

赤子之心

——记全国脱贫攻坚奖获奖者卢效平

钟法权

卢效平简介

卢效平，男，汉族，1966年3月出生，中共党员，陕西彬州人。卢效平始终不忘共产党员的初心，始终在艰苦创业和矢志扶贫的征途上奋力拼搏，以舍我其谁的担当精神，为乡村振兴不遗余力出智出力出资。他以赤子之心回报家乡父老，20余年持之以恒赤诚扶贫，带领家乡人民走共同富裕道路，取得卓越成效。荣获“全国脱贫攻坚奖奉献奖”“全国道德模范提名奖”“全国文明家庭”等荣誉，被授予“全国脱贫攻坚先进个人”“陕西省劳动模范”“陕西省优秀共产党员”“三秦楷模”“陕西省道德模范”等荣誉称号。

陕西省彬州市得名于商代时县境内的豳国，唐时由豳改为邠，20世纪60年代邠县改为彬县，2018年改为彬州市。从西安出发，走G70高速，一路向西，行车一个半小时即到彬州，入市区继续向南9公里，就到了水口镇长禄村。

过去，长禄村因为贫穷，不仅在水口镇有名，就是在彬州和咸阳也是广为人知。至于贫穷到什么程度，当地流传着这样一句顺口溜："住塬上，大风吹，你家穷，他家穷，家家穷得住窑洞。"要是遇上饥荒之年，当地还流传更形象的顺口溜："饿死饿活，不嫁长禄干活，不是上山就是下河，不是人担就是驴驮。"贫穷的长禄村就是这样一个女孩子不肯下嫁的地方。

如今的长禄村，家家户户住上了宽敞明亮的新居，过上了富裕小康的好生活，成为闻名四方的富裕村、美丽村、示范村。

长禄村的乡亲们无不感激地说，长禄村能有今天的惊人变化，缘于党的富民政策，缘于长禄村出了一个带领他们致富奔小康的领头人。这个领头人是一个心怀大爱、回报家乡父老的赤子。他就是全国脱贫攻坚奖获奖者卢效平。

追溯长禄村由穷变富的致富路、小康路，还得从卢效平成长奋斗的历程说起。

一

1966年3月，伴随着春天的脚步，卢效平呱呱坠地来到人间。这个幼小的生命，像种植在黄土地上的一棵小树苗，在阳光雨露的照耀滋润下，一天天茁壮成长。从小爱劳动、爱学习、讨人喜欢的卢效

如今的长禄村，家家户户住上了宽敞明亮的新居，过上了富裕小康的好生活，成为闻名四方的富裕村、美丽村、示范村。长禄村的乡亲们无不感激地说，长禄村能有今天的惊人变化，缘于党的富民政策，缘于长禄村出了一个带领他们致富奔小康的领头人。他就是全国脱贫攻坚奖获奖者卢效平。

平，常常受到邻里乡亲们的夸赞，夸他心地善良、懂礼貌、爱学习，长大了必有出息。

20世纪70年代的长禄村，家家都不富裕，艰难地过着贫苦的日子，卢效平一家身处贫穷乡村，自然也不例外。他的父亲卢景文原本在镇供销社工作，一次因工导致腰椎严重损伤，故因病回家长期休养。家里经济来源减少不说，关键是家里的重活、累活全靠他大哥卢彬中一人来做，一家人才得以勉强维持生计。

天有不测风云，人有旦夕祸福。1975年3月的一天，父亲病情加重，突然卧床难起。一家人东借西凑才备齐住院费，将父亲送到了彬县医院。

俗话说："屋漏偏逢连夜雨，船迟又遇打头风。"父亲的病还未治好，4天之后，他的大哥卢彬中突然口吐鲜血，一头栽倒在地。年仅9岁的卢效平着实吓得不轻，哭喊着叫来邻居，将大哥卢彬中及时送进了县医院。

家里就像塌了天。卢效平的母亲张能娃既要照顾丈夫，还要照顾儿子，在医院里忙得团团转，哪里还顾得上家。没有办法，母亲给了他两毛钱，让他自己回家，一再叮咛他好好上学，把家看好。

年少的卢效平，含着泪水离开医院，步行回到长禄村，回到了不见光亮的窑洞里。

夜晚的星空是那样的明亮，寂静的乡村悄无声息。因为不会做饭，卢效平空着肚子，忍受着饥饿。在昏暗的窑洞里，孤独无助又担心害怕，他几乎流泪到天亮。

艰难的日子总算一天天挺了过来。转眼之间，到了1983年，卢效平已经长到17岁，正上初三的他，仅剩半学期就将初中毕业，可家里再无多余的钱供他继续上学。卢效平万般无奈地结束了学业，辍学回家务农。

本打算用知识改变命运的卢效平，美好的梦想就此破灭，人生的轨迹由此改变。对于一个不谙世事渴望学习的青少年来说，这是一件多么无情和令人痛心的事情啊！可是，当他面对一贫如洗的家境，面对躺在床上不能干活的父亲，面对身体有病干不了重活的大哥，卢效平除了无奈，更多的是对前途的迷茫。他不知道从何做起，不知未来人生的路究竟走向何方。

那是一个初冬，村里来了一个木匠师傅，邻县旬邑人，人称孙师傅。孙师傅在旬邑周边地区很有名气，这次进村做木活，有意招一个徒弟。卢效平的母亲张能娃对儿子讲，你就跟孙师傅学做木活吧，有了一技之长，日后的生计就有了着落。

辍学在家的卢效平正为日后的前途而发愁，母亲的一番话，让他动了心。他特意跑到邻居家看孙师傅如何做木活。孙师傅弯腰推刨时木花翻滚，锯木沙沙，吱吱悠扬，组装家具时有条不紊娴熟流畅，让卢效平打心眼儿里佩服。可是，他听人说，学木匠很苦，挣钱也不多，民间就有这样一句俗语："木匠家里没板凳，裁缝身上没新衣，卖油娘子水梳头，篾匠家里被晒谷。"卢效平在心里想，眼下不跟孙师傅学木匠，也没有其他的路可走，在生产队里做农活，只怕一辈子没个奔头，还不如听母亲的话，学会木工活，有了一技之长，日后的生计就有了着落。在母亲的请求下，孙师傅见了卢效平，一看小伙子身体壮实，还能吃苦，人也厚道，又有文化，便爽快答应收他为徒。

卢效平敬了拜师酒。从此，17 岁的卢效平踏上了木工学徒之路，跟着师傅城里乡里做木活。

对于学木匠的苦，卢效平至今记忆犹新。他跟着师傅做的第一单木工活是给一所中学打制课桌板凳。学校提供给他们的不是锯好了的板材，而是没有加工的圆木，需要他们自己用锯解板。当时，没有电锯之类的工具，全靠人工将圆木锯成板材，也就是通常说的拉大锯。

卢效平与另一位师兄，每天的工作就是拉大锯锯圆木。他们一连整整拉了 7 天。他不仅脚肿、腿肿，手腕也肿了，用力最多的大拇指和食指，先是打血泡，血泡破了结血痂，最后是厚厚的一层肉茧子。卢效平虽说不怕吃苦，可他没有想到学木匠会有如此之苦，比在生产队挣工分还累人。他也曾经打过退堂鼓，可是一想到家境的贫穷，食不果腹的现状，他只得咬紧牙关，硬是坚持了下来。

卢效平做木活，不怕吃苦，下得苦力，再加上有文化，脑瓜灵醒，做事又认真，一年之后，他就掌握了木工活的基本技巧，刨、锯、劈，样样娴熟，什么板凳、椅子、桌子等，他都能独自完成。两年后，他就学会了做更精致的组合家具和复杂的农具。到了第 3 年，他就能根据户主的要求，独立完成新房房梁、门窗等设计与加工。

转眼到了 1986 年，学艺不到 3 年的卢效平，学成手艺提前出师。那年他刚好 20 岁，一个青春勃发、敢想敢闯的年龄。再加上有木工手艺在身，有学木工几年在外闯荡的经历，卢效平不再是几年前飞不高、飞不远的小鸟，而是学有本事、有着搏击风暴能力的雄鹰。

卢效平学成木匠提前出师的那年春节，在玉门石油管理局油田建设工程公司工作的舅家表哥回家探亲来到了他们家。表哥见卢效平学有所成，木工手艺过硬，便对他说："我们公司正在向社会招聘技术工人（临时工），其中就有招木工的指标，凭你的手艺，到我们公司干，工资待遇不会差，如果你打算去，我就替你先报个名。"卢效平跟着师傅虽然走了不少地方，但大多局限在咸阳及周边县市，从来没有到过更远的地方。玉门离彬县有多远，环境怎么样，因为没有去过，对他来说一切都是未知数。对于玉门的了解，他仅仅停留在王之涣"羌笛何须怨杨柳，春风不度玉门关"一诗的字面理解上。师兄劝他慎重选择，说那儿一望无尽的戈壁，漫天的黄沙，一个苦寒之地能有啥发展。为了前程，不怕吃苦的卢效平倒觉得这是个机会。他很快给表哥回了话，愿意到玉门发展闯一闯。

经过简单的准备，卢效平背着行李，提着木工工具，踏上了西去的列车。那正是春暖花开的4月，塬上的野桃花露出了粉红的小脸，黄土地上长出了嫩绿的新芽。随着列车一路向西，先是春色不再，接着是山川渐黄，随后褐色的山川也渐渐消失，直到一片荒凉的戈壁。

当年，玉门石油管理局油田建设工程公司招聘的全是技术工人，什么木工、泥瓦工、水电工、电焊工一应俱全，仅木工就一下子招聘了9人。试用一段时间后，为了便于工资定级，公司组织进行了技术定级考核。卢效平手艺娴熟精湛，所有木器活样样都会，无论是理论测试，还是实际操作，他都考了高分，在9名应招的木工中名列前茅。依照考核成绩，他被定为技术四级，每月工资156元。那时人们的工资普遍较低，一个月能拿30元以上的就很让人羡慕，何况156元，在当年就是高收入了。更让卢效平欣喜的是，加班还有加班补助，每月他的加班费都在20元到30元之间，卢效平把加班费用作每月的生活开支，将工资全部存了起来。

过了不到半年，他又有了第二笔收入。玉门这座在戈壁上建设的石油城，受气候环境影响，从当年9月中旬到来年4月，油田建设工程公司有几个月的时间无法在室外施工，聘用人员处于放假状态。别人放假是正儿八经地在家休息，勤劳肯干的卢效平没有像其他工友们那样在宿舍里猫冬睡大觉，而是背上工具，在玉门市和郊区农村做起了木工活。

二

命运总是垂青勤劳有智慧的人。

卢效平凭借自身过硬的木工技术，靠着自己的淳朴、诚信和勤劳，很快在玉门城乡打开局面。为了保证工期，他经常加班干到凌晨一两点。卢效平做家具，是既保时，又保质，户主们赞不绝口。玉门油田某单位一位部门领导，请他给打了一个五组柜，后来那名领导调到兰州，那五组柜跟着搬到了兰州新家，再后来那个领导又调到西安，搬家时还是不舍得扔下用了十多年的五组柜，又将其带到了西安。那名领导常对到家做客的朋友说，这个五组柜出自玉门一个有名的小木匠之手，几十年了，不仅样式好，而且严丝合缝不走样不变形，属于真正的经久耐用。

在玉门木工行业里，卢效平因为年龄小，20 岁刚出头，再加上做木活时间短，于是人们亲切地称他为“小木匠”。有了好的名声和口碑，卢效平以响亮招牌开始了他的人生打拼。在接下来的几年里，经过摸爬滚打，他这个陕西关中小木匠，在甘肃玉门这个人生地不熟的地方，以良好的声誉站稳了脚跟，为日后事业发展打下了坚实的基础。

随着小木匠的名气不断增大，木工活的路子越来越宽，找他做家具的客户也越来越多，结交的人也越来越广。转眼间，卢效平在玉门油田建设工程公司工作了 5 年有余，公司鉴于他优秀的表现，与他签订了长期聘用合同，基本上享受正式职工的待遇。面对日益利好的发展局面，如果换其他人，可能对现有的工作和生活就感到满足了，可是卢效平没有因此而沾沾自喜，更没有满足吃穿不愁的温饱生活。因为他不是一个安于现状的人，也不是一个仅仅满足填饱肚子过平淡生活的人。为了心中的梦想，他在努力捕捉新的发展机遇，以找到适合自己发展的更大空间和施展个人才能的更大舞台，实现更大的奋斗目标。

20 世纪 90 年代，城市建设拉开序幕，大量的工程建设项目如雨后春笋。卢效平敏锐地捕捉到了让自己大展拳脚的机遇，决定放弃在油田建设工程公司的安稳工作，放弃一家一户做木活的传统做法，改为单独承揽工程。

经过一番准备，他如愿以偿承包了玉门石油管理局车队办公大楼工程，当大楼主体工程快要完工时，一个意想不到的事故发生了。一名临时工因违规操作引发事故，不幸身受重伤。卢效平将几年来攒下的积蓄，全部垫付到了工程建设项目中。为了给那名受伤的工人治病，他只能贷款，事后靠借钱给事故方赔偿6万余元才得以了结此事。6万余元在20世纪90年代初，是一个很大的数字。

失败并没有将他击倒，经过反思检讨，他对创业思路进行了调整，重操旧业，投身装饰装潢行业，创立了玉门市博雅装饰工程有限公司。经过不到3年的努力打拼，卢效平在玉门装饰装潢行业不仅站稳了脚跟，而且逐步形成了自己独特的装修风格，并建立起了良好的市场信誉。

卢效平这个有名的小木匠，以脚踏实地、敢闯敢干、审时度势的品质，赶上了装潢发展的好时机。在玉门装潢业界，一干就是十余年。人生的路没有平坦的大道，总会伴随着坎坷。在此期间，他经历了波折和不顺，在挫折和困难面前，他没有畏缩不前，失败也没有动摇他干一番事业的决心，反而磨炼了他坚韧不拔的顽强意志。在经商的海洋中，他学会了怎样为人处世，形成了优良的职业道德，在挫折面前铸就了愈挫愈勇、永不低头的坚韧品质，同时也养成了干事创业雷厉风行的工作作风。

三

经过十多年的拼搏奋斗，卢效平在玉门商海中崭露头角，在玉门装潢界成为人们羡慕的成功人士。虽然他在人生事业上取得了阶段性的成功，创办的企业进入健康有序的发展轨道，可是在闲暇之余，他时常思考人生价值实现的深层次问题：难道挣钱就是人生价值实现的最高体现吗？财富积累多少才是人生成功的标志？每当夜深人静，一人独处仰望浩瀚的星空时，家乡的一山一水、一草一木就会像放电影一样在他的脑海里一幕幕闪现。父老乡亲渴望脱贫致富的样貌就会勾起他的记忆，存于他心中的爱便会时常觉醒。他常常在心里想，一个人富不叫富，唯有先富带后富，让全村人跟着富起来，那样富得才有意义和价值。

卢效平说，经过在甘肃十多年打拼，资金积累是一个方面，更多的是积累了良好的声誉和人缘，这些都是难以用金钱衡量的精神财富。与此同时，他也经历了许多坎坷，不论摔了多少次跤，吃过多少苦头，无论荣与辱、苦与乐、得与失，对他来说都是人生难得的宝贵财富。

他想自己之所以在玉门能够发展成为一名颇有影响的企业家，除了自己的付出，更是赶上改革开放的大好时机，赶上了党的富民好政策。在创业期间，他也曾多次遭遇急浪险滩，每一次都能化险为夷、绝处逢生，那是因为自己遇到了善良的好心人，是他们在危难之时，给了他巨大的关爱和帮助。他忘不了生他养他的故土，忘不了长禄村的父老乡亲，更忘不了无私传授给他木工技艺的孙师傅。

在玉门创业的过程中，有一件事让卢效平终生难忘。那是 1998 年 5 月的一天，卢效平承包了玉门邮政局的装潢业务，根据装修需求，他与玉门市邮政局基建科科长李汉斌一同前往兰州购买装饰材料。因商家一时无法在当天备齐所需材料，需要他们在此等上两天。卢效平心想在兰州白等两天，还不如抽空回彬县看望父母。他在第二天下午从彬县返回兰州途经平凉时，因为时间紧，来不及吃饭，就在车站外的食杂店买了二斤牛肉、一瓶雪碧，乘坐长途卧铺汽车连夜赶往兰州。上车后，与他邻座的是一个看似老实巴交的农民模样的黑脸汉子。心地善良的卢效平，主动邀请黑脸汉子与自己一道吃牛肉喝雪碧，黑脸汉子在推让客气两下后，便与他一同吃喝了起来。车到会宁客运站时，那黑脸汉子下车买了两瓶饮料回到车上，十分热情地递给了卢效平一瓶。卢效平接过饮料并没有马上打开，那黑脸汉子见他迟迟不喝，便热情催促说："喝吧，天热解解渴。"

卢效平拧开盖子，小心谨慎地只喝了一小口，感觉味道有点怪，就没敢再喝第二口。仅这一小口，可是出了大麻烦。当卢效平从昏迷中稍稍清醒时，他已经在兰州市第一人民医院的病床上昏迷了三天三夜。陪在床边的李汉斌一见他清醒过来，告诉他说："老弟啊！你总算醒过来了。医生说你是喝了大剂量的安眠药之类的药物。"

李汉斌待卢效平完全清醒后，一五一十地说了他被送进医院抢救的前后经过。

卢效平从老家彬县坐上开往兰州的车前，给李汉斌打了电话，告知了大概到达兰州的时间。那时，从彬县到兰州还不通高速，因路况和车况的原因，长途汽车很难准时到达终点站。李汉斌等了一夜不见卢效平回兰州，打他的手机又无法接通，顿觉情况不妙，第二天一大早，只好将电话打到卢效平的老家，确认卢效平从彬县坐车到了兰州，便带着妻子找遍了兰州所有的长途汽车站，找到第 8 家时，在车站候车室的长条椅上找到了深度昏迷的卢效平。李汉斌二话不说，赶紧将他送进了兰州市人民医院抢救。当时，卢效平在喝了那黑脸汉子买的一小口饮料后，便很快失去了知觉。那黑脸汉子趁他昏睡之机，不仅掏走了他新买的手机，还将他身上带的 2000 多元钱偷得一分不剩，连手表也一同偷走。

两天之内，卢效平遭遇了恶毒与善良、坏人与好人、不义与仁义的强烈冲击。黑脸汉子为谋钱财的狠毒，让他对人性中的恶有了更深刻的认识；而李汉斌对朋友的忠义，让他深切感受到了人间友爱的温暖。他感慨自己遇到了好人、生命中的贵人。自那以后，李汉斌救人于危难之时的大爱之心，成为卢效平学习的榜样。他认定，做人要做李汉斌那样的好人，一个充满正能量的人，一个对朋友有情有义的人。

闲暇无事的时候，他就会开车前往老君庙石油河边，看着眼前随风摇曳的杨柳，听着哗哗奔流的河水声，总会情不自禁地想起家乡的泾河，湍急的河水就像从胸膛里流过，一股鲜活的精神力量像溪水一般涌入整个身心，穿越整个身体。童年和少年时期的往事扑面而来，那些美好的画面在他眼前神奇地生成，对故乡的所有记忆瞬间幻化成坚定的力量，他在心中澎湃激昂地发出全部的呼唤，那是朝着故乡的呼唤，那是照亮整个人生前程的呼唤。

经过一番思想斗争，他下定决心，回到养育自己的故土，用自己的智慧和力量，改变家乡贫困落后的面貌。2003 年春节过后，他毅然决然地放弃了在玉门打拼多年的基业，带着人才、技术和资金，回到了朝思暮想的故乡——彬县水口镇，创建了公司，以只争朝夕、锐意进取的精神，积极投身发展彬县、回报家乡、建设美好家园的事业之中。

四

卢效平虽说是土生土长的长禄村人，但他 17 岁外出学木匠，20 岁出远门到玉门谋生创业，即使每年回家探望父母亲人，也时间短暂，而且都是走马观花。因而对于故乡的了解，在他认知的世界里是表象和表层的；对于贫穷的认识，也是浮在皮毛之上，还谈不上全面、深刻和理性。

在创业期间，他也曾多次遭遇急浪险滩，每一次都能化险为夷、绝处逢生，那是因为自己遇到了善良的好心人，是他们在危难之时，给了他巨大的关爱和帮助。他忘不了生他养他的故土，忘不了长禄村的父老乡亲，更忘不了无私传授给他木工技艺的孙师傅。经过一番思想斗争，他下定决心，回到养育自己的故土，用自己的智慧和力量，改变家乡贫困落后的面貌。

当他开始深入了解故乡，才发现长禄村贫穷的程度是那样的普遍。不少人家，要么是一大家人住在一个破窑洞里，要么是挤在几间土坯危房里。他的内心世界在深受震撼的同时，也深深感到理想与现实的距离有多大，仅凭自己积攒的钱，要想解决长禄村2700多人的贫困问题，就像在干旱太久的土地上落下一层毛毛雨，是根本无法解决庄稼对雨水的渴望。

长禄村是一个以种植业为主的传统农业村，产业单一，老百姓靠天吃饭，收入普遍较低；再加上村情复杂，拉帮结派问题突出，村级正常事务推进也障碍重重。

短缺的资金，交织的矛盾，复杂的村情，都是卢效平无法绕过的现实困难。遇到困难就向后退缩，不是卢效平的性格与行事风格。因为他就是在与困难的不断搏斗中，战胜一个个困难，赢得了人生一次次成功。面对眼下的困境，他给同事们打气说："遇到困难就往后退，那样将会一事无成。一个人更不能只顾自己，要心里装着他人，那样才能把事业做大，把路走远。"

面对长禄村贫穷的现状，有朋友提醒他说："长禄村的贫穷不是一天两天形成的，也不是你一个人能够改变的，有了足够的资金，力所能及地做些善事就可以了，花大力气搞扶贫，咱做多了未必有好报，还有可能一碗水端不平被人误解，落下抱怨，最终得不偿失。"

他知道朋友出于一番好心，希望他在扶贫帮困上点到为止，在资金投入上留有余地。可他早已有了自己的主张，他坚定地说："如果是那样，我还不如留在玉门，既然回来了，就要倾心尽力为乡亲们脱贫致富出把力。再说了，有情不报待何时，先富带后富，是先富的义务，更是先富的责任。如今我有这个能力，为乡亲们脱贫致富出把力是我的莫大荣光。"

其实，卢效平就是一个有恩必报的人。2012年10月，当他得知

14 年前的恩人李汉斌因患心脏病在酒泉一家医院手术后病情仍未减轻时，他花费 15 万元为李汉斌做了心脏搭桥手术。待李汉斌康复出院后，卢效平和妻子陪同李汉斌一家人先后到延安、临潼、咸阳等地旅游参观。

卢效平像久别故乡的游子，常常满怀深情地漫步在乡间小道上，忘情地呼吸山野田园散发的泥土芬芳，侧耳尽情地倾听滔滔奔流向前的泾河水声，他的内心一时战鼓齐鸣，整个身心迸发出万马奔腾的力量。接下来，他一面做扶贫帮困的基础工作，一面为日后积蓄资金和能量，只待时机成熟，便一往无前地朝着贫困发起攻坚冲锋。

有了挑战根除贫困病根的坚定决心，公司发展追求的目标也就顺理成章清晰起来。他毅然决然地将公司定位于扶贫企业。在公司每一个项目的投资实施推动时，他都要求所有工作人员，把挣钱的出发点和落脚点定位在带动父老乡亲脱贫致富的中心目标上。

从此，卢效平的人生发生了质的改变，挣钱的目的，不再是为了自己。

五

伴随着党的帮贫扶困政策落地生根，卢效平按照自己的扶贫构想，有计划、有步骤地开始了他的扶贫人生。

2011 年 3 月中旬，长禄村的春色一天天渐浓，桃花开始绽放，地头路边的小草开始成片泛绿，村民们开始了一年一度的春耕春播。卢效平为了摸清贫穷户的实际底数，利用 8 天时间，对全村 378 户群众进行了挨家挨户的走访。基本上摸清了哪些乡亲居住的是破烂不堪的危房，哪些乡亲还住在破旧的土窑洞里。实地调查结果，让他很是惊愕，还有那么多人没有摆脱贫穷的桎梏，原地踏步地过着贫穷的生活。尤其是当他走进6户困难家庭，看着他们家徒四壁、难以为继的生活窘境，卢效平心里更是五味杂陈。

那天，他走访完最后一户困难家庭，回家时已是满天繁星，虽然肚子很饿，可他却没有一点儿食欲。虽然已到夜半三更，可他没有一点儿睡意，满脑子都是几天来所看到的贫穷画面，这一切让他愧疚万分。作为一名共产党员，自己已经先富一步，优先享受了幸福美好的生活，怎能眼睁睁地看着乡亲们继续过着贫穷生活。

经过一番深思熟虑，他决定从解决乡亲们最迫切、最渴望的安居工程入手。为了避免矛盾发生，他先是组织村上德高望重的贤达人士和村干部共同就长禄新村的建设和住房问题进行商议，以便和谐稳妥推进扶贫帮困计划的实施。

卢效平的想法不仅被乡亲们广泛接受，还得到了村干部的认可支持。为加快推进住房建设速度，卢效平随即拿出70万元，作为青苗和地面附属物的补偿款。仅用3天时间，就奏响了新村建设的序曲。

卢效平是那种不干则已干则必成的人。在资金投入上，他排除留一手的干扰，一次性投资1900万元，在长禄村新建农民新居78套。

在农民新居的设计上，卢效平充分考虑农民的居住习惯，以及生活生产的需要，遵循适用性、舒适性、安全性的原则。清一色砖混结构，每户面积在130平方米左右，后院宽3.9米、长12.3米，建有卫生间和放置农业生产资料、农具的仓库，每套新居以低于成本价标准出售，其中5户特困户和孤儿户无偿入住。

破旧的危房、老旧的窑洞，被清一色的白墙红瓦、宽敞舒适的新式民居所替代；昔日晴天飞灰、雨天泥泞、窄小弯曲、又脏又乱的街道，被宽敞笔直、清洁干净的水泥路替代。一个贫穷落后的乡村，完完全全变了模样。

破旧的危房、老旧的窑洞，被清一色的白墙红瓦、宽敞舒适的新式民居所替代；昔日晴天飞灰、雨天泥泞、窄小弯曲、又脏又乱的街道，被宽敞笔直、清洁干净的水泥路替代。一个贫穷落后的乡村，完完全全变了模样。

长禄村的乡亲，从第一户搬家，到最后一户住进新居，持续了一段时间。在那段时间里，乡亲们像过年一样，或放鞭炮，或敲锣打鼓，或摆宴席，或请戏班，热热闹闹欢天喜地庆贺自己乔迁新居。

在改善长禄村乡亲居住生活环境后，他没有停下建设故乡的脚步，又把目光投向了老家的水口镇。他说：“长禄村是生我养我的故土，而水口镇同样是培育我成长的故乡，长禄村乡亲的住房条件改善了，自己有能力时也要伸手帮一把水口镇的乡亲。”2016年，他又投资3200万元，在水口镇街道建成146户贫困户安置住宅小区，除水口镇建档立卡的贫困户每人享受2.5万元的补助资金外，卢效平的建筑公司又为每户无偿提供3万元至7万元的补助。

身患残疾的田妙云和丈夫带着两个孩子在西安打工十多年，丈夫因病突然去世，她一人领着两个上中学的孩子回家居住，3间土坯房年久失修，因无收入，坐吃山空，家庭一时陷入困境。卢效平走村入户，看到田妙云一家人的贫困窘境后，毫不犹豫地将公司在水口街道价值16万元的一套精装修单元房无偿捐赠给其一家人居住，以方便她的两个孩子在镇上上学。

扶贫帮困，建设美丽新村，不是一蹴而就的事业，需要有序、持续和全面的资金投入。

卢效平着眼美丽乡村的建设目标，将一切配套设施纳入统一的规划建设中。在建设长禄新村的同时，又投入资金，为长禄村建起了“两委”办公楼、多功能厅、警务室、便民服务中心、商业超市、互助幸福院、卫生室、老年人活动室、小公园，给活动广场安装了太阳能路灯。经过3年的建设，长禄村贫穷落后的模样彻底改变。

如今，当人们置身于长禄村，都会深切感到，这里不再是过去落后贫困的村庄，不再是过去人心不齐相互挤对的村庄。她因文明、美丽、和谐、富裕而远近闻名，先后被评为陕西省“践行社会主义核心价值观示范村”“陕西省美丽宜居示范村”。陕西省基层党建工作现场会、人居环境整治现场会、法治社区建设现场会等会议先后在长禄村召开。全村先后涌现出“中国好人”3 名、“全国文明家庭”1 户、“全国道德模范”1 名、“全国脱贫攻坚奖获奖者”1 名。

六

乡亲们住房条件和生活环境的改善，建设一个美丽的乡村，这只是卢效平回报乡亲的第一步。如何让乡亲们进一步过上幸福美好的小康生活，这是卢效平一直在深入思考的大问题。

村上的年轻人大多外出打工，留在村上的老年人由于离街道远，平时买菜不方便，一日三餐十分简单，基本都是凑合着填饱肚子。卢效平心想，老人们辛苦了一辈子，住上了好房子，还得过上好生活。经过一番摸底，他当即拿出 70 万元，在村上的食堂为 70 岁以上的老人办了免费就餐卡，让老人们吃到营养又可口的饭菜。

长禄村老党员卢世兴两个儿子不幸去世，只剩下他和老伴凄凉度日，成为无依无靠的五保户。了解到这一情况后，卢效平虽然工作忙，但他挤出时间，前去看望他们，帮助他们解决生活中遇到的困难，每年都会为他们送去 3000 元生活费，一送就是 8 年，而且从未中断，直至两位老人相继去世。老两口去世之后，他像孝子一样，为其料理后事。

卢效平的赤子之心，并不局限于长禄村、水口镇，而是把公德爱心散播到整个彬州。他先后捐款 17.5 万元为彬州市敬老院购置设施，捐助公安英烈基金 6 万元，赞助 12 万元举办彬州市全民运动会，拿出 5 万余元资助水口镇小王村孙志娃等 6 户失独家庭，为水口镇建档立卡贫困户购买电视机 16 台。新冠肺炎疫情发生之初，他带头筹集资金 12 万元转入疫情防控专户，并发出倡议动员民营企业家筹款筹物，与大家携手共同抗击疫情。

解决一时的贫困只需一次性资金投入，而拔掉贫困的“穷根子”，不仅需要长期持续用力，还需要综合施策。卢效平深刻体会到，要想帮助乡亲们脱贫致富奔小康，必须发展好教育，阻断贫困的代际传递，绝不能让家乡的孩子输在人生的起跑线上。

如此深刻的体会，来源于他对文化知识的深刻认识。他说，如果自己连中学都不上，是个大字不识的白丁，学木匠就会比别人掌握得慢，没有别人学得好，也就没有后来外出打拼的过硬本领，更不会有后来的开阔眼界和挣钱的资本。

为此，他在知识扶贫上下足了资本。这些年，他先后累计捐资 130 余万元用于每年资助 20 名贫困学生圆大学梦。

贫困学生卢天庆考上大学，接到录取通知书后，一家人既高兴又忧心。忧心的是，面对孩子的学费和生活费，一时无法凑齐。卢效平得知后，专程到卢天庆家里视贺，并告诉孩子的父母：“娃考上大学不容易，不能因为钱而耽误娃求学的前程，学费和生活费差多少我来补。”卢效平雪中送炭的义举，让卢天庆一家人备受感动。在卢效平的资助下，卢天庆不仅顺利读完了本科，还完成了研究生学业，研究生毕业后，作为人才落户上海，现已在上海成家立业。

每年高考结束后，卢效平高度关注彬州的录取情况，对考上了大学而家庭有困难的学子，他都会在第一时间伸出援助之手。新民镇赤白村一组有个建档立卡贫困户靠打工供儿子上学，儿子贾兆辉在 2019 年高考中，以 631 分的优异成绩被西北工业大学录取。卢效平在得知贾家为儿子上学费用而发愁的消息后，当即决定每年资助贾兆辉 6000 元，直至大学毕业。贾兆辉对卢效平的大爱之心十分感激，跨入大学的校门后，满怀深情地给卢效平写了一封感谢信。

我是幸运的，在困难的时刻得到了您的帮助。走进大学，我见识到了更加广阔的天地，结识了很多优秀的同学，我可以坐在宽敞的教室里享受优质的教育资源，在充满青春激情的大学校园里学习知识、追求美好的未来。我深知这一切来之不易，是您的无私帮助，才使得我得以坐在大学校园里安心读书。

我会珍惜这个来之不易的学习机会，心怀感恩，志存高远，自强不息。我会刻苦学习，用自己的聪明才智报效祖国，在感恩中回报社会。像您一样，做一个对社会有益、对人民有贡献的人。

生命的旅途，永远不会缺少爱。再一次对您无私伟大的爱说一声“谢谢”，再一次让自己心灵充满感恩的力量，相信在您爱的激励下，我必将会走得更好更远。

看了小贾的信，卢效平在感动之中，沉思了许久。像贾兆辉这样勤奋上进好学的孩子还有许多，他下定决心，一定把资助贫困家庭孩子上大学的义举自始至终做下去，尽自己的力量帮助他们完成学业，让更多有理想、有追求、有困难的孩子走向广阔的人生舞台。对此，他不惜钱财，在近 3 年的时间里，仅在彬州市内就资助了 56 名贫困学子圆了大学梦。

2010 年冬，接连发生的校车事故牵动着各级领导和老百姓的心，也深深触动了卢效平。水口镇幼儿园门口接送幼儿的家长大多开着三轮车，骑着电动车，随意在大街小巷乱跑，安全隐患十分突出。卢效平看在眼里，愁在心里。那一夜他失眠了，左思右想，决定想办法解

2010 年冬，接连发生的校车事故牵动着各级领导和老百姓的心，也深深触动了卢效平的心。水口镇幼儿园门口接送幼儿的家长大多开着三轮车，骑着电动车，随意在大街小巷乱跑，安全隐患十分突出。卢效平看在眼里，愁在心里。随后，卢效平投资 14 万元购回标准化校车，无偿捐给水口镇幼儿园，用以接送孩子。

决这件事，以防悲剧在自己眼皮子底下发生。

第二天一大早，他就赶到相关部门进行政策咨询，在得到明确答复和鼓励后，他马上让人联系制造厂家，投资 14 万元购回标准化校车，无偿捐给水口镇幼儿园，用以接送孩子。

七

卢效平作为从水口镇走出来的农民企业家，几年来脱贫帮困的实践经验告诉他，要想使乡亲脱贫致富后不返贫，必须在产业发展上出实招见实效，让他们的手中源源不断有活钱流入，身上的“钱袋子”切切实实鼓起来。

经过一段时间的认真思考，2015 年 11 月的一天，卢效平召集了家庭成员和股东会。在会上，他吐露了建设丝路天台产业扶贫基地的打算和想法。本以为自己的主张会得到大家的赞同，出乎意料的是，股东们不仅对他的想法存有这样或那样的质疑，而且站在各自的立场提出了不同的意见。

为了转变股东们的认知，他没有采取强行说服的办法，而是自己花钱，组织他们外出参观学习。卢效平亲自带队，组织股东们先后参观了国内 30 多个符合地域发展文化旅游的代表性旅游度假项目。随着参观的深入，股东们眼界大开，面对全新的世界，全新的经营模式，每个人的思想都在悄悄地发生变化，甚至是彻底地扭转。回到彬州，他趁热打铁，借助一路参观的热乎劲儿，再一次召开了建设丝路天台产业扶贫基地论证会。会上，卢效平就建设丝路天台产业扶贫基地谈了自己所思所想，他说：“2011 年我们实施长禄村易地扶贫搬迁项目时，我就暗下决心，用 10 年的时间，从改变群众的居住条件和环境入手，逐年加大投入，提高他们的生活水平，以物质文明的快速发展，推动精神文明建设快速提升，最后通过产业带动，实现群众就地就近就业，以增加他们的经济收入。如果基地建设的目标不能实现，群众就地就近就业将是一句空话，他们身上的‘钱袋子’就很难鼓起来，那样就难以实现长久富裕的梦想……”

股东们在听了他的设想和规划后，都大为感动，纷纷表示愿同舟共济、努力克服一切困难，为建设一个文旅康养为一体的基地而努力奋斗。

2016年元月，虽然正值关中的寒冬季节，随着卢效平全新土地变革模式的推行，彬县大地就像早春提前来临了一样。由17人组成的“三变”模式土地入股分红协调工作小组成立，卢效平担任组长。通过两镇七村村干部的共同努力，卢效平先后组织召开了54场次全体村民代表大会，不厌其烦地给大家讲土地入股分红的政策以及产业发展后的红利所产生的效应。

功夫不负有心人，卢效平的产业转型思路和乡村振兴举措得到了广大群众的认可和大力支持，仅用47天时间就分别与城关街道办万人村、朱家山村、西堡村、刘家湾村，水口镇长禄村、吕兴村、西留村1704户群众签订了土地入股分红合同，正式拉开了建设“丝路天台现代生态农业产业扶贫基地”的序幕。

2016年7月，经国家发改委批准，“丝路天台现代生态农业产业扶贫基地”作为农业一、二、三产业融合发展重点建设项目正式动工建设。时隔不久，卢效平在参加中国杨凌农业高新科技成果博览会、中国西部国际投资贸易洽谈会上，与彬县人民政府签订了彬县重点招商引资项目合同。该项目占地面积3.24万亩，总投资9.4亿元，以响应《中共中央国务院关于打赢脱贫攻坚战三年行动的指导意见》和《中共中央国务院关于实施乡村振兴战略的意见》文件精神，以社区、园区、景区共建、共享、共盈为目标，秉持“特色产业、园区承载、科技支撑、品牌打造”的绿色农业发展为理念，以“大众创业、万众创新、利益众食、奉献大众、回报社会”为宗旨，按照“山、水、林、田、湖、草”立体打造、“川、坡、塬、沟、路”综合整治的科学实施方案，着力打造农村产业融合发展示范引领平台，努力构建农业与二、三产业交叉融合的现代生态农业产业体系，带动农业一、二、三产业融合发展，促进乡村文化旅游提升、农业增效、农民增收、农村繁荣。逐步形成集实景娱乐、观光旅游、温泉养生度假、万亩节水自流灌溉、苗木花卉培育、农特产品深加工、电子商务、水生动植物养殖等为一体的田园综合体项目。

按照规划设计，该项目的建设可直接带动水口、城关两个镇（办）1700余户群众、220余户贫困群众通过土地入股、就业务工增收致富，特别是让贫困群众享受更多的产业发展红利，真正成为产业发展的参与者和受益者。以推行“三变”（资源变资产、资金变股金、农民变股东）的产业扶贫模式为突破，让农户和贫困户与企业、村集体等经营主体形成利益共同体。成效是显而易见的，当年丝路天台产业扶贫基地累计为水口、城关两个镇（办）集体分红153.7万元，让群众在得利中产生获得感，有效破解村集体经济发展财力不足的问题。

现代化万亩节水自流灌溉果园里的优质桃树、苹果树、樱桃树等果树2019年就开始大面积挂果，经济效益实现逐年递增。绿化荒山2万余亩，苗木花卉培育初见成效，栽种的雪松、油松、樱花、李、桃十多种经济和观赏树木，成为创收盈利的稳定方式。农特产品深加工、电子商务将成为基地增效的新型产业。

让乡亲们过上富裕的好日子，是卢效平的奋斗目标。十年来，卢效平为易地扶贫搬迁安置，建设长禄新村、社会公益救助、扶贫产业

一连串的荣誉，成为卢效平报恩乡亲的新动力。他说：“长风破浪会有时，直挂云帆济沧海。党和人民给予我的各种荣誉，既是对我工作的认可，更是对未来事业的鞭策。”他深感肩上的担子与责任，表示决不躺在功劳簿上睡大觉，而要保持过去真抓实干的工作作风，用实际行动回报党的恩情、人民的养育。（张磊 摄）

园等投入资金4.23亿元。卢效平始终不忘共产党员的初心，始终在艰苦创业和矢志扶贫的征途上奋力拼搏，以舍我其谁的担当精神，为乡村振兴不遗余力出智出力出资。乡亲们感激他，党和政府对他这个人民的赤子给予了一系列褒奖。他先后荣获“全国道德模范提名奖”“中国好人”“全国脱贫攻坚奖奉献奖”“全国脱贫攻坚先进个人”“陕西省优秀共产党员”等荣誉称号20余项，他的家庭也被评为“全国文明家庭”，他还受到习近平总书记的亲切接见。

一连串的荣誉，成为卢效平报恩乡亲的新动力。他说：“长风破浪会有时，直挂云帆济沧海。党和人民给予我的各种荣誉，既是对我工作的认可，更是对未来事业的鞭策。”他深感肩上的担子与责任，表示决不躺在功劳簿上睡大觉，而要保持过去真抓实干的工作作风，用实际行动回报党的恩情、人民的养育。

春天又来了。泾河的水带着春的激情，传递着春的讯息。卢效平沐浴着春日的阳光，阔步走在园林式的厂区大道上。展望明天，他信心满满地对同事们说：“只有国家富强了，乡村振兴了，我们老百姓的日子才会越过越好。”

卢效平这个彬州长禄村养育长大的儿子，用拳拳赤子心回报彬州的父老乡亲。当有人问他为的是什么时，他总是平淡地说：“一切源于对家乡的热爱，缘于建设美丽乡村的梦想。”

有梦想的人是幸福的。卢效平在帮贫扶困的火热实践中，感知人生的意义；在乡亲爽朗甜蜜的笑声中，获得人生的快乐；在美丽乡村的建设中，创造绚丽多彩的丰富人生。你要问人生的价值是什么？卢效平所做的一切，就是一个赤子的全部答案。

“火凤凰”

——记全国脱贫攻坚奖获奖者付凡平

“火凤凰”
——记全国脱贫攻坚奖获奖者付凡平

侯　波

付凡平简介

付凡平，女，汉族，1972年3月出生，宜川人。18岁时，突遭大火，她被严重烧伤。她身残志坚，2015年以来，在当地党委、政府的帮扶下，先后创办了“云果飘香”宜川县蒙恩农产品公司、陕西蒙恩优选电子商务、杨凌蒙恩优选供应链管理有限公司等。在实现自身脱贫后，她提出“公司＋合作社＋残疾人＋贫困户＋互联网”理念，建立蒙恩优选扶贫助残平台，创办蒙恩优选智能供应链，通过技能培训、安置就业、产品包销和教育资助等方式对残疾人、贫困户群体和贫困地区进行回馈帮扶，直接带动620余名残疾人和贫困群众创业就业。被授予“全国脱贫攻坚先进个人”“全国农村青年致富带头人”“三秦楷模”等荣誉称号。

著名作家郭沫若曾写过一首《凤凰涅槃》的诗，说凤凰经历烈火的煎熬和痛苦的考验之后，获得重生，并在重生中达到升华。“凤凰涅槃”用来寓意不畏痛苦、义无反顾、不断追求、提升自我的执着精神。而在生活中，恰恰有这样一个人，在一场意外的大火之后，全身重度烧伤，失去双手，但她却从没有对命运低头，而是坚韧不拔，努力从阴霾中走出，在历经种种坎坷之后，开启了新的人生。

她在个人富起来之后，却想着更多的人，主动帮助同她一样的残疾人，真正实现了自己的人生价值。她就是“全国脱贫攻坚奖获奖者”“全国农村青年致富带头人”“三秦楷模”付凡平。

2019 年 5 月 16 日，在庄严的人民大会堂参加第六次全国自强模范暨助残先进表彰大会期间，付凡平和与会代表受到了习近平总书记的亲切接见并合影。每当说起这件事，付凡平就激动不已，她告诉我，在习近平总书记握着她“双手”的那一刻，她情不自禁地泪水长流。她说：“我是延安的付凡平，延安人民一直想念您，盼望习主席回延安看看。”为了这句最简单的话，她想了近两个月。

付凡平 18 岁时，一场意外火灾，她的 3 位亲人罹难……她全身重度烧伤，烧伤面积达 82%，容颜被毁，一双手只剩下两根指头。在经历三个月的昏迷后，她与死神擦肩而过。一瞬间，付凡平所有的理想都随风而去，她的人生跌入谷底。那段时间她只想死，死成了她解脱和屈服困难的最大心愿。但后来在家人的鼓励下，她开始一点一点面对现实，认真思考自己的人生。

一晃几十年过去了，可喜的是她当初没有沉沦，她就像一只凤

付凡平就像一只凤凰，在一场意外的大火之后，她没有对命运低头，而是坚韧不拔，努力从阴霾中走出，在历经种种坎坷之后，开启了新的人生。她还主动帮助同她一样的残疾人，真正实现了自己的人生价值。

凰，在烈火中获得了新生。这些年，通过自己坚韧不拔的努力，她实现了个人价值，获得了成功。在面对掌声、羡慕和荣耀的时候，在众人为她精彩人生鼓掌欢呼的时候，她却情不自禁地哭了。

是啊，没有谁能轻轻松松成功，尤其是像她这样的残疾人。有谁知道她成功的背后付出了多少艰辛的努力呢？有谁知道她当初面对灾难，是怎样走出心理阴霾、走向新生的呢？又有谁知道她是以怎样顽强的毅力克服重重困难，一直走到今天、走向成功的呢？

一

宜川县是我的家乡，我在这里生活了40多年，我对这里的一草一木都非常熟悉。付凡平我也早就认识，她的事迹我亦有耳闻，但仅仅知道个大概而已，还没有专访过她。

清晨，当第一缕阳光洒向这个小山城时，按照我和付凡平的约定，我搭车去往她家。

阳光照着大地，这座偏僻的小城生机勃勃。

付凡平正在楼下等我。因是熟人，我们之间就少了一些客套。

我知道付凡平的时间是很宝贵的，为了这次采访，我曾约过她几次，但她前几天一直在杨凌，前天才回宜川。我和她通电话约时间时，她曾有几分犹豫，说现在正值苹果生产管理的关键期，她回到县里只能待几天时间，还打算到蒙恩农场看看今年的苹果；另外，近期网上订单激增，时间对她来说弥足珍贵。

此时站在我面前的付凡平，头发有几分凌乱，仿佛刚起床的样子，歉意地对我说：“我回宜川的这两天实在忙，千头万绪的事，昨夜睡得晚，刚起床。”又见我带着摄影器材，便又说：“要不，我先去美容店吹吹头发吧。”就在这时，她丈夫也下楼了，说：“今天时间紧，你不是还要去蒙恩农场吗？”她不假思索地说：“我们都是熟人，今天好好聊聊，明天再去吧。”

说完话，她要我等一下，就又返回楼上去了。过了一会儿她下来了，头发简单收拾了，并且特意穿了一身红色的运动套装。她说：“我特别喜欢这身衣服，穿起来好看，色调搭配也不错。你觉得如何？”

我说：“你比刚才可精神了许多。”

她哈哈笑了，然后邀请我一块儿去她的公司。此时已到早上9点多了，党湾街起早的、闲逛的、买菜的、上班的，人来人往，络绎不绝。一路上，她精神焕发，谈笑风生，和刚见面时俨然成了两样。她领着我左拐右转，不一会儿，来到了宜川县蒙恩农产品经销有限责任公司门口。她领我进门，热情地为我沏茶、递烟。

我在沙发上坐下来，正要张口，她的电话却一个接着一个都来了。她忙着接电话，我在一旁听着。

办公桌上有电脑、打印机，还摆放着文件、销货单等物品。墙上挂着一幅“竹虚极品世，同怀贤至间”的书法作品。我一边打量着房间，一边思考着今天要采访的内容：她的出生，幼年，上学，那场意外火灾，结婚，创业以及与命运抗争，荣获“三秦楷模”“全国农村青年致富带头人”“全国自强模范”……厘清她的人生轨迹，挖掘她的创业精神，感悟、诠释她浴火重生、玉汝于成的艰难历程。这些应该是我采访的重点，同时，我想，我一定要到她的蒙恩农场实地去看一看，了解一下农场生产、管理、销售、电商服务的环节等。

终于，她的电话接完了，开始接受我的采访。

二

付凡平首先对我说起了她爸妈。由此可见严父慈母多少年来一直深嵌在她的记忆里。

她的父亲叫付振荣，18 岁时经“媒妁之言”和好心人撮合，与附近西迴村 17 岁女子刘秋叶结婚。母亲 18 岁时生下大哥，接着是二哥延明、姐姐翻玲，再就是她。付凡平能记事起，家里光景就非常穷，挨饿受冻、吃不饱穿不暖是常事。常常一件衣服总是大的穿了小的穿，新三年旧三年，缝缝补补又三年。

在她的记忆里，父亲是非常勤劳的，起早贪黑，拼命干活，似乎身上永远都有使不完的劲儿。一年到头来能多打些粮食，是他最引以为骄傲和自豪的。

同时，父亲又是一个有想法的人，也是村里的能人，凡事他总比村里人要看得远，看得长久。渐渐地，孩子们长大了。大哥停学后父亲特意让他学习驾驶，他很快拿到了驾驶证，开始跑起了运输，收入自然比种粮食强多了。娶了个嫂子也厚道能干，把家里收拾得井井有条，光景自然过在了全村人的前头。二哥成家后，学会了烧砖、烧瓦的技术，当时处处给人家承包盖平房，并且人也活道，又兼做苹果代办，一年下来，收入也不菲。姐姐停学后嫁到了西迴村，生活殷实，光景过得甜蜜而幸福。看着一大家子人个个都有了出息，父母亲扬眉吐气，见人都乐呵呵的。

付凡平还记得一件事，那时大哥与二哥都安妥了，但父母亲在家里一刻也不停歇，栽种了大面积的烤烟。他们日出而作，日落而息。晴天一身汗，雨天一身泥。一年下来，收益也不错。作为家里最小的她总记得父亲每次赶集回来，总会给她买一些好吃的，她特别高兴，就拿出去给村里小伙伴们炫耀去了。她还记得一件事，说父亲是个粗人，但他粗中有细，做人光明磊落，对儿女教育更是爱中有严，是非分明。记得大哥当初相中了邻村的一个女孩子，在订婚的前一天，父亲对大哥说："你是不是真心看下人家了？婚姻无儿戏，既然看上了，就一定要一辈子对人家好，如果三心二意，小心我打断你的腿。"直到大哥一再对父亲作出保证，父亲才领人去传的酒（订婚）。

但就是这么坚强的人，在 1990 年 11 月家里遭受那场意外火灾之后，他深受打击，从此一蹶不振，郁郁寡欢，不到两年就离开了人世。

母亲在付凡平的眼里也是很不平常的，勤劳善良，为了抚养儿女长大，常常挑灯为一家老小缝缝补补。同时，她又是一位乐于助人的人。在西迴、上庄和杏卜峁村，谁家有红白喜事，母亲常常被请去帮着纳被子、衣服和鞋袜。她心灵手巧，酷爱剪纸，看到什么都能剪出个样来，活灵活现，栩栩如生。

在付凡平眼里，母亲是一位有想法的人。第一批援宜北京医疗队在乡村义务医病送药时，母亲已结婚了，但她总是跟在这支医疗队员身后，问这问那。医疗队的人见她聪明伶俐爱学习，就将她收为学员，作为村级医疗人才培养的对象，传授了接生以及简单的一些医学知识和技能。这样一来，母亲就更有了精神，常常是医疗队走到哪儿，她就跟到哪儿，背着药箱，翻山越岭，不懂就问。通过努力，母亲很快就掌握了一些医学基础知识，掌握了接生技巧。医疗队走后，母亲成为远近几个村子小有名气的卫生员，常常被十里八乡的人家请去，做义务接生。母亲随叫随到，不怕苦、不怕累，热情服务。母亲不安于现状，敢于挑战，学习新事物这一点，在幼小的付凡平心灵里留下了深深的记忆。

一个人的成功是非常不容易的，在付凡平一点一滴地给我讲她父母亲这些琐事时，我忽然想到：她今天的成功是不是由于继承了父母亲身上这些优秀品质呢？比如父亲的勤劳、担当、信守诺言，母亲的聪明伶俐、有爱心、有远见等等。她之所以能成功，或许正是这些品质在不断地滋养着她，影响着她，并往往在最关键的时候起了决定性的作用。

三

童年的付凡平是快乐的。村里的山路、涝池、田野垄埂、麦垛，都是她熟悉的地方。这里空旷的高塬，蓝天白云，飞翔的小鸟，潺潺的流水……就是她儿时快乐的天地。

7 岁时，她开始在村里上学。一接触到书本，她很快爱上了上学，爱上了读书，她喜欢上语文课感受语言的魅力，喜欢数学课的无穷乐趣。那时尽管上的是复式班，一个窑洞里有一、二、三、四、五年级，只有一位老师授课。一个年级上完，布置学生做作业，再授另一个年级的课。然而，她因为爱学习，很快就成了最受老师欢迎的学生，成绩在班里也一直名列前茅。甚至有一次在全乡会考中，她的数学取得了第二名的好成绩。

除了爱上学外，她也是非常调皮的，小时候就显露出她性格倔强、天不怕地不怕的个性。在很小的年龄，她就学会了骑自行车，也敢一个人骑毛驴或赶着跑。

13 岁，她以优异的成绩考入初中，到了云岩中学读书。一下子从农村来到了繁华的云岩古镇；由一个班只有几个孩子到一个班有 60 名同学的编班，她高兴极了。在这里，学习氛围非常浓郁，竞争也随时存在，同学个个都在暗中较劲儿。在一天天的学习中，她暗暗下决心，要以新的环境新的学校作为新的起点，不负韶华，好好努力，争取将来走向更广阔的世界。她勤奋学习的样子，被班主任看在眼里，并且寄予厚望，予以重点培养。

按照当时的政策，考中专是不允许复读生参加的。为了考中专有把握，尽快冲出农门，付凡平选择读初二的时候和一些同学一样多学一年，打好基础，这样考中专的把握就更大一些。

似乎，一切都在向这位充满青春朝气、积极向上而又充满梦想的黄土高原女子招手。然而，灾难就在这时降临了。

那时，她的大哥已被招到镇政府开小车，一家人就住在政府的石窑里。放学、周末、节假日，付凡平就常常被大哥大嫂叫到家里吃饭。在大哥大嫂的眼里，她就是他们家庭的一员，也是付家人未来的希望。

一天，晚自习后，她来到大哥家，想逗逗两个侄儿，再回宿舍休息。11 月的北方，已进入冬季，家家户户靠生炉子取暖。就在这时，一场意外大火猝然发生。

在灾难面前，生命是如此脆弱和不堪一击。顷刻，大哥大嫂家石窑门窗浓烟滚滚，火光冲天。闻讯赶来的干部和周边群众，你端盆我挑桶用水奋力扑救……无奈，当时的救援设备落后，现场乱作一团，任由大火肆虐吞噬……这场大火，夺去了付凡平大嫂和两个侄儿的生命。大哥被烧伤，付凡平的脚、脸被重度烧伤，双手被烧焦，十个指头仅剩两个，全身烧伤面积达 82%，她昏厥了过去……幸福的一家人，就这样在这个夜晚，惨遭烈火吞噬，令人无比痛心。

父母在村里得知噩耗，不相信这是真的，无法接受这突如其来的灾难。当他们从村里急切地赶到云岩镇后，儿媳与两个孙子早已撒手人寰，儿子和女儿已被送往医院。

四

这场大火让付凡平昏迷了3个月才完全清醒过来。记不清大大小小经历了多少次手术，在医院住了一年多后她才出院。

出院后，她整日以泪洗面，无法接受自己没有双手、面部被毁容的现实，一想到以后的生活她便痛不欲生，每天想得最多的就是要结束自己的生命。一次，她趁父母不注意，找到了一瓶农药，准备了结自己的生命。听见动静的父母跑了过来，一把把她手中的农药瓶夺走，抱住她放声痛哭。当看到父母那伤心的样子时，付凡平有几分清醒了。她意识到，生命不仅仅属于自己，也属于亲人，属于父母，自己还有亲情需要守候。就在这一刻，她长大了，明白了许多。她把药瓶丢开，开始直面惨淡的人生。

但要开始重新生活谈何容易啊。因为重度烧伤，每挪几步，腿上就会渗出鲜血，花了足足3个月的时间，付凡平才重新学会了走路。好在大火没有将她的拇指完全烧完，付凡平就去做了一次手术，将拇指与手掌割开一条有一个指骨节粗细的分叉。她把勺子卡在手指上，让母亲用绳子把勺子绑在手臂上，开始尝试自己吃饭。而对于扣扣子这样一个3岁娃娃都能做的动作，她练习了两个月……就这样，一年的时间，付凡平反复练习这些对常人再简单不过的动作，直到熟练。“我要自立，不能成为家里的负担。”“只要努力，就一定会有希望。”付凡平一遍遍对自己说。

为了表明自己重新生活的信心，她把名字从原来的“付翻萍”改成了“付凡平”，她希望自己能够走出一个不平凡的人生。

经过这次灾难，付家殷实的光景也变得一贫如洗，并且借了许多债。后来还是在社会的捐助下，她才出了院。

灾难已经降临，但生活还得继续。新的一年，大哥东借西凑又买回一辆货车，付凡平为了不在家里吃闲饭，她跟上大哥，开始饥一顿、饱一顿地跑货运。当时，烟叶正处于烘烤阶段，需要大量的燃煤。她跟着大哥瞅准了这一时机。前半年，在黄河滩拉沙，卖给县城的工地。后半年，从山西往宜川运煤，卖给烟农用以烤烟或冬季取暖。一年下来，还了不少的外债。

渐渐地，她到了谈婚论嫁的年龄。经好心人说合，在离家 60 里路的高楼村找到了一位老实巴交的小伙子，他叫左喜宏。

1992 年 3 月，他俩结婚了。当时这个塬上的女子出嫁都是要彩礼的，最低也得出 1.8 万元。然而，为了女儿有一个好婆家，她的父母一分钱彩礼都不要。

左喜宏一家人不嫌弃她，但左家的光景那时可真叫一个穷啊。“当时家里穷到 5 毛钱都要向人借，穷到了没有钱买一包火柴，每顿饭做完了，总要小心翼翼地在灶火里填些杂草树叶，保存火种。”付凡平对我说。

好在结婚后，男人十分疼爱她，过了一年，他们的儿子出生了，这一下子点燃了付凡平对生活的希望与激情。她本来就是一个有着强大内心的人，本来就是一个有想法的人。火灾改变的是她的容颜，改变的是她的身体，而不曾改变她坚强不屈的灵魂，她这时就开动脑筋，想着办法改变自己的命运了。

1993 年，看到养羊能赚钱，和丈夫商量后，她凑够了 3000 多元买回 20 只羊。几年后，养羊每年近万元的收入，不仅改变着她家的经济状况，也更加坚定了她创业的信念和信心。

1999 年，她积极响应国家的退耕还林政策，承包了 300 多亩荒山荒坡，植树造林。

2002 年，她瞅准商机，在宜川县城开了一家手机店……

同时，她还做过各种尝试，做过苹果代销、贩卖洋芋等许多小生意，反正什么能赚钱，什么能改变家庭经济状况，她就去做什么。她有着从父母那儿继承下来的灵活头脑，从来就不缺少想法。她坚信，通过自己的努力，命运一定会被改变。

然而，生活不会是一帆风顺的。那场火灾给她心理造成伤痛的同时，也在她的身体上留下了各种病痛。2009 年因病情加重，不得已她又多次入院治疗。这样，一下子又花了许多钱，又使即将走出困境的家庭重陷困顿。在养病期间，她思前想后，觉得要改变面貌，还是要创业。出院后，她利用荒山荒坡养土鸡，但由于缺少防疫技术，一场鸡瘟使她赔了不少钱。

2012 年，宜川县政府号召发展优质苹果，走南闯北的付凡平这时经历得多了，见识广了，思路也更开阔了。她和村里的 9 户人家共同成立了宜川云辛果业专业合作社，建设了上万亩绿色苹果基地，并且多次派人外出学习了防雹、种草、沼液等优质苹果生产管理技术。很快，这个基地就成了宜川县的样板基地，生产出了大量的优质苹果。付凡平也渐渐有了名气，她家的光景也渐渐有了起色。

五

许多人是在创业受挫后，选择了放弃，然而倔强的付凡平却愈挫愈勇，从不向命运低头。正是这样的性格成就了她。

2015 年，一个偶然的机会，在陕西武功县，付凡平见到一个白发苍苍的老人正在经营着网店。她顿时心头一惊，一下子豁然开朗：他能开网店，我比他年轻，我肯定行。她当下就下定了要做网店的决心，并且带回了两本书开始学习。

恰巧此时宜川县也办起电商培训班，付凡平当即报了名。在多少年后，她又一次走进了教室，成了这个班里年龄最大、学历最低、唯一一个不会用电脑的人。面对陌生的网店，她虚心学习，主动请教，不会用电脑就用本子记，听不懂就下课缠着老师问，到结业时，好学的付凡平成了这个班最优秀的学员。

回家后，她就开始做网店。这件本来容易的事，但对双手残疾的她来说，连编辑资料、上传图片都很困难。她就用仅有的两根手指反复操作，往往修好一张照片，都要用上一两个小时。

功夫不负有心人，经过不懈努力，她很快就能熟练操作电脑，她注册了自己的网店，主卖宜川特产。就在开业当天，她竟然意外地接到了两单生意：一个用户要 5 斤小米，一个用户要 5 斤青皮核桃。这两单生意虽没多少钱赚，但让她信心倍增！

开了网店后，通过一段时间的调研和思考，她决定线上、线下同步发展。2015 年 10 月，云果飘香特产专卖实体店在宜川县、云岩镇领导和相关部门的支持下顺利开张。随着线下线上销量不断增加，她趁热打铁，11 月又注册成立了宜川县蒙恩农场农产品经销有限责任公司，致力于打造“农户 + 公司 + 互联网”无公害果业全产业链。2016 年，她积极响应国家旅游扶贫政策，当年“旅游 + 电商”形象推广店就在壶口瀑布景区落户。2017 年在全省全域旅游培训会上，她的产品被冠以“火凤凰”旅游品牌形象。2018 年，她又与多个网络销售平台合作，积极推广延安的农产品。她的精品意识和先进营销，使公司销售额节节攀升：2015 年 50 万元，2016 年 209 万元，2017 年 300 多万元，2018 年 600 多万元，2019 年 3500 多万元……

2020 年 10 月 16 日，她荣获“全国脱贫攻坚奖奋进奖”。2021 年被授予“全国脱贫攻坚先进个人”“全国巾帼建功标兵”称号。

她说：“身体的残缺并不可怕，只要有一颗永不言败的心灵；贫困

“身体的残缺并不可怕，只要有一颗永不言败的心灵；贫困的生活并不可怕，只要有敢闯敢干敢拼的韧劲。”（薛仁礼 摄）

的生活并不可怕，只要有敢闯敢干敢拼的韧劲。”

采访中，她一边和我说话，一边“忙里偷闲”，左手托着手机，右手拨弄着手机屏幕。她高兴地对我说：“元月份销量大，主要是宜川苹果。同时，大枣、花椒、小米销量也不错。”她把手机伸到我眼前，饶有兴致地给我看她在网上的销售清单，共销出的农副产品价值约 39 万元。

我此时也深深地沉浸在她的故事中了，对她说：“疫情过后，你一定会赢来一个艳阳天，你会接到更多订货单。”

她高兴地点了点头。

六

钱越赚越多了，日子也越过越好了，但付凡平总觉得缺少点儿什么。到底少了什么呢？在采访中，她一再和我提到的是当年她家里出事以后，宜川人民主动给她家捐助了 6 万元，帮助她们家渡过了难关。

“俗话说，吃水不忘挖井人。我家里出事之后，一直承蒙各界恩德，没有全县乡亲们给我家捐助的 6 万元，就没有我的今天。现在我有一点儿力量了，就要做一点儿事回报社会。”正是基于这种想法，付凡平给自己公司起名叫“蒙恩”，建立了蒙恩农场——意思就是想带着感恩的心回馈社会，尽自己最大的力量，帮助更多需要帮助的人。

她坚信，爱只有经过传递，才会更有价值，才会更有力量！

2007 年，她偶然认识了失去双臂的残疾青年张路，他的艰难生活情景深深地刺痛了她，她决定资助这个孩子。要帮助他，先要让他有一技之长，她思来想去，联系了自强中专，让张路去参加学习。因为张路是重度残疾，按学校规定必须要有人陪读，而他的家里却没有人。付凡平就用自己的经历说服了丈夫和儿子，让正在读初二的儿子去自强中学陪读。现在的张路，已经掌握了计算机技术，他不仅能自食其力，养家糊口，还到北京“我的梦”残疾人艺术团发展，生活、事业可谓红红火火。

2016 年五一劳动节，付凡平主动为宜川 300 名环卫工人送去了价值 3 万多元的苹果、梨、小米和麦仁，奉献她的一片爱心。2019 年，付凡平帮助了一个家庭的两个聋哑兄弟到西安的残疾人技校就学。2020 年初，武汉暴发新冠肺炎疫情，付凡平向武汉市同济医院抗疫一线医护人员捐赠了 620 箱、价值 2 万元的宜川壶口酥梨。“能在繁忙工作之余，吃上一颗代表着老区人民爱心的水果，香甜的滋味溢满心间。”武汉同济医院医护人员感动地说。此外，她利用自己在电商界的影响，2016 年至 2019 年为宜川县免费举办了 5 期残疾人贫困户电商提升和孵化培训班，带动 472 名残疾人创业就业。手把手指导 60 余人注册和开办了网店，帮助他们走上了自食其力的创业之路。50 多岁的残疾人刘爱珍，通过培训，开起了网店，销售手工旅游商品布花和农产品，实现年收入 5 万元。

一路走来，她深知，在接受爱、回馈爱、传递爱这条路上，还有很多事情要做。她希望通过自己的影响力凝聚和带动更多的残疾人和贫困户自主创业。她对我说：“生命的价值就是能去帮助更多像我一样自强自立的残疾人，成为照亮残疾人心中的那一束光。”

因为有了 3 次与死亡擦肩而过的经历，让她对生命也有了全新的理解，她想的更多的是如何活出更大的社会价值。

2016 年以前她为自己而活，活成一个自食其力的人，让生命更有尊严。2016 年到 2019 年，富起来后，她把目光更多地聚焦在宜川县众多的残疾人身上。2018 年再一次与死亡擦肩而过以后，她的价值理念进一步转变。她希望可以通过一种方式来帮助全国和她一样的残疾人，让他们活出尊严，活出社会价值。

所以，自 2019 年开始，她一直在进行一种探索，希望可以找到一种办法解决残疾人创业、种出农产品却难卖出去的问题。

她说："党和政府给了我这么多的荣誉，我有责任引导更多的残疾人自强、自立、自尊、自爱。活出尊严，活出价值。"在广泛调研和考察的基础上，她有了更大的想法：建立蒙恩优选扶残助残电商公益平台。

通过帮助，她找到了陕西杨凌农科集团这个国有高科技农业企业，得到了他们提供优秀良种、农业技术和品牌认证的支持，同时还找到了陕西省青年电商联合会来提供供应链、物流和电商营销、直播营销的支持。

目前，蒙恩优选扶残助残电商公益平台正在搭建中。她的具体设想是这样：平台建成后，一是所有上架产品的供货渠道会选择由残疾人、残疾人组织及贫困户所提供的优质农产品，按照市场规律，尽最大努力为他们所帮扶的人创造价值；二是邀请更多残疾人和贫困户加入蒙恩优选的平台中，给他们培训电商知识，为他们搭建电商平台，向他们推荐优质的农产品和快消品，帮助他们快速对接各类媒体平台和电商平台资源，迅速扩大知名度、关注度，培养忠实的粉丝群体；三是最大限度与产品供应商谈妥稳定的佣金，较短的账期，相对高额的回报，增加残疾人分销商的收入；四是为了最大化地帮助没有劳动能力的残疾人，蒙恩优选平台每卖出一件货会拿出 0.2 元钱，捐给中残联与陕西省残联下属的基金会，由省残联来支配这笔钱，分配给没有能力的残疾人，让他们享受到社会的福利。

就这样，通过蒙恩优选的平台，为贫困户、残疾人搭建技术和销售的桥梁，为他们提供基于农业优生区和电商大数据分析的适合当地种植的农业新品种。加上先进的杨凌农科技术，让专家能够随时指导生产，生产出的产品能够在县区完成商品化处理。加上品牌的认证，最后通过线下店铺、电商、直播销售，再通过优秀的供应链和物流送到消费者手中，为更多的残疾人创业者和贫困户服务。

“我希望我们能够尽快把这个平台搭建起来，惠及更多的残疾人，帮助他们自立自强走上致富的康庄大道！”她慷慨激昂地对我说。

七

按照约定，第二天我和付凡平一起去了她的蒙恩农场，做一些实地考察和拍摄。

蒙恩农场是苹果生产基地，主要分布在云岩镇辛户塬苹果生产长廊。我们出县城，过降头塬，经交里乡、太泉村、云岩刘家庄村，经过一个多小时的山路，进入蒙恩农场的苹果主产区。在村头，有一横着的拱形牌子，中间写着“宜川现代农业示范园区”，左边写着“项目带动科技统领”，右边写着“典型引路果业富民”。

付凡平带我察看果农培训基地、宜川县现代化农业示范园区。只见家家户户的地埂上，醒目地放着一小方木牌，其上清晰地写着树龄、品种和生产规范，以及无公害苹果的科学种植生产流程。

一到了地里，看着满树的花，付凡平激动地走着，看着，轻拂着花瓣，闻着花香，一时嘴中不断在呢喃着什么……她肯定是沉醉在这花香中了，肯定是从花开中看到了苹果丰收的景象。

两个小时后，我们依依不舍地离开蒙恩农场，驱车来到宜川县十里坪苹果仓储气调库。这座大型气调库配备了先进的选果机，集储存、销售、运输、服务于一体。一侧还有个电子商务交易大厅，功能设施非常先进，完全符合国内一流标准。厂子里，她丈夫领着不少员工正在忙碌着，出库、装货，源源不断地发往全国各地。这时，她忽然对着员工发火了。原来，她发现发往外地的包装没有按要求封口。因为发出的货在快递过程中要经历许多环节，为了保证质量，她要求在箱子的封口处多加两道塑胶，以确保果箱抗挤压，避免运输、投送过程中遭损坏而影响质量……

细节决定成败。虽然这件事看起来是一件小事，但我从中感受到了付凡平的用心，也了解了付凡平生意之所以能做大的原因。如果不注重细节，不追求质量和服务，那就会失去客户和市场，就愧对各级政府给予的厚望，这些年的拼搏和努力就可能付诸东流……

八

宜川地处陕西渭北高原，名扬四海的黄河壶口瀑布就在宜川县境内，每天吸引着数以万计的游客。奔流不息的黄河水，代表着中华民族不屈不挠、前赴后继、一往无前的精神品格。付凡平就生在这里，长于这里，奔腾不息的黄河水养育了她，也赋予了她宽广的胸襟与坚韧不拔的性格。我常想，作为个体的人，最重要的是要有品格和价值，品格是使人超凡脱俗的一种自身修为和修养；而价值，是自己对社会、对国家所作贡献的一个标尺，是人生意义最重要的一个衡量标杆。而付凡平正是这样，她富起来之后，心怀感恩，回馈社会，心中装着残疾人，带领他们走自主创业之路，走出了精彩的致富奔小康人生！

大火，吞噬了亲人的性命，给付凡平带来了难以愈合的伤痛。她泄气过、沮丧过、颓废过、失落过，也曾心神恍惚、精神消沉，但最后，她选择的是从零开始，对人生重新规划。她一次次跌倒，一次次爬起；一次次碰壁，一次次奋起……她经历了那么多苦，克服了常人难以想象的困难，她最有理由抱怨生活，然而我所见到的她，看不出一丝悲哀和怨天尤人，而是幸福始终洋溢在脸上，甜蜜荡漾在心间！

付凡平，从童心飞扬、青葱年少到厄运降临、消沉迷茫，再到取得成功、心怀感恩、回报社会。她用自己的行动践行了“幸福都是奋斗出来的”真谛。

村民的贴心人

——记全国脱贫攻坚奖获奖者张雷威

村民的贴心人

——记全国脱贫攻坚奖获奖者张雷威

毕华勇

张雷威简介

张雷威，男，汉族，1955年6月出生，中共党员，陕西米脂人。国家电网榆林市供电公司工会原主席、副总政工师。2002年4月起，先后在神木、吴堡、米脂等6个市县、19个乡镇、56个贫困村任挂职副县长、驻村工作队队长、第一书记、乡村振兴顾问。在20年的扶贫工作中，他不计较个人得失，默默无闻地奉献着，用自己的实际行动完美诠释了一个共产党员的使命担当和责任。深受群众的爱戴和拥护，被誉为“村民的贴心人”。2019年获“全国脱贫攻坚奖贡献奖”，被授予“全国社会扶贫先进个人”“全国劳动模范”“三秦楷模”等荣誉称号。

在冬季片刻的宁静之后，万物复苏的声音悄悄地传过来，我确信，在这个季节，滋长生命的幼芽，开始了自己茁壮成长的准备。

陕北的春天就这样温暖地扑面而来，黄土山坡山坬上的积雪隐约可见，太阳在天空中高挂着，那条不息的无定河刚刚解冻，冰凌拥挤着朝自己的目标而去，土地万物，仿佛进入了一个深邃的空灵中，让人们多了几分幻想……

一

这一日，我起来得早。昨天和张雷威联系好，我们一块儿去米脂县沙店镇李站村，用他的话说是他们村。我早早做准备，叫来车便驶向张雷威扶贫的村子，他之所以认为那是自己的村子，是因为村民把他当作自己人。米脂人有句俗语："一家人不说两家话。"所以我同样认可，张雷威就是村子里的人。

2014 年至今，张雷威一头扎进李站村，便属于这个村子的人了。本来，脱贫攻坚取得了决定性胜利，张雷威也完成了自己扶贫工作的使命。更何况，2018 年初，已经退休了的张雷威，原则上不再担任驻村第一书记，不能继续从事他钟爱的事业。然而，听说他要走，村民们不答应了。是的，张雷威日日夜夜的勤奋工作，在村民们的脑海中留下了非常深刻的印象，除了脱贫攻坚，还有家事村事，哪一件不是张雷威帮助解决的？更何况，村子刚刚整体脱贫，基础还不牢，很可能有返贫现象，这也是习近平总书记和党中央所担心的问题。张雷威同样想到了这一严峻的现实问题。村里许多留守老人随着年龄的增长，靠他们自身无法增加收入，集体经济不壮大、不发展，村民日后的生活无法保障。在这样的情况下，张雷威提出了以个人入股的方式，办起了村中第一个养牛合作社。现在，合作社刚有起色，村民也看到了希望，但还有许多的问题要解决，就这样，“老张不能走！”所有群众几乎是异口同声地给有关部门说，“老张要是走了，他设计规划好奔小康的前景谁来实施？”

于是，一个壮观的场景出现了，所有的村民聚在一起联合写请愿信，每户代表按手印表示诚恳的请求。这样一来，县上专门派人联系有关部门和张雷威所在单位，经过多次协商后，上级部门决定让他留下来继续开展帮扶工作。

有人说老张图个啥，有人说他傻，可村民们心里乐开了花。老张不走了！就像如今的第一书记赵洪慧说：“张叔留下，我干工作也踏实了。他是榜样，工作一样一样点滴不漏，作为年轻人，我们既能学习又有依靠。”

就这样，张雷威成了一名编外的驻村帮扶干部，也真正意义上成了“村民”。

汽车走过龙王沟到镇川拐到小川沟时，张雷威打来电话说他的车下高速后出了点儿问题，我立马说掉头去镇川高速路口接他，原本我想他会带不少人去李站，因为第二天村里要举办一个颁奖会，奖励一年来的好村民、好婆姨、好邻居、致富能手，总结村里一年的工作，制定今年的发展思路，但到高速路口时，见张雷威一个人站在那里。我下车后有些诧异，便问：“你一个人？”他说：“回村里还能有谁？”我们相视而笑，是啊，一个村民回自己村子，多坦然自在。

“其实没甚，一个人一辈子干好一件事情，特别是对老百姓有益的事就心满意足了。我期盼乡亲们都能过上好日子，都能老有所依，安度晚年，何况还有这份信任，我能辜负吗？”

没有豪言壮语，张雷威几十年如一日实实在在说话，实实在在做

“其实没甚，一个人一辈子干好一件事情，特别是对老百姓有益的事就心满意足了。我期盼乡亲们都能过上好日子，都能老有所依，安度晚年，何况还有这份信任，我能辜负吗？”没有豪言壮语，张雷威几十年如一日实实在在说话，实实在在做事，用自己的实际行动完美诠释了一个共产党员的使命担当和责任。

事。他坐在车上说他 20 多年的扶贫工作，酸甜苦乐都在其中。他的足迹走遍榆林 6 个县区、19 个乡镇、56 个贫困村，每到一处都有让他难以忘却的记忆。一个市里工作的干部，单位又是比较好的国有企业，当初也算个领导，怎么就爱上了扶贫工作？而这项工作对于城市长大的年轻一代人来说躲之不及，他们不熟识农村，不熟悉农民，更适应不了农村生活。而张雷威不计较个人得失，如此执着地扎下根来，义不容辞地冲了上去，默默地做自己的事，用自己的实际行动完美诠释了一个共产党员的使命担当和责任。

米脂县历史上人才辈出，文风兴盛，这片土地沟壑纵横、浑雄厚重，同时也妩媚多姿。外面慕名而来的人，在米脂走上一圈，听了米脂的故事后，都会情不自禁地夸赞米脂真是一个藏龙卧虎的地方。

张雷威就出生在这个“米汁淅之如脂”的地方。

这是我第一次和这位老乡长谈。汽车开到李站，张雷威说先看看养牛场。眼前是一个废弃了的小学校。张雷威说要找一块办场子的地方太困难了，他指着牛场的圈舍说这块地是争取上面的资金用石头砌起来的，随着牛的数量增多，显然有些拥挤，不过他近几日又跑了有关单位，争取了一些资金，把路畔紧挨牛场的那块空地整合一下，牛场也扩大了，还得建一个牛粪处理场。

我们到养牛场已是中午时分，刚刚卸下的一大堆牛草把小学校门口堵得严严实实，大概听见有人，从窑洞那边走出一个人，看见我们，那人便喊了一声“老张回来了”。

张雷威答应着，给我介绍说这位叫冯有飞，养牛场的场长。

冯有飞是一位脸膛黑红的清瘦中年人，典型的陕北汉子。他和张雷威说牛场的事：“为了节省开支，拉草的车嫌运费少了，今天又换了一辆，前天母牛又生下了一个牛犊子不活溜些。”张雷威赶忙说：“那快过去看看。”

进牛场需要先消毒，张雷威说这些设施还是简陋了些，等逐渐发展壮大了，一切都会好起来的。他告诉我，过去农村落后，运输靠牛拉车，通信靠喊，种地靠天，现在这些都现代化了，特别是国家下大力气开始全国性的脱贫攻坚战役后，农村几乎村村通公路，人畜饮水、住房等基础设施可以说有了翻天覆地的变化，农民“两不愁三保障”一点儿问题也没有，缺少的就是集体经济积累和农民生活的后续保障提升。

一旁的冯场长插话说：“我们村有了这个养牛场，以后的日子就不用愁了，刚建起，光去年都分红 3000 多元呢。”

我听着心里记着，就这样跟张雷威来到牛舍。冯场长指着那头刚刚出生的小牛犊子对张雷威说：“有些不康硬，这几天又冷，一直担心出事。”张雷威凑过去爬到围栏上仔细瞅了瞅说：“是不是拉稀了？”冯厂长说：“不是，刚生的，肚子还没换转食物呢。”

我就这样跟着张雷威在牛圈里走了一圈，牛粪的气味扑面而来，有些熏人。看得出来，张雷威习以为常了。他说：“这个村子刚开始扶贫时，按照我的思路适度养殖，壮劳力养羊，次劳力养牛，现在是壮大集体经济，再建一个肥料处理厂，把这些牛粪和全村的鸡粪、羊粪统一处理了，全村果园、种植都用处理过的有机肥，提高农业产量，而且节省买化肥的钱，更重要的是改进土壤。”

我没有刻意问张雷威如此乐此不疲地在第一线扶贫的感受，冯场长不知道我来的主要目的，大概以为是县上来检查工作的。于是，看起来十分憨厚的汉子开始用地道的家乡话，说起了张雷威扶贫的故事。

“我们这村子，要是没有老张这几年的操心，改变不了大的模样。这个养牛合作社成立之初，老张费了九牛二虎的力，他跑县上、市上找领导、托关系为的是争取资金，有些部门推来推去，今天说这个手续不行，明天说政策不允许，这事可把老张难结实了。”

李站村地处米脂县北边，是离县城最远的乡村。因为李站离县城远，条件差，交通又不便，所处位置与榆阳区许多村子交错在一起，工作起来困难重重。后来撤乡并镇，李站乡政府撤了，并入沙店镇，老百姓多少有些怨言。这样一来，李站显得更偏僻遥远。李站就像没娘的孩子，有什么好事都落在了后头，村子里健壮劳力都出外打工去了，家里剩下的老弱病残，要改变面貌谈何容易。

“要不是国家扶贫政策，要不是老张来驻我们村，我们还是一事无成。”冯有飞感叹着说，李站村的日月光景在脱贫攻坚中一天天有了变化，村民们心里也开始亮堂了。我恍然大悟，原来张雷威一心坚守在这里，是真的把自己当成这个村子里的一员了，而这一举措也体现了脱贫致富和乡村振兴在李站村确实落地生根，开花结果了。

李站村焕发出了勃勃生机。在张雷威的带领下，把希望的种子播下，全村人有了前所未有的干劲和信心。岂不知，最初成立合作社时，发展资金不到位，张雷威把女儿的 17 万元的嫁妆钱垫付给村里。这让许多人觉得不可思议，但老张觉得十分应该，李站村的乡亲们感到老张就是亲人。

说起这件事，老张至今觉得有些愧疚。女儿已经出嫁了，他答应给买一辆车，还没兑现。

栽得梧桐树，自有凤来栖。李站村人均收入从过去的 5803 元到如今 10156 元。村里许多年轻人从外地返回来和张雷威探讨发展之路，村里不少人有了小汽车，走米脂上榆林不再是过去梦想中的事情了。村民们说：“老张扶贫真扶贫，他是我们的贴心人，只要我们有困难，他都会热心帮助的，他做的好事没法子计算。”

为了让村民认识到思想意识上的短板，张雷威自己开车，自己掏腰包，拉着村民去榆林、西安等地进行考察学习。尽管时间短，但

李站村焕发出了勃勃生机。在张雷威的带领下，把希望的种子播下，全村人有了前所未有的干劲和信心。岂不知，最初成立合作社时，发展资金不到位，张雷威把女儿的 17 万元嫁妆钱垫付给村里。这让许多人觉得不可思议，但老张觉得十分应该，李站村的乡亲们感到老张就是亲人。

村民们一个个算是开了眼界。外面世界的繁华，农民依靠科技与知识使自己变得富裕，让他们开始惊叹，也明白和理解了张雷威的一番苦心。这时候大家都显得万分激动，都按捺不住要干一番事业。这是他实施下一个目标的开始，也是为村里谋划今后乡村振兴发展计划的第一个步骤。在现有的基础上，将李站打造成榆林首个“富硒生态村”，利用自己得天独厚的条件，把羊粪、牛粪加工的有机肥施在田里，米脂品牌的小米产量质量一定能提升到新水平。

所以张雷威给合作社起了个有趣的名字：和富顺养牛专业合作社，寓意和气生财、富裕顺畅。

2020 年 11 月 24 日，全国劳动模范和先进工作者表彰大会在北京召开。张雷威获得“全国劳动模范”称号，这是党和国家授予的崇高荣誉。乡亲们从电视上看到张雷威领奖的时候，有几个老人激动地抹着泪说：“应该，应该，老张辛苦了。”

二

张雷威一贯是对工作较真的人。在扶贫的道路上，他并不是一帆风顺。村民的固执、偏见，难以琢磨的想法，有时叫他尴尬、惆怅，甚至偷偷地落泪。但作为党的干部，扶贫路上摸爬滚打多少年的张雷威，从没被困难吓倒。就像他走过的每一个村子那样，村民接纳了他，喜欢上了他，都是因为他不忘初心，牢记使命，有自己的人格魅力、精神力量和奋进勇气，最终收获了自己人生的累累硕果。

张雷威能带领村民共同富裕，提高生活幸福指数，都是用他的真情换来的。

党的十八大以来，以习近平同志为核心的党中央高度重视“三农”工作。在会议上、在调研考察中，习近平总书记多次就“三农”问题发表重要讲话，强调把实施乡村振兴战略放在优先位置。

张雷威说：“习近平总书记的讲话如同春风细雨，字字句句说到我心坎里，如何做好乡村振兴将成为我未来工作的重点。”说这话的时候，老张显得非常兴奋、激动，我从他身上看到一种决心和信心，好像有一股使不完的劲儿，一点儿也不像60多岁的人。我突然记起一句名言：“在童话中，一个人做他想做的事，在现实中，一个人做他能做的事。”张雷威就是这样一个人，心有山海，静而无边。他的扶贫工作永远在路上。用他的话说，“只要乡亲们喜欢，我永远会坚持下去。人活着不一定要鲜艳，但一定要有自己的颜色”。张雷威活出了自己的颜色。

对于这样一个较真的人，张雷威真正意义上把“以苦为乐”诠释给我们，也让我们看到在这个普通党员心目中，践行使命就是自己做人的根本，把党的政策落到实处，更是他自己的责任。

在这块土地上，一个退休了的干部如此地坚守，而且不停地工作，为百姓操心。在上下赞誉和认可里，我简单地归纳了几件事，这些看似平常的事情，让我对张雷威更加敬佩。

张雷威曾给自己写了一首打油诗：“无功少过安然退，品茶戏孙享天伦，精准扶贫事未尽，驻村联户做咨询。”张雷威本来打算退休之后，同别人一样享天伦之乐，走走看看祖国大好河山，陪伴家人，逗戏孙子，一身的担子卸下肩，轻松轻松。但想到单位年轻人驻村帮扶，张雷威多少有些担心，这些娃娃们没有基层工作的经验，又缺少锻炼，会不会影响脱贫攻坚和乡村振兴的进程？于是，他被聘为扶贫工作顾问，负责公司的扶贫工作。张雷威说自己十分乐意有这个特殊头衔。

可家里人有些不理解了，已经退休了，清闲的日子不过，整天跑

张雷威的扶贫工作永远在路上。用他的话说，“只要乡亲们喜欢，我永远会坚持下去。人活着不一定要鲜艳，但一定要有自己的颜色”。张雷威活出了自己的颜色。

东跑西，到农村半个月或20天不回来，就连他的孙女也有意见：“你是爷爷，为什么老不回家？”这一问，张雷威心里酸楚楚的。然而想想农村乡亲们的那种期盼，还有他们的信任，张雷威不得不舍小家，一头扎在村子里。

在神木芹菜沟村，张雷威带着行李一驻就是3年。当时村民以为老张就是走走形式，装装样子。他看着村里撂荒的土地，心里真痛。过去，农民惜土如金，土地便是活着的希望，是一家人的保命田。现在，随着神府煤田的持续开发，一拨又一拨的人出去，在城市寻找自己的出路。张雷威把全村留守的村民召集起来，语重心长地说：“这土地不能荒，咱们祖祖辈辈守着的土地，不能就这样白白地废弃了，我们一定要叫它发挥作用。”于是，说干便干，张雷威根据实际条件，决定先栽植一批枣树。当他联系好枣苗时，一场突如其来的沙尘暴刮了过来，许多村民犹豫了，有些人打退堂鼓，说这天气栽上也活不了。张雷威二话不说，独自一人扛着铁锹、水桶、枣苗走进了那片荒地。村民们一时傻了眼，市上来的这个干部不一般，有股牛劲和犟劲，就凭这两样，什么事也能干成，什么困难都能打败。就这样，迟疑片刻后的村民们，一个个跟着他去了。

在芹菜沟村，他驻久了，人也熟了，各家各户的情况都了如指掌。有个姓刘的老汉，两个儿子不太孝顺，老人的一切他们都不闻不问，互相推诿，更不去照管。张雷威知道这件事后，立即登门拜访，寻找原因，分别到两个儿子家做思想工作。大儿子刘聚财的儿子刘小明从部队复员回村，由于家里条件不好，娶媳妇成了问题。他们四处托人，花钱找媒人说媒，然而，媒人带来的女子看一眼家境便走了。这可急坏了刘聚财，他觉得这样下去，儿子非打光棍不可。正好张雷威来了，他迫不及待说出自己的苦恼，求老张给儿子寻个事做。张雷威毫不犹豫便答应了。不过，张雷威又说：“要我给你儿子找工作，你也要答应我几个条件。”刘聚财刚才还大喜过望，一听张雷威这话，心里咯噔一下，生怕张雷威反悔，于是，满口应承着说：“不要说几个条件，就是一百个我都应承。”张雷威郑重其事地说：“也没那么复杂，你作为家里的老大，平时表率作用起得一般。本来孝敬老人是天经地义的事，可你们弟兄不和，背地里还相互攻击，说些不三不四的话，在村里影响很不好。你老父亲体力差，又耳聋，一个人生活，你们两兄弟推来推去没人照顾，村里人都笑话哩！”没等张雷威说完，刘聚财有些面红耳赤坐不住了，他当即拍着胸口作保证，一定搞好兄弟关系，共同孝敬老人。过了几天，刘聚财兄弟两家真的坐在一起，把老父亲和张雷威请来吃了一顿酒席。两兄弟一个劲儿地检讨各自的过去，表示一定改掉从前那种坏习气，好好孝敬老人，绝不能让村里人说闲话。张雷威开心地笑了。他说：“这就对了，小明的事就包在我身上了。”

张雷威说：“我给小明那后生找了一份电工的活干。这件事在村里产生很大影响，也感动了村里人，扶贫工作不仅仅注重生活的改变，更重要的还要改变村风和乡亲们的思想。”

作家史铁生说过：“我什么也没忘，但是有些事只适合收藏。”是这样，张雷威十分感慨地说：“芹菜沟扶贫工作结束后，我离开村子的时候，刘聚财的老父亲不知咋得到的消息。老汉一人早早地站在出村的公路上，手里拿着一块羊肉执意要送给我。老人动情地说：‘以前没人管我，即使我要感谢你也拿不出东西，这羊肉是我儿子孝顺我的，要不是你张领导，我永远活不成现在这么有人样的。两个儿子争着孝顺我，真高兴呀，这是我老汉的心意，你要是不收，我就挡住你的车了。’”张雷威怕伤了老人的心，羊肉收了，然后悄悄给老人口袋塞了 300 元钱。

这情这景，定格在张雷威脑海里。他说汽车走得好远了，顺着盘山道直至山对面，回头望去，刘老汉还站在那里挥手。

“这便是乡亲啊，你成了他们当中的一员，融入他们的生活中，他们就把你当亲人了。”事实上，张雷威每到一个扶贫点，把村里人的大事、琐碎事不知办了多少，他自己也说不清了。

2020年7月，张雷威亲自上阵直播带货，参加陕西省电力公司和国网电商公司共同策划的“长安十二食辰”主题扶贫产品直播活动。在临潼秦俑供电所直播现场，张雷威成了“网红”。他用不太标准的普通话向观众推销米脂小米和粉条等农产品，线上线下销售额达103万元，不仅帮助贫困户推销产品，增加经济收入，还让米脂的土特产进入了另一个销售渠道。每每说起这件事，张雷威说扶贫干部一定要成为多面手，哪里用得上就绝不能含糊，不然农村的事就解决不了。

2021年在米脂担任协调干部，他带领队员根据村子里的实际情况，因地制宜，在沙家店镇高家圪塄的养鸡专业村，建设了46盏6米高的太阳能路灯，不仅实现了养鸡增收，还盘活了美丽乡村旅游项目。

在桥河岔七里庙村，他再次自掏腰包，带村民去外地考察香菇种植，建成了两个香菇大棚，当年便有了收益。许多人不知道，从他进村扶贫以来，自己掏腰包花钱不计其数。

2005年，陕西省地方选拔省级“两联一包”扶贫干部，张雷威被推荐为吴堡县挂职副县长。在这里，他一干就是7年。

吴堡县是榆林南部最小的一个县，自然条件差，经济不发达，多少年来大部分农村人靠打工卖苦力挣钱。改革开放后，有一些致富能手靠祖传的制作手工挂面为生。这种家庭手工作坊，费时耗力，产量低下。冉沟村的老霍家祖孙三代就是制作手工挂面的好手，而且远近闻名，可是，用当地人的话说就是光景稍微能过好一点儿，形不成气候。张雷威知道情况后，马上去老霍家，建议老霍的儿子霍耀平成立手工挂面合作社，这样能传承手艺，又能带动村里人致富。

霍耀平听了，连连摇头说：“不行，不行，也不敢想。合作社要规模大，要投资，恐怕干不成。”张雷威硬是举一反三，甚至是扳着指头和霍耀平算账。思想通了，事就好办了。霍耀平在张雷威的鼓励和帮助下，注册成立了老霍家手工空心挂面合作社。现如今，合作社的生意红红火火，规模发展壮大了，市场供不应求，经济收入翻了几倍。霍耀平说：“多亏了张县长，人家眼光就是好。”

2018 年 7 月，张雷威在市总工会的大力支持下，牵头成立了陕西第一个金点子劳模帮困义务咨询服务队。在干部群众眼里，张雷威务实、肯干，干任何事不走过场，因此周围的劳模们没有一丝犹豫，参加了这个金点子服务队。这个服务队积极出主意想办法，多门路、多渠道为脱贫攻坚建言献策。几年来，在他们充分发挥才智的作用下，建立了光伏发电站、小米加工厂、粉条加工厂、绒山羊养殖场、养殖专业村、香菇大棚、千亩山地苹果园等，受益群众近万名。张雷威也总是积极想办法、想门路、出主意，人称“点子王”，由他提出的农村养殖要根据实际情况，每户要适度舍饲养殖的理念，已在榆林南部山区实践并取得成功。

他每到一个帮扶村，村民总能看见他在田间地头，走家串户进行调研。为了解决后岔乡等 6 个村子的人畜安全饮水问题，他跑前跑后，走镇上到县上，甚至去市上省上有关部门协调。张雷威认为老百姓的事就是天大的事，他来自群众，依靠的也是群众。也就是如此，在百姓眼里，没有老张办不成的事，只要为公，为老百姓，他什么都舍得出。在一片的赞誉声中，张雷威在吴堡、冯家塬等村红枣集中地，琢磨和研发了智能红枣烤炉，彻底改变了农村红枣传统办法加工的局面。在深砭墕村，张雷威想方设法为贫困户解决和改进白绒山羊的品种质量。他自己钻研并借鉴别人的经验，严格实行科学管理，对所有种养进行改良，收到了前所未有的效果。全村从不足 200 只羊一下子发展到 1200 只，养羊专业户每年收入少的有 8 万元，多的则达 12 万元。

在吴堡县薛下村、寺沟岔、岔上村，凡是张雷威扶贫驻过的地方，乡亲们至今还记得十几年前，张雷威为了给村民解决吃水问题，拄着拐杖指挥施工的感人场面。

那是在张雷威的协调下，几个贫困村的饮水工程终于开工了。张雷威和村民们一样，脸上洋溢着喜悦，从这个工地跑到那个工地，丝毫没有劳累的样子。有一天傍晚，张雷威去查看工地施工情况，由于山坡陡滑，一不小心被石头绊倒在地，差一点儿滚下石崖。这可吓坏了村民，他们手忙脚乱把他抬上汽车送去医院。医生诊断说他有三处骨折，腿和脚肿得连裤子都脱不下来，医生只好用剪刀把裤子剪开，然后才打上了石膏。

张雷威在吴堡挂职期间，有个村干部找他说村子里的石匠刘启元因脑卒中，半身不遂，不知跑了多少地方求医问药花了不少钱，情绪低落，有放弃生存的想法，村里没一个人能劝说动的。希望张雷威去看看，能不能做做工作。

张雷威二话不说便动身。他说任何一个村民的疾苦，都是我们当干部的牵挂之事，不心疼村民，干部也就当不好。到了石匠家后，刘启元以买烟为由支开老伴。老伴一出门，老汉就对着张雷威号啕大哭，诉说自己活着没意义，把一家人都拖垮了。

张雷威心里跟着难受，他安抚石匠老汉说：“是我没把工作做好。”见老汉情绪平定后，他半开玩笑半认真地说：“你这病算什么？如今医疗条件这么好，只要像我老汉一样，把所有的事情想成好的，心胸放开阔些，肯定能康硬起来。如果你老汉走向极端，有啥用？

儿子娶不娶媳妇？女儿能安心上大学？你解脱了，家里亲人呢？”

刘启云听了，不停点头，感激地说：“你老汉晓得我老汉心事，我一定听你的，积极治疗。”张雷威看老汉想开了，便把随身带的1000元钱放在炕头，并说：“你就放心治疗，只要我在吴堡任职，每年都会来看你的。”回到城里，他又专门找民政部门给刘启云申请了一些救助款，帮他渡难关。后来刘启云身体慢慢好了起来，不仅帮助儿子看孙子，后来还开了个小卖铺，一家人团团圆圆，日子过得红红火火，刘启云逢人便说多亏了张县长帮了他一家子。

离开吴堡那年，张雷威资助过的柳青小学学生也毕了业，后来有22人考上大学。这一喜讯传来，张雷威说自己很有成就感，整夜睡不着。那几天，他常常合不拢嘴，像是自己中了彩票似的。但他还是担心村里这些孩子们，有的交学费还困难，老张又不得不回到公司做动员，搞了一次捐款活动，筹到了3.8万元后，赶忙和吴堡县关工委和团委联系，经过一番努力共筹到20多万元善款。举行捐款仪式那天，就像过节一样热闹非凡，村民们自发扭起秧歌，满怀喜悦地歌颂共产党好。

在张雷威所驻的村子，这20年里，他的窑洞常常是村民们聚集拉家常的热闹地方。只要白天他在，就有三三两两的人来，晚上灯亮着，村民不约而同也就来了。这成为常态，村民们说和老张谈谈心里话，好处多着哩。

张雷威一直就这样把村民当亲人，乡亲们自然也不把他当外人。张雷威在村子里是老张、爷爷、叔叔、大哥、兄弟，而村里的琐事，关系着万家和睦；鸡毛蒜皮的小事，关联着村里和谐。张雷威在村子里既是扶贫干部，也经常平衡着各方利益，所有的疑难在老张这里便能轻易解决。

张雷威说：“农村干工作，不能高大上，就是要注意家长里短，

张雷威一直就这样把村民当亲人，乡亲们自然也不把他当外人。张雷威在村子里是老张、爷爷、叔叔、大哥、兄弟，而村里的琐事，关系着万家和睦；鸡毛蒜皮的小事，关联着村里和谐。张雷威在村子里既是扶贫干部，也经常平衡着各方利益，所有的疑难在老张这里便能轻易解决。

更要有人情味。群众满意了，你才能留得下，村里的任何事情也就迎刃而解了。”

村里人有大小的事都来找他，有好些村民去榆林看病，办事找不到路，一个电话打过来，这个忙老张一定帮。到了时分八节，村里有人杀猪杀羊，非得叫老张去吃顿好的，谁家有了红白喜事，老张更是不能缺席。只要张雷威在，村民们就有了主心骨，就连张雷威单位的门卫都晓得，来找老张的大都是农民。一件件小事的解决，让乡亲们多了信任，而对于张雷威来说，这种干群关系的营造，增加了他们之间的互动和理解，更体现了帮扶干部是如何把党的政策在百姓中间落地生根的。

张雷威说：“你不走近群众，根本不知道他们想要的是什么，那党的政策就落不到实处。我十分荣幸，群众满意了就是我的幸福。”

三

此刻，我仔细阅读着张雷威女儿写的日记。

2000 年，我爸爸开始了他的扶贫之路，也正是从那时候开始，我就很少见到他。为了了解村里贫困的原因，拿出有效办法，父亲将所有的节假日都耗费在村里。我经常问妈妈：“爸爸去哪里了？”妈妈每次给出的答案都是“去农村了”。每当爸爸回来时，我都会兴奋地告诉他最近家里家外发生的好多事情，而爸爸都在我的唠叨声中熟睡过去。他的忙碌带给我越来越多的困惑。一次假期，我向他提出了我的疑问，问他：“到底是什么在吸引你？为什么节假日都不陪我和妈妈呢？”爸爸笑说："你愿意去看看吗？"我说："当然愿意。"就这样，我跟着他去了神木县的芹菜沟村。在那里看到的一切让我开始心疼爸爸。书上说的穷乡僻壤应该就是这样的地方吧，羊肠小道，破旧房屋，还有散发着臭味的猪圈羊圈。我一声不吭跟他转完了整个村子，他热情地跟每个村民打招呼，询问家里的情况。我惊讶地发现爸爸竟然知道村里每家每户的情况，能叫出全村人的名字，甚至养多少牛羊都清楚，而他却不知道我当时上几年级。到了下午吃饭时间，他笑眯眯地说："今天老爸给你露一手。"我根本不相信，因为他在家里什么都不干，也没时间。但我的表情渐渐变成了吃惊，只见他熟练地和面、切面、煮面，加上拌料，一碗香喷喷的手擀面就出现在了我的面前。我从未见过他做饭，这碗面条我吃到满满的感动，当然，也有一点点伤感。

看着，读着，我分明感受到了一丝辛酸。他干工作可以说大刀阔斧一丝不苟，而独自一个人做饭令他无从下手。然而，即使闹出许多笑话，老张硬是学会了做饭，而且越来越会做饭。现在，村子的面貌可以说是发生了翻天覆地的变化。而张雷威的事业依旧，一如既往地为村民们奔波着……

有人问我，你觉得你爸这样做为了什么？升官吗？我淡淡地说，我爸爸现在已经退休了。我记得，爸爸曾经对我说："我在农村插过队，我知道农民受的苦。他们勤劳、善良、质朴，只因为没有正确的引导，没有让他们脱贫致富的项目资金，一直守着黄土过苦日子。我现在还有一点儿能力可以帮助他们，我愿意这样做，因为我对农村人民有感情。"我觉得这

“我是陕北人，这块土地养育了我。我的所有荣誉，是人民群众的信仰和支持得来的。所以我始终不忘根本，脚踏实地，同时对这份工作充满了情感，越干越觉得有滋味。习近平总书记说幸福是奋斗出来的，我年岁有些大，但只要干得动，就不离开村子。”

就是他的目的。唉，老爸在我心中其实是一个不称职的父亲，他将所有的精力都用在了工作上，对于家庭，他不能更好地顾全。他坚持做扶贫工作20年，将他的爱分散给了更多的贫困乡村和农民。如今，我看到了他所作出的成绩，我看到了新建的羊舍、新建的水窖、改造的学校、崭新的道路、有规模的香菇大棚等，老爸这样“不称职”早已化成我的骄傲。他舍弃了我们一个小家，投入到建设大家的事业中，帮助更多的人走出贫困。我的怨气也逐渐变为支持他的勇气。随着年龄增长，他已退休，但扶贫的名气却越来越大，电视上能看到他的身影，报纸上能读到写他的报道。我渐渐理解了他的酸甜苦辣，老爸，我为你骄傲。

时至今日，张雷威还留在故乡的土地上为李站村的父老们操心奔波。张雷威的弟弟——全国自强模范张雷武评价说：“我二哥就是这个牛脾气，认死理，做事踏实认真，任何一件事做不到他想要的程度绝不罢休。就算差一点一滴都不行，想尽办法出尽力，一定要做好！说起来，他这种做事一贯踏实认真的习惯对我影响很大，我能有今天的成就，也受到他的影响。我们现在是聚少离多，毫不夸张地说，平时只能打电话问候家长里短，他不是正在农村扶贫，就是在扶贫的路上！”

我知道，这条路子越走越宽，越走越平坦。看着村子富裕的景象，看着乡亲们的笑脸，张雷威心里乐开了花……

我到李站见了现任的第一书记赵洪慧，驻村干部马浪、王新月，他们是国网榆林供电公司的年轻人。说起他们的老领导张雷威，几乎是异口同声：“电视、报纸早报道了，我张叔叔无论从思想上、工作方法上、吃苦干劲上，都得让我们学习一辈子。他的为人、品德，与

“要下大力气改变乡亲们的固有观念，他们的选择倾向和态度，是非常关键的，做思想工作是件不容易的事。但人是活的，凭着相互信任，从根本上实行扶贫和扶志扶智相结合，必须摆脱思想意识上的贫困，乡村振兴奔小康才有保障。”

乡亲们的交往上，叫我们明白人生的意义。”他们不叫领导，也不叫现在顾问的头衔，叫“张叔叔”多亲切，让人一下子暖到了心头。

四

我把张雷威的点点滴滴像珍珠一样串起来，心境澄明。张雷威与一个个村庄相遇，是不可多得的缘分。他与这些村庄和人的契合，让这些村庄以及村庄里的人愈发闪亮，无论在骄阳似火的白天，还是斑斓星空下的夜晚，让我们这些外来人最流连忘返的莫过于村庄里的温暖与喜庆。张雷威把这种温暖和喜庆安放在乡亲们脸上和灵魂深处，在岁月长河中，这些村子也就变得越来越美丽。

2000 年以来，张雷威先后以驻村干部、挂职副县长、驻村工作队队长、第一书记等身份，在神木、吴堡、佳县、米脂等扶贫第一线，兢兢业业，心系群众，被当地干部群众称为“无怨无悔的扶贫老黄牛”。

20 年里，张雷威扶贫 6 县区，累计帮扶 1.2 万群众脱贫。

“我是陕北人，这块土地养育了我。我的所有荣誉，是人民群众的信仰和支持得来的。所以我始终不忘根本，脚踏实地，同时对这份工作充满了情感，越干越觉得有滋味。习近平总书记说幸福是奋斗出来的，我年岁有些大，但只要干得动，就不离开村子。”张雷威这样对我说。

他不断学习并积累经验，要根据科学的方法改变过去传统的管理模式。张雷威说：“要下大力气改变乡亲们的固有观念，他们的选择倾向和态度，是非常关键的，做思想工作是件不容易的事。但人是活的，凭着相互信任，从根本上实行扶贫和扶志扶智相结合，必须摆脱思想意识上的贫困，乡村振兴奔小康才有保障。”

农业强，有干头；农民富，有奔头；农村美，有盼头。这也是他20多年如一日扎根农村的最大劲头。太阳还未落山，天色依旧明朗。我告别了张雷威和乡亲们，汽车沿着无定河边的国道奔驰，一阵柔风轻拂而来，温润从容地掠过车窗，我的心情久久不能平静。脱贫攻坚取得了举世瞩目的成绩，乡村振兴指日可待。

后 记

陕西是中华民族和华夏文化的重要发祥地之一，有着悠久的历史文化、灿烂的革命文化和丰富多彩的现代文化。陕西又曾是贫困面广、贫困人口数量多、脱贫任务艰巨的省份之一。经过各级党委政府接续奋斗，特别是党的十八大以来，陕西认真贯彻习近平总书记关于全面建成小康社会的重要论述和党中央决策部署，深入贯彻习近平总书记来陕考察重要讲话重要指示，大力弘扬伟大建党精神和延安精神，坚决打赢脱贫攻坚战，千年梦想的小康生活在三秦大地成为现实。

为纪录全面建成小康社会的伟大历程，介绍全面建成小康社会的探索和实践，总结陕西经验做法，为实现第二个百年奋斗目标提供借鉴，陕西省委宣传部委托陕西省社会科学院、陕西省地方志办公室、陕西日报社、陕西省作家协会、陕西省文学艺术界联合会，编写了“纪录小康工程”丛书。丛书共五册，分别为《全面建成小康社会陕西全景录》《全面建成小康社会陕西大事记》《全面建成小康社会陕西变迁志》《全面建成小康社会陕西奋斗者》《全面建成小康社会陕西影像记》，从不同方面、不同角度展现了陕西全面建成小康社会过程中的重大节点、重要实践、感人事迹和突出成就。

与此同时，省上成立工作专班，加强统筹协调，组织精干力量，全力以赴做好丛书编辑出版工作。各参编单位积极落实，编写人员不辞辛劳，夜以继日，如期完稿。陕西人民出版社提前介入，从体例设计、稿件创作到排版设计、编辑校对，对书稿精心打磨。陕西省委党史研究室、陕西省发展和改革委员会、陕西省文化和旅游厅、陕西省广播电视局、陕西省统计局、陕西省乡村振兴局、陕西新华出版传媒集团、陕西画报社等成员单位积极提供图片资料，组织专家审读稿件，提出了宝贵的意见建议。

陕西省作家协会负责《全面建成小康社会陕西奋斗者》的编撰工作。贾平凹主席担任专班组长、陕西文学院常务副院长韩霁虹担任专班副组长，精心挑选 15 位优秀作家分别撰写 15 位先进人物的事迹。其中，作家王新民、弋舟、邢小俊、和谷、赵韦、高鸿、张艳茜、周瑄璞分别采写贠恩凤、汪勇、柯小海、赵梦桃、徐立平、窦铁成、路遥、薛莹的 8 篇作品，选自由陕西省委宣传部指导、陕西省作家协会编撰，陕西师范大学出版社于 2021 年出版的报告文学作品集《最美奋斗者》。8 位作家在原有基础上对作品进行了再次打磨提升，修订完善。作家霍竹山、厚夫、吴文莉、暮千雪、钟法权、侯波、毕华勇分别采写石光银、张莲莲、路生梅、呼秀珍、卢效平、付凡平、张雷威的 7 篇作品是着力打造的新作。在时间紧张、疫情期间出行不便等多种因素的影响下，7 位作家均克服困难，按时保质完成了创作任务。在此对各位作家的辛勤创作和对本次编撰工作的积极配合表示感谢。特别说明的是，为了更好地展现奋斗者形象，本书选用了多张由传主和作者提供的精美照片。其中部分照片因多种原因，无法联系到对应摄影者，故未署名。在此一并致谢。

因时间仓促，书中难免有不足之处，敬请指正，以便再版时修改完善。